建物明渡事件の実務と書式

―相談から保全・訴訟・執行まで―

大阪青年司法書士会 編 〔第2版〕

発行 民事法研究会

はしがき

　平成18年に本書の初版が大阪青年司法書士会創立40周年記念事業の一環として刊行され、8年以上が経過しました。本書は、幸いにも大変な好評を得て、司法書士だけでなく、弁護士や法律事務所の事務員など、裁判実務に携わる多くの方々に利用していただきました。この間、改訂版を望む声を幾度となく頂いていながら今日に至りましたが、当会が創立50周年を迎える今年、ようやく第2版を刊行する運びとなりました。

　今回の改訂にあたっては、初版はしがきで紹介されている本書の基本的な枠組みと特長は維持しつつ、記述内容を全面的に見直し、大幅な加筆・修正を行っております。初版からの主な変更点は、以下のとおりです。

① 新たに「裁判外の解決」の章を設けて5章構成とし、裁判外和解や調停、**ADR**など、裁判手続以外についても詳しく記述しました。
② 司法書士にとっての伝統的な裁判業務である裁判書類作成による本人訴訟支援についての記述を拡充させました。
③ 初版刊行後に業務が開始した法テラスについて説明を加えました。
④ 近時の法改正や判例を踏まえて記述内容の修正を行いました。
⑤ 用語や表現、書式について統一し、書式や記載例を多数追加しました（初版における「書式」の一部を「資料」として整理しました）。

　この他、見直しを行った箇所は本書の端々にまで及んでおり、初版の記述が不十分であった部分には、詳細で丁寧な解説を加えています。

　第2版の刊行にあたっては、執筆者として名を連ねた会員のほか、若手からベテランまで多くの会員の協力を得て改訂作業を進めました。この場を借りて感謝を申し上げます。また、初版同様、民事法研究会の田中敦司氏には多大なるご尽力をいただきました。あらためて厚く御礼申し上げます。

　2015年3月

第2版執筆者を代表して

岡　川　敦　也

はしがき（初版）

　大阪青年司法書士会は、2005年10月1日をもって創立40周年を迎えました。

　当会は、1961年、大阪の有為青年司法書士が集まって発足した「法親会」を前身とし、創立以来、「もっとも市民に身近な法律家」たるべきことを理念として、多重債務問題、消費者問題、成年後見、ADR、消費者教育、被災地や司法過疎地での相談活動等の活動を続けてきました。

　このたび、創立40周年を記念し、訴訟実務において、相談から執行までを網羅した体系的法律実務書を発刊することとなりました。

　本書の特色は、以下のとおりです。

① 　裁判実務では、売買契約、賃貸借契約、消費貸借契約にまつわる訴訟が多くみられますが、本書ではもっぱら建物明渡請求事件を取り扱い、その手続から実務上の留意点のすべてわたり解説を行っています。
② 　相談、保全、本訴、執行の4章を設け、手続を鳥瞰できるように次の工夫をしました。
   ・読者が手続をスムーズに進行させることができるように、章ごとに時系列表を配置し、本書の頁数を付しました。
   ・建物明渡請求事件を類型化した3事例を作成し、事例ごとに、相談から執行までの書式を作成し、時系列表に本書の書式頁数を付しました。
③ 　司法書士は、平成14年の司法書士法改正に伴い、簡裁代理権が付与されることになりましたが、訴訟実務においては、裁判書類の作成を中心に本人訴訟の支援も行っています。相談から執行までの裁判実務の中で、司法書士が代理権を有する部分、そうではない部分ごとに、その解説を行い、書式を掲載しています。
④ 　本書においては、もっぱら建物明渡訴訟事件を取り扱っていますが、できる限りその他の事件においても役立つように解説に工夫をしました。
⑤ 　本書は、主に訴訟代理人として建物明渡訴訟事件に携わる方を読者として想定していますが、これから法律実務を学ぼうとする学生のみなさ

んにも、具体的なイメージをもっていただけるように工夫をしました。

本書は、本人訴訟の支援、簡裁訴訟代理人として活躍する大阪青年司法書士会会員が、その経験、ノウハウをもとに執筆しました。本書が、訴訟実務に携わる方々の法律実務書として役立つことができれば幸甚です。

最後に、本書の出版に至るまで、万端にわたりお世話を頂きました民事法研究会の田中敦司さん、また、貴重な助言をくださった執行官のみなさまに、厚くお礼を申し上げます。

2006年8月

執筆者を代表して
大阪青年司法書士会40周年記念事業実行委員会

委員長	長田	弘子
委員	田中	祐介
委員	高山	剛
委員	野上	聡
委員	谷	嘉浩

『建物明渡事件の実務と書式〔第2版〕』
目　次

本書で扱うモデル事件……………………………………………………………[41]

第1章　相　談

1　相談への姿勢 …………………………………………………………2
〈図表1〉　相談から受任までの流れ ……………………………………3

2　相談への対応 …………………………………………………………4
(1)　相談予約の電話に備えて …………………………………………4
(2)　相談予約の段階での対応 …………………………………………5
　(A)　事件概要の把握 …………………………………………………5
　(B)　相談者側の準備(1)――基本的な証拠書類の持参・関係者の同行 ………5
　(C)　相談者側の準備(2)――事実関係を整理したメモの作成 …………6
(3)　事情聴取 ……………………………………………………………6
　【書式1】　相談票 …………………………………………………7
　(A)　相談技法 …………………………………………………………9
　(B)　「依頼の趣旨」の把握 …………………………………………11
　(C)　事実関係の整理 …………………………………………………11
　　〈図表2〉　時系列表〔事例1〕 ……………………………………12
　(D)　法律構成を踏まえた聴取 ………………………………………13
　(E)　利益相反 …………………………………………………………13

3　事件解決の見通し ……………………………………………………14
(1)　法的方法の提示 ……………………………………………………14
　(A)　事実関係と依頼の目的 …………………………………………14

		(B)	手続費用の検討 ……………………………………………15
		(C)	法的対処方法の概要と注意点 ………………………………16
		(D)	手続の選択 …………………………………………………18
	(2)	証拠の検討………………………………………………………19
	(3)	相手方の反論、抗弁の検討……………………………………21
	(4)	実体法上、手続上の問題点の検討……………………………22
		(A)	建物の特定 …………………………………………………22
			(a) 建物の特定の方法……………………………………22
			(b) 賃貸借契約書、全部事項証明書、建物の現況が相違する場合……………………………………………………22
			(c) 商業施設の場合………………………………………23
			(d) 車庫、倉庫の場合……………………………………23
		(B)	賃貸人 ………………………………………………………24
			(a) 賃貸人死亡の場合……………………………………24
			(b) 建物の所有権が売買等により移転している場合……25
			(c) 転貸の場合……………………………………………25
			(d) 賃貸人の判断能力に問題のある場合………………25
			(e) 当事者が権利能力なき社団の場合…………………25
			(f) 賃貸人が複数の場合…………………………………26
		(C)	賃借人 ………………………………………………………26
			(a) 賃借人の所在が不明の場合…………………………26
			(b) 賃借人が死亡している場合…………………………27
			(c) 賃借人が夫婦の場合…………………………………27
			(d) 氏名不詳の第三者が占有している場合……………27
			(e) 賃借人の判断能力に問題がある場合………………28
		(D)	現地確認 ……………………………………………………28
			(a) 建物の利用状況の確認………………………………28
			(b) 賃借建物への立入り…………………………………29

　　　　(E)　賃貸借契約 ··· 29
　　　　　　(a)　契約書 ··· 29
　　　　　　(b)　賃貸借契約書の内容と現実の契約内容の不一致 ················· 29
　　　　　　(c)　保証人 ··· 30
　　　　　　(d)　残置物の処分（廃棄）の可否 ······································ 30
　　　　(F)　自力救済等の問題 ··· 31

4　司法書士の簡裁代理権 ··· 32
　　(1)　簡裁代理権の範囲 ··· 32
　　(2)　裁判書類作成相談と法律相談 ·· 35

5　委任契約 ·· 38
　　(1)　委任契約書 ·· 39
　　　　【書式2】　委任契約書 ·· 39
　　(2)　訴訟委任状 ·· 42
　　　　【書式3】　訴訟委任状 ·· 42
　　(3)　手続中の報告 ··· 43
　　　　【書式4】　経過報告書 ·· 44
　　(4)　訴訟代理権が消滅した場合 ·· 45

6　受任時に説明すべき事項 ··· 46

7　民事法律扶助の利用 ··· 49
　　(1)　総合法律支援法 ··· 49
　　(2)　民事法律扶助業務 ··· 49
　　(3)　法律相談援助 ··· 50
　　(4)　代理援助および書類作成援助 ·· 50
　　　　(A)　代理援助 ··· 50

(B)　書類作成援助 ………………………………………………… 50
　(C)　援助の手続 …………………………………………………… 51

第2章　裁判外の解決

1　訴訟手続によらない解決方法 …………………………………… 54
(1)　任意交渉とADR …………………………………………………… 54
(2)　ADRの提供主体 …………………………………………………… 54

2　和　解 ………………………………………………………………… 55
(1)　はじめに ……………………………………………………………… 55
(2)　和解交渉 ……………………………………………………………… 56
　(A)　催　告 ……………………………………………………………… 56
　(B)　内容証明郵便 ……………………………………………………… 57
　　(a)　検　討 …………………………………………………………… 57
　【書式5】　催告書(1)──賃料不払いの場合〔事例1〕 ……………… 57
　【書式6】　催告書(2)──無断譲渡・転貸の場合（賃借人宛）〔事例2〕 …58
　【書式7】　催告書(3)──無断譲渡・転貸の場合（無断占有者宛）
　　　　　　〔事例2〕 ………………………………………………………… 59
　【書式8】　催告書(4)──無断増改築・用法遵守義務違反の場合〔事
　　　　　　例3〕 ……………………………………………………………… 60
　〔記載例1〕　訴状中での解除の主張 ………………………………………… 62
　【書式9】　通知書（本人が催告書を出したが、主張内容に不備
　　　　　　があったのでそれを補完するために、代理人司法書士
　　　　　　が再度通知を行う場合） ……………………………………… 62
　　(b)　内容証明郵便の出し方 ………………………………………… 63

目　次

　　　　　(ア)　紙の書面で出す方式…………………………………63
　　　　　(イ)　電子内容証明郵便……………………………………64
　　　(C)　内容証明郵便が到達しない場合の対応 ……………………64
　　　　(a)　返戻された理由が「転居先不明」または「宛所尋ね当らず」の場合……………………………………………………64
　　　　(b)　返戻された理由が「不在」または「留置期間経過」の場合……65
　　　(D)　和解交渉の注意事項 ………………………………………66
　　　　(a)　当事者意思の確認…………………………………………66
　　　　(b)　判決内容の予測……………………………………………66
　　　　(c)　和解案の検討方法…………………………………………67
　(3)　裁判外の和解………………………………………………………67
　　(A)　和解書の作成 ……………………………………………………67
　　(B)　和解条項の精査 …………………………………………………68
　　【書式10】　和解書 …………………………………………………68
　(4)　訴え提起前の和解（即決和解）…………………………………69
　　(A)　意　義 ……………………………………………………………69
　　(B)　建物明渡請求事件と訴え提起前の和解 ………………………69
　　(C)　申立て前の合意 …………………………………………………70
　　(D)　管　轄 ……………………………………………………………70
　　【書式11】　管轄合意書 ……………………………………………70
　　(E)　申立書の提出 ……………………………………………………71
　　【書式12】　訴え提起前の和解申立書 ……………………………71
　　(F)　申立書の審査 ……………………………………………………74
　　(G)　和解期日の指定 …………………………………………………74
　　(H)　和解の成立 ………………………………………………………74
　　(I)　和解の取下げ ……………………………………………………74
　(5)　建物明渡請求事件における和解条項の検討……………………75
　　(A)　相手方と賃貸借契約等の契約関係がある場合 ………………75

　　　　(a)　相手方との賃貸借契約等が解消される場合……………………75
　　　〔記載例2〕　債務不履行により賃貸借契約が解除された場合……………75
　　　〔記載例3〕　紛争解決金の支払いと明渡しが同時履行の関係に立
　　　　　　　　　つ場合 …………………………………………………………77
　　　〔記載例4〕　紛争解決金の支払いが先履行の関係に立つ場合……………78
　　　　(b)　相手方との賃貸借契約等を継続する場合……………………78
　　　〔記載例5〕　賃貸借契約の存在を確認する場合………………………………79
　　　〔記載例6〕　賃貸借契約の存在を確認する場合（失権特約付）…………80
　　　〔記載例7〕　未払賃料があった場合……………………………………………80
　　　〔記載例8〕　賃借人に修繕費を負わせる場合………………………………81
　　　〔記載例9〕　賃貸人が転貸を承諾する場合…………………………………82
　　　(B)　相手方に占有権原が認められない場合…………………………82
　　　〔記載例10〕　不法占拠者が明渡義務を認める場合 …………………………82

3　調　停……………………………………………………………………83

　(1)　民事調停………………………………………………………………………83
　　　(A)　意　義……………………………………………………………………83
　　　(B)　管　轄……………………………………………………………………83
　　　(C)　申立書の提出 ……………………………………………………………84
　　　【書式13】　建物明渡調停申立書……………………………………………84
　　　(D)　申立書の審査 ……………………………………………………………86
　　　(E)　期日の指定 ………………………………………………………………86
　　　(F)　期日における手続 ………………………………………………………87
　　　(G)　調停成立 …………………………………………………………………87
　(2)　家事調停………………………………………………………………………87

4　民間型ADR ……………………………………………………………88

第3章 保　全

〈図表3〉 占有移転禁止仮処分手続の流れ ……………………………92

1　保全命令手続 …………………………………………………………94

(1) 保全の意義および必要性 ……………………………………………94
(2) 保全手続の特質 ………………………………………………………94
　(A) 緊急性 ……………………………………………………………94
　(B) 暫定性 ……………………………………………………………95
　(C) 付随性 ……………………………………………………………95
　(D) 密行性 ……………………………………………………………95

2　占有移転禁止の仮処分 ………………………………………………95

(1) はじめに ………………………………………………………………95
　(A) 占有移転禁止の仮処分の意義と当事者恒定効 ………………95
　(B) 占有移転禁止の仮処分における執行方法の分類 ……………96
(2) 要件──被保全権利および保全の必要性 ………………………96
(3) 債務者を特定しないで発する占有移転禁止の仮処分 …………96
(4) 申立準備 ………………………………………………………………97
　(A) 占有状態の調査 …………………………………………………97
　　(a) 直接占有 ………………………………………………………97
　　(b) 間接占有 ………………………………………………………98
　　(c) 占有補助者 ……………………………………………………98
　(B) 管　轄 ……………………………………………………………98
　(C) 司法書士の代理権の範囲 ………………………………………98
(5) 申立書 …………………………………………………………………99
　(A) 申立手数料等 ……………………………………………………99

(a)　申立手数料 ························· 99
　　　(b)　予納郵券 ··························· 99
　(B)　申立書記載事項 ··························· 99
　　　(a)　当事者 ····························· 99
　　　(b)　申立ての趣旨 ······················· 99
　　　(c)　申立ての理由 ······················ 100
　　　　(ア)　被保全権利 ······················ 100
　　　　(イ)　保全の必要性 ···················· 101
　　　　(ウ)　債務者を特定することが困難である特別の事情 ········· 101
　(C)　疎明と疎明資料 ·························· 101
　(D)　附属書類 ······························ 102
　　【書式14】　占有移転禁止仮処分命令申立書(1)――債務者特定・債務者使用型〔事例2〕 ································· 102
　　【書式15】　占有移転禁止仮処分命令申立書(2)――債務者不特定・債務者使用型 ···································· 106
　(E)　目　録 ································ 110
　　　(a)　当事者目録 ························ 110
　　〔記載例11〕　当事者の表示(1)――基本 ············· 111
　　〔記載例12〕　当事者の表示(2)――住民票上の住所と居所が一致しない場合 ······································ 111
　　〔記載例13〕　当事者の表示(3)――通称名を用いる場合 ········ 111
　　〔記載例14〕　当事者の表示(4)――債務者が行方不明の場合 ····· 111
　　〔記載例15〕　当事者の表示(5)――遺言執行者の場合 ········· 112
　　〔記載例16〕　当事者の表示(6)――未成年者の場合 ·········· 112
　　〔記載例17〕　当事者の表示(7)――成年被後見人の場合 ········ 112
　　〔記載例18〕　当事者の表示(8)――不在者財産管理人の場合 ····· 112
　　〔記載例19〕　当事者の表示(9)――相続財産管理人（民法952条）の場合 ······································ 112

〔記載例20〕　当事者の表示⑽——遺産管理人（民法895条）の場合 …… 113
〔記載例21〕　当事者の表示⑾——登記簿上の本店では営業していない会社の場合 ………………………………………… 113
〔記載例22〕　当事者の表示⑿——法人の商号変更の場合 ……… 113
〔記載例23〕　当事者の表示⒀——日本における営業所を有する外国法人の場合 ……………………………………… 113
〔記載例24〕　当事者の表示⒁——指名委員会等設置会社の場合 …… 114
〔記載例25〕　当事者の表示⒂——LLP（有限責任事業組合）の場合 … 114
〔記載例26〕　当事者の表示⒃——法人格なき社団の場合 ……… 114
〔記載例27〕　当事者の表示⒄——破産管財人の場合 …………… 114
〔記載例28〕　当事者の表示⒅——更生会社の場合 ……………… 115
　　(b)　物件目録 …………………………………………………… 115
〔記載例29〕　物件の表示⑴——基本 ……………………………… 115
〔記載例30〕　物件の表示⑵——区分建物の場合 ………………… 115
〔記載例31〕　物件の表示⑶——共同住宅（アパート等）の場合 … 116
〔記載例32〕　物件の表示⑷——未登記建物の場合 ……………… 116
〔記載例33〕　物件の表示⑸——建物の一部分の場合 …………… 117
〔記載例34〕　物件の表示⑹——増改築した建物の場合 ………… 118
〔記載例35〕　物件の表示⑺——一部滅失した建物の場合 ……… 118
　(6)　審　理 ……………………………………………………………… 119
　(7)　立担保 ……………………………………………………………… 119
　　(A)　占有移転禁止の仮処分の担保基準 ………………………… 119
　　　（資料１）　不動産の占有に関する仮処分の担保額基準 …………… 120
　　(B)　担保提供期間 …………………………………………………… 120
　　　【書式16】　期間延長の許可申請書 ……………………………………… 121
　　　（資料２）　却下決定 ………………………………………………… 121
　　(C)　担保提供者 ……………………………………………………… 121
　　　【書式17】　第三者が提供する旨の上申書 …………………………… 122

(D)　担保提供手続 ………………………………………………………122
　　　【書式18】　供託書（仮処分の保証供託）〔事例2〕……………………123
　　　　(a)　管轄供託所 ………………………………………………………124
　　　【書式19】　委任状（供託）〔事例2〕……………………………………124
　　　　(b)　第三者供託の手続 ………………………………………………125
　　　　(c)　支払保証委託契約締結 …………………………………………125
　　(E)　法テラスにおける支払保証委託契約 ………………………………125
　　　　(a)　受任者へ書類の交付 ……………………………………………125
　　　　(b)　裁判所および法テラスへ書類の提出 …………………………126
　　　　(c)　銀行へ書類の提出 ………………………………………………126
　　　　(d)　支払委託契約書（謄本）の交付 ………………………………126
　　　　(e)　裁判所へ支払保証委託契約書（謄本）の提出 ………………126
　　　【書式20】　支払保証委託契約による立担保の許可申請書 ……………126
　　　　(f)　当事者間の特別の契約 …………………………………………127
　(8)　決　定 ……………………………………………………………………127
　　(A)　決定と条件 ………………………………………………………………127
　　(B)　決定正本送達 ……………………………………………………………127
　　　（資料3）　仮処分決定〔事例2〕…………………………………………127

3　保全執行手続 …………………………………………………………128

　(1)　保全執行の準備 ……………………………………………………………128
　　(A)　保全命令から保全執行手続開始への流れ ……………………………128
　　(B)　占有者不特定の保全手続の占有者特定の必要性および時期 …………129
　　(C)　執行期間の遵守 …………………………………………………………130
　　(D)　承継執行文付与 …………………………………………………………131
　　(E)　合鍵の用意または解錠技術者の手配 …………………………………131
　(2)　保全執行の申立て …………………………………………………………131
　　(A)　管　轄 ……………………………………………………………………131

目 次

   (B) 申立書 ……………………………………………………………… 131
    (a) 記載事項 ………………………………………………………… 132
    (b) 添付書類 ………………………………………………………… 132
    (c) 予納金 …………………………………………………………… 132
    (d) 収入印紙および予納郵券 ……………………………………… 132
   【書式21】 民事執行申立書（仮処分）〔事例２〕 ……………… 132
   【書式22】 立会送達申立書 ………………………………………… 133
  (3) 保全執行の方法と公示 ……………………………………………… 134
   （資料４） 公示書〔事例２〕 …………………………………… 135
  (4) 占有移転禁止の仮処分の効力 ……………………………………… 135

4 不服申立手続 …………………………………………………………… 136

 (1) 概　要 …………………………………………………………………… 136
 (2) 即時抗告 ………………………………………………………………… 136
  〈図表４〉 保全命令申立てから不服申立て結果との関係 ………… 137
 (3) 保全異議 ………………………………………………………………… 138
  (A) 意　義 ………………………………………………………………… 138
  (B) 管　轄 ………………………………………………………………… 138
  (C) 申立書の記載事項 …………………………………………………… 138
  (D) 審理手続 ……………………………………………………………… 139
  【書式23】 保全異議申立書 …………………………………………… 139
  (E) 保全異議の申立てについての決定 ………………………………… 140
   (a) 決定の内容 ……………………………………………………… 140
   (b) 担保に関する決定 ……………………………………………… 141
   (c) 保全命令を取り消す決定の効力 ……………………………… 141
   (d) 原状回復の裁判 ………………………………………………… 141
  (F) 保全執行停止の裁判 ………………………………………………… 142
  (G) 保全異議の申立ての取下げ ………………………………………… 142

(4) 保全取消し ……………………………………………………………………142

(A) 意　義 ……………………………………………………………………142

(a) 本案の不起訴等による取消し ………………………………………142

【書式24】　起訴命令申立書 …………………………………………143

【書式25】　保全取消申立書 …………………………………………143

(b) 事情変更による取消し ………………………………………………145

(c) 特別の事情による取消し ……………………………………………145

(5) 保全抗告 ……………………………………………………………………145

(A) 保全抗告の申立て ………………………………………………………145

(B) 再抗告の禁止 ……………………………………………………………146

(C) 申立期間および管轄裁判所等 …………………………………………146

(D) 保全命令を取り消す決定の効力の停止の裁判 ………………………146

(6) 保全執行の取消し …………………………………………………………146

(A) 債権者の申立てによる場合 ……………………………………………146

【書式26】　保全命令申立取下書 ……………………………………147

【書式27】　保全執行申立取下書 ……………………………………147

(B) 債務者の申立てによる場合 ……………………………………………148

【書式28】　追加担保不提供による執行取消申立書 ………………148

5　担保の取消し・取戻し ……………………………………………149

(1) 担保の取消し ………………………………………………………………149

(A) 担保の事由が消滅した場合 ……………………………………………149

【書式29】　担保取消決定申立書 ……………………………………149

【書式30】　請書（担保取消決定正本） ……………………………150

【書式31】　供託原因消滅証明申請書 ………………………………151

【書式32】　請書（供託原因消滅証明書） …………………………151

(B) 担保権利者の同意 ………………………………………………………152

【書式33】　担保取消決定申立書(1)──同意の場合 ………………152

【書式34】　同意書 …………………………………………………………153
　　　【書式35】　即時抗告放棄書 ……………………………………………153
　　　【書式36】　請　書 …………………………………………………………154
　　　【書式37】　担保取消決定申立書(2)──和解書の場合 ………………155
　　(C)　担保権利者の同意があったものとみなされる場合 ………………155
　　　【書式38】　権利行使催告の申立書 ……………………………………156
　　　〈図表5〉　担保取消手続の流れと期間（大阪地方裁判所の例）…………157
　　　【書式39】　担保取消決定申立書 …………………………………………158
　(2)　担保の取戻し ………………………………………………………………158
　　　【書式40】　担保取戻許可申立書 …………………………………………159

第4章　訴　訟

　　　〈図表6〉　民事訴訟手続の流れ ……………………………………………162
1　訴状作成の準備 …………………………………………………………163
　(1)　要件事実総論 ………………………………………………………………163
　　(A)　要件事実 ………………………………………………………………163
　　(B)　抗弁と再抗弁 …………………………………………………………163
　　　(a)　抗　弁 ………………………………………………………………163
　　　(b)　再抗弁 ………………………………………………………………163
　　　(c)　評価根拠事実 ………………………………………………………164
　　　(d)　信頼関係の破綻 ……………………………………………………164
　(2)　建物明渡請求訴訟における要件事実 ……………………………………165
　　(A)　建物明渡請求権の種類 ………………………………………………165
　　(B)　賃料不払い ……………………………………………………………166
　　　(a)　催告後の解除 ………………………………………………………166

		(b) 無催告解除 ……………………………………………………167

- (C) 用法遵守義務違反 ………………………………………………168
- (D) 無断増改築………………………………………………………169
- (E) 無断譲渡・無断転貸 ……………………………………………170
- (F) 解約申入れ………………………………………………………171
- (G) 賃貸借期間満了 …………………………………………………173
  - (a) 普通賃貸借 …………………………………………………173
  - (b) 定期建物賃貸借 ……………………………………………174
- (H) 特約違反 ………………………………………………………175
- (I) 信義則違反………………………………………………………176
- (J) 使用貸借契約終了 ………………………………………………177
  - (a) 用法遵守義務違反による契約終了 ………………………178
  - (b) 無断転貸による契約終了 …………………………………179
  - (c) 返還時期到来による契約終了 ……………………………179
  - (d) 使用・収益が終わる時期の到来による契約終了 ………179
  - (e) 使用・収益に十分な期間経過による契約終了 …………180
  - (f) 貸主の返還請求による契約終了 …………………………180
  - (g) 借主死亡による契約終了 …………………………………181
- (K) 所有権に基づく建物明渡請求 …………………………………181
- (L) 未払賃料支払請求 ………………………………………………182
- (M) 遅延損害金支払請求 ……………………………………………183
- (N) 賃料相当損害金支払請求 ………………………………………184
- (O) 保証債務履行請求 ………………………………………………186

(3) 訴訟当事者 ……………………………………………………………187
- (A) 原　告 …………………………………………………………187
  - (a) 賃貸借（使用貸借）契約終了に基づく建物明渡請求の場合 …187
  - (b) 所有権に基づく建物明渡請求の場合 ……………………187
- (B) 被　告 …………………………………………………………188

目 次

- (a) 賃借人（借主）……………………………………………188
- (b) 同居人 ………………………………………………………188
- (c) 無断転借人・賃借権の無断譲受人 ………………………188
- (d) 不法占有者 …………………………………………………188
- (e) 保証人（連帯保証人）………………………………………189

(4) 訴額と訴訟費用 …………………………………………………189
  - (A) 訴額の算定方法 ………………………………………………189
    - (a) 訴額とは ……………………………………………………189
    - (b) 訴額算定の一般的なルール ………………………………190
      - (ア) 訴額算定の基準時 ………………………………………190
      - (イ) 併合請求の場合 …………………………………………190
      - (ウ) 附帯請求がある場合 ……………………………………191
      - (エ) 訴額算定通知による算定基準 …………………………191
    - (c) 建物明渡請求における実際の訴額算定とその手続 ………192
      - (ア) 算定手続 …………………………………………………192
      - (イ) 目的たる建物が固定資産税評価額のある建物の場合 ………193
      - (ウ) 目的たる建物に固定資産税評価額のない場合 ………193
      - (エ) 訴状提出の手続 …………………………………………194
  - (B) 訴え提起の手数料（貼用印紙額）……………………………194
  - (C) 予納郵券 ………………………………………………………194

(5) 管 轄 ……………………………………………………………195
  - (A) 管轄の意義 ……………………………………………………195
  - (B) 事物管轄 ………………………………………………………195
  - (C) 土地管轄 ………………………………………………………196
    - (a) 普通裁判籍 …………………………………………………196
    - (b) 特別裁判籍 …………………………………………………197
      - (ア) 財産権上の訴えについての義務履行地 …………………197
      - (イ) 被告の事務所または営業所の所在地 ……………………197

　　　　(ウ)　不動産所在地 ·· 198
　　　　(エ)　併合請求の場合の裁判籍 ······································· 198
　(D)　**合意管轄** ··· 198
　　(a)　合意管轄の要件 ··· 199
　　　　(ア)　第一審の訴えに関する合意であること ······················ 199
　　　　(イ)　一定の法律関係に基づく訴えであること ··················· 199
　　　　(ウ)　書面による合意であること ···································· 199
　　　　(エ)　管轄合意の時期 ·· 200
　　(b)　合意管轄の効果 ··· 200
　(E)　**応訴管轄** ··· 201
　(F)　**専属管轄** ··· 201
(6)　**証拠方法** ··· 202
　(A)　**証拠の意義** ·· 202
　(B)　**証拠方法の選択** ·· 203
　　(a)　書　証 ·· 203
　　　　(ア)　証拠説明書 ·· 203
　【書式41】　証拠説明書〔事例１〕 ·· 204
　【書式42】　証拠説明書（証拠に写真が含まれる場合） ················· 205
　　　　(イ)　準文書 ··· 205
　【書式43】　写真撮影報告書 ·· 207
　　　　(ウ)　陳述書 ··· 209
　　(b)　人　証 ·· 210
　　(c)　検　証 ·· 210
　　(d)　鑑　定 ·· 211
　【書式44】　鑑定申出書 ··· 212
　(C)　**建物明渡請求訴訟における具体的な証拠方法の検討** ············ 212
　　(a)　賃料不払いの場合 ··· 212
　　　　(ア)　賃貸借契約を締結し、建物を引き渡したこと ·············· 213

[19]

目　次

　　　　　　(イ)　賃貸人が賃借人に対して相当期間を定めて賃料の支払
　　　　　　　　いを催告したこと ……………………………………………213
　　　　　　(ウ)　賃貸借契約を解除する意思表示をしたこと ………………214
　　　　(b)　用法遵守義務違反の場合 ……………………………………214
　　　　(c)　無断譲渡・無断転貸による場合 ……………………………216
　　　　(d)　解約申入れ ……………………………………………………217
　　　　(e)　賃貸借期間満了による賃貸借契約終了 ……………………219
　　(D)　証拠提出の時期 …………………………………………………………219

2　訴状の作成 …………………………………………………………………220

(1)　訴　状 …………………………………………………………………………220
　(A)　訴状の具体的な記載事項と訴状作成の要点 ………………………………221
　　〈図表7〉　訴状の様式 ……………………………………………………222
　　【書式45】　訴状──賃料不払いによる債務不履行に基づく場合 ………223
　　(a)　「訴状」たる表示 ………………………………………………………225
　　(b)　「年月日」の表示 ………………………………………………………226
　　(c)　「裁判所」の表示 ………………………………………………………226
　　(d)　当事者または代理人の記名押印 ………………………………………226
　　(e)　「当事者及び法定代理人」の表示 ……………………………………226
　　〔記載例36〕　当事者の表示(1)──基本 ………………………………227
　　〔記載例37〕　当事者の表示(2)──住民票上の住所と居所が一致し
　　　　　　　　ない場合 ……………………………………………………227
　　〔記載例38〕　当事者の表示(3)──通称名を用いる場合 ………………227
　　〔記載例39〕　当事者の表示(4)──被告が行方不明の場合 ……………227
　　〔記載例40〕　当事者の表示(5)──遺言執行者の場合 …………………228
　　〔記載例41〕　当事者の表示(6)──未成年者の場合 ……………………228
　　〔記載例42〕　当事者の表示(7)──成年被後見人の場合 ………………228
　　〔記載例43〕　当事者の表示(8)──不在者財産管理人の場合 …………228

〔記載例44〕 当事者の表示(9)──相続財産管理人（民法952条）の
　　　　　　場合 ···228
〔記載例45〕 当事者の表示(10)──遺産管理人（民法895条）の場合 ······229
〔記載例46〕 当事者の表示(11)──登記簿上の本店では営業してい
　　　　　　ない会社の場合 ···229
〔記載例47〕 当事者の表示(12)──法人の商号変更の場合 ····················229
〔記載例48〕 当事者の表示(13)──日本における営業所を有する外
　　　　　　国法人の場合 ···229
〔記載例49〕 当事者の表示(14)──指名委員会等設置会社の場合 ··········230
〔記載例50〕 当事者の表示(15)──LLP（有限責任事業組合）の場合······230
〔記載例51〕 当事者の表示(16)──法人格なき社団の場合 ····················230
〔記載例52〕 当事者の表示(17)──破産管財人の場合 ···························230
〔記載例53〕 当事者の表示(18)──更生会社の場合 ······························231
(f) 「送達場所」の表示··231
(g) 「事件」の表示··231
(h) 「訴訟物の価額」と「貼用印紙額」の記載·························232
(i) 請求の趣旨 ···232
(j) 請求の原因 ···233
(k) 証拠方法 ··234
(l) 附属書類の表示 ··234
(m) 物件目録 ··234
〔記載例54〕 物件の表示(1)──基本 ···235
〔記載例55〕 物件の表示(2)──区分建物の場合 ···235
〔記載例56〕 物件の表示(3)──共同住宅（アパート等）の場合 ········236
〔記載例57〕 物件の表示(4)──未登記建物の場合 ···236
〔記載例58〕 物件の表示(5)──建物の一部分の場合 ·····································237
〔記載例59〕 物件の表示(6)──増改築した建物 ··238
〔記載例60〕 物件の表示(7)──一部滅失した建物 ··238

(2)　附属書類 …………………………………………………………………239
　　(A)　訴状副本 ………………………………………………………………239
　　(B)　重要な書証の写し ……………………………………………………239
　　(C)　訴訟委任状 ……………………………………………………………239
　　(D)　資格証明書 ……………………………………………………………240
　　　(a)　法人の場合 …………………………………………………………240
　　　(b)　法人格なき社団・財団の場合 ……………………………………240
　　　(c)　未成年者の場合 ……………………………………………………240
　　　(d)　成年被後見人の場合 ………………………………………………240
　　　(e)　有効期間 ……………………………………………………………241
　　(E)　全部事項証明書（不動産登記簿謄本）……………………………241
　　(F)　固定資産評価証明書 …………………………………………………241
　　(G)　管轄合意書 ……………………………………………………………241
　　(H)　附属書類の通数 ………………………………………………………242

3　訴状の提出 …………………………………………………………………242

　(1)　訴状提出の準備 …………………………………………………………242
　　(A)　訴　状 …………………………………………………………………242
　　(B)　書　証 …………………………………………………………………242
　　(C)　証拠説明書 ……………………………………………………………243
　　(D)　その他の附属書類 ……………………………………………………243
　　(E)　手数料 …………………………………………………………………243
　　(F)　予納郵券 ………………………………………………………………243
　　(G)　訴訟救助の申立て ……………………………………………………243
　　　【書式46】　訴訟救助の申立書 …………………………………………244
　(2)　訴状提出の方法 …………………………………………………………244
　(3)　第1回期日の日程調整 …………………………………………………245
　　　【書式47】　期日請書 ……………………………………………………245

4 送　達 ……………………………………………………………245

- (1) 送達の概観 ……………………………………………………245
  - 〈図表8〉　送達ブロック …………………………………246
- (2) 送達名宛人 ……………………………………………………247
  - (A) 自然人 …………………………………………………247
  - (B) 法　人 …………………………………………………247
  - (C) 未成年者 ………………………………………………247
  - (D) 成年被後見人 …………………………………………247
  - (E) 被保佐人・被補助人 …………………………………247
  - (F) 法人でない社団・財団 ………………………………248
- (3) 送達場所 ………………………………………………………248
  - (A) 住　所 …………………………………………………248
  - (B) 居　所 …………………………………………………248
  - (C) 営業所 …………………………………………………248
  - (D) 事務所 …………………………………………………248
  - (E) 法定代理人の住所・居所・営業所・事務所 ………248
  - (F) 法人の代表者の住所・居所・営業所・事務所 ……249
  - (G) 休日送達・夜間送達・再送達 ………………………249
    - 【書式48】　休日送達の上申書 …………………………249
    - 【書式49】　再送達の上申書 ……………………………249
    - 【書式50】　調査報告書（再送達）……………………250
  - (H) 就業場所 ………………………………………………251
    - (a) 住所・居所・営業所・事務所が知れないとき ………251
    - (b) 住所・居所・営業所・事務所において送達するのに支障があるとき ………………………………………………251
    - 【書式51】　就業場所送達の上申書 ……………………252
- (4) 送達方法 ………………………………………………………252

目　次

　　　　(A)　交付送達 ……………………………………………252
　　　　(B)　出会送達 ……………………………………………253
　　　　(C)　補充送達 ……………………………………………253
　　　　　(a)　就業場所以外の場所 ………………………………253
　　　　　(b)　就業場所 …………………………………………253
　　　　(D)　差置送達 ……………………………………………253
　　　　(E)　郵便に付する送達 …………………………………253
　　　　　【書式52】　付郵便送達の上申書 ……………………254
　　　　　【書式53】　調査報告書（付郵便送達）………………255
　　　　(F)　執行官送達 …………………………………………256
　　　　　【書式54】　執行官送達の上申書 ……………………256
　　　　　【書式55】　執行官に対する送達申立書 ……………257
　　　　(G)　公示送達 ……………………………………………257
　　　　　【書式56】　公示送達申立書 …………………………258
　　　　　【書式57】　調査報告書（公示送達）…………………259
　　(5)　送達場所の届出 …………………………………………260

5　訴訟代理人の許可（許可代理）……………………260

　　　　　【書式58】　許可申請書・委任状 ………………………261

6　移　送 …………………………………………………262

　　(1)　管轄違いの移送 …………………………………………262
　　(2)　遅滞を避けるため等の移送 ……………………………262
　　　　　【書式59】　移送申立書 ………………………………262
　　(3)　簡易裁判所の裁量移送 …………………………………263
　　(4)　訴え提起後の合意による必要的移送 …………………263
　　(5)　簡易裁判所での不動産訴訟における被告の申立てによる必要的移送 ……………………………………………………264

(6)　簡易裁判所における反訴の提起に基づく必要的移送 ……………264

7　答弁書 …………………………………………………………264

(1)　はじめに ………………………………………………………264
(2)　答弁書の記載事項 ……………………………………………265
(3)　請求の趣旨に対する答弁 ……………………………………266
　(A)　原告の請求を認める場合の答弁 …………………………266
　(B)　原告の請求に対して争う場合の答弁 ……………………266
　　(a)　本案前の答弁 …………………………………………266
　　(b)　本案に対する答弁 ……………………………………267
(4)　請求の原因に対する答弁 ……………………………………267
　(A)　事実に対する答弁（認否）………………………………268
　(B)　権利関係に対する答弁 ……………………………………269
(5)　被告の主張（抗弁事実と間接事実）………………………270
　(A)　抗　弁 ………………………………………………………271
　(B)　間接事実 ……………………………………………………272
　(C)　認否の補足 …………………………………………………272
　(D)　和解の提示 …………………………………………………272
(6)　証　拠 …………………………………………………………273
(7)　答弁書の提出 …………………………………………………273
　　〈図表9〉　書面とファクシミリ送信の可否 ………………273

8　準備書面 ………………………………………………………275

(1)　準備書面の作成 ………………………………………………275
　(A)　攻撃防御方法 ………………………………………………275
　(B)　相手方の請求および攻撃または防御の方法に対する陳述 …276
(2)　準備書面の提出 ………………………………………………276
　　【書式60】　送付書 ……………………………………………276

9　具体的事案による書式例 …… 278

(1)　賃料不払いの場合 …… 278
　【書式61】　訴状〔事例１〕 …… 278
　【書式62】　答弁書(1)――被告賃借人〔事例１〕 …… 281
　【書式63】　答弁書(2)――被告保証人〔事例１〕 …… 283
　【書式64】　第１準備書面(1)――原告〔事例１〕 …… 285
　【書式65】　第１準備書面(2)――被告賃借人〔事例１〕 …… 287
　【書式66】　第１準備書面(3)――被告保証人〔事例１〕 …… 288

(2)　無断転貸の場合 …… 289
　【書式67】　訴状〔事例２〕 …… 289
　【書式68】　答弁書〔事例２〕 …… 293
　【書式69】　第１準備書面――原告〔事例２〕 …… 294

(3)　無断増改築・用法遵守義務違反の場合 …… 295
　【書式70】　訴状〔事例３〕 …… 296
　【書式71】　答弁書〔事例３〕 …… 298
　【書式72】　第１準備書面(1)――原告〔事例３〕 …… 300
　【書式73】　第１準備書面(2)――被告〔事例３〕 …… 302
　【書式74】　第２準備書面――原告〔事例３〕 …… 303

10　証拠の申出 …… 304

(1)　はじめに …… 304
(2)　証人尋問 …… 305
　(A)　証人尋問の必要性と陳述書の提出 …… 305
　(B)　証人の適格性 …… 306
　(C)　証人尋問の申出 …… 306
　(D)　旅費等の予納 …… 306
　(E)　主尋問・反対尋問 …… 307

(F)　尋問内容 ………………………………………………………………307
　　　(G)　尋問方法 ………………………………………………………………308
　　　(H)　異議申述権 ……………………………………………………………308
　　　(I)　対　質 …………………………………………………………………308
　　　(J)　書面による質問または回答 …………………………………………308
　　　(K)　テレビ電話による尋問 ………………………………………………308
　　　(L)　書面による尋問 ………………………………………………………308
　(3)　当事者尋問 …………………………………………………………………309
　(4)　証人尋問、当事者尋問の申出 ……………………………………………309
　　　【書式75】　証拠申出書（証人尋問申立書）〔事例１〕…………………309
　(5)　証人尋問、当事者尋問の準備 ……………………………………………310
　　　(A)　原告・被告の主張の整理 ……………………………………………310
　　　(B)　書証の整理 ……………………………………………………………311
　　　(C)　証人・本人との打合せ ………………………………………………311
　　　(D)　本人訴訟における証人尋問・当事者尋問 …………………………312
　　　(E)　証人尋問当日 …………………………………………………………313
　(6)　検証・鑑定 …………………………………………………………………313
　(7)　文書送付嘱託 ………………………………………………………………313
　(8)　文書提出命令 ………………………………………………………………314
　(9)　調査の嘱託 …………………………………………………………………314

11　訴訟の承継・補助参加等 ……………………………………………314

　(1)　訴訟の承継 …………………………………………………………………314
　　　(A)　はじめに ………………………………………………………………314
　　　(B)　当然承継 ………………………………………………………………315
　　　　(a)　訴訟手続の中断が生じる場合 ……………………………………315
　　　【書式76】　受継申立書 ……………………………………………………315
　　　　(b)　訴訟手続の中断が生じない場合 …………………………………316

　　　　(C)　特定承継（参加承継・引受承継） ……………………………316
　　　　【書式77】　引受承継申立書 ……………………………………317
　　　　【書式78】　承継参加申出書 ……………………………………318
　　　　【書式79】　訴訟脱退届 …………………………………………319
　　(2)　補助参加 ……………………………………………………………319
　　　　(A)　意　義 …………………………………………………………319
　　　　(B)　要　件 …………………………………………………………320
　　　　(C)　手　続 …………………………………………………………320
　　　　【書式80】　補助参加申出書 ……………………………………321
　　　　(D)　効　力 …………………………………………………………322
　　(3)　訴訟告知 ……………………………………………………………322
　　　　(A)　意　義 …………………………………………………………322
　　　　(B)　手　続 …………………………………………………………322
　　　　【書式81】　訴訟告知書（賃借人である被告が転借人に対し訴訟告
　　　　　　知する例） ………………………………………………………322
　　(4)　独立当事者参加 ……………………………………………………323
　　　　(A)　意　義 …………………………………………………………323
　　　　(B)　要　件 …………………………………………………………324
　　　　(C)　手　続 …………………………………………………………324
　　　　(D)　効　力 …………………………………………………………324
　　(5)　選定当事者 …………………………………………………………325
　　　　(A)　意　義 …………………………………………………………325
　　　　(B)　選定の要件と方法 ……………………………………………325
　　　　【書式82】　訴訟当事者選定書 …………………………………325
　　　　(C)　効　力 …………………………………………………………326
　　　　(D)　制度の活用 ……………………………………………………326

12　口頭弁論と争点整理 ……………………………………………327

(1) 訴訟審理の流れ …………………………………………327
(2) 第1回口頭弁論期日 ……………………………………327
    〈図表10〉 法廷見取図（簡易裁判所の一例）………328
(3) 期日変更 …………………………………………………329
    【書式83】 期日変更申立書 …………………………329
(4) 口頭弁論期日における当事者の出頭と不出頭 ………330
    (A) 当事者の一方の不出頭 ……………………………330
    (B) 当事者の双方の不出頭 ……………………………331
(5) 争点整理 …………………………………………………332
    (A) 争点整理の種類 ……………………………………332
    (B) 弁論準備手続 ………………………………………333
    【書式84】 傍聴許可申立書 …………………………333
(6) 簡易裁判所での審理 ……………………………………334

13 判　決 ……………………………………………………334

(1) 判決言渡し ………………………………………………334
(2) 判決書の送達 ……………………………………………335
(3) 判決の確定 ………………………………………………335
    (A) 確定の時期 …………………………………………335
    (B) 確定の証明 …………………………………………336
(4) 判決の効力──既判力の限界 …………………………336
    (A) 時的限界（標準時） ………………………………336
    (B) 物的限界（客観的範囲） …………………………336
    (C) 人的限界（主観的範囲） …………………………337
(5) 判決の更正 ………………………………………………337
(6) 仮執行宣言 ………………………………………………337
(7) 訴訟費用確定手続 ………………………………………338

14 上　訴 ... 339

(1) 控　訴 ... 339
　(A) 意　義 ... 339
　(B) 控訴の手続 ... 339
　　(a) 控訴状の提出 ... 339
　　(b) 控訴期間 ... 340
　　(c) 申立費用 ... 340
　　(d) 控訴理由書の提出 ... 340
　　(e) 反論書の提出 ... 342
　　(f) 控訴の取下げ ... 342
　(C) 附帯控訴 ... 342
　(D) 司法書士の簡裁代理権と上訴 ... 343
(2) 控訴に伴う執行停止の裁判 ... 343
　(A) 意　義 ... 343
　(B) 申立て ... 343
　　【書式85】 強制執行停止決定申立書 ... 344
　　【書式86】 上申書 ... 345

15 和　解 ... 345

(1) はじめに ... 345
(2) 訴訟上の和解 ... 346
　(A) 意　義 ... 346
　(B) 和解成立の効果 ... 346
　(C) 訴訟上の和解の手続 ... 346
　　(a) 和解勧試 ... 346
　　(b) 司法委員の役割 ... 346
　　(c) 和解の流れ ... 347

(d)　和解調書正本の送達申請 ………………………………………347
　　　【書式87】　和解調書正本送達申請書 ……………………………348
　　(D)　訴訟上の和解のメリット・デメリット …………………………348
　　　(a)　メリット …………………………………………………………348
　　　(b)　デメリット ………………………………………………………349
　　(E)　和解をする場合の注意事項 …………………………………………349
　(3)　裁判外の和解 …………………………………………………………349
　　【書式88】　訴えの取下書 ………………………………………………350

第5章　執　行

1　民事執行制度の概要 ……………………………………………………352

　(1)　民事執行の種類 …………………………………………………………352
　　(A)　民事執行の意義 ……………………………………………………352
　　(B)　民事執行の種類 ……………………………………………………352
　　　(a)　強制執行 …………………………………………………………352
　　　(b)　担保権の実行としての競売 ……………………………………352
　　〈図表11〉　民事執行の種類一覧 ……………………………………353
　　　(c)　形式的競売 ………………………………………………………354
　　　(d)　保全執行 …………………………………………………………354
　(2)　執行の代理 ………………………………………………………………354
　　(A)　執行裁判所でする手続 ……………………………………………354
　　【書式89】　代理人許可申立書 ………………………………………355
　　(B)　執行官がする手続 …………………………………………………357

2　強制執行の準備 …………………………………………………………357

目 次

- (1) 強制執行の流れ ………………………………………………………357
  - 〈図表12〉 債務名義の種類、単純執行文付与および確定証明書の要否 …358
  - 〈図表13〉 建物明渡強制執行（動産強制執行同時申立て）の流れ ……359
- (2) 債務名義 …………………………………………………………………360
- (3) 執行文の種類と付与申立て ……………………………………………361
  - (A) 執行文 …………………………………………………………………361
  - (B) 執行文の種類 …………………………………………………………361
    - (a) 単純執行文 …………………………………………………………361
    - (資料5) 単純執行文〔事例3〕 ……………………………………361
    - (b) 条件成就執行文 ……………………………………………………362
    - (資料6) 条件成就執行文 ……………………………………………362
    - (c) 承継執行文 …………………………………………………………363
    - (資料7) 承継執行文(1)——債権者側 ………………………………364
    - (資料8) 承継執行文(2)——債務者側 ………………………………365
    - (d) 債務者不特定の承継執行文 ………………………………………366
    - (資料9) 債務者を特定しない承継執行文〔事例2〕 ………………367
  - (C) 執行文付与の要件 ……………………………………………………368
  - (D) 債務名義の失効 ………………………………………………………368
  - (E) 執行力の排除 …………………………………………………………369
  - (F) 契約更新前に作成された債務名義の執行力 ………………………369
  - (G) 執行文の付与申立て …………………………………………………369
    - (a) 執行文付与の機関 …………………………………………………369
    - (b) 申立債権者 …………………………………………………………370
    - (c) 執行文付与の申立書の記載事項 …………………………………370
    - (d) 手数料 ………………………………………………………………370
    - 【書式90】 確定判決に対する執行文付与申立書・請書〔事例3〕……371
    - 【書式91】 仮執行宣言付判決に対する執行文付与申立書 ……………372

| 【書式92】 | 和解調書に対する執行文付与の申立書 | 372 |

　　【書式92】　和解調書に対する執行文付与の申立書 …………………372
　　【書式93】　条件成就による執行文付与申立書 ……………………373
　　【書式94】　承継執行文付与申立書 …………………………………373
　　【書式95】　債務者不特定の承継執行文付与の申立書 ………………374
　　(e)　申立書の附属書類 ……………………………………………375
　　【書式96】　判決確定証明申請書〔事例3〕 …………………………376
　　【書式97】　委任状 …………………………………………………378
(H)　条件成就執行文の付与を要する場合とそれを証する書面 …………378
　　(a)　先給付の場合 …………………………………………………378
　　(b)　失権特約（失権約款、当然解除特約）………………………379
　　(c)　無催告解除特約、解除権留保 ………………………………379
　　(d)　不確定期限 ……………………………………………………380
　　(e)　引換給付 ………………………………………………………380
(I)　承継執行文の付与を要する場合とその必要書類 ……………………380
　　(a)　相続による承継の場合（一般承継）…………………………380
　　　(ア)　原告（賃貸人）に相続が発生した場合 …………………381
　　　(イ)　被告に相続が発生した場合 ………………………………383
　　　(ウ)　強制執行の開始後に債権者に承継があった場合 …………384
　　　(エ)　強制執行の開始後に債務者に承継があった場合 …………385
　　(b)　法人の合併の場合（一般承継）………………………………385
　　(c)　債務名義成立後（判決においては口頭弁論終結後）の占
　　　　有取得者 ………………………………………………………385
　　(d)　占有移転禁止仮処分執行後の占有取得者 ……………………386
　　(e)　債権譲渡の場合（特定承継）…………………………………386
　　(f)　所有権を譲り受けた場合（特定承継）………………………386
　　(g)　代位弁済の場合（特定承継）…………………………………387
　　(h)　訴訟担当者と被担当者 ………………………………………387
(J)　債務者不特定の場合 …………………………………………………387

目 次

　　(K)　執行文の数通付与・再度付与 …………………………………388
　　　【書式98】　執行文数通付与申立書 ……………………………389
　　　【書式99】　執行文再度付与申立書 ……………………………389
(4)　執行開始の要件 ………………………………………………………390
　　(A)　債務名義の送達 …………………………………………………390
　　　【書式100】　判決正本送達証明申請書・請書〔事例3〕………390
　　　【書式101】　和解調書正本送達申請書 ………………………391
　　(B)　執行文の送達 ……………………………………………………391
　　　【書式102】　執行文および証明文書謄本送達申請書 …………392
　　　【書式103】　執行文および証明文書謄本送達証明申請書 ……392
　　(C)　債務者不特定の承継執行文の送達 ……………………………393
　　(D)　確定期限の到来 …………………………………………………393
　　(E)　担保の提供 ………………………………………………………393
　　(F)　反対給付または他の給付の不履行に係る場合の強制執行 ……394
(5)　現況の調査 ……………………………………………………………394
　　(A)　占有者の確認 ……………………………………………………394
　　　(a)　占有の調査 ……………………………………………………394
　　　(b)　債権者の協力 …………………………………………………395
　　(B)　長期不在者の占有継続 …………………………………………395
　　(C)　執行が困難であると予測される場合 …………………………396
　　　(a)　占有者が外国人である場合 …………………………………396
　　　(b)　債務者が生活困窮者、病人等である場合 …………………396
　　　(c)　犬、猫等のペットがいる場合 ………………………………396
　　　(d)　暴力団等に占拠されている場合 ……………………………396
　　(D)　占有補助者 ………………………………………………………396
　　(E)　建物の確認 ………………………………………………………398
　　　(a)　再　築 …………………………………………………………398
　　　(b)　増　築 …………………………………………………………398

〈図表14〉　明渡執行準備一覧 ……………………………………399

3　建物明渡しと動産執行 ………………………………………402

(1)　建物の明渡し ……………………………………………………402
　(A)　執行方法 ………………………………………………………402
　(B)　建物明渡しの申立て …………………………………………403
　　(a)　申立ての方式 ………………………………………………403
　　(b)　申立書の記載事項 …………………………………………403
　　【書式104】　明渡執行申立書〔事例3〕 ……………………404
　　【書式105】　当事者目録〔事例3〕 …………………………406
　　【書式106】　物件目録〔事例3〕 ……………………………406
　　【書式107】　委任状〔事例3〕 ………………………………407
　　(c)　申立書の添付書類 …………………………………………408
　　【書式108】　債務名義還付申請書〔事例3〕 ………………408
　　(d)　執行予納金 …………………………………………………409
　　【書式109】　保管金提出書 …………………………………410
　　〈資料10〉　保管金受領証書 …………………………………412
　　〈図表15〉　執行予納金納付基準額（大阪地方裁判所） ……413
　　〈図表16〉　執行予納金納付基準額（東京地方裁判所） ……414
　(C)　執行補助者等 …………………………………………………415
　(D)　占有認定と執行官の職務権限 ………………………………416
　(E)　執行官等の職務の執行の確保 ………………………………417
　　(a)　威力の行使 …………………………………………………417
　　(b)　警察上の援助 ………………………………………………418
　　(c)　立会い等 ……………………………………………………418
　　(d)　官庁または公署に対する援助請求 ………………………418
　(F)　明渡催告 ………………………………………………………419
　　(a)　明渡催告 ……………………………………………………419

目 次

　　　(b) 執行期日の指定 …………………………………………419
　　　(c) 引渡期限 ……………………………………………………419
　　　(d) 明渡催告の効果（当事者恒定効） ………………………420
　　　(e) 1か月を超える引渡期限の定め・引渡期限の延長 ………420
　　【書式110】 引渡期限延長の上申書（申立ての段階で期限の伸長理
　　　　　　　　由がある場合）〔事例3〕 ……………………………421
　　　(f) 公　示 ………………………………………………………421
　　（資料11） 公示書〔事例3〕 ………………………………………422
　　　(g) 断行実施予定日 ……………………………………………423
　　（資料12） 催告書（本人不在の場合）〔事例3〕 …………………423
　　（資料13） 土地・家屋明渡（引渡）執行調書（催告） …………424
　　　(h) 任意の明渡し ………………………………………………426
　　【書式111】 確認書 …………………………………………………427
　　【書式112】 所有権譲渡証明書 ……………………………………429
　　【書式113】 取下書 …………………………………………………429
　(G)　断行（明渡し） …………………………………………………430
　　　(a) 債権者の出頭 ………………………………………………430
　　　(b) 証人の立会い ………………………………………………430
　　　(c) 占有者の排除 ………………………………………………430
　　　(d) 断行費用 ……………………………………………………430
　　（資料14） 土地・家屋明渡（引渡）執行調書（断行）〔事例3〕 ………431
　　【書式114】 放棄書〔事例3〕 ………………………………………433
　(H)　目的外動産 ………………………………………………………433
　　　(a) 概　要 ………………………………………………………433
　　　(b) 目的外動産とは ……………………………………………434
　　　(c) 目的外動産の売却手続の概要 ……………………………434
　　　(d) 断行実施日における売却 …………………………………435
　　　(e) 即日売却 ……………………………………………………436

(f) 断行実施日から1週間未満の日を売却期日とする売却 ……… 436
　　　(g) 動産執行の例による売却 …………………………………… 437
　　　(h) 保　管 ………………………………………………………… 438
　　　(i) 保管物の引渡し ……………………………………………… 439
　　【書式115】　保管物引渡報告書 ………………………………… 440
　　【書式116】　保管物件受領書 …………………………………… 440
　　　(j) 廃　棄 ………………………………………………………… 441
　　　(k) 費　用 ………………………………………………………… 441
　(I) 占有の引渡し ………………………………………………………… 442
　(J) 債務名義の還付 ……………………………………………………… 442
　(K) 予納金の返還（執行予納金の残金の受領）……………………… 442
　　（資料15）　家屋明渡・不動産引渡執行の手順について（大阪地方
　　　　　　　裁判所）…………………………………………………… 442
(2) 動産執行 …………………………………………………………………… 444
　(A) 動産執行の概要 ……………………………………………………… 444
　(B) 動産執行の申立て …………………………………………………… 444
　　　(a) 申立て ………………………………………………………… 444
　　【書式117】　動産執行申立書〔事例3〕 ……………………… 445
　　【書式118】　当事者目録 ………………………………………… 447
　　　(b) 申立書の記載事項 …………………………………………… 447
　　　(c) 申立書の添付書類 …………………………………………… 448
　　　(d) 予納金 ………………………………………………………… 448
　(C) 差押え ………………………………………………………………… 448
　　　(a) 執行の手順 …………………………………………………… 448
　　　(b) 動産の特定 …………………………………………………… 449
　　　(c) 差押禁止動産 ………………………………………………… 449
　　　(d) 超過差押禁止 ………………………………………………… 450
　　　(e) 無剰余差押禁止 ……………………………………………… 450

目　次

　　　　　(f)　二重差押禁止 …………………………………450
　　　　　(g)　動産の保管 ……………………………………450
　　　　　(h)　保管機関 ………………………………………450
　　　　　(i)　差押えの表示 …………………………………451
　　　　（資料16）　差押物件封印票 ……………………………451
　　　　（資料17）　標目票 ………………………………………452
　　　　（資料18）　動産執行の公示書 ……………………………452
　　　　　(j)　使用許可 ………………………………………453
　　　(D)　差押調書 ……………………………………………453
　　　　（資料19）　差押調書 ……………………………………453
　　　　（資料20）　不能調書〔事例３〕 …………………………456
　　　(E)　差押物の売却 ………………………………………458
　　　(F)　配当手続 ……………………………………………459

4　執行に対する救済、不服申立手続等 ……………460

　　　　〈図表17〉　執行に対する救済、不服申立手続の種類 ………………460
　　(1)　違法執行に対する救済 …………………………………460
　　　(A)　執行抗告 ……………………………………………460
　　　(B)　執行異議 ……………………………………………461
　　(2)　不当執行に対する救済 …………………………………461
　　　(A)　請求異議の訴え ……………………………………461
　　　(B)　第三者異議の訴え …………………………………462
　　(3)　強制執行の停止、取消し ………………………………463
　　　(A)　強制執行の停止 ……………………………………463
　　　(B)　執行処分の取消し …………………………………463
　　(4)　執行文付与に関する救済手続 …………………………464
　　　　〈図表18〉　執行文付与等に対する救済手続 …………………464
　　　(A)　執行文付与に関する異議 …………………………464

(B)　執行文付与の訴え ……………………………………………465
　(C)　執行文付与に対する異議の訴え ……………………………465
(5)　不服申立ての特則（明渡催告後の救済）……………………466
　(A)　強制執行不許の訴え …………………………………………466
　(B)　執行異議の申立て ……………………………………………466
(6)　債務名義を取得された債務者からの相談 …………………466
　(A)　和解の可能性 …………………………………………………466
　(B)　退去についての相談 …………………………………………467

・執筆者一覧（初版・第2版）………………………………………468

凡　例

凡　例

〔法令等の略称〕

会	会社法
供託規	供託規則
裁	裁判所法
執	執行官法
司書	司法書士法
借家	借家法
借地借家	借地借家法
人訴	人事訴訟法
民	民法
民執	民事執行法
民訴	民事訴訟法
民訴規	民事訴訟規則
民訴費	民事訴訟費用等に関する法律
民調	民事調停法
民保	民事保全法
民保規	民事保全規則
郵	郵便法
倫理	司法書士倫理

〔判例集等の略称〕

民集	最高裁判所民事判例集／大審院民事判例集
民録	大審院民事判決録
東高時報（民）	東京高等裁判所民事判決時報
下民集	下級裁判所民事裁判例集
新聞	法律新聞
判時	判例時報
判タ	判例タイムズ
金法	金融法務事情

本書で扱うモデル事件

　本書で掲載している書式のほとんどは、次の三つのモデル事件のいずれかに基づいて記載例が関連するように作成されている。そこで、あらかじめ事例を把握しておいていただくと、理解しやすいであろう。

事例1　賃料不払いの場合

【福沢慶子（原告）の言い分】

1　私は、平成21年8月8日、夫である福沢雄吉に先立たれて以降、11歳になる長男の福沢応太を連れて実家の両親のところに身を寄せ、生活しています。育ち盛りの子どもを養育するのは大変ですが、雄吉が残してくれた賃貸物件による賃料収入と、私自身も大阪市内の百貨店でパートタイマーとして働きに出てわずかな収入を得て生計を立てています。

　　今回ご相談したいのは、雄吉が残してくれた賃貸物件についてです。

2　雄吉は、本件建物を平成15年7月7日から、野淵英夫さんに賃料月7万円、期間を2年間、賃料は翌月分を当月末日までに支払うという約束で賃貸しました。賃料については雄吉と野淵さんとの話し合いにより、平成17年7月7日以降平成19年7月6日までは1か月7万5000円、平成19年7月7日以降は1か月8万円に増額されています。

　　雄吉と野淵さんとは友人であり親しい間柄であったのですが、野淵さんには少しお金にルーズなところがあり、賃料の支払いに不安があると言っていました。そこで、念のために、野淵さんの母である樋口市代さんに連帯保証人になってもらいました。

　　私は、平成21年8月8日、雄吉が死亡したことにより、応太とともに本件建物を相続しました。

3　平成25年6月分以降、突然、野淵さんからの賃料の支払いが止まってしまいました。

私は、野淵さんとは長い付き合いだし、そのうちきちんと支払ってくれるだろうと思いしばらく様子をみていましたが、それから1年を経過しても、野淵さんは全く賃料を支払ってくれませんでした。
4 そこで、私は、野淵さんに賃貸借契約の解除通知書を普通郵便で送りました。賃料の滞納が始まって1年が経過してからのことですから、遅くとも平成26年8月17日にはポストに投函したと記憶しています。その内容は、延滞賃料120万円全額を平成26年8月31日までに支払ってほしいということと、その期日までに支払いがない場合は、野淵さんとの賃貸借契約を解除する、というものでした。ところが、期日を過ぎても、野淵さんからの賃料の支払いはありませんでした。

【野淵英夫（被告）の言い分】

1 慶子さんのおっしゃるとおり、私が賃料を滞納しているのは事実です。ただ、慶子さんからの通知書を受け取った覚えはありません。賃料を滞納している間、慶子さんは私に何も言ってこなかったのに、突然賃貸借契約を解除したというのはあんまりです。
2 私が賃料を滞納するようになったのは、それまで勤務していた山肉産業株式会社が倒産し、無職になってしまったことが原因です。もちろん、そのことは慶子さんも知っているはずです。私は、現在就職活動中であり就職が決まれば滞納賃料もあわせて支払うつもりですし、私は、てっきり慶子さんもわかってくれているものと思っていました。現に、慶子さんは私が賃料を滞納し始めた平成25年6月分以降の賃料を支払えとは一度も言ってきていません。
3 実は、私は、雄吉さんがご健在であった平成20年8月、当時勤務していた会社を解雇されて収入が途絶えたため、賃料の支払いを遅滞したことがありました。確か、そのときも1年以上にわたり滞納したのですが、私が山肉産業株式会社に就職した後、それまでの滞納賃料を全額支払いました。
　今回の件も、前回の滞納時と同じく、勤務先の倒産という私にはどうしようもない事情によるものであり、慶子さんはその事情も理解して、大目

に見てくれているものと思っていました。もちろん、就職が決まれば、滞納賃料を全額支払うつもりです。

【樋口市代（被告）成年後見人司法書士法人 Holly の言い分】

1　私は、樋口市代の成年後見人である「司法書士法人 Holly」の代表社員の丙端康成です。樋口さんは、平成20年6月6日、後見開始の審判を受け、当法人が成年後見人として選任されました。

2　樋口さんには、後見開始の審判を受ける5～6年前、つまり平成14～15年頃からでしょうか、認知症の症状があらわれました。当時、すでに事理を弁識する能力を欠く常況にありました。到底、雄吉さんと連帯保証契約を締結できる状態にはありませんでした。

【事件の推移】

本件は、賃料不払いを原因とする賃貸借契約終了に基づく建物明渡請求事件である。

原告は、賃貸借契約を締結した当時の賃貸人の相続人である。原告は、賃借人に対して、未払賃料の支払いを求めたが、支払いがなされなかったために、賃貸借契約を解除し、建物明渡・未払賃料・賃料相当損害金の請求をするとともに、賃借人の連帯保証人に対して未払賃料・賃料相当損害金の請求をする事例である。

```
●原　告　福沢　慶子
　　　　　福沢　応太（未成年者）
　　代理人司法書士　甲川　龍介
■被　告　野淵　英夫
　　代理人司法書士　乙木　珊瑚
■被　告　樋口　市代
　　被告成年後見人司法書士法人 Holly　代表社員　丙端　康成
```

本書で扱うモデル事例

日　付	事　実
平成15年7月7日	賃貸借契約締結
	賃貸人・福沢雄吉　賃借人・野淵英夫　連帯保証人・樋口市代
	契約期間　平成15年7月7日から2年間、賃料月7万円、賃料は翌月分を当月末日までに支払う
平成17年7月7日	賃貸借契約更新、賃料を月7万5000円に変更
平成19年7月7日	賃貸借契約更新、賃料を月8万円に変更
平成20年6月6日	樋口市代、後見開始の審判
8月	野淵英夫が勤務先に解雇され、賃料を滞納
平成21年7月7日	賃貸借契約法定更新
8月8日	賃貸人福沢雄吉が死亡し、福沢慶子および福沢応太(未成年)が相続人となる
11月	野淵英夫が山肉産業に就職
	未払賃料を支払う
平成25年1月	野淵英夫の勤務先である山肉産業が倒産する
5月31日	平成25年6月分の賃料を滞納
9月	福沢応太が鐘餅中学校の推薦入試に合格
平成26年8月17日	福沢慶子が、野淵英夫に対して、普通郵便で、賃料支払を催告(本件では、本人が普通郵便で催告を行っているが、司法書士が代理人として催告を行う場合の書式はp57【書式5】催告書(1)―賃料不払いの場合)
9月1日	賃貸借契約解除
9月	福沢慶子が司法書士甲川龍介に相談
	p7【書式1】相談票　p12〈図表2〉時系列表
	p39【書式2】委任契約書
	p42【書式3】訴訟委任状

10月1日	訴訟提起（平成26年(ワ)第1129号）	
	p278【書式61】訴状－賃料不払いの場合	
11月1日	答弁書…p281【書式62】答弁書(1)－被告賃借人	
	答弁書…p283【書式63】答弁書(2)－被告保証人	
12月1日	第1準備書面…p285【書式64】　第1準備書面(1)－原告	
平成27年1月11日	準備書面(1)…p287【書式65】第1準備書面(2)－被告賃借人	
	準備書面（第1）…p288【書式66】第1準備書面(3)－被告保証人	

事例2　無断転貸の場合

【永田弘美（原告）の言い分】

1　私は、4階建ての住宅用マンションを所有し、これを賃貸して生計を立てている個人事業者です。この建物は、10年ほど前、父親から相続した土地を有効利用するために、銀行から8000万円の融資を受けて建てたものです。今回問題になっている建物は、このマンションの1室です。

2　私は本件建物について、平成24年2月末に前の賃借人との賃貸借契約を解除した後、近所の不動産業者に入居者の募集をお願いしました。募集をお願いしてから3週間ぐらい経過して、不動産業者より小谷嘉弘さんを紹介されました。小谷さんはこの近所で、100円ショップに卸すようなプラスチック製家庭用品やビニール製家庭用品を販売している株式会社小谷商店という会社を経営しています。そして、自宅から会社まで片道で2時間の通勤時間が大きな負担となるため、会社の近くで賃貸物件を探しているという事情を聞き、本件建物を小谷さんに貸すことにしました。

3　平成24年4月1日、不動産業者仲介のもと、私は小谷さんとの間で、住宅として賃料1か月7万円、期間2年、賃料翌月分を当月末日までに支払う、賃貸人の承諾なく転貸などしたときは契約を解除できるという内容で

本件建物の賃貸借契約を結びました。
4 　半年ぐらいは何の問題もありませんでしたが、平成24年11月頃から小谷さんは私に無断で、本件建物を株式会社山田製作所に転貸しました。転貸した事情を知ったのは、本件建物の隣の住人が私に12月分の家賃を持参した際、「隣に小谷さんとは別の人が数人入れ替わり立ち替わり出入りし騒いでいるので注意してほしい」という苦情があったからです。
5 　その後、平成24年12月1日深夜、隣の住人が「隣の部屋で数人が大きな声で話し、壁を叩く音がするため、眠れないから注意してくれ」と私の自宅に電話してきました。私は、慌てて本件建物に足を運んでインターホンを鳴らしたところ、小谷さんとは別人の見たこともない男が、チェーンを掛けたままでドアを開けて顔を出したので、「あなたは誰？　何をしているの？」と言うと、男は無言のまま、ドアを閉めて鍵を掛けました。その後も私は、再三インターホンを鳴らしたりしましたが、男は出てくることはありませんでした。私は諦めて家に帰りました。日を改めて何度も私は本件建物に足を運びましたが、留守のようで小谷さんにも男の人にも会うことはできませんでした。
6 　平成25年2月、再度隣の住人から本件建物の騒音に迷惑しているから、対応してくれという電話をもらったので、同月20日夜に私は本件建物を訪れました。私がマンション1階入口に入るとその脇にある郵便受けには小谷さんの名前に変わって「株式会社山田製作所」の名札が貼ってありました。私が本件建物を訪れるとドアの表札も「小谷」から「株式会社山田製作所」に変更されていました。私が本件建物のインターホンを鳴らすと、中から一人の男が出てきたのでいろいろ質問をしました。男が山田製作所の従業員ということはわかりましたが、こちらの質問に対する男の答えは要領を得なかったので、何もわかりませんでした。私は、本件建物の隣、上下の住人から聞いたところ、平成25年1月に複数の男達が突然ベッド、椅子、机などを本件建物に運び入れて、住んでいることがわかりました。

【小谷嘉弘（被告）の言い分】

1　永田弘美さんは、私が本件建物を山田製作所に転貸していると言っていますが、山田製作所に転貸している事実はありません。私と山田製作所の代表者山田さんは、学生時代からの親友で、お互い経営者という立場と会社が近所ですぐ会えることから頻繁に遊んでいます。夜遅くまで遊ぶこともあるので、帰る交通機関がなくなったときには、本件建物に泊めたこともありました。このようなことは、世間的にもよくあることだと思います。

【株式会社山田製作所（被告）の言い分】

1　私は、山田製作所の代表者の山田です。私と小谷さんは学生時代からの親友で、普段から仕事が終わるとよく食事や飲みに行ったりしています。遅くまで飲んでいて、家に帰ることができないときには、小谷さんの家に泊めてもらったこともあります。泊めてもらったときにたまたま永田さんに会ったことはあるかもしれませんが、その場面だけを見て、本件建物を転貸していると言うのはおかしいと思います。

2　私と小谷さんは、共通の友人も多く、これらの友人達も遅くまで飲んで帰れなくなったときには、小谷さんの家に同じように泊めてもらっています。

【事件の推移】

本件は、無断転貸を原因とする賃貸借契約終了に基づく建物明渡請求事件である。

原告が、賃借人に対して、無断転貸をやめるよう求めたが、やめなかったために、賃貸借契約を解除し、建物明渡・賃料相当損害金を請求するとともに、無断転借人に対して、所有権に基づいて建物明渡・賃料相当損害金の請求をする事例である。

●原　告　永田　弘美
　　代理人司法書士　　甲川　龍介
■被　告　小谷　嘉弘
　　被　告　株式会社山田製作所　代表者代表取締役　山田　鉄男

本書で扱うモデル事例

| 被告ら代理人司法書士　　乙木　珊瑚 |

日　付	事　実
平成24年4月1日	賃貸借契約締結 賃貸人・永田弘美　賃借人・小谷嘉弘 契約期間　平成24年4月1日から2年間、賃料月7万円、賃料は翌月分を当月末日までに支払う
11月	本件建物に見覚えのない男性が数名出入りするようになり、永田弘美に本件建物の隣の部屋の住人から騒々しいと苦情が寄せられる
12月1日	本件建物で深夜に騒音がする、と隣の部屋の住人から永田弘美へ苦情があり、永田弘美が本件建物を訪問したところ、見知らぬ男が出てきた
平成25年1月下旬	本件建物に、ベッド、机、椅子等が搬入される
2月20日	再度隣室から苦情があり、永田が本件建物を訪問したところ、郵便受け、表札が㈱山田製作所に変わっており、中から出てきた男が「㈱山田製作所の従業員である」と名乗った
2月下旬	永田弘美が司法書士甲川龍介に相談 p7【書式1】相談票 p39【書式2】委任契約書 p42【書式3】訴訟委任状
3月10日	甲川が小谷嘉弘、㈱山田製作所に内容証明郵便で催告書を送付 小谷嘉浩宛内容証明郵便…　p58【書式6】催告書(2)—無断譲渡・転貸の場合（賃借人宛） ㈱山田製作所宛内容証明郵便…　p59【書式7】催告書(3)—無断譲渡・転貸の場合（無断占有者宛）

	11日	内容証明郵便到達
	26日	賃貸借契約解除
4月1日		占有移転禁止仮処分命令申立（平成25年(ト)第343号）
		p102【書式14】占有移転禁止仮処分命令申立書(1)－債務者特定・債務者使用型
		p123【書式18】供託書（仮処分の保証供託）、p124【書式19】委任状（供託）
	4日	保全執行の申立て…p132【書式21】民事執行申立書（仮処分）
	10日	保全執行実施…p135（資料4）公示書
5月1日		訴訟提起（平成25年(ワ)第2918号）…p289【書式67】訴状
6月1日		答弁書…p293【書式68】答弁書
7月1日		第1準備書面…p294【書式69】第1準備書面－原告

事例3　無断増改築・用法遵守義務違反の場合

【株式会社パインスカイ（原告）代表者代表取締役村上順一の言い分】

1　私は、コンビニ経営と不動産賃貸を業とする株式会社パインスカイの代表者の村上順一です。株式会社といっても、家族で経営をしている小さな会社です。

2　私は父から相続した木造2階建ての本件建物を会社名義にし、賃貸物件としていました。平成23年11月1日から、私の大学時代の先輩である高橋剛さんに、居住用として、賃料月8万円、期間2年間、賃料は翌月分を当月末日までに支払うという約束で賃貸しました。その他の内容は、賃貸借契約書に記載されています。本件建物は、閑静な住宅街の中にあり、まわりの環境もよく、とても住みやすいと評判のところです。高橋さんは、ご夫婦とお子さんとの4人家族で、ちょうど一戸建てを探していると聞きま

したので、お貸しすることになりました。高橋さんにお貸しする以前にも、賃貸に出しておりましたので、高橋さんとの賃貸借契約の際も、特に何の心配もなく、普通に契約をしました。
3 　ところが、平成25年３月頃、高橋さんは、私に何の断りもなく、勝手に１階を増改築し、４月５日にカラオケ喫茶を開店したのです。私は、全くそのことを知らず、近隣住民から「カラオケの音がうるさい」と苦情がきたことから、はじめて高橋さんが勝手に改築をしてカラオケ喫茶を始めたことを知りました。すぐに、やめるように言わなくては、と思っていたのですが、コンビニ経営のほうが忙しく、なかなか時間がとれず、ようやく５月初旬に様子を見にいくことができました。すると、１階部分のほとんどが改装され、外観もすっかり変わっており、閑静な住宅街の中に、ぽつんと１軒だけカラオケ喫茶がある、という非常に異様な光景になっていました。私はびっくりして、どうやって高橋さんにカラオケ喫茶を止めるように言えばいいのか、と考えていたところ、高橋さんの奥さんにばったり出くわしました。私はこっそり見にいっていた手前、気が動転し、何も言わずに帰ってきてしまいました。
4 　その後も、高橋さんはいっこうにカラオケ喫茶を止めようとしませんし、近隣住民から「うるさい」と苦情が相次ぎ、高橋さんと近隣住民との間で軋轢が生じています。高橋さんを信頼して本件建物を貸したのに、こんなことをされて、非常に残念です。私は、高橋さんに、増改築部分をきちんと元どおりに戻して、本件建物を明け渡してもらいたいです。

【被告高橋剛の言い分】

1 　私は、村上君から、村上君が言うような契約内容で本件建物を借りています。
2 　私は、会社勤めをしていましたが、平成24年12月で早期退職制度を利用して退職し、以前から私の妻が喫茶店をやりたいと言っていたので、退職金で喫茶店を始めることにしました。どうせやるなら、カラオケ喫茶にしたほうが儲かると思い、そうしました。

3　村上君は、私がカラオケ喫茶を始めたことを全く知らないなんて言ってますが、平成25年2月17日午後5時30分頃、松空歯科医院の待合室で村上君に会ったとき、本件建物で喫茶店をやろうと思ってる、と話したところ、村上君は、「それはいいですね、開店したら行きますよ」なんて言っていたんです。だから、村上君は、私が本件建物を改築してカラオケ喫茶にすることを承諾していたし、私は村上君の承諾があったので、改築を始めたんです。それに、私が改築を始めたのが3月、カラオケ喫茶の開店が4月5日、村上君から突然内容証明郵便がきたのが5月14日ですから、もし村上君が私がカラオケ喫茶をすることに反対なのであれば、もっと早く抗議なり何なりしにくればいいのに、村上君は、私が工事をしている間も、カラオケ喫茶を開店してからも、全く何も言ってこなかったんです。それなのに、今さら知らないと言い出すなんて、理解できません。

4　それに、私のところには近所からの苦情なんて1件もありません。それどころか、私は自治会の役員をやっているのですが、うちのカラオケ喫茶で自治会の会合をしたりしているんです。

【事件の推移】

　本件は、無断増改築・用法遵守義務違反を原因とする賃貸借契約終了に基づく建物明渡請求事件である。

　原告が、賃借人に対して、増改築した部分の原状復帰と用法を遵守するように求めたが、原状に復せず用法も遵守しなかったために、賃貸借契約を解除し、建物明渡・賃料相当損害金の請求をする事例である。

●原　　告　株式会社パインスカイ　代表者代表取締役　村上順一
　　代理人司法書士　甲川　龍介
■被　　告　高橋　剛
　　代理人司法書士　乙木　珊瑚

本書で扱うモデル事例

日　付	事　実
平成23年11月1日	賃貸借契約締結
	賃貸人・㈱パインスカイ　賃借人・高橋剛
	契約期間　平成23年11月1日から2年間、賃料月8万円、
	賃料は翌月分を当月末日までに支払う
平成25年2月17日	松空歯科医院で村上順一と高橋剛が話をする
3月	高橋剛が本件建物の1階を店舗に改築する工事を開始
4月5日	カラオケ喫茶営業開始
5月初旬	村上順一が本件建物の様子を見にいく
	高橋剛の妻と顔をあわせたが、何も言わなかった
5月	村上順一が司法書士甲川龍介に相談
	p7【書式1】相談票
	p39【書式2】委任契約書
	p42【書式3】訴訟委任状
12日	甲川が高橋剛に、内容証明郵便で催告書を送付
	p60【書式8】催告書(4)—無断増改築・用法遵守義務違反の場合
14日	内容証明郵便到達
31日	賃貸借契約解除
7月1日	訴訟提起（平成25年(ワ)第4129号）…p296【書式70】訴状
8月1日	答弁書…p298【書式71】答弁書
9月1日	準備書面（第1）…p300【書式72】第1準備書面(1)－原告
10月1日	第1準備書面…p302【書式73】第1準備書面(2)－被告
11月1日	準備書面（第2）…p303【書式74】第2準備書面－原告
18日	判決言渡し
12月3日	判決確定
6日	執行文付与申立て・判決確定証明書申請・判決正本送達

	証明書申請
	p371【書式90】確定判決に対する執行文付与申立書・請書、p361（資料5）単純執行文、p376【書式96】判決確定証明申請書、p390【書式100】判決正本送達証明申請書・請書
9日	明渡執行申立て（平成25年(執ロ)第831号）
	動産執行申立て（平成25年(執イ)第1020号）
	p404【書式104】明渡執行申立書
	p445【書式117】動産執行申立書
	p421【書式110】引渡期限延長の上申書
	p442（資料15）家屋明渡・不動産引渡執行の手順について（大阪地方裁判所）
17日	明渡催告
	p422（資料11）公示書
	p423（資料12）催告書（本人不在の場合）
	p424（資料13）土地・家屋明渡（引渡）執行調書（催告）
	動産差押…p456（資料20）不能調書
平成26年1月18日	断行日…p431（資料14）土地・家屋明渡（引渡）執行調書（断行）、p433【書式114】放棄書
20日	引渡期限
後日	債務名義の還付・予納金の返還
	p408【書式108】債務名義還付申請書

第1章

相　談

第1章 相 談

1　相談への姿勢

　司法書士が法律実務家として、依頼者のために紛争解決に向けて活動する端緒となるのが法律相談である。法律相談の出来不出来が、相談者との信頼関係の形成とその後の事件受任の有無に重大な影響を及ぼすことになる。
　法律相談とは、法律実務家が相談者の抱える問題事案を聴取し、その事実に法規を当てはめて権利義務に関する法律判断をなし、それについての説明や説得をすること、また、同時にその実現方法としての法的手続を示し、必要に応じて代理人として事件処理の委任を受けることを内容としていると考えられてきた（菅原郁夫「リーガルカウンセリングとは何か」月報司法書士2003年6月号84頁）。
　現在、司法書士が相談を受ける内容には、売買代金の支払いをめぐる紛争、金銭の貸借をめぐる紛争、借地借家契約をめぐる紛争、請負契約をめぐる紛争等の伝統的な紛争だけでなく、交通事故紛争、家事紛争、近隣紛争、多重債務、労働紛争、DV問題等さまざまなものが存在する。司法書士が相談を受ける事案には、一見単純にみえる紛争であっても、人間関係や社会の複雑化に伴い、法律専門家が合理的な法的判断を提案するだけでは問題に対応することができない場合が増えている。これらの問題に対応するには、従来の法律実務家が、専門家としてその有している知識を提供するだけでは不十分であり、法律相談にリーガルカウンセリングの視点をもつべきことが必要であると考えられるようになっている。
　リーガルカウンセリングとは、相談者の主張に十分に耳を傾け、相談者の立場に立って相談を受けるカウンセリング的な法律相談のスタイルをいう（菅原・前掲84頁）。
　平成15年4月1日の改正司法書士法施行前は司法書士には訴訟代理権がなく、司法書士が相談を受け書類作成等を受任しても、法廷での訴訟行為自体は本人が行わなければならなかった。そのため本人が自ら法廷で訴訟行為を

適切に行えるように、司法書士は当事者本人に対し、本人が行う訴訟行為の意味、その位置づけ、紛争解決の全体のプロセス、そして紛争解決のために必要な法的知識を説明し、本人の十分な理解と、本人の納得を得る必要があった。

このように本人訴訟に関する司法書士の裁判事務は本人の理解と納得を必要としていたことから、訴訟代理権を取得するまでの司法書士の相談と裁判事務は、本来的に相談者中心のスタイルであったといえる。部分的ではあるが代理権を得た今も、本人訴訟の支援者として培ってきた相談者中心の相談スタイルを忘れることなく、さらに、リーガルカウンセリングの精神を理解し、相談「技術」の取得に努力していくことが必要であろう。

本書で扱う建物明渡請求事件は、賃貸借契約という継続的契約に基づくものであり、長年の当事者間のやりとり、感情の行き違い等が紛争の背景としてある場合も多く、司法書士が相談者から事実関係を聴き取るにあたり、法

〈図表1〉 **相談から受任までの流れ**

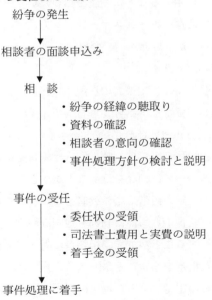

律専門家として法的判断の面だけでなく、相談者の感情にまで注意を払った相談を行う必要があろう。

2 相談への対応

(1) 相談予約の電話に備えて

　相談者はいきなり事務所を訪ねてくることはなく、事前に電話、メール等によりアポイントメントの連絡を行ってくるのが通例であろう。相談の予約を受けるときが、相談者と初めて接するときであるので、そこで司法書士と相談者との互いの第一印象が形成されることになる。
　事件処理には司法書士と依頼者の信頼関係の形成・維持が重視されるが、信頼関係の形成・維持は、具体的事件を受任してから始まるわけではなく、最初の電話等の接触から始まることに注意を払いたい。とりわけ、電話による会話は相手の顔が見えないコミュニケーション方法であるので、電話での話し方、説明の仕方（わかりやすい言葉で話しているか）等により悪印象を与えないように注意が必要である。
　また、相談予約の受付時に、相談者の状況や（とりわけ、急を要する相談かどうか、たとえば相談者が賃借人の場合に、訴訟を提起されていて口頭弁論期日が目前に迫っている場合には迅速に対応する必要がある）、事件の概要を把握することができていれば、相談日当日は、聴き取った内容を前提として事情を聴くことができるのでスムーズに相談を行うことができる。
　さらに、相談予約の電話の段階で話の大筋をつかむことができていれば、事件の内容に応じて司法書士も事前に判例・裁判例や文献等を確認したり、必要な調査を行ったりすることができ、相談者に対しても相談日に持参すべき資料について的確な指示を出すことができる。
　そこで、相談者からの電話があった場合には、その内容が単なる日時の約

(2) 相談予約の段階での対応

(A) 事件概要の把握

建物の明渡しをめぐる紛争において、相談の予約の電話の段階で、聞き出しておくべき事件の概要として、次のような事項が考えられる。

① 紛争の内容はどのようなものか（家賃の支払い、利用態様、増改築、譲渡転貸等の紛争の類型）
② 相談者が賃貸人か賃借人か（利益相反を避けるために当事者の氏名も確認することが望ましい）
③ 目的の建物は誰が占有しているのか
④ 建物の用途は何か
⑤ すでに訴訟等は提起されているのか
⑥ 相手方から内容証明郵便等の文書や書類がきているのか
⑦ その他、これまでの交渉の経過等

(B) 相談者側の準備(1)——基本的な証拠書類の持参・関係者の同行

相談者には、基本的な証拠書類を持参してもらうようにする。資料が手もとにない状態で相談を受けても、あいまいな事実関係しか把握できないことから助言の内容が一般論にとどまってしまい、相談者の問題に沿った具体的助言ができない可能性があるからである。そのようなことになれば、具体的な助言を行うため、再度の相談日を設けることにもなりかねない。

証拠となるべき資料（賃貸借契約書、内容証明郵便、写真等）の量と質は事件の見通しを立てるうえでも重要であることから、相談日初日からできるだけ多くの証拠書類を持参してもらうことが望ましい。その際、相談者が証拠となるべき資料をより分けることなく、すべての資料を持参するように指示することが大事である。相談者が不要とした資料であったとしても、司法書士の視点からみれば重要な間接事実の立証にも役立つことがあることから、資料の選別は相談者自身に行わせるべきではない。可能であれば、相談日ま

でに、相談者の保管している賃貸借契約書、全部事項証明書、内容証明郵便、訴状等の資料をファクシミリ等で送付をしてもらってもよいだろう。

建物明渡請求事件において、基本的な資料としては次のようなものがある。特に賃貸借契約書は、当事者間の法律関係を把握するうえで重要かつ基本的な書類であるので、ぜひとも相談日初日に持参してもらう必要がある。

① 賃貸借契約書など
② 家賃領収台帳や家賃が振り込まれる通帳
③ 賃貸借契約の対象建物の全部事項証明書（不動産登記簿謄本）
④ 固定資産評価証明書
⑤ 当事者間でやり取りした文書（内容証明郵便、ファクシミリ、メールの通信文など）
⑥ 当事者が会社等の場合、履歴事項証明書（商業登記簿謄本）

また、紛争に至る経緯等についての事情をよく知っている関係者がいるならば、同行してもらうように要請しておくことも必要となろう。

(C) 相談者側の準備(2)——事実関係を整理したメモの作成

相談者には、時系列に沿って、誰と誰との間で、どのような出来事があったのかについて簡単なメモを作成してもらうことも大事である。このメモがあれば、相談者の話を聴く際にもポイントを把握しやすくなる。また、当事者が多数存在する場合、当事者らの関係を説明する当事者関係図を作成してもらうことも事件の内容を把握するうえで役立つ。

(3) 事情聴取

法律相談における事情聴取の目的は、第一に紛争の事実関係を知ることにある。第二に相談者の真の要望は何かを知ることである。

【書式1】 相談票

<table>
<tr><td colspan="3" align="center">相 談 票　　H ・ ・ ・</td></tr>
<tr><td>相談者</td><td>氏名
住所
ＴＥＬ
ＦＡＸ
携帯電話
メール</td><td>登記簿上の住所／契約書記載の住所が異なる場合
住民票の要否　□要　□否

職業</td></tr>
<tr><td>紹介者</td><td colspan="2"></td></tr>
<tr><td rowspan="2">相手方</td><td>賃借人氏名
住所
ＴＥＬ
ＦＡＸ
携帯電話
メール</td><td>契約書記載の住所が異なる場合
住民票の要否　□要　□否
賃借人が死亡している場合
戸籍謄本の要否　□要　□否

職業</td></tr>
<tr><td>保証人氏名
住所
ＴＥＬ
ＦＡＸ
携帯電話
メール</td><td>契約書記載の住所が異なる場合
住民票の要否　□要　□否
保証人が死亡している場合
戸籍謄本の要否　□要　□否

職業</td></tr>
<tr><td>賃貸借契約</td><td>契約日
契約期間
建物の引渡日
敷金／保証金
賃料／家賃

建物の用途
支払時期
支払方法

特約条項
合意管轄条項</td><td>昭和／平成　年　月　日　　　契約書の有無　□あり　□なし
昭和／平成　年　月　日から　年間　更新の有無□あり　□なし
昭和／平成　年　月　日
金　　　　円
月　　円
賃料増額の経緯　・・・　金　　円
　　　　　　　　・・・　金　　円
□居宅　□店舗　□その他（　　　　）
毎月　　　日
翌月分を先払　あり　なし
持参／集金
銀行振込　振込先　　銀行　　支店
　　　　　　　　　　口座番号
　　　　　　　　　　名義人

□原告住所地　　　　□その他
□簡易裁判所　　　　□地方裁判所</td></tr>
<tr><td>建物の所有者</td><td colspan="2">□賃貸人　　　　　□第三者（　　　　）　　　戸籍謄本の要否　□要　□否
□賃貸人の先代　　□その他（　　　　）　相談者が転貸人の場合　□契約書有り　□なし</td></tr>
</table>

第1章　相　談

建物の特定		□一戸建て　　登記の有無　□あり　□なし □共同住宅　　図面の有無　□あり　□なし □マンション　全部事項証明書　□あり　□なし □その他
占有者	□賃借人　　□第三者	氏名　　　　　　　占有時期 H・・・ 住所　　　　　　　占有原因　□譲渡　□転貸　□不明
家賃の延滞	□あり　□なし	延滞期間 H・・・〜　内容証明による督促の有無　□あり　□なし 延滞金額　金　　円
紛争の経緯		
事件処理方針	□内容証明　　紛争の目的物の価格金　　円　固定資産評価証明書□あり　□なし □調停 □裁判外交渉 □訴訟提起 □占有移転禁止の仮処分 □即決和解 □その他	
報酬等	着手金　　金　　　円　H・・・ 成功報酬　金　　　円　H・・・ 　　　　　金　　　円　H・・・ 　　　　　金　　　円　H・・・	
備考		

事案内容・経過・進行表

事案内容			
年	月	日	経過・進行・相談内容などの要旨

備　考 関連事件等		

(A) 相談技法

　事実を把握するためには、相談を受ける司法書士が「話を聴く技術」を駆使しなければならない。司法書士業務を通じて話を聴く技術を身に付けている者もいるであろうが、当然のことながら、司法書士というだけで十分な事情聴取ができるわけではない。

　相談者の説明を時間をかけて丁寧に聴くことは大切であるが、相談者の言うことをただ聴いているだけでは、相談者に話を聴いてもらえたという満足を与えることはできるかもしれないが、法律実務家の相談としては不十分である。互いに時間には限りがあり、集中して面談ができるのはせいぜい1時間から1時間半程度だと考えられることから、相談者が説明する事実関係の中から要領よく法的判断に必要な事実関係を把握し、相談者の希望を把握する工夫を怠ってはならない。

　相談者は、事件に関する最大の情報源である。しかし、相談者は法律の専門家ではなく、法律を全く知らない相談者、あるいは多少なりとも正しい知識がある相談者、間違った知識をもっている相談者等、相談者の資質はさまざまである。また相談者は、紛争の当事者として法的紛争を目の前にして、驚いたり、動揺したり、怒っていたりする。そのような状態で、話を聴き、相談者の目的を明らかにしていくのは必ずしも容易なことではない。そこで、司法書士としては、相談者の抱えている問題は解決するのだということを相談者に説明しながら、紛争解決に向けた本人の意欲を引き出していくことが

肝要となる。

　まず、生の事実を聴くためには、オープン・クエスチョン形式の質問（特に回答の仕方を特定せず、回答者が自由に話せるような質問）をするのが有効である。たとえば、「お困りのことは、どのようなことですか」、「貸主さんとの間に何か問題がありますか」等である。先入観をもたずに、客観的に聴くことが大切である。

　相談者から一通りの話を聴き終えたら、次に、クローズド・クエスチョン形式の質問（回答者に答えとして一定の内容を選択させる質問形式で、「はい」「いいえ」で答えることを要求する質問がその典型）を行い、事件の核心に関する事実の有無を確認することになる。また、クローズド・クエスチョン形式の質問は、オープン・クエスチョンに対する回答では抜けていた部分を穴埋めしていく際にも有効である。なぜなら、司法書士は法律構成や要件事実を考えながら相談者の話を聴くことになるが、オープン・クエスチョンに対する相談者の回答のみでは、司法書士の聞きたいことをすべて聴くことができるとは限らないからである。

　さらに、相談者には「話したくないこと」もあるし、「話さなくてよいと判断していること」もある。また、相談者は、都合の悪い点を隠していることもあることから、事情を聴くうえではこれらのことにも注意をしなければならない。

　司法書士の事実関係の聴取りに対して、相談者の説明を妨げる要因（阻害要因）として、相談者の自尊心、トラウマ、誤解、自分が話すことにより事件の結果が自分に不利になってしまうのではないかという危惧等がある。相談者がより司法書士と話しやすくなる要因（促進要因）として、相談者に共感的理解を示すことや、相談者を独立した人格者として尊重すること等がある。司法書士としては、阻害要因を取り除く努力をし、促進要因をできるだけ用いて相談者が話をしたくなるように努めなければならない。

　また、司法書士には守秘義務（司書24条、倫理10条）があるので、相談内容は漏洩されないことを相談者に示さなければならない。過去に相談を受けた

類似の事案（もちろん固有名詞は伏して）を今回の相談者に話すことにも注意を要する。「この先生はこういう事案には慣れているんだ」、「こんな相談をするのは自分だけではないのだ」と相談者を安心させる促進要因になるかも知れないが、「自分の相談内容も他人に話されてしまうかも知れない」との疑念を抱かせ阻害要因となってしまう場合も考えられるからである。

(B) 「依頼の趣旨」の把握

「賃借人が家賃を滞納している」という相談であっても、単に家賃を支払ってもらえればよいのか、賃借人が信用できないのでもう出ていってほしいのか、それとも賃貸人側の都合（賃貸人の親戚をそこに住ませたい等）でこの際だから出ていってほしいのか、相談者が本当に望んでいること、すなわちその真意を把握しなければならない。

また、賃借人による「家賃の支払請求を受けている」という相談の場合でも、失業によって収入が途絶えた等の理由で単純に家賃を支払うことができないのか、それとも何か理由（賃貸人に修理を頼んだのにしてくれない、家賃の増額請求を受けた等）があってあえて支払いを停止しているのかを確認しなければならない。その理由いかんによって賃借人のとるべき法的対応は異なることになるからである。

そこで、賃貸人や賃借人が司法書士のもとに相談にくるのは、漠然とした相談ではなく、何か具体的に問題が生じている場合であろうから、「本当は何が問題なのか」、「本当はどうしたいのか」をつかまなくてはならないのである。

(C) 事実関係の整理

事実関係の整理に用いることができる共通の物差しとしてよく使われるのが「5Ｗ1Ｈ」である。いつ（When）、どこで（Where）、誰が（Who）、なぜ（Why）、何を（What）、どのように（How）したのかを注意しながら話を聴くことになる。

相談者の説明は時系列に従って整然と行われることはあまりなく、むしろ、相談者の大事なことと考える出来事を中心として、話がとりとめなく繰り返

されることがある。また、無断譲渡あるいは無断改築を原因とする建物明渡請求事件では、多人数の関係者が事件に関与し、事実関係が錯綜することもあり、相談者の説明を一度聴いただけでは、事実関係を理解するのに苦労する場合もある。

このような場合、いつ（When）、誰と誰が（Who）、何を（What）したのかに着目して時系列表を作成しながら相談者の説明を聴くことにより、事実関係をスムーズに理解することができよう。たとえば次のような時系列表を作成すると、事実の相互の関係、要件事実に該当する具体的事実の存否等の確認にも役立つ。

そして相手方の言い分についても、そのつど、時系列表に記入していけば争点の把握に役立つことになる。

〈図表2〉　時系列表〔事例1〕

日時	相談者	相手方の言い分	資料
H9.6.10	相談者の夫が建物を購入		全部事項証明書
H15.7.7	相談者の夫が相手方との間で賃貸契約を締結／引渡し 保証人・樋口市代		賃貸借契約書
H17.7.7	期間満了→合意更新 1か月7.5万円に値上げ		H17年の更新契約書
H19.7.7	期間満了→合意更新 1か月8万円に値上げ		H19年の更新契約書
H21.8.8	相談者の夫死亡／相談者と子どもが相続		戸籍謄本
H25.5	H25.6分以降の家賃の延滞が始まる		通帳の振込記載

	相手方から家賃延滞の理由の説明はない			
H26.8.17	催告書郵送（普通郵便）			催告書コピー
H26.8.31	支払期限			
H26.9.1	契約解除			

(D) 法律構成を踏まえた聴取

事情聴取の際、司法書士は、相談者の権利を実現し、権利を保護するには、いかなる法律構成をとるべきかを常に考えながら相談者の話を聴く必要がある。この紛争が民事訴訟になったとしたらどのような請求が立てられるか、要件事実を立証するための証拠があるか、要件事実や重要な間接事実に聞き落としがないかを意識しながら相談者の話を聴くことが大切である。

さらに、考えられる証拠や、協力してもらえる証人についても確認し、今後どのように事実調査や証拠収集を行うべきか考えることになる。証拠資料については、司法書士と依頼者がどのように分担し収集していくのかも確認しなければならない。

(E) 利益相反

相談者から事情を聴き取っていくうちに、相談を受けている事件が、すでに紛争の相手方から依頼を受けている事件であることなどが判明することもある。司法書士は、利益相反となる事件等について相談を受けることができない（司書22条）ので、相談に応じるにあたっては、気を付けなければならない。相談途中に利益相反が判明した場合は、相談を打ち切り、司法書士会の相談窓口を紹介するなどの対応をとるべきである。

3 事件解決の見通し

(1) 法的方法の提示

(A) 事実関係と依頼の目的

　司法書士は、事情聴取により、事実関係と相談者の目的を把握することに努めることになる。

　一口に、「賃借人が家賃の支払いを延滞しているので困っている」との相談であっても、相談者の目的として、①建物の明渡しを求めたいのか、②明渡しを求めるとして、未払賃料の請求も行いたいのか、③とりあえず未払賃料の請求だけしたいのか、④相手方としたいのは賃借人だけか、保証人も相手方としたいのか等さまざまなものがありうる。そのため、家賃の未払いに関する相談と聞いて、賃借人に対し訴えを提起し、勝訴判決に基づいて強制執行を行い、最終的に退去させることがその目的と手続のすべてだと即断してはならない。たとえば、用途が特殊な建物について、未払賃料の支払いの一部免除や賃料の減額をしてでも賃貸借契約を維持したいとの希望もありうる。また、建物の明渡しを求めるにしても、立退きに要する時間や実費等の負担を考え、立退時期の猶予、立退きを条件に未払賃料の免除、時には、引越料の提供等を行い任意の交渉により、あるいは訴え提起後の裁判上の和解により解決を図ることもありうる。

　紛争解決のあり方は、賃貸人および賃借人の属性（個人か法人か）、性格、資力、賃貸借の過去の経緯等により異なることから、司法書士は、先入観をもつことなく、相談者の話を聴取し、相談者の目的を的確に把握したうえで、その目的をよりよく実現するであろう法的方法を提案する必要がある。

　事件解決の見通しを立てるためには、相談者から聴取した事実関係——社会的生の事実——から法的に意味のある事実を抽出しなければならない。法的に意味のある事実もさらに、法律要件に該当する主要事実（要件事実）と

主要事実の存否を推認するのに役立つ間接事実、証拠の信用性に影響を与える補助事実、およびその他の事実に分析整理しなければならない。このとき、司法書士は、相談者から聴取した事実関係を無理矢理に典型的なパターンに当てはめようとしてはならない。事実に何も加えず、何も引いてはならないのである。司法書士は、事情聴取により聴き取った事実を整理分析したうえで、法律構成を検討し、権利実現のための法的対処方法の提示を行うことになる。

(B) **手続費用の検討**

法的対処方法を提示する際、手続に要する費用を検討することを忘れてはならない。費用対効果によっては、訴えを提起せず任意交渉に解決手続を限定したり、司法書士を代理人として法的手続を行ったりするのではなく、司法書士の助言に従い相談者自らが紛争解決にあたるということもありうるからである。たとえ勝訴したとしても、それに要する費用と時間がかかりすぎては、依頼者にとって満足のいく問題解決とはいえないであろう。

賃料滞納を原因として明渡請求を行う事案の中には、賃借人に資力がないために転居すらできないものも多い。また、強制執行まで行っていては多額の費用が必要となる可能性もある。とりわけ建物内の残置物の内容と量によっては、目的外動産の処分だけで数十万円かかることもある。そのような場合には、未払賃料の請求を放棄し、賃借人に転居費用を渡してでも退去してもらったほうが、迅速に解決でき、コストを抑えられることもある。賃貸人は、賃料を滞納されたうえにさらに転居費用までを支払うということに対して強い抵抗を示すかもしれないが、現実的な解決方法として選択肢に入れておくべきであろう。

相談者が経済的に余裕がない場合、民事法律扶助や訴訟救助等の制度の利用も検討すべきである。

民事法律扶助とは、日本司法支援センター（法テラス）が提供する制度で、収入や資産が一定以下であること等の要件を満たした場合に、司法書士費用や弁護士費用を法テラスが立て替えるものである（総合法律支援法30条1項2

号)。ただし、事件を受任するのが法テラスと契約した司法書士や弁護士でなければ民事法律扶助を利用することはできない（具体的な利用方法は7（49頁）参照)。

　訴訟救助とは、裁判所に支払う手数料（印紙代）等の訴訟費用の支払いを猶予する制度である（民訴82条・83条)。訴訟救助を利用する場合は、訴状提出時に裁判所に申し立てる（第4章3⑴(G)（243頁）参照)。

(C)　法的対処方法の概要と注意点

　建物の明渡しをめぐる紛争の法的対処方法として、次のような方法がある。以下の方法は、一つの方法に限定されるわけではなく、任意による明渡交渉とその決裂に備えて明渡請求訴訟の提起の準備を進めるなどを並行的に検討し、実行することのできるものもある。司法書士は、依頼者の目的達成のために、できるだけたくさんの可能性のある法的対処方法を検討する必要がある。

① 任意交渉　相手方との間で電話や書面の送付、あるいは面談を行い、裁判外の交渉により紛争の解決を図ることになる。この場合、司法書士が代理人として前面に出るのか、本人の行う交渉を側面から援助するのかは、これまでの交渉経緯、相手方の性格等により使い分ける必要があろう。

② 民事調停　相手方との間で裁判所に対し、民事調停を申し立てることができる（民調2条)。相手方との間で、積極的に話し合いを求めたいときなどには、有用である。民事調停の相手方は、正当事由なく期日に出頭しなければ、過料の制裁を受けることもある（民調34条）が、相手方欠席のまま調停を成立させることはできないので、過度な期待は禁物である。

③ 訴訟　建物の明渡しや未払賃料等の支払いを求めて、裁判所に訴えを提起することになる。なお、訴訟提起後であっても、相手方との間で和解を行うことも可能である。

④ 訴え提起前の和解（即決和解）　相手方との間で建物の明渡しをめぐ

る紛争が存在するが、裁判外の交渉で合意が概ねまとまったときに、明渡しに関する債務名義を得るために即決和解（民訴275条）を利用することができる（第2章2(4)（69頁）参照）。

⑤　支払督促　未払賃料の支払いを求める場合には、支払督促を利用することができる（民訴382条）。ただし、督促異議の申立てがなされると通常訴訟に移行（民訴395条）することになるが、この場合に第1回口頭弁論期日の指定に時間がかかることもあり（たとえば、事件記録が簡易裁判所から地方裁判所に送られる場合など）、相手方が賃料の延滞の事実を争っている場合には、支払督促の申立てをするのは逆に紛争解決にとって迂遠となることもある。また、移行後の通常訴訟は、相手方の普通裁判籍の所在地を管轄する裁判所に係属することになる（民訴383条1項・395条）ので、特に遠方に住む相手方に対して支払督促を行う際は注意が必要である。

⑥　少額訴訟　未払賃料が60万円以下である場合、未払賃料の支払いを求めて少額訴訟（民訴368条）を提起することができる（「金銭の支払の請求を目的とする訴え」でない明渡訴訟では利用できない（民訴368条参照））。ただし、被告の申述により通常訴訟に移行する（民訴373条）ので注意が必要である。原告である賃貸人は、少額訴訟に基づく判決を債務名義として、簡易裁判所に少額債権執行（民執167条の2）の申立てを行うことができる。この場合には、迅速に未払賃料の回収を図ることが可能となり、また、司法書士が執行手続の代理人となることもできる（司書3条6号ホ）。

⑦　占有移転禁止の仮処分　建物明渡請求事件の場合、占有移転禁止の仮処分の申立てが必要であるかどうかを常に検討する必要がある。賃借人が建物の占有を移転するおそれがあると判断される場合、占有移転禁止の仮処分の申立てを助言しなければならない。

　　ときには、占有移転禁止の仮処分執行を契機として、紛争が解決することもある。占有移転禁止の仮処分は、執行官が当該建物に臨場し、占

有移転を禁止する旨を公示することになるが、その仮処分執行に債権者本人もしくは、債権者代理人の司法書士が現地に赴くことにより、相手方との間で直接話し合いを行うこともできる可能性があるからである。
⑧ 家事調停　当事者が親子、親族である場合、建物の明渡紛争を簡易・地方裁判所で解決するだけでなく、家庭裁判所に親子関係・兄弟姉妹関係調整調停事件として申し立てることもできる。当事者間の紛争が長年の人間関係のあつれきに発している場合には、心理学、社会学などを専門とする家庭裁判所調査官が関与することにより、カウンセリングのケースワーク活動が行われることになる。家庭裁判所では、法的基準に基づく解決だけでなく、利害関係人間の人間関係の調整を重視した解決を図ることも可能である。
⑨ 裁判外紛争解決手続（ADR）　任意交渉や裁判所が関与する手続の他、民間のADR機関を利用して、話し合いによる解決を図ることも考えられる。ADRを行う民間の機関は数多く存在するため、事案に応じて適切な機関を選んで申し立てることになる。

(D)　**手続の選択**

手続には、それぞれメリット・デメリットがあり、司法書士は、各手続の特徴を理解したうえで、相談者の目的達成に資する合理的な方法を提示する必要がある。相談者の相談内容に応じて適切な方法をどのように提示できるかにより、その司法書士の力量がわかるといえる。

司法書士が、手続の選択について相談者に助言する際に、法律実務家として自分の意見を押しつけることがあってはならない。むしろ、相談者の意見を聴き、相談者の主体性を尊重し、相談者の満足が最大となる方法を手続の方針としなければならないだろう。

しかし、相談者の意向を尊重するといっても、相談者の考えに無条件に従うということでなく、相談者の考えや相談者の求める法的対処方法が実現困難ないし不適切であると司法書士が判断した場合、相談者が納得できるよう説明を尽くすことが肝要であろう。この相談者の納得を得るために行う助言

と説明を繰り返すことが、相談者との間の信頼関係を深化させることにもつながる。

(2) 証拠の検討

　司法書士が事件解決の見通しを立てるためには、相談者の事情を単に聴取するだけでなく、聴き取った事実を証拠と対比し、検討を行うことが不可欠である。

　まず、検討した資料が文書であれば、誰が、いつ、何の目的で作成したものかを確認しなければならない。また、賃貸借契約書に記載されている契約内容と現実の契約内容が異なる場合——たとえば、賃料の支払時期が契約書では、毎月月末先払いとなっているにもかかわらず、現実には毎月10日に当月分を支払っている場合——には、契約内容を変更する合意があったのか、当該取扱いはいつから行われているのか、相手方は、異議を述べたことがあるのか等をあわせて確認する必要がある。

　そして、証拠から相談者の説明する事実が裏づけられるかどうかを考えることになる。もし、相談者の説明する事実と証拠から認定されうる事実が齟齬する場合、なぜ齟齬することになるのかを考えなければならない。相談者の説明する事実と証拠から認定されうる事実が齟齬する場合には、その間に相談者によって隠されている事実があるかもしれないし、経験則を用いることにより、合理的説明がつくかもしれないので、行間を読むつもりで証拠を検討することが肝要である。

　また、何らかの証拠となるべきものがあれば、当該証拠からいかなる事実が裁判所によって認定されうるかを考えることになる。当該証拠から、主要事実が認定されうるか、それとも間接事実にとどまるかを冷静に分析することが必要である。

　たとえば、賃料不払いを原因とする契約解除による建物明渡請求事件の場合の典型的な証拠方法（書証）としては、次のようなものがある。

　① 賃貸借契約書　　当事者間の契約内容を明らかにする基本的証拠であ

る。作成されていた賃貸借契約書が、何らかの事情により紛失、滅失していたり、賃貸借契約書が当初から作成されていないこともある。賃貸借契約書が存在しない場合、賃貸借契約書以外の証拠で賃貸借契約の内容を証明する手段を検討しなければならないだろう。

② 全部事項証明書（不動産登記簿謄本）　明渡しを求める建物を特定する基本的証拠である。全部事項証明書の表題部の記載と賃貸借契約書の不動産の表示の記載、あるいは建物の現況とが一致するかを確認しなければならない。

建物が未登記建物である場合は、固定資産評価証明書で建物を特定することになる。登記簿上の所有者が賃貸人であるかどうかも同時に確認を行うことになる。登記簿上の所有者と賃貸人や相談者が異なる場合は、その理由を確認する必要がある。

相談者が賃貸借契約の当事者の相続人である場合、相続関係もあわせて確認し、戸籍謄本等の準備を行うことが必要となる。

③ 住民票　賃借人が住民登録を賃貸借の目的建物においたことにより、引渡しの事実を立証したり、賃借人が行方不明の場合、その所在を確認したりするのに役に立つ。

④ 預金通帳、かよい帳、領収書、入金状況を記録した帳簿　家賃の支払いまたは延滞の事実を証明する手段となる。家賃の支払いが銀行振込みでなく、さらに領収書等がない場合には、入金状況、支払状況を記録したメモ等も証拠となるので、相談者にメモ等の作成を指示することが必要となる。

⑤ 建物の写真　建物の占有状況や現実の利用状況・増改築の有無等を確認するのに役に立つ。

⑥ 内容証明郵便、相手方とやり取りした手紙、ファクシミリ、メールの記録　相談者自身が相談前に相手方に督促、解除の意思表示をしていることもあり、また、相手方からの通信内容を分析することにより、相手方の意向、あるいは、抗弁の内容も判明することがある。

しかし、当事者が作成した文書については、表現が曖昧であったり、内容が不完全で、当事者が意図したとおりの法律効果が発生しないことがしばしばあるので、その形式、内容等をよく吟味しなければならない。

(3) 相手方の反論、抗弁の検討

　当事者間に紛争がある場合に、一方当事者が絶対的に正しく、相手方に一方的な非があるということは稀である。相談者の話だけを鵜呑みにして事件処理を行うと、相手方の反論により事件処理に窮することもありうる。

　そこで司法書士は、事情聴取によって判明した事実を基に法律構成を行いながら、相手方の視点に立って、将来相手方からなされるであろう反論、抗弁を検討し、相談者にぶつけてみることも必要となる。この作業を行うことにより、相談者の主張の強さが判明し、相手方に有利な事実や証拠の存在、相談者の証拠の量、質そして証拠の抱える問題点が判明する。

　さらに、相談者とのやりとりの中で、相談者が司法書士に隠していた事実が明らかになることもある。このやりとりが不十分なまま、法廷に臨み、相手方の反対尋問により、相談者の説明していた事実が真相と違うことが万一明らかになった場合には、司法書士として相談者、依頼者の事情聴取、証拠の分析を通じて真相に迫ることができなかったことを恥じ入るしかないであろう。

　たとえば、賃貸借契約の解除を理由に明渡しを求める場合、賃貸借契約が継続的契約であることから、当事者間の信頼関係が破壊されていないと判断されると、解除権の行使が認められないことがある。そこで司法書士として相手方の反論を検討する際、信頼関係を破壊したとはいえないと裁判所が判断するおそれのある事実がないかを相談者の説明、関係資料を分析して検討しなければならない（信頼関係破壊の法理については第4章1(1)(B)(d)（164頁）参照）。

(4) 実体法上、手続上の問題点の検討

　司法書士は、相談を通じて依頼の趣旨を把握したうえで、相談者の権利を実現するために最良の法律構成を考え、かつ、その権利を実現するうえで問題となる実体法上、手続上の問題点を検討しなければならない。

　建物の明渡しに関する相談を受ける際、よくある問題点を以下に検討する。

(A)　建物の特定

(a)　建物の特定の方法

　建物の明渡しをめぐる紛争の対象物は、もとより建物であるから、賃貸人が明渡しを求める建物が特定できるか、他の建物と区別できるかを検討することになる。

　建物が登記されている場合、全部事項証明書により特定することになる。建物が未登記の場合には、固定資産評価証明書の記載や建物の平面図等により特定することになる。目的建物が建物の一部の場合は、1棟の建物のうち明渡しを求める建物部分を図面により具体的に特定しなければならない（この場合の物件目録の記載は、〔記載例58〕（237頁）参照）。このことは、共同住宅の1室、あるいはオフィスビルの1室であるときも同様である（〔記載例56〕（236頁）参照）。

　当事者間で複数の建物が賃貸されている場合も1個の建物の賃貸借の場合と異なることはない。ただし、賃貸人が複数の建物を同一敷地内に所有しているところ、そのうちの一部の建物を賃借人に賃貸している場合は、全部事項証明書だけでは建物の特定が不十分となることがあるから、敷地の平面図や住宅地図等を用意し、その図面上で賃貸建物を特定することが必要となる。

(b)　賃貸借契約書、全部事項証明書、建物の現況が相違する場合

　賃貸借契約書記載の建物の種類、構造、床面積が全部事項証明書と異なることがある。また、賃貸借契約書と全部事項証明書の記載は一致しているが、建物の現況が賃貸借契約書等と相違していることがある（建物の現況が全部事項証明書と相違する場合の物件目録の記載は〔記載例59・60〕（238頁）参照）。

このような場合、まず、相談者になぜ建物の現況が全部事項証明書、賃貸借契約書等と相違するのか、その経緯を確認しなければならない。

建物の現況が異なるのは、建物所有者または賃借人のいずれかが建物の増改築を行っている場合が考えられる。建物所有者が建物の増改築を行った場合、その時期は賃貸借契約の前なのか、後なのかを確認すべきである。

仮に賃借人が増改築を行った場合、賃貸人の承諾を得ているか（その承諾は書面か、口頭か）、仮に得ていなかった場合、賃貸人は、いつ増改築等の事実を知ったか、知った際賃貸人はどのような対応をとったかを確認しなければならない。

賃貸人が賃借人の無断増改築を知ったにもかかわらず、何らの対応をとっていなかった場合、あるいは、賃借人による無断増改築後、家賃を値上げしていた場合などでは、賃借人から増改築について承諾があった、あるいは黙示の承諾があったと抗弁を主張される可能性があるので注意を要する。

賃借人から相談を受けた場合も上記と同様の事実を確認すべきである。用法遵守義務違反を理由に契約を解除されていた場合に、有効な抗弁を提出できることになろう。

(c) **商業施設の場合**

明渡しを求める目的物がデパートの売り場のような商業施設の一区画である場合、当該部分が建物であるかどうかを検討しなければならない。建物の要件を検討する際、表題登記手続における建物の判定基準が参考となる。この場合、問題となるのはいわゆる外気遮断性や他の部分と独立して建物の用途を果たすことができるかであるが、ショーケース等により他の店舗と区画されているような場合には、当該部分は建物とは判断できないだろう。この場合、建物の明渡しを求めるのではなく、建物のある一定の範囲の明渡しを求めることになろう。

(d) **車庫、倉庫の場合**

明渡しを求める目的物が屋根、周壁、出入口に扉、シャッター等を有する車庫、倉庫であれば、建物として明渡しを求めることになる。なお、車庫、

倉庫等が建物となる場合には、借地借家法の適用があることに注意を要する。

車庫で問題となるのが、垂直循環式立体駐車場（タワーパーキング）の場合である。タワーパーキング自体は1棟の建物であるが、賃貸している目的物は稼動する車載台であり、相手方が自動車を駐車し占有しているゴンドラを建物と判断することは困難と考えられる。

そこで、タワーパーキングの場合は、該当する車載台の明渡しを求めることになろう。明渡しを求める部分の特定方法として、タワーパーキングにおいて相手方が占有しているゴンドラで特定することになるものと考えられる（瀬木比呂志『民事保全法〔新訂版〕』573頁）。

(B)　賃貸人

建物の明渡しをめぐる紛争では、当事者として賃貸人、賃借人、建物の所有者、賃借人の連帯保証人とさまざまな関係者が登場する。そこで、相談者の賃貸借契約における関係、立場を把握しなければならない。

相談者が賃貸借契約における賃貸人でないときは、賃貸人ははたして誰であるかを賃貸借契約書、相談者の説明に基づき判断しなければならない。この場合、相談者が賃貸人の家族、友人であることが判明すれば、賃貸人自身から事情を聴くことが必要となろう。

(a)　賃貸人死亡の場合

相談者の話から、賃貸人が死亡し、現在は相続人が賃貸借契約を承継していることがわかることがある。このような場合、相続関係を相談者の説明や、戸籍謄本、遺産分割協議書、遺言書等により確認する必要がある。

遺産分割協議が未了の場合、相続人全員が賃貸借契約を相続したとして原告となることも可能である。この場合、原告らが相続人であることを明らかにするため、被相続人の死亡の事実の記載のある戸籍謄本、除籍謄本および相続人の戸籍謄本を証拠として提出する。なお、裁判所によっては、附属書類として戸籍謄本等の添付を要求されることもあるので、事前に裁判所に確認しておくことが望ましい。

なお、賃貸建物に相続登記が経由されている場合、相続登記の経由されて

いる全部事項証明書を相続により原告が賃貸借契約を承継した事実を証する証拠として提出することができる。そこで、時間の余裕のある場合は、訴訟提起前に相続登記を完了しておくことを検討してもよいであろう。

(b) **建物の所有権が売買等により移転している場合**

賃貸借契約締結後、建物の所有権が売買、贈与により移転することがある。現在の所有者が賃借人に対し、建物の明渡請求訴訟を提起したところ、被告から対抗要件の抗弁が主張された場合、現在の所有者は、現在の所有者が当該建物につき所有権移転登記手続を経由している事実を再抗弁として主張しなければならない。

(c) **転貸の場合**

ときには、転貸人から相談を受ける場合がある。この場合転貸であれば、転貸人が建物の所有者との間で賃貸借契約を締結しているか、さらに転貸人が建物を第三者に転貸することを建物の所有者から承諾を得ているか、を確認しなければならない。

建物の転借人が転貸人に賃料を支払わないという場合に、転借人が賃貸人に賃料を直接支払っていることがあるので（民613条1項）、転借人が賃料を支払わなくなった経緯については慎重に話を聴かなければならない。

このような場合、転貸人が転借人を被告として訴えを提起することになるが、転借人は、転貸人のこの請求に対して、賃貸人の承諾のないことをもって賃料支払拒絶の抗弁を主張したとしても、その抗弁は主張自体失当となる。

(d) **賃貸人の判断能力に問題のある場合**

賃貸人が老齢や病気のため判断能力を喪失していることもありうる。このような事情が判明した場合、成年後見の申立て等を検討しなければならないこともあろう（成年後見人が選任されている場合の当事者目録の記載は〔記載例42〕（228頁）を参照）。

(e) **当事者が権利能力なき社団の場合**

商業登記等のある法人であれば、登記事項証明書を確認することにより法人の本店、名称、代表者を確認できるが、法人でない社団等の場合（民訴29条）

には、当該法人に関する登記簿がないことから、当事者の特定、代表権の証明をいかにすべきかが問題となる。法人でない社団等の当事者能力の判断資料の提出については民事訴訟規則14条に定めがある（当事者目録の記載は〔記載例51〕（230頁）を参照）。

(f) **賃貸人が複数の場合**

賃貸人が契約当初から複数の場合がある。また、契約当初は賃貸人は1名であったが、相続が発生し、賃貸人が複数となることもある。賃貸人が複数の場合、賃料債権の性質が問題となる。

共有不動産から生ずる金銭債権たる賃料債権については、これを不可分債権とする学説や裁判例も存在するが、最高裁判例では分割債権であると解されている（最判平成17・9・8民集59巻7号1931頁）。したがって、各共有者・共同相続人は、持分・相続分に応じた賃料を請求することができる。

もっとも共同賃貸人が、賃借人の賃料債務の不履行を原因とする賃貸借契約の解除の意思表示を行うには、共有物の管理行為として、共有者の持分の過半数で決して行う必要がある（最判昭和39・2・25民集18巻2号329頁）。

(C) **賃借人**

(a) **賃借人の所在が不明の場合**

賃貸借契約の解除の意思表示は賃借人に対し行う必要があることから、賃借人が当該建物に居住していない場合（賃借人が賃貸建物の住所地に住民票を移していない場合や賃貸建物が店舗の場合など）や長期間不在の場合、その所在を調査しなければならない。賃借人の転居先を確認するため賃借人の住所に関する資料を入手することが必要となる。

そこで、司法書士は、まず賃借人の賃貸借契約書上の住所や賃貸建物の住所を手がかりとして、賃借人の住民票を取り寄せることになる。

また、住民票等を請求したところ、該当者なしとして住民票等を入手できなかった場合には、司法書士自らあるいは相談者に指示して、賃貸建物の近所の住民に賃借人の転居先等について話を聴くことが必要となる場合もあろう。

その結果、賃借人が行方不明であることがわかり、賃借人の住所、居所・営業所等連絡先が一切不明ということもありうる。このような場合、訴状の中で賃貸借契約を解除する旨を記載し（民訴113条）、訴えを提起することになる。この場合は通常の方法で送達ができないことから、公示送達により訴状および判決の送達が行われる（公示送達の申立書は【書式56】（258頁）参照）。

(b) 賃借人が死亡している場合

相談者の話や住民票等の記載によって、賃借人が死亡している事実が判明することがある。このような場合、賃借人の戸籍謄本等を収集し賃借人の相続人を調査確定することになる。賃借人の相続人が複数存在する場合には、共同相続人全員に対し、賃料の督促および未払賃料の支払いがないときは賃貸借契約を解除する旨の意思表示をしなければならない（民544条1項）。賃借人の相続人に対し催告書を送る際、相続人らは何も事情を知らないこともあるので、文面には気をつけるべきであろう。

共同相続人全員との間で建物の明渡しに関する交渉が不調となった場合（調停事件の不調を含む）には、最終的に訴えを提起して解決することになる（訴えの主観的併合の場合の管轄については、第4章1(5)(C)(b)(エ)（198頁）参照）。

(c) 賃借人が夫婦の場合

賃貸借契約が夫婦の同居の生活のために締結された場合、賃貸借契約に基づく賃料債務は、日常の家事に関する債務として、契約当事者ではない配偶者に対しても請求できるとする裁判例がある（札幌地判昭和32・9・18下民集8巻9号1722頁）。

そこで、賃借人が賃料を延滞した場合に、賃借人となっていない収入のある配偶者を被告とすることを検討してもよいだろう。ただし、その配偶者があらかじめ賃料の支払いにつき連帯債務を負わない旨を明らかにしていた場合は、連帯責任を負わないことに注意を要する（民761条ただし書）。

(d) 氏名不詳の第三者が占有している場合

賃借人でない氏名不詳の人物が建物を占有していることがある。付近住民の聴取りや建物の現状から氏名不詳の第三者が本件建物を占有していること

が確実となった場合、債務者（占有者）を特定しないで行う占有移転禁止の仮処分を行うことになる（仮処分の申立書については【書式15】(106頁)参照）。仮処分命令の執行により占有者が特定されれば（民保54条の2）、特定された占有者および賃借人を被告として建物明渡請求訴訟を提起すべきことになろう。

　仮処分執行およびその後の強制執行の際、占有者の抵抗が予想される場合には、執行官と協議のうえ所轄警察署に相談をすることを検討する必要もある（詳細は第5章3(1)(E)(b)（418頁）参照）。

(e)　**賃借人の判断能力に問題がある場合**

　賃借人が高齢者の場合、賃借人の意思能力に問題のあるケースも考えられる。相談者による相手方との事前交渉の過程で相手方の意思能力に疑問を感じた場合は、保証人等を通じて賃借人の親族に成年後見の申立て等を要請することも検討すべきであろう。また、親族等が不明の場合は、賃借人の居住している市町村の福祉関係機関に相談を持ちかけることも必要かもしれない。

(D)　**現地確認**

　司法書士が相談者の相談を聴いたうえで現地を確認することは、占有状況の確認のためにも必要である。

(a)　**建物の利用状況の確認**

　相談者の相談内容から賃借人の賃貸建物の利用状況に問題があると判断される場合には、司法書士はカメラ、ビデオ等を持参し現地調査に臨む。司法書士が現地で写真等を撮影した場合、撮影者、撮影日時、撮影した目的物、撮影した目的物と撮影位置との方位等の関係を記録に残しておかなければならない（写真等の証拠の提出方法については、第4章1(6)(B)(a)(イ)（205頁）参照）。

　司法書士が建物の利用状況を現地で確認したところ、賃貸借契約上賃貸建物の利用目的が居宅であったにもかかわらず店舗として利用されていることや、室内に吠えまくる大型犬が飼われていることや、室内に数十羽の鳩が飼われていることや、あるいは室内に大量のゴミが放置されていること等を発見することがある。このような場合は、いずれも用法遵守義務違反を主張し、賃貸借契約を解除することになるから、建物明渡請求訴訟における証拠資料

として使用するため現状を正確にカメラ、ビデオ等により記録しなければならない（用法遵守義務違反を理由として賃貸借契約解除をした場合の請求原因の記載は【書式70】（296頁）参照）。

(b) 　賃借建物への立入り

　賃借人が長期間賃料を支払わず、その姿を見かけなくなったときは、賃貸人は合鍵により賃貸建物の中に入室することを検討することが必要となる場合もある。とりわけ、賃借人が独居の高齢者の場合、室内で病気のため身動きがとれなくなっていたり、あるいは亡くなっているおそれもあることから、賃借人と連絡がとれなくなった時期、賃借人が引越しをしたのかどうか等を慎重に確認したうえで室内への立入りの可否を検討しなければならない。賃貸人が賃貸建物に入室する場合、賃貸人一人で立ち入ることは、後日無用な争いを生むおそれがあることから避けるようにすべきであろう。可能であれば、賃借人の親族、賃貸借契約における連帯保証人等の立会いを求め、あるいは事件性がある場合には所轄警察署に連絡をして警察官の立会い等の要請を行い、これらの第三者とともに入室をすることが必要と思われる。

(E) 　賃貸借契約

(a) 　契約書

　賃貸人と賃借人との間で賃貸借契約書が作成されていないことがある。賃貸借契約の当事者が親族等の場合には、契約書が作成されていないことは、特段不自然なことではない。また、当初は契約書を作成していたが、何らかの事情で契約書が滅失、紛失することも賃貸借契約が長期間にわたる継続的契約関係であることから実務上経験するところである。

　賃貸借契約書が存在しないために、契約の内容をめぐって当事者間で紛争が生じていることがある。このような場合、契約の内容を当事者の説明を基に明らかにせざるを得ない。たとえば、仲介業者等の賃貸借契約締結時の事情を知る人物がいないかを当事者から聴き取ることも必要であろう。

(b) 　賃貸借契約書の内容と現実の契約内容の不一致

　賃貸借契約書が存在するが、契約書に記載されている契約内容と当事者間

の現実の契約関係が食い違っていることもある。たとえば、賃貸借契約書では、家賃は毎月月末に支払うことになっているのに、現実は毎月20日に支払っていたり、あるいは、賃貸建物の利用目的は、居宅であるにもかかわらず、現実には店舗として利用されていたり、ペットの飼育は禁止となっているが、現実にはペットを飼育しているような場合である。

以上のように賃貸借契約書の内容と現実の契約内容が異なる場合、その内容が異なることとなったのは、いつからか、当事者はいつ当該事実を知ったのか、それに対してどのような対応をとったのか等事情を詳細に聴取し、賃貸借契約が変更されたか（黙示による変更を含む）どうかを慎重に検討しなければならない。

(c) **保証人**

相談者から賃借人が行方不明となったので、保証人に対し未払賃料の請求を行いたいとの相談を受けることがある。

逆に、賃借人の保証人から、数年前に賃貸借契約の保証人となったところ、更新後、保証債務の請求を受けたとの相談を受けることもある。この場合、判例は、期間の定めのある建物賃貸借における保証人は、原則として、更新後の賃貸借契約に基づく債務についても責任を負うとしている（最判平成9・11・13判時1633号81頁）。

しかし、建物の賃借人の保証人は、賃借人が多額の賃料を延滞させていたにもかかわらず賃貸借契約が法定更新された等の事情のもとでは、法定更新後の賃借人の債務について責任を負わないとされることもあることから（東京地判平成10・12・28判時1672号84頁）、連帯保証人と賃借人との関係、賃借人の賃料の延滞はいつから始まったのか、賃貸借契約は更新されているのか、連帯保証人は、賃貸人から賃借人の家賃滞納について督促を受けたことがあるか等の事情を確認し、連帯保証人の責任の範囲を限定できないか検討する必要がある。

(d) **残置物の処分（廃棄）の可否**

賃借人の所在が不明となったが、建物内に賃借人所有の家財道具等の荷物

を残置している場合がある。このような場合に、賃貸人は建物内の家財道具を搬出し、処分（廃棄）できるかとの質問を賃貸人や不動産業者から受けることがある。

賃借人の所在が不明となっても、賃貸人と賃借人との間の賃貸借契約は解除されない限り有効に存続していることになる。仮に賃貸借契約が適法に解除されたとしても、賃貸人が賃借人の同意を得ることなく、家財道具等を処分（廃棄）することは、賃借人の所有権を侵害することになる。したがって、賃貸人が建物内に残置されている家財道具を無断で廃棄処分することはできない。

賃貸借終了後に貸主による賃借人所有物件の搬出処分を許容する合意がある場合においても、貸主が賃貸建物の入口に旋錠し建物内の賃借人の動産類を搬出処分した行為につき不法行為責任が認められた裁判例（東京高判平成3・1・29判時1376号64頁）も存することから注意を要する。

(F) **自力救済等の問題**

近年、家賃滞納をきっかけとして、賃貸人や不動産管理業者、家賃債務保証業者などが、鍵交換や二重鍵の設置などによって物理的に賃貸物件を利用できなくしたり、物件内に設置してある賃借人の家財道具や所有物を無断で撤去・廃棄して賃借人のプライバシーや生活の平穏を侵害するような取立てを行ったりする、いわゆる「追い出し屋」が社会問題化している。

これを賃貸人が行えば、法で禁止されている自力救済に該当し、管理業者や家賃債務保証業者が行えば、自力救済にさえ該当しないことになる。いずれにしても高度の違法性を帯びる行為であり、賃借人から損害賠償請求を受ける可能性があるといえよう（たとえば、玄関ドアに督促状を貼り付けるなどの取立てを行った事案において、不法行為が成立するとして損害賠償が認められている。大阪地判平成22・5・28判時2089号112頁）。

これらの追い出し行為については、各地の下級裁判所で違法行為と判示し、賃借人に対する損害賠償を命じる判決が相次いでいる。また、追い出し行為者が会社である場合には、会社代表者に対して、違法な業務執行が行われな

いよう業務執行体制を整備すべき職務上の義務を怠ったとして会社法429条1項の責任が認められたケースもある。

　違法性を阻却する事由として、賃貸借契約書や、保証人と賃借人との間の保証委託契約書において、荷物撤去などを了承する特約条項を入れ込むことで、契約上これらの行為を可能にしているケースも散見される。しかし、これらの特約条項は内容によっては、賃借人に著しく不利なものであるとして、消費者契約法10条により無効になりうる。最近では、退去や荷物撤去などについて、賃借人より承諾書を取得するケースも増えているが、承諾書が賃借人の自由意思に基づかずに作成された場合、その効力が否定されることもある。一見、契約書や承諾書などの書面での合意があるようにみえても、有効性には十分注意を払う必要がある。

　建物明渡事件の依頼や相談を受ける中で、事実上の明渡しとしての鍵交換や荷物撤去、家賃債務の取立ての是非についても相談を受けることもあるかと思われる。その場合には、追い出し行為は違法行為であることや損害賠償請求を受ける可能性があることを説明し、賃貸人が将来的に不利益を被らないようにすることもまた、法律家の役割といえるであろう。

　これらの追い出し行為は、建物明渡訴訟や強制執行のための時間と費用を惜しんで行われることが多い。したがって、裁判手続によらない任意の明渡交渉などが、今後重要になってくるものと思われる。

4　司法書士の簡裁代理権

(1)　簡裁代理権の範囲

　司法書士は、簡易裁判所における請求の目的の価額が140万円以下（裁33条1項1号）の次に掲げる手続について代理をすることができる（司書3条1項6号）。ただし、上訴の提起（下記⑥を除く）、再審および強制執行（下記⑤を

除く）に関する事項については、代理することができない。

① 民事訴訟法の規定による手続（②に規定する手続および訴えの提起前における証拠保全手続を除く）
② 訴え提起前の和解の手続または支払督促の手続
③ 訴えの提起前における証拠保全手続または民事保全法の規定による手続
④ 民事調停法の規定による手続
⑤ 少額訴訟債権執行手続
⑥ 自ら代理人として手続に関与している事件の判決、決定または命令に関する上訴の提起
⑦ 民事に関する紛争（簡易裁判所における民事訴訟法の規定による訴訟手続の対象となるものに限る）であって紛争の目的の価額が140万円以下（裁33条1項1号）のものについての相談または裁判外の和解

本書で取り上げる建物明渡請求事件の請求の目的物の価格は、所有権に基づく場合および賃貸借契約の終了に基づく場合のいずれであっても明渡しを求める建物の固定資産評価証明書記載の評価額の2分の1を基準として算出することになる（第4章1(4)(A)(c)(ア)（192頁）参照）。

また、建物の明渡請求と同時に未払賃料および賃料相当損害金の支払いを求める場合、未払賃料および賃料相当損害金は、建物の明渡請求の附帯請求となることから訴額として算入されない（民訴9条2項。第4章1(4)(A)(b)(ウ)（191頁）参照）。

次に、具体例をあげて検討しよう。

〔ケース1〕　原告が固定資産税評価額が280万円の建物の明渡しと未払賃料150万円の請求を賃借人に対し求め、同時に保証人に対し未払賃料150万円の請求を行う場合
① 司法書士が原告訴訟代理人として、賃借人および保証人を被告とする訴えを提起することには特段問題はない。
② 司法書士が原告訴訟代理人となって、保証人のみを被告として未払賃

料150万円の支払いを求めて訴えを提起することは、司法書士の簡裁訴訟代理権の範囲外となる。
③　司法書士が、保証人の委任を受けて被告訴訟代理人として訴訟行為を行うことは、司法書士の簡裁代理権の範囲外となると解される。

訴額の算定にあたって、未払賃料および賃料相当損害金の請求権が建物明渡請求権の附帯請求として訴額に算入されないとしても、保証人に対する訴えの訴訟物は保証契約に基づく保証債務の履行請求権であることから、未払賃料が150万円である以上、司法書士は保証人の訴訟代理人として訴訟行為を行うことはできないものと解される。

〔ケース2〕　司法書士が賃貸人の訴訟代理人として訴えを提起したところ（建物の価格280万円）、被告から建物を280万円で買い取りたいとの和解の申出があった。司法書士は、裁判上の和解を成立させることができるか。

司法書士の訴訟代理権の範囲は、訴額によって制限されている。上記ケースの場合、訴額は建物の固定資産税評価額の2分の1である140万円となることから、司法書士の訴訟代理権は認められる。ところで、原被告間で建物を280万円で売買する旨の和解を成立させることは、訴訟物以外の権利関係を和解条項の内容とすることになる。建物の売買代金が280万円となることから、司法書士の訴訟代理権を超えるのではないかとの疑問が生じる。しかし、本ケースの場合、原被告間の建物明渡請求訴訟の訴訟物の価格は、和解が成立したとしても、140万円のままであり、当該訴訟の訴訟物以外の権利関係によって受ける利益が仮に140万円を超えていたとしても、司法書士は訴訟代理人として裁判上の和解を成立させることができるものと解される（小林昭彦・河合芳光『注釈司法書士法〔第2版〕』79頁）。

〔ケース3〕　原告が80万円の家賃の支払いを求めていたところ、被告訴訟代理人の司法書士は、被告の原告に対する150万円の債権を自働債権として原告の家賃債権を対当額で相殺する旨の抗弁を主張できるか。

この点について、自働債権について争いがある場合、当該債権の存否が本案の争点となることから、司法書士の代理権の範囲を超える争いのある債権を自働債権とする相殺の抗弁は主張するべきではないとの見解がある。

　しかし、相殺の抗弁は、当該訴訟において攻撃防御方法として主張されるのであり、これによって訴額が変動することはないから、自働債権が140万円を超えていても、司法書士の代理権の制限には反しないと解される（東京簡易裁判所訴訟代理制度等検討委員会・大阪簡易裁判所司法書士制度検討委員会「司法書士の簡裁裁判所における代理権に関する検討結果報告書」23頁）。

(2)　裁判書類作成相談と法律相談

　司法書士が行う相談は、司法書士法上、裁判所に提出する書類作成のための相談（司書3条1項5号）（以下、「裁判書類作成相談」という）と簡裁訴訟代理等関係業務としての法律相談（同項7号）（以下、「法律相談」という）との二つに分けられている。

　裁判書類作成相談とは、「依頼者の依頼の趣旨に沿って適切な書類等を作成すること等のために必要な範囲の相談であり、通常は、依頼者の依頼内容を法律的に整序するための相談」であるとされている（小林・河合・前掲40頁）。

　一方、法律相談は、法律実務家が相談者の抱える問題事案を聴取し、その事実に法規を当てはめて権利義務に関する法律判断をなし、それについての説明や説得をすること、また、同時にその実現方法としての法的手続を示し、必要に応じて代理人として事件処理の委任を受けることであるとされている（菅原・前掲4頁）。司法書士の行う法律相談は、民事に関する紛争であって紛争の目的物の価額が簡易裁判所の事物管轄の範囲内のものに限定されている（司書3条1項7号）ものの、その限りでは弁護士が行う法律相談と司法書士が行う法律相談は、完全に一致していることになる。

　ところで司法書士は、毎日の執務の中でさまざまな相談について相談者に助言をし、さらに事件として受任している。司法書士は、訴額が140万円を超

える建物の明渡請求事件についても相談を受けることがある。この事件は、民事の紛争であるが、簡易裁判所の事物管轄に属さないものであり、司法書士は、裁判書類作成相談はできるものの、法律相談を行うことはできないものと考えられる。

では、紛争の価額以外全く同じ事案である場合に、この二つの相談にはどのような違いがあるのであろうか。法律相談の場合、司法書士は相談者の代理人的な立場で手続の流れと手段を説明し、相談者の意向を確認しながら法的にふさわしい方法を選択していくことになるであろう。

裁判書類作成相談の場合は、紛争解決に向けた活動をする主体はあくまでも本人であり、その活動のために必要な書類を作成することができるように聴取りを行って助言をするべきである。昭和20年代には、司法書士は単に依頼者の主張をまとめて書面にする、タイプライターの立場に徹するべきであるという考え方も存在した（昭和29年1月13日付民事甲第2554号通達等）。しかし、司法書士制度が国家資格となり、簡裁訴訟代理等関係業務が認められるに至った現在において、そのような考え方が妥当するとは考えられず、また、社会からもその程度の業務内容では専門家としての職責を果たしたと評価されないことは明らかである。

もっとも、裁判書類作成業務において、司法書士が代理人的な立場で訴訟活動を行っていると評価される場合には弁護士法72条に抵触する可能性があり、たとえ本人の名前で書類を作成している場合であっても、依頼者本人に主体性がなければ司法書士に認められた業務の範囲を逸脱するおそれがある。同様に、司法書士が依頼者に対して手続選択や法律構成を説明する際に、司法書士自身が評価を下したり価値判断を行ったりするような場合には、弁護士法72条で禁じられている「鑑定」を行ったと評価されるおそれがある。

裁判書類作成業務においては、司法書士は問題となっている事案を法律的に分析したうえで、とりうる法的手続や法律構成のメニューをわかりやすく提示し、依頼者本人にその選択を求めることが必要となる。そして、その前段となる裁判書類作成相談においても、相談者本人の主体性を十分に意識し

た姿勢が求められる。このことは、本人に選択を任せるという意味において本人に責任を押しつけ、司法書士自身の職責を軽減させているかのように思われるかもしれないが、依頼者本人が事案に応じた適切な手続選択をすることができるように、不足なく正確な情報提供をしなければならないという点において、法律相談よりも重い責任を負っているとも考えられる。最終的に依頼者本人の責任において手続選択を行う場合でも、その前提となるメニュー提示が足りなかったり正確な説明ができていなかったりというようなことがあれば、相談過誤のそしりを受ける可能性があることはいうまでもない。

　たとえば、紛争の価額が140万円を超える建物の明渡事件の相談を受けた場合に、司法書士が仮処分申立手続の必要性について説明を行わず、相談者が仮処分の申立ての必要性について認識する機会がないまま、最終的に明渡手続が奏功しなかった場合には、相談過誤として責任を追及されることになろう。

　現実の司法書士の行う裁判書類作成業務は、訴状のみの作成の依頼を受けるのではなく、相談を契機として訴状作成から判決に至るまでの間の必要となる裁判書類の作成と、その間に十分な助言を与えることを内実としている。すなわち、司法書士が、地方裁判所の管轄に属する建物明渡しに関する相談を受けた場合、依頼者からの事情聴取の内容を基に占有移転禁止の仮処分の申立てを行う必要性を把握したら、保全手続の意義、保全手続をとらなかった場合に発生する危険性を説明し、相談者に保全手続をとるか否かの選択を求めていた。そのうえで、相談者が保全手続をとることを選択した場合、司法書士は、依頼者の依頼を受けて保全手続申立てのための裁判書類の作成を行っていたのである。さらに、本案に関しては相手方の抗弁を想定し、抗弁に対する反証となる証拠を収集し、書証の準備をし、あるいは証拠申出書を作成していた。司法書士は、依頼者に対し、各手続の意義と今後とるべき対応を助言し、依頼者と協同して依頼者の紛争解決に関与してきたのである。

　したがって、「裁判書類の作成」とは、「依頼の趣旨を確定するための事情

聴取を中心とした準備行為と、それに基づく書類作成行為、および作成された書類の法的に果たす役割、意味内容等を説明し、その後の手続について助言などをすることを中心とした、いわば訴訟維持の指導＝補完行為を含めた総体的なもの」（松永六郎『司法書士のための裁判実務の手引〔全訂三版〕』38・39頁）と理解されるべきことになる。つまり、司法書士の行う裁判事務として、「準備行為としてまず、事実の把握と法律構成、そして依頼者の嘱託の究極の趣旨が何であるかを正確に把握するための事情聴取をし、同時に証拠を点検、かつ証拠準備や必要があれば現場を検分し、依頼者に必要な助言、注意を促し、申立手続の選択の指導をし、さらに保全手続の要否を判断する。作成された書類については法律要件を点検して、依頼の究極の目的が達成されているかを検証する。その後の補完行為として、作成された書類の役割、法律的な意味の説明などその後の行為についての管理行為を助言すること等」（松永六郎「日司連と日弁連との司法書士業務のガイドラインについて」市民と法創刊号15頁）が求められているのである。

　裁判書類の作成は、依頼の真の目的に適ったものでなければ意味がない。そのため、相談者がどのような種類の書類を作成するかを決定する前提となる裁判書類作成相談も、「依頼内容を法律的に整序する」という限定のもとで、相談者の真の目的を達成するために必要な書類について提示することも含まれているのである（加藤新太郎「司法書士業務の基礎としての相談」月報司法書士493号40頁、金子一・竹下守夫『裁判法〔第四版〕』493頁参照）。

5　委任契約

　司法書士は、簡裁訴訟代理等関係業務の依頼に対し、その諾否を速やかに通知しなければならず（倫理64条）、受任するにあたっては、依頼の趣旨に基づき、その内容および範囲を明確にして事件を受任しなければならない（倫理19条）。さらに司法書士は、事件の受任に際して、依頼者に対しその報酬および費用の金額または算定方法を明示し、かつ、十分に説明しなければなら

ない（倫理20条）。

(1) 委任契約書

司法書士は、受任にあたり、依頼者との間で委任契約を締結し、委任契約書を作成する必要がある。

司法書士と依頼者との間の委任契約書には、受任する法律事務の表示およびその範囲、司法書士の報酬の種類、金額、算定方法および支払時期並びに委任契約が中途で終了した場合の精算方法等を記載しなければならない。

【書式2】 委任契約書

委任契約書

依頼者　　　　　　を甲とし，受任司法書士　　　　　　を乙として，甲と乙とは次のとおり委任契約を締結する。

第1条　甲は乙に対し，次の事件等の処理を委任し，乙はこれを受任する。
  1　事件等の表示
  2　相手方
  3　委任の範囲　次に掲げる手続について代理することを含む。
    □和解交渉　□調停　□仲裁　□訴訟（第一審）　□上訴の提起
    □少額訴訟債権執行　□手形訴訟　□支払督促
    □保全（仮差押，仮処分）　□証拠保全
    □即決和解（和解交渉の要否　□要，□否）
    □内容証明郵便の作成（司法書士名の表示の有無　□有，□無）
    □その他（　　　　　　　　　　　　）

第2条　乙は司法書士法及び所属司法書士会の会則等に則り，誠実に委任事務の処理にあたるものとする。

第3条　甲は乙に対し，乙の報酬基準（報酬算定方法）に従い，後記の報酬及び日当・実費等（預り金により処理する場合を除く。）を次のとおり支払うものとする。
  (1) 報酬
      着手金は本契約締結のとき、金　　　　円

第1章 相 談

　　　　　　成功報酬金は事件等の処理が終了したとき（成功の程度に応じて）
　(2) 上記以外（手数料）　金　　　　　円
　　　　□受任時　□委任事務処理終了時　□その他（　　　　　）
　(3) 日当・訴訟費用など委任事務処理に要する実費等は乙が請求したとき
第4条　甲が着手金または委任事務処理に要する実費等の支払いを遅滞したときは，乙は事件等に着手せずまたはその処理を中止することができる。
第5条　委任契約に基づく事件等の処理が，解任，辞任または委任事務の継続不能により，中途で終了したときは，乙は，甲と協議のうえ，委任事務処理の程度に応じて，受領済みの司法書士報酬の全部もしくは一部を返還し，または司法書士報酬の全部もしくは一部を請求するものとする。
2　前項において，委任契約の終了につき，乙のみに重大な責任があるときは，乙は受領済みの司法書士報酬の全部を返還しなければならない。ただし，乙が既に委任事務の重要な部分の処理を終了しているときは，乙は，甲と協議のうえ，その全部または一部を返還しないことができる。
3　第1項において，委任契約の終了につき，乙に責任がないにもかかわらず，甲が乙の同意なく委任事務を終了させたとき，甲が故意または重大な過失により委任事務処理を不能にしたとき，その他甲に重大な責任があるときは，乙は，司法書士報酬の全部を請求することができる。ただし，乙が委任事務の重要な部分の処理を終了していないときは，その全部については請求することができない。
第6条　甲が第3条により乙に支払うべき金員を支払わないときは，乙は，甲に対する金銭債務（保証金，相手方より収受した金員等）と相殺または事件等に関して保管中の書類その他のものを甲に引き渡さないで留め置くことができる。
（特約条項）

記

1　着手金（手数料）の額
　(1) 算出方法
　□経済的利益の額を算定基準とする場合の標準金額
　　経済的利益の額　　　　　　金　　　　　円

計算式　上記額の　　　　　％＋　　　　　円＝　　　　円（A）
　　□経済的利益の額を算定基準としない場合の標準金額
　　　　　　　　　　　　　　　金　　　　　円（B）
　(2)　上記(1)の（A）及び（B）を合算する場合の標準金額
　　　　　金　　　　　円
　(3)　増減額事由の有無（□有，□無）
　（有る場合の理由）
　(4)　支払着手金（手数料）の額　金　　　　　円
　　　　　　　　　　　　　　　　　　（消費税　　　　　円）
２　報酬金の額
　□乙の委任事務により確保した経済的利益の額を算定基準とする場合（乙の報酬基準または算定方法による）
　（甲の言い分が全部認められた場合の標準となる額は，金　　　　　円）
　□その他（　　　　　　　　　　　　　　　）
３　事務手数料（着手金，成功報酬金以外の報酬）
　□着手金に準じて算出　金　　　　　円（消費税　　　　　円）
　□定額　金　　　　　円（消費税　　　　　円）
４　実費
　訴訟費用（収入印紙代，郵券）　　　　金　　　　　円
　謄写・通信・交通費・宿泊費等の実費は
　□その都度請求する。　□預り金で精算する。
５　日当等
　出張日当として，□１日，□半日，当たり，金　　　　　円を，
　□その都度請求する。　□預り金で精算する。
６　預り金（その用途・　　　　　　　　）
　　　　　　　　　　　　　　　　　金　　　　　円

　　平成　年　月　日
　　　　　　　依頼者（甲）
　　　　　　　　住所
　　　　　　　　氏名　　　　　　　　　　　　　印
　　　　　　　受任司法書士（乙）
　　　　　　　　大阪府
　　　　　　　　　〇〇司法書士事務所

第1章 相談

| 司法書士　　　　　　　　　　　　　印 |

(2) 訴訟委任状

　司法書士が訴訟代理人であることを証するためには、依頼者から訴訟委任状を取得する必要がある（民訴規23条1項）。訴訟委任状の取得にあたっては、委任事項を十分に説明し、依頼者の理解を得たうえで自署と押印をしてもらう。押印には、個人の場合は認印、法人の場合は代表者印を用いるのが一般的である。なお、訴訟委任状に記載がある事項であっても、本人の意に反して行うことができないことはいうまでもない。たとえば、裁判上の和解をする場合、方針、内容等について依頼者の了解を得ないまま行ってはならない。

【書式3】　訴訟委任状

訴訟委任状

平成〇年〇月〇日
〒000-0000
委任者　住所　〇〇市〇〇〇〇〇〇〇〇
　　　　氏名　〇　〇　〇　〇　印

　私は下記司法書士を訴訟代理人又は手続代理人と定め、下記事件に関する各事項を委任します。

　　　　　氏名　司法書士　〇〇〇〇
　　　　　　　　〇〇司法書士会所属
　　　　　　認定番号　第〇〇〇〇〇〇〇号
　　　　住所　〒〇〇〇－〇〇〇〇
　　　　　　　　〇〇市〇〇〇〇〇〇〇〇
　　　　　　　　　　〇〇ビル〇〇階
　　　　　　　　〇〇司法書士事務所
　　　　　　　電　話〇〇－〇〇〇〇－〇〇〇〇
　　　　　　　ＦＡＸ〇〇－〇〇〇〇－〇〇〇〇

```
第1  事件
    相 手 方     被告  ○○○○（注1）
    裁 判 所     ○○簡易裁判所
    事件の表示   ○○請求事件（注2）
第2  委任事項
 1  上記事件の訴訟行為・手続行為，訴え・申立て，反訴・控訴・上告・異
    議につきその提起又は申立て，それらの取下げ，取下げについての同意，
    和解，調停，請求の放棄又は認諾，弁済の受領，保管金納入及び受領
 2  訴訟参加，訴訟脱退，仮差押及び仮処分・証拠保全・保全執行・少額訴
    訟債権執行の手続
 3  担保保証の供託，同取消決定の申立て，同取消しについての同意，同取
    消決定についての抗告権の放棄，権利行使催告の申立て，担保取戻し
 4  供託物の払渡し及び利息利札の請求並びに受領，閲覧申請
 5  債権届出，債権者集会及び債権調査期日への出席，議決権の行使，その
    他債権者としての権利行使
 6  手形訴訟，小切手訴訟又は少額訴訟の終局判決に対する異議の取下げ及
    びその取下げについての同意
 7  上記事件に関する調査，照会，交渉
 8  復代理人の選任
```

（注1）　委任者が被告の場合、「原告　○○○○」とする。
（注2）　委任者が被告の場合、「平成○年(ﾜ)第○号　○○請求事件」とする。

(3) 手続中の報告

　司法書士は依頼者に対して委任事務の処理の状況を報告する義務がある（民645条）。事件処理の報告は、司法書士倫理上の義務でもあるので、依頼者からの求めがなくても報告を行わなければならない（倫理21条2項）。
　さらに、依頼者が抱える法律問題についての解決方法を紛争当事者である依頼者自身が自ら決定するためには、判断に必要な情報が提供されていなければならないことから、この点でも依頼者に対する報告は重要である。

そこで、司法書士は、依頼者に対し、事件の経過および重要な事項を随時、書面または口頭で報告する。さらに、相手方から提出された答弁書、準備書面等の書類、証拠等を依頼者に交付し、各書面の意義や証拠等の内容について報告する必要があろう。

このような地道な作業を通じて、司法書士と依頼者との間の信頼関係は深く形成され、維持されていくことになる。

また、司法書士の適時の報告により、依頼者は事件についての関心をもち続け、その結果、依頼者から訴訟について参考となる意見や資料を得られることもあろう。さらに、司法書士は、依頼者に対する報告の過程で、依頼者とのやりとりを通じて依頼者の紛争解決の真意をよりよく理解できることになる。

当然のことながら、事件が終了したときにも、司法書士は依頼者に対し、その経過および結果を遅滞なく報告しなければならない（倫理21条2項）。

【書式4】　経過報告書

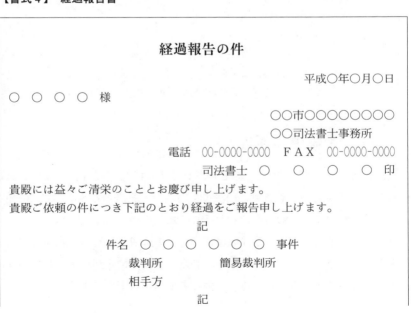

```
1  今回の進行    平成  年  月  日  口頭弁論期日
              出席者  当職  及び  被告訴訟代理人

2  提出書類    原告  準備書面(1)
              被告  第1準備書面
                   乙第1号証～乙第3号証

3  次回の予定    平成  年  月  日  午前  時  分  口頭弁論期日


4  連絡事項
   ・次回出廷の要否    要      否


                                              以上
```

(4) 訴訟代理権が消滅した場合

　司法書士の簡裁訴訟代理等関係業務は、司法書士法3条2項に定める業務範囲に限られることから、受任している事件が地方裁判所に移送された場合や、訴額が140万円を超えることが明らかとなった場合には、司法書士の訴訟代理権は消滅することになる。

　そこで、司法書士の訴訟代理権が消滅した場合、訴訟代理人として関与していた事件について、訴訟代理権消滅後も本人訴訟を支援する型で関与するのか、後任の訴訟代理人として弁護士を選任するのかを依頼者との間で協議しなければならない。

　事件処理が途中で終了した場合の報酬の精算方法や、司法書士の代理権の喪失の場合の取扱いについては、やはり事前に委任契約書で定めておくのが望ましい。

第1章　相　談

6　受任時に説明すべき事項

　司法書士は、相談時の事情聴取を通じて、事件の概要、背景、そして相談者の目的を把握する。そのうえで、司法書士は、相談者に対し、今後とるべき法的手続の概要および事件処理に要する費用を説明のうえ、相談者の納得を得れば、相談者の事件を受任することになる。司法書士が事件を受任した瞬間から、相談者は、相談者から依頼者に変わることになる。そして、司法書士は依頼者のために紛争解決のための活動を開始するのである。

　司法書士は、事件受任にあたり、次の各事項を相談者に対し説明を行い、理解を得る必要があろう。

① 　手続の流れ　　委任を受ける手続の概要について説明を行う。このとき手続の流れを図示しながら説明を行えば、相談者の理解は深まるであろう。

　　また、同時に各手続に要する所要期間を示すことが大切である。相談者にとって、紛争解決までの期間は、依頼事件の勝敗、費用に次いでの関心事である。

② 　勝敗の見込み　　相談者の最大の関心事は、自分が勝訴できるかどうかであることに疑いはない。しかし、第一審で勝訴した事件が、控訴審で敗訴することもあることから、勝敗の可能性を確定的に述べることには注意をしなければならない。

　　受任時に説明する勝敗の見込みは、あくまでもその時点の相談者の説明、手持ちの証拠の量と質、そして、今後入手できる証拠の量と質の予測に基づくものであり、相手方の応訴内容、証拠によって当然変動をすることに相談者の注意を向けなければならない。

③ 　和解による解決の可能性　　訴訟事件のすべてが判決により終了しているわけではない。和解により解決している事件も相当数存在している。そこで、依頼事件が和解で終了する見込み、その場合の和解内容につい

ても事前に相談者と検討を行う必要がある。たとえば相談者が賃貸人の場合、引越代の負担の意思の有無、立退猶予期間の限度等、逆に相談者が賃借人の場合には、賃貸契約の維持を希望するのか、その場合の未払賃料の支払方法、任意に明け渡す場合、明渡しのために必要な期間、明渡時期、引越料の負担を求めたいのか等である。

④ 費用　司法書士報酬の計算方法、支払時期について委任契約書、あるいは報酬説明書等に基づいて説明を行う必要がある。

　占有移転禁止の仮処分の申立て、訴えの提起等を行うには、裁判所に納付する手数料や予納郵券が必要であるから、必要となる印紙代等を説明をしなければならない。また、委任事件を処理するには、全部事項証明書、戸籍謄本、住民票の取り寄せ、現地調査のため交通費、証人尋問の結果を反訳するための費用、裁判所に出頭する際の交通費等の実費がかかることから、これら実費は、別途依頼者の負担となることを説明しなければならない。

　なお、依頼者は、司法書士報酬や実費などの費用について、当然被告が負担するものと考えていることもある。費用について依頼者が誤解したまま受任することのないよう、十分に気をつけたい。

⑤ 強制執行の必要なこと　建物明渡しをめぐる事件では、判決の言渡しを受けただけでは、賃貸人にとって紛争の解決とはならないことに注意を向けさせなければならない。被告に建物の明渡しを命ずる判決の言渡し後、被告が自ら当該建物から退去すればよいが、任意に退去しない場合には、強制執行の申立てをしなければならず、さらに一定の期間と費用のかかることを事前に明示しておかなければならない。

　また、賃借人が依頼者の場合には、敗訴後任意に退去しなければ、強制執行の申立てが行われること、強制執行の申立てがなされたら、自己の意思に反してでも当該建物から強制的に退去させられてしまうことを説明しなければならない。

⑥ 打合せ方法、時期、事件処理の報告　事件処理中に依頼者の希望や

さらに事情を確認することが必要となる場合がある。そこで依頼者との連絡方法を確認しておかなければならない。

⑦　準備すべき書類等の確認　　依頼者と司法書士で準備すべき書類を振り分け、取寄方法等について説明をする。

また、依頼者が相談時に持参していなかった資料で依頼者が保管しているものの確認を依頼する。

⑧　出廷の要否　　依頼者が裁判所に出向く必要があるのか、あるとすれば、いつ頃であり、何のために出向くのかを説明しておく。

本人訴訟を行う場合、依頼者は期日ごとに出廷するが、簡易裁判所で司法書士が代理人となって訴訟を行う場合でも、控訴や移送によって地方裁判所に事件が移れば、弁護士を訴訟代理人としない限り依頼者が出廷しなければならない。簡易裁判所に事件が係属している場合でも、当事者尋問のときには依頼者自身が出廷することになり、また、和解期日に司法書士が依頼者と同行することが望ましい場合もある。平日の日中に時間をとることが難しい依頼者も多いので、トラブルにならないよう事前にしっかりと説明をしておくことが重要である。

⑨　委任契約の内容　　委任契約書の内容を説明しなければならない。委任契約により委任を受ける事件の範囲、保全手続の依頼を受けるのか、強制執行の依頼（書類作成および現地立会い）を受けるのか等については、明確にしておかなければならない。

また、受任事件が地方裁判所に移送された場合や、訴額が140万円を超えることが明らかとなった場合には、司法書士は訴訟代理権を失うことを説明しなければならない。関与事件について司法書士が訴訟代理権を失った場合、以後の事件処理を書類作成事件として継続して関与するのか、あるいは、弁護士に事件を引き継ぐのかを選択しなければならなくなることも説明しておく必要がある。

また、控訴審では司法書士に訴訟代理権がないことについても、同様の説明が必要である。

7 民事法律扶助の利用

(1) 総合法律支援法

　総合法律支援法は、民事、刑事を問わず、あまねく全国において、法による紛争の解決に必要な情報やサービスの提供が受けられる社会を実現することを基本理念としている（同法2条）。その一翼を担うため、平成18年4月に日本司法支援センター（法テラス）が設立され、情報提供業務、民事法律扶助業務、国選弁護等関連業務、司法過疎対策業務、犯罪被害者支援業務等の業務を行っている（同法30条1項）。

(2) 民事法律扶助業務

　民事裁判等手続（裁判所における民事事件、家事事件または行政事件に関する手続）において自己の権利を実現するための準備および追行に必要な費用を支払う資力がない国民等またはその支払いにより生活に著しい支障を生ずる国民等を援助するため、無料で法律相談を行い（法律相談援助）、弁護士・司法書士の費用の立替えを行う（代理援助・書類作成援助）。

　法テラスの案件を取り扱うには、法テラスと民事法律扶助業務に精通した司法書士との間で契約を締結する必要がある。

　契約には、センター相談登録契約、事務所相談登録契約、受任予定者契約、受託予定者契約がある。

① センター相談登録契約　センターの事務所で法律相談援助を担当する旨の契約
② 事務所相談登録契約　自らの事務所で法律相談援助を実施する旨の契約
③ 受任予定者契約　代理援助案件の受任予定者となる旨の契約
④ 受託予定者契約　書類作成援助案件の受託予定者となる旨の契約

(3) 法律相談援助

「法律により法律相談を取り扱うことを業とすることができる者」による法律相談（刑事に関するものを除く）を実施することをいう。

援助要件は、援助申込者が法律相談援助資力基準に定める資力に乏しい国民等であること、民事法律扶助の趣旨に適することであり、要件にあてはまれば、たとえば、事務所相談登録契約を締結している司法書士が、自らの事務所で法律相談援助を実施した場合、申込者は費用負担することなく、法律相談を受けることができる。ただし、同一申込者において同一問題につき3回が限度で、援助申込書と法律相談票を相談援助を実施した日から1カ月以内にセンター各地方事務所に提出しなければならず、また、援助申込者氏名欄と援助終了確認者欄には被援助者の署名が必要である。

援助申込者が高齢者もしくは障害者であること、相談場所から遠距離の地域に居住していること、やむを得ない事情により上記相談場所に赴くことが困難な場合等は、事前に地方事務所長の承認を得て、申込者の居住場所その他適宜の場所に出張して相談をすることも可能である。

(4) 代理援助および書類作成援助

(A) 代理援助

民事裁判等手続の準備および追行（民事裁判等手続に先立つ和解の交渉で特に必要と認められるものを含む）のため代理人に支払うべき報酬および実費の立替えをすることをいう。司法書士の場合、司法書士法3条1項6号に規定する業務が該当する。

(B) 書類作成援助

「法律により依頼を受けて裁判所に提出する書類を作成することを業とすることができる者」に対し民事裁判等手続に必要な書類の作成を依頼して支払うべき報酬および実費の立替えをすることをいう。司法書士の場合、司法書士法3条1項4号に規定する業務が該当する。

(C) **援助の手続**

　個別事件について、法テラスの代理援助・書類作成援助を利用するには、援助申込書および必要書類を法テラスに提出して審査に回付し、援助開始決定を受ける必要がある。援助開始決定後、被援助者、受任・受託者、法テラスの三者で契約を締結する。

　援助申込者が代理援助および書類作成援助資力基準に定める資力に乏しい国民等であることが要件となっており、収入面と資産面から判断する。原則、申込者および配偶者の手取り収入月平均額が基準額以下であり、申込者および配偶者の資産が、理事長が別に定める基準以下であることが必要である。また、勝訴の見込みがないとはいえないこと、民事法律扶助の趣旨に適することも要件となっている。

　立替費用は、代理援助に係る着手金・報酬金・実費、書類作成援助に係る報酬・実費であり、被援助者は、法テラスに立替金を割賦償還する。なお、償還猶予、償還免除の規定があり、生活保護世帯の場合は当然に猶予されるが、償還免除を受けるためには、終結決定後に、別途申請が必要となる。その他、生活保護受給者に準ずる程度に生計が困難（収入が資力基準の70％を超えない額）であり、かつ、将来にわたってその資力を回復する見込みに乏しいと認められるとき（65歳以上の高齢者、重度又は中度の障害者、疾病により就労不能またはきわめて困難な者など）など、要件をすべて満たす場合は立替金の償還免除受けることができるが、かなり詳細な報告書の提出が求められる。

　援助申込書・法律相談票の他、各種書式・約款・基準等は法テラスのウェブサイトからダウンロードすることができる（http://www.houterasu.or.jp/）。

第2章

裁判外の解決

1 訴訟手続によらない解決方法

(1) 任意交渉とADR

　民事上の紛争を解決するためにとりうる法的手段は、訴訟手続に限られない（第1章3(1)(C)(16頁)参照）。これは、司法書士が事件を受任した場合であっても変わりはない。

　訴訟手続は、原則的な民事手続として用意されており、相手方が対話に応じなくても最終的には判決を基に強制執行をすることも可能である。法律の規定に基づいて権利の実現を図ることができる重要な手段ではあるが、一方で、手続が厳格に定められており、費用や時間を要するという側面もある。そのため、事案によっては訴訟が最善の手段でないことも少なくない。

　訴訟手続によらない解決方法としては、当事者やその代理人同士の任意交渉による裁判外の和解が考えられる。建物明渡請求事件を受任した司法書士は、いきなり訴えを提起するのではなく、まずは相手方に交渉を持ちかけ、話し合いによる解決を試みることが一般的である。依頼者が司法書士に相談に来る前にすでに当事者同士で話し合いが行われていることもあるが、専門家が代理人として関与することで、その交渉が進展することが期待できる。

　当事者やその代理人同士の話し合いがうまくいかない場合は、第三者を介入させた紛争処理手続を検討することになる。第三者が介入する手続としては、典型的には、裁判所による公権的な判断（判決）に結論を委ねる訴訟手続があるが、それ以外にもさまざまな手続が用意されている。それら訴訟手続によらない代替的な民事上の紛争処理手続を総称して、「裁判外紛争解決手続」あるいは「ADR（Alternative Dispute Resolution）」という。

(2) ADRの提供主体

　ADRは、手続を提供する主体によって以下の三つに分類することができ

る。
① 司法型ADR　　司法機関である裁判所が行うADRである。民事調停や家事調停がこれに該当する。いずれも裁判所の判断を当事者に強制する裁判ではなく、裁判所の関与のもとで合意形成を図る手続である。
② 行政型ADR　　行政機関が行うADRである。たとえば、労働問題について行われる紛争調整委員会によるあっせんや、消費者問題について行われる消費生活センターによるあっせんなどがある。
③ 民間型ADR　　司法機関や行政機関ではなく、民間団体が行うADRである。単にADRという場合、民間型ADRを指すことが多い。民間型ADRには、各地の司法書士会や弁護士会等の法律実務家が実施するものや、業界団体が実施するものなど、多種多様なものが存在する。

　建物明渡請求事件についても、司法型ADRや民間型ADRが利用可能である。事案の特性や依頼者の要望に応じて、利用を検討することになる。

2　和　解

(1)　はじめに

　司法書士は、依頼者の代理人として迅速かつ適正に紛争の解決にあたるべきである。裁判外の和解交渉により紛争を解決することができれば、依頼者の時間・費用が節約できるし、訴訟経済の観点からも利点がある。さらに、当事者双方が納得したうえで和解が成立すれば、強制執行をするまでもなく、債務者の任意の履行が期待できるメリットもある。
　しかし、相手方との交渉によって紛争を解決することは、必ずしも容易なことではない。和解交渉を行う代理人は、以下の点に注意する必要がある。
① 依頼者との信頼関係の構築　　和解交渉においては、ときには仲裁役としての役割を果たすこともあるが、このような場合に相手方に肩入れ

しているようにみられるなど、依頼者に不信感を抱かれないように注意したい。
② 紛争解決の見通しを立てる　交渉に際しては、依頼者から紛争の原因となる事実関係をできるだけ詳細に聴取し、証拠書類等の有無によって事件の法的な解決の見通しを立てる（事件のすわりを読む）ことが大切である。訴えを提起した場合の時間や費用等を考慮し、和解交渉による解決が妥当かどうか検討する必要がある。交渉を成功させるには、依頼者や相手方が置かれている立場、相手方に代理人がついた場合はその代理人の交渉態度等を観察し、相手方がどのような和解に応じてくるかを予想しながら交渉を進める必要がある。

(2)　和解交渉

(A)　催　告

建物明渡請求事件の受任後、まず最初に行うべきことは、無催告解除が認められる事案でない限り、事案に応じた催告を相手方に対して行うことである。当事者が司法書士に相談する前にすでに催告をしていた場合でも、当事者間の紛争に司法書士が関与したことを知らせ、任意に履行を促すために、あらためて、代理人司法書士名で催告をすべきである。

任意交渉による和解を望む場合は、まず普通郵便で賃料の支払いや用法遵守義務違反の是正などを催告し、それでも相手方が支払いをしたり是正措置をとることをせず、事態が改善されない場合に内容証明郵便で催告・請求をすることになる。

内容証明郵便は、文書の内容を郵便局が証明する郵便で、依頼者の意思表示が相手方に伝わったことを公的に証明する手段として訴訟で証拠とすることを前提に使われる。ただし、依頼者が明渡しを請求する明確で強い意思をもっていることを相手方に伝えることができる方法である一方で、内容証明郵便を受け取った者は一般的に心理的圧迫を感じることが多い。そのため、訴訟を前提とする代理人名義の催告書をいきなり内容証明郵便で送付するこ

とは、相手方を動揺させ、場合によっては相手方の怒りを招く可能性がある。任意交渉と和解によって相手方に任意で退去させるためには、相手方の積極的な関与・協力が必要となるので、まずは普通郵便等による催告にとどめておくのが望ましい場合も多い。その際、相手方から揚げ足をとられないよう、また高圧的な文面とならないように言葉を選びながら、依頼者の意思が丁寧に伝わるように心がけるべきである。

　賃貸人がこれまでの経緯から賃借人との間の賃貸借契約の解除を望む場合、催告により未払賃料全額の支払いがあると、賃貸借契約の解除は困難となってしまう。賃貸人本人からの催告には応じなくても、代理人司法書士からの催告には応じる賃借人もいるであろうから、司法書士が関与し、未払賃料の催告を行う場合には、未払賃料の支払期限等、催告書の内容には注意をしなければならない。

　また、賃借人が催告書の送付を受けた後に未払賃料の一部のみを支払った場合には、未払賃料の一部に充当した旨を、また、支払期限後に全部または一部の支払いを行った場合には、やはり支払期限後に支払いがあった事実と未払賃料に充当した事実を通知することになる。

(B)　**内容証明郵便**

(a)　検　討

　相手方が上記の催告書を受け取っても何らの連絡もせず、また連絡があったとしても誠実に対応をせずに依然として賃料を延滞したりしている場合は、今後訴訟で証拠として使用することも見据えて、通常は相当の期間内に未払賃料の支払いがないこと等を条件に賃貸借契約を解除する旨を記載した配達証明付内容証明郵便を賃借人に送付することになる。

【書式５】　催告書(1)――賃料不払いの場合〔事例１〕

催　告　書

平成26年8月17日

第 2 章　裁判外の解決

大阪市西住吉区梅川町二丁目 4 番 8 -205号
野　淵　英　夫　様
　　　　　　大阪市中成区竹山町三丁目 4 番 5 号　竹山ビル 6 階
　　　　　　　甲川司法書士事務所
　　　　　　　通知人福沢慶子
　　　　　　　通知人福沢応太
　　　　　　　上記 2 名代理人　司法書士　甲　　川　　龍　　介 印
　　　　　　　　　　　　　　　　電話　06-0000-0000

　前略　ごめん下さい。
　当職は，亡福沢雄吉氏の相続人である通知人福沢慶子氏及び福沢応太氏の代理人として，本書を貴殿に呈します。
　亡福沢雄吉氏は，平成15年 7 月 7 日，貴殿に後記記載の建物を賃料月 7 万円（現在は 8 万円），毎月末日までに翌月分を支払うとの約定で賃貸しました（以下「本件賃貸借契約」という。）。
　ところで，貴殿は，平成25年 6 月分から現在まで，本件賃貸借契約に基づく賃料の支払いを遅滞しています。
　そこで，上記未払賃料合計120万円を本書到達後 1 週間内にお支払い下さい。
　同日までにお支払いがない場合には，本催告書をもって，賃料未払いを理由に，本件賃貸借契約を解除します。
　　　　　　　　　　　　　　　　　　　　　　　　　　　　　　　　草々
　　　　　　　　　　　　　　　記
不動産の表示（略）
　　　　　　　　　　　　　　　　　　　　　　　　　　　　　　　　以上

【書式 6 】　催告書(2)――無断譲渡・転貸の場合（賃借人宛）〔事例 2 〕

催　告　書

平成25年 3 月10日

大阪市西住吉区梅川町二丁目 4 番 8 -205号
小　谷　嘉　弘　様

2 和解

　　　　　　　大阪市中成区竹山町三丁目4番5号　竹山ビル6階
　　　　　　　　甲川司法書士事務所
　　　　　　　　通知人永田弘美
　　　　　　　　　代理人　司法書士　甲　　川　　龍　　介　㊞
　　　　　　　　　　　　　　電話　06-0000-0000

前略　ごめん下さい。
　通知人は，平成24年4月1日，貴殿に後記記載の建物（以下「本件建物」という。）を賃貸しました。
　ところで，貴殿は，平成24年11月頃から，本件建物を株式会社山田製作所（大阪府河内市桜海町四丁目2番1号）（以下「山田製作所」という。）に転貸し，本件建物を同社に使用させています。
　通知人は，貴殿に対し，貴殿が山田製作所に本件建物を転貸することを承諾した事実はありません。
　ついては，直ちに貴殿と山田製作所との間の無断転貸行為を中止するよう求めます。
　貴殿が，本書面到達後2週間以内に山田製作所に対する無断転貸行為を中止しなかった場合には，本催告書をもって，無断転貸を理由に，貴殿と通知人との間の平成24年4月1日付賃貸借契約を解除します。
　　　　　　　　　　　　　　　　　　　　　　　　　　　　草々
　　　　　　　　　　　　　記
不動産の表示（略）
　　　　　　　　　　　　　　　　　　　　　　　　　　　　以上

【書式7】　催告書(3)──無断譲渡・転貸の場合（無断占有者宛）〔事例2〕

催　告　書

　　　　　　　　　　　　　　　　　　　　　　平成25年3月10日
大阪府河内市桜海町四丁目2番1号
　株式会社山田製作所　御中
　　　　　　　大阪市中成区竹山町三丁目4番5号　竹山ビル6階
　　　　　　　　甲川司法書士事務所

第2章 裁判外の解決

　　　　　　　　　通知人永田弘美
　　　　　　　　　代理人　司法書士　甲　　川　　龍　　介　㊞
　　　　　　　　　　　　　　　　電話　06-0000-0000

前略　ごめん下さい。
　当職は永田弘美氏（以下「通知人」という。）の代理人として，本書を呈します。
　貴社は，平成24年11月頃から，通知人が小谷嘉浩氏に賃貸した後記記載の建物（以下「本件建物」という。）を何ら権原なく占有しています。
　通知人は，貴社に対し，本書面到達後2週間内に本件建物から退去することを求めます。
　万一，上記期限内に貴社が本件建物から退去しなかった場合は，通知人は，貴社に対し，貴社の不法占有の排除を求めて，法的手続を執る用意のあることを申し添えます。
　　　　　　　　　　　　　　　　　　　　　　　　　　　　　　草々
　　　　　　　　　　　　　　　記
不動産の表示（略）
　　　　　　　　　　　　　　　　　　　　　　　　　　　　　　以上

【書式8】　催告書(4)──無断増改築・用法遵守義務違反の場合〔事例3〕

　　　　　　　　　　　催　告　書

　　　　　　　　　　　　　　　　　　　　　　平成25年5月12日
大阪市城北区松空町三丁目2番1号
高　橋　　剛　様
　　　　　　　　　大阪市中成区竹山町三丁目4番5号　竹山ビル6階
　　　　　　　　　甲川司法書士事務所
　　　　　　　　　通知人株式会社パインスカイ
　　　　　　　　　代表者代表取締役村上順一
　　　　　　　　　代理人　司法書士　甲　　川　　龍　　介　㊞
　　　　　　　　　　　　　　　　電話　06-0000-0000

前略　ごめん下さい。

> 当職は，株式会社パインスカイ（以下「通知人」という。）より委任を受けた司法書士であり，通知人を代理して，本書を呈します。
> 　通知人は，平成23年11月1日，貴殿に後記記載の建物（以下「本件建物」という。）を使用目的居住用と定めて賃貸しました。
> 　ところで，貴殿は，平成25年3月頃から，本件建物を店舗用に改装する工事を始め，同4月5日から，本件建物においてカラオケ喫茶店の営業を行っています。
> 　通知人は，貴殿に対し，本件建物をカラオケ喫茶店に増改築することを承諾した事実はなく，さらに，本件建物においてカラオケ喫茶店の営業を行うことを認めたこともありません。
> 　そこで，通知人は，貴殿に対し，本件建物においてカラオケ喫茶店の営業を行うことを直ちに中止するよう求めます。
> 　また，同年5月30日までに，本件建物を増改築前の原状に回復するよう求めます。
> 　貴殿が，前記期間内に本件建物においてカラオケ喫茶店としての使用をやめたうえで本件建物を増改築前の原状に回復しない場合には，本催告書をもって，用法遵守義務違反を理由に，貴殿と通知人との間の平成23年11月1日付賃貸借契約を解除します。
>
> 草々
>
> 記
>
> 不動産の表示（略）
>
> 以上

　なお、事件の委任を受ける前に、依頼者が相手方に催告書や解除通知書等の法的文書を内容証明郵便等で送付していることもある。しかし、それらの書面の内容に不正確な点や文意が明瞭でない点があれば、代理人司法書士名で、あらためて相手方に内容証明郵便（【書式9】(62頁)）を送付することも必要になる。また、とりあえずは、当事者が作成した内容証明郵便によって意思表示の効果が生じたと主張したうえで、予備的に訴状または準備書面で補充的な主張を行うこともある。

第2章　裁判外の解決

〔記載例1〕　訴状中での解除の主張

　　原告は，被告に対し，平成○年○月○日付内容証明郵便（以下「催告書」という。）で上記未払賃料を請求するとともに，催告書到達後1週間内に未払賃料を支払わないときは，本契約を解除する旨の意思表示をした。
　　催告書は，同月○日に，被告に到達した。
　　仮に，前記の主張が認められなかったとしても，原告は，本訴状において，原告と被告との間の本件賃貸借契約を解除する。

【書式9】　通知書（本人が催告書を出したが、主張内容に不備があったのでそれを補完するために、代理人司法書士が再度通知を行う場合）

通　知　書

平成○年○月○日

○○市○○町○○丁目○○番○○号
　　○　○　○　○　殿

○○市○○区○○町○○丁目○○番○○号
○○司法書士事務所
通知人○○○○
代理人司法書士　○　　○　　○　　○　印
電話　06-0000-0000

　前略　ごめん下さい。
　通知人は，平成○年○月○日付内容証明郵便（以下「催告書」という。）により，貴殿と通知人との間の平成○年○月○日付賃貸借契約（以下「本件賃貸借契約」という。）に基づく未払賃料合計金○○○円の支払いを求めるとともに，催告書到達後1週間内に未払賃料全額を支払わないときは，本件賃貸借契約を解除する旨の意思表示をしたところ，催告書は，同月○日に貴殿に到達しました。
　しかしながら，貴殿は，同月○日までに未払賃料全額の支払いを行いませんでした。

その結果，貴殿と通知人との間の本件賃貸借契約は，同月同日をもって解除されました。
　ついては，貴殿において速やかに，後記記載の建物を明け渡した上，未払賃料全額をお支払いください。
　今後，貴殿から通知人に対し，金員の支払いがあった場合は，通知人は，契約解除後の賃料相当損害金に順次充当いたします。
　　　　　　　　　　　　　　　　　　　　　　　　　　　　　　草々
（建物の記載・略）

(b)　内容証明郵便の出し方

　内容証明郵便には、紙で作成した書面を郵便局に持参して出す方式と、電子化された文書をインターネットを通じて出す方式（電子内容証明郵便）の2種類がある。

　(ア)　紙の書面で出す方式

　従来から利用されている紙の書面を持参する方式の場合、1行当たりの文字数および1枚あたりの行数に制限がある。縦書きの場合、「1行20字以内、1枚26行以内」であり、横書きの場合、「1行20字以内、1枚26行以内」「1行13字以内、1枚40行以内」「1行26字以内、1枚20行以内」のいずれかの要件を満たす必要がある。行の最後の句読点や鍵括弧等も1文字とカウントされるので、特にパソコンを使って作成する場合は、文書の設定に気を付けなければならない。

　本文のほか、冒頭または末尾に必ず差出人と受取人の住所氏名を記載しなければならない。住所氏名の表記は封筒のものと一致させる必要があるので、異体字等には注意が必要である。また、連名で出す場合も、必ず一人を差出人として定め、その旨を付記する必要がある。差出人の押印は必須ではないが、代理人司法書士名義で出す場合は、通常、代理人司法書士名のあとに職印を押す。書面が2枚以上になる場合は、同じ印で契印しなければならない。

　書面は、同じものを3通（相手に送る分、郵便局で保管する分、自分で保管する分）用意して、封筒に入れずに郵便局の窓口に持参する。郵便局で形式の

チェックをしてもらった後に、うち1枚を封筒に入れて差し出し、1枚は控えとして持ち帰る。基本的には配達証明を付けるので、後日、配達証明書(はがき)が送られてくることになる。

　(ｲ)　電子内容証明郵便

　電子内容証明郵便とは、内容証明文書を、インターネットを通じて送るものである。差出人は、パソコンの操作によって文書を送付することが可能であるが、相手方には紙の文書で届く。紙の内容証明郵便と違い、文字数や行数の制限がないこと、24時間受け付けてくれること、同一文書を3通作成する必要がないこと、同一内容の書面を複数人に差し出す場合に手間がかからないことなど、さまざまなメリットがある。

　(C)　**内容証明郵便が到達しない場合の対応**

　催告や解除の意思表示を内容証明郵便で行ったにもかかわらず、賃借人が郵便を受け取らずに賃貸人に返戻されたために、内容証明郵便だけでは意思表示としての効力に疑義が生じる場合がある。

　この場合、郵便が返戻された理由によって、その後の対応が異なる。

　(a)　**返戻された理由が「転居先不明」または「宛所尋ね当らず」の場合**

　賃借人は郵便の宛先の住所に居住していないと考えられる。賃借人が当該住所以外のどこに居住しているか心当たりがない場合は、交渉相手が行方不明ということなので、任意交渉での和解による方法をとることができず、訴訟の方法で明渡しを実現せざるを得ない。

　そしてこの場合、訴状の中で「本訴状をもって賃貸借契約の解除の意思表示を行う」旨の記載をしておき、訴えを提起することとなる。そうすると訴状は通常の方法では送達されないことから、公示送達の方法により訴状が送達されることとなるが（公示送達の申立書は【書式56】(258頁)参照）、解除の意思表示は、公示送達により裁判所の掲示板に公示が開始された日から2週間を経過した時に、賃借人に到達したものとみなされる（民訴113条）。解除の意思表示の効力発生が通常の方法で到達するよりも遅くなるため、賃料相当損害金の発生時期も到達の効果発生時まで遅れることには注意を要する。

(b) 返戻された理由が「不在」または「留置期間経過」の場合

　賃借人は郵便の宛先の住所で留守がちのため郵便物を受領しない、もしくはその住所地に居住しているものの、不在連絡票に記載された差出人が賃貸人または代理人司法書士の名前であることから、賃貸借契約を解除されるなど賃借人にとって不利な状況になると予期してわざと受領しないものと考えられる。

　この場合、すでに2通の催告書が賃貸人から発送されているにもかかわらず、いずれも賃借人は無視しているのであるから、任意交渉による和解での解決は難しく、訴訟により強制的に明渡しを求めることを検討せざるを得ない。

　そして賃貸借契約解除の意思表示が賃借人に到達しているかどうかについて、返戻理由が「不在」「留置期間経過」の場合は上記(a)で用いた意思表示のみなし到達の規定は適用されない。また、留置期間の経過により内容証明郵便が差出人に返戻された場合には、「賃借人が不在連絡票の記載その他の事情から内容証明郵便の内容に賃貸借契約解除の意思表示が含まれることを十分に推知することができ、そして賃借人に受領の意思があれば受取方法を指定することでさしたる労力や困難を伴うことなく内容証明郵便を受け取ることができたといった特段の事情があれば」、解除の意思表示は遅くとも留置期間が満了した時点で社会通念上賃借人の了知可能な状態に置かれたと考えられるが（最判平成10・6・11金法1525号54頁参照）、賃貸人においてこのような特段の事情があったことを立証することは一般には難しいと思われる。

　そこで、今後の訴訟において解除の意思表示をしたことを立証するための一方法として、次の方法が考えられる。

　賃借人が内容証明郵便を受領しなかった場合には、賃借人に内容証明郵便の内容を了知させるために、留置期間満了により返戻された内容証明郵便の差出人保管分をコピーし、「本内容証明郵便を平成〇年〇月〇日，配達証明付で送付したところ，留置期間経過で返戻されました。ついては，同内容証明郵便の写しを本日，貴殿に送付します」との奥書をして、特定記録郵便で郵

送する方法である。

あるいは、最初から賃借人が受領しないことが予想される場合は、内容証明郵便に「同日，同じ文書を特定記録郵便で送付している」旨記載し、かつ、同一内容の特定記録郵便（こちらには、「同日，同じ文書を内容証明郵便で送付している」旨記載）を作成したうえで、両方を同時に送付してもよい。

いずれの方法でも、特定記録郵便の発送前にその書面のコピーをとっておくようにする。

特定記録郵便では、郵便局員が配達のために集配局を出発した事実・時刻が記録されたうえで、普通郵便と同様に配達先の郵便受けに投函され、この配達の記録はインターネット上で追跡することができる。

そして、この場合の賃貸借契約解除の立証には、下記の書類を利用することになる。

① 内容証明郵便で発送した解除通知の控え
② 返戻されてきた内容証明郵便の封筒
③ 特定記録郵便で発送した解除通知の文面のコピー
④ 特定記録郵便を発送した際に郵便局で受領する「書留・特定記録郵便物受領証」
⑤ 特定記録郵便の配達状況をインターネットから印刷した書面

(D) 和解交渉の注意事項

(a) 当事者意思の確認

和解には、時間と費用の節約、任意履行への期待、紛争の柔軟な解決ができるといった利点があるが、これらはいずれも当事者にとって利益となるものである。

しかし、代理人が当事者の理解を得られないような和解交渉をすると、当事者に不信感を抱かれることがあるので注意を要する。和解をする場合には、依頼者の意思を尊重することが重要であり、依頼者が納得して譲歩できる限度について確認しておくことが必要である。

(b) 判決内容の予測

任意交渉においても、仮に当該事件が訴訟となった場合、どのような判決内容となるかを予測しながら行う必要がある。依頼者や相手方に有力な証拠があるか、どの程度まで信頼関係が破壊されているかなどを基に、将来なされる判決を予測することにより、任意交渉における落とし所を考えることができる。

(c) 和解案の検討方法

相手方がどのような和解案なら和解に応じてくるかを予測する。相手方の経済状況や家庭事情（資金繰りに苦しんでいる等）を考慮し、和解案を検討することになる。

建物明渡請求事件では、たとえば、賃借人が事業を営むうえでの拠点として当該物件を利用しており、どうしても明け渡したくない場合や、賃借人が居住用として賃借しており容易に転居できない事情がある場合には、賃借人が容易に明渡しに応じることはないであろう。その場合は、賃貸借契約の存在を確認したうえで、新たに敷金を差し入れさせる、賃料を増額させる、新たな連帯保証人を用意させる等、金銭面で有利な和解案を提示する方法が考えられる。

逆に、賃借人が当該物件の使用に執着していない場合や、経済状況が悪化しており未払賃料等を支払う資力がない場合は、賃貸人としては金銭面や明渡時期で譲歩をすれば、賃借人が明渡しに応じることがある。

(3) 裁判外の和解

(A) 和解書の作成

合意が成立したら、合意内容を書面で残すために和解書を作成する。司法書士が原案を作成し、依頼者に内容の確認をしてから相手方に提示する。

このとき、相手方による任意の履行に不安が残るときは、後述の訴え提起前の和解（即決和解）の手続をとることを検討すべきである。和解書を作成しただけでは、将来的に相手方が和解内容に違反したとしても直ちに強制執行をすることができないため、あらためて訴訟等が必要になりかねないからで

ある。

(B) **和解条項の精査**

和解書を作成する際は、成立した和解の内容に齟齬がないか確認しなければならない。特に和解条項が複雑な場合、和解の趣旨を的確に表現できているか、当事者が和解条項に違反した場合に紛争解決が可能か、税法や登記関係の問題を回避することが可能か、金額や地番など誤記がないか等確認しておかなければならない。

【書式10】 和解書

和　解　書

　賃貸人乙山太郎を甲，賃借人丙村花子を乙とし，甲と乙は，後記建物についての賃貸借契約（以下「本件賃貸借契約」という。）につき，次の通り和解した。

第1条　甲と乙は，本件賃貸借契約を合意解除する。

第2条　乙は，甲に対し，本日までの未払賃料金60万円の支払義務があることを確認する。

第3条　乙は，甲に対し，甲が預かり保管中の敷金30万円につき，その全額を前項の未払賃料に充当することに同意する。

第4条　甲は，乙に対し，後記建物の明渡しを平成〇年〇月〇日まで猶予する。

第5条　乙は，甲に対し，前条の期日限り後記建物を明け渡す。

第6条　甲は，乙に対し，乙が前条に従い後記建物を明け渡したときは，乙が滞納している第2条の未払賃料から第3条の充当額を差し引いた額の支払いを免除する。

第7条　乙は，甲に対し，乙が第5条に反して，同条の期日までに後記建物を明け渡さなかったときは，第2条の未払賃料から第3条の充当額を差し引いた額を直ちに支払うとともに，平成〇年〇月〇日から明渡済みまで1か月につき金10万円の割合による賃料相当損害金を支払う。

第8条　甲と乙は，本和解条項に定めるほか，何らの債権債務がないことを相互に確認する。

本和解の成立を証するため，本和解書を2通作成し，各自その1通を保有する。
（建物の表示）（略）
平成○年○月○日
賃貸人（甲）大阪市城北区松空町一丁目2番34号
　　　　　　乙　山　太　郎　㊞
賃借人（乙）大阪府河内市桜海町四丁目2番1号
　　　　　　丙　村　花　子　㊞

(4) 訴え提起前の和解（即決和解）

(A) 意　義

　訴え提起前の和解とは，民事上の争いについて訴訟係属を前提としない，簡易裁判所の専属管轄に属する裁判上の和解をいう（民訴275条）。訴額の多寡にかかわらず簡易裁判所の管轄に属するが，訴額が140万円を超える場合は，司法書士の代理権が及ばないことに注意を要する。

　申立てを受けた裁判所は，申立内容を審査し，当事者双方に対し和解案を提示して和解の成立を試みる。その結果，当事者双方が合意し，合意の結果が調書に記載されると，その記載は確定判決と同一の効力を生じる（民訴267条，民執22条7号）。したがって，訴えの提起前の和解は，民事上の争いについて当事者間で合意ができている場合に，訴訟を起こさず債務名義を得るために利用されることが多い。通常1回の期日で和解が成立することから，「即決和解」とも呼ばれる。

(B) 建物明渡請求事件と訴え提起前の和解

　訴え提起前の和解は，建物明渡しに係る紛争の解決によく利用される。たとえば，すでに建物の占有者と明渡しの合意ができたものの，占有者が明渡しを履行しない場合に備えて債務名義を取得しておきたい場合がある。この場合，公正証書によって和解契約が成立しても，金銭債権以外の債権は強制

第2章　裁判外の解決

執行できないが（民執22条5号参照）、訴え提起前の和解であれば、民事紛争のすべてを対象とするので、占有者が明渡しを履行しなかった場合でも強制執行が可能となる。

　(C)　申立て前の合意

　訴え提起前の和解を申し立てる場合、申立てを前提に相手方との間であらかじめ合意書を取り交わすことが大事である。その際、相手方が訴え提起前の和解の期日に出頭しなかったことを賃貸借契約の解除事由として追加しておくことが、訴え提起前の和解の確実な成立に役立つと考えられる。そのうえで、相手方との間で管轄の合意（民訴11条）を行って早期に期日指定を受けることができる裁判所を探すことができれば、短期間で手続を終えることができる。

　(D)　管　轄

　訴え提起前の和解は、相手方の普通裁判籍の所在地を管轄する簡易裁判所の専属職分管轄に属するが、当事者が管轄について合意すればそれ以外の裁判所に申立てをすることも可能である（民訴4条・11条）。前述のとおり、当事者間で事前に和解条項につき合意ができていることから、管轄についても合意がなされることがある。この場合、管轄合意書を作成し、申立て時に提出する。

【書式11】　管轄合意書

申立人　乙山　太郎
相手方　丙村　花子

管轄合意書

平成26年10月1日

　頭書当事者間の，別紙物件目録記載の建物についての明渡しに関する訴え提起前の和解申立てにつき，管轄裁判所を大阪簡易裁判所とすることに合意する。

　　　　〒539-0001　大阪市城北区松空町一丁目2番34号

　　　　　　　　　　　　　　　　　　　　　2　和　解

　　　　　　　　　　　　　申立人　乙　　山　　太　　郎　印
　　　〒538-0004　大阪府河内市桜海町四丁目2番1号
　　　　　　　　　　　　　相手方　丙　　村　　花　　子　印

　　　　　　　　　　物　件　目　録

　　　　　　　　　　　　　（略）

(E)　申立書の提出

　申立書は、裁判所に正本1通のみを提出する。ただし、和解成立後、和解調書作成用の物件目録・当事者目録・和解条項を、当事者の数に1を足した通数を用意する。

　申立手数料は一律2000円であり、申立書正本に収入印紙を貼付する。予納郵券の額や組合せは、事前に管轄裁判所に問い合わせておく。

　申立書には、訴状と同様に請求の趣旨および原因を記載するほか、争いの実情を記載し、民事上の争いを明らかにする（民訴275条1項）。しかし、実務上は、申立て以前に当事者間において裁判外で和解案がまとまっていることが多いため、申立人があらかじめ和解条項を作成し、それを添付することにより「別紙和解条項記載のとおりの和解を求める」と記載することが多い。

　申立書には、当事者が法人の場合は代表者事項証明書を、代理人により申立てをする場合は委任状を添付する。委任状には和解条項を記載しなければならない。申立ての対象が不動産に関する権利義務である場合は、その登記事項証明書を添付する。

【書式12】　訴え提起前の和解申立書

　　　　　　　　　訴え提起前の和解申立書
　2000円
　　　　　　　　　　　　　　　　　　　　　平成26年10月1日

第2章 裁判外の解決

大阪簡易裁判所　御中

　　　　　　　　　　　　申立人代理人司法書士　甲　川　龍　介　㊞
　　当事者の表示　　別紙当事者目録記載のとおり
建物明渡請求事件
第1　請求の趣旨及び原因と争いの実情
　　別紙請求の趣旨及び原因と争いの実情のとおり
第2　和解条項　　別紙和解条項のとおり
上記のとおり訴え提起前の和解を申し立てる。

　　　　　　　　　　　　附属書類
1　全部事項証明書　　　　1通
2　委任状　　　　　　　1通

当事者目録

〒539-0001　大阪市城北区松空町一丁目2番34号
　　　　　　　　　　　　　　　申立人　乙　山　太　郎
〒548-0002　大阪市中成区竹山町三丁目4番5号竹山ビル6階
　　　　　　　　　　　　甲川司法書士事務所（送達場所）
　　　　　　　　　　　　申立人代理人司法書士　甲　川　龍　介
　　　　　　　　　　　　　　　　電　話　06-0000-0000
　　　　　　　　　　　　　　　　ＦＡＸ　06-0000-0000
〒538-0004　大阪府河内市桜海町四丁目2番1号
　　　　　　　　　　　　　　　相手方　丙　村　花　子

請求の趣旨及び原因と争いの実情

1　請求の趣旨
　　別紙「和解条項」記載のとおりの和解を求める。
2　請求の原因及び争いの実情
　(1)　申立人と相手方は，申立人の所有する別紙物件目録記載の建物（以下

「本件建物」という。）につき，平成25年4月1日，次のとおり賃貸借契約を締結した。
① 期　　間　　平成25年4月1日から2年間
② 賃　　料　　1か月につき金10万円
③ 賃料支払方法　毎月末日払い
(2)　ところが，相手方は，平成26年3月以降，同月分から賃料の支払いをしない。
(3)　そこで，申立人と相手方が協議をしたところ，ほぼ別紙和解条項記載のとおり和解が成立する見込みがついた。
(4)　よって，請求の趣旨どおりの和解を求める。

和解条項

1　申立人と相手方は，別紙物件目録記載の建物（以下「本件建物」という。）に関する，申立人を賃貸人，相手方を賃借人とする平成25年4月1日に締結された賃貸借契約を合意解除した。
2　相手方は，申立人に対し，本日まで未払賃料金70万円の支払義務のあることを確認する。
3　相手方は，申立人に対し，申立人が預かり保管中の保証金30万円につき，その全額を前項の未払賃料に充当することに同意する。
4　申立人は，相手方に対し，本件建物の明渡しを，平成26年11月30日まで猶予する。
5　相手方は，申立人に対し，前項の期日限り本件建物を明け渡す。
6　申立人は，相手方に対し，相手方が前項に従い本件建物を明け渡したときは，相手方が滞納している第2項の未払賃料から第3項の充当額を差し引いた額の支払いを免除する。
7　相手方は，申立人に対し，相手方が第5項に反して，同項の期日までに本件建物を明け渡さなかったときは，第2項の未払賃料から第3項の充当額を差し引いた額を直ちに支払うとともに，平成26年10月1日から明渡し済みまで1か月につき金10万円の割合による賃料相当損害金を支払う。
8　申立人と相手方は，本和解条項に定めるほか，何らの債権債務がないことを相互に確認する。

9　和解費用は各自の負担とする。

物件目録

　所　　在　　大阪府河内市桜海町四丁目44番地4
　家屋番号　　44番4
　種　　類　　居　宅
　構　　造　　木造瓦葺2階建
　床 面 積　　1階　44.44㎡
　　　　　　　2階　44.44㎡
（住居表示）　大阪府河内市桜海町四丁目2番1号

(F)　申立書の審査

訴え提起前の和解の申立書を提出すると、これを受理した書記官が、必要的記載事項、附属書類、手数料の納付、予納郵券等を確認し、不備があれば補正を促す。

(G)　和解期日の指定

申立てが適法になされれば、裁判所によって和解期日が指定される。通常は、申立人代理人との間で電話で期日の打合せを行う。和解期日が指定されれば、相手方に対して期日呼出状が送付される。

(H)　和解の成立

申立人の提出した和解条項案が適法で、当事者が和解条項案に応諾すれば和解が成立する。訴え提起前の和解は、1回の期日で終了することがほとんどである。

和解が成立したら、書記官によって和解調書が作成され、その記載は確定判決と同一の効力を有する（民訴267条）。

和解期日に当事者の一方が不出頭、または出頭しても裁判官が和解成立の見込みがないと判断したときは、和解不成立となり、手続は終了する。

(I)　和解の取下げ

和解が成立するまでの間は、いつでも取り下げることができる。取下げによって相手方の権利が害されることは何もないので、相手方の同意は不要である。

(5) 建物明渡請求事件における和解条項の検討

建物明渡しが問題となる事件については、①相手方と賃貸借契約等が成立している場合（相手方に占有権原が認められる場合）と、②相手方との間で何らの契約等が成立していない場合（相手方に占有権原が認められない場合）とに分けられる。さらに①は、ⓐ賃貸借契約が解除・解約される場合と、ⓑ賃貸借契約関係等が和解後も継続される場合とに分けられる。

なお、以下の記載例は、訴え提起前の和解における和解条項となっているが、訴訟上の和解（第4章15(2)（346頁））や裁判外の和解でもこれに準じて考えればよい。

(A) 相手方と賃貸借契約等の契約関係がある場合

(a) 相手方との賃貸借契約等が解消される場合

この場合は、明渡しの際の条件を明らかにする。すなわち、明渡猶予期間、立退料の給付、未払賃料および賃料相当損害金の支払いや免除等に関する条項を定める。

〔記載例2〕　債務不履行により賃貸借契約が解除された場合

1　申立人と相手方は、平成26年9月30日、当事者間の別紙物件目録記載の建物（以下「本件建物」という。）の賃貸借契約が、相手方の債務不履行による解除により終了したことを相互に確認する。（注1）（注2）
2　申立人は、相手方に対し、本件建物の明渡しを平成26年10月29日まで猶予する。
3　相手方は、申立人に対し、前項の期日限り、本件建物を明け渡す。
4　相手方は、申立人に対し、平成26年4月分から平成26年9月分までの未払賃料合計金60万円を、平成26年10月から平成27年3月まで毎月末日限り金10万円ずつ分割して申立人方へ持参又は送金して支払う。

> 5 申立人は，相手方に対し，平成26年10月1日から第2項の期日までの賃料相当損害金債務を免除する。（注3）
> 6 相手方が，第4項の未払賃料の分割金の支払を怠ったときは，当然に期限の利益を失い，相手方は，申立人に対し，直ちに第4項の未払賃料の残額を支払う。
> 7 相手方が本件建物の明渡しを遅延したときは，相手方は，申立人に対し，平成26年10月1日から明渡し済みまで1か月金10万円の割合による賃料相当損害金を支払い，直ちに第4項の未払賃料の残額を支払う。
> 8 相手方は，申立人に対し，本件建物を明け渡す際に，本件建物に設置した次の動産を相手方の費用で収去する。（注4）
>   (1) 物品名　冷暖房装置室内機
>   　　製造元　ブルーエイジ電工
>   　　設置場所　1階居間　西側壁面
>   (2) 物品名　冷暖房装置室外機
>   　　製造元　ブルーエイジ電工
>   　　設置場所　1階　西側外壁面
> 9 相手方は，申立人に対し，本件建物を明け渡した後に本件建物部分に残置した物の所有権を放棄し，申立人がこれを相手方の費用負担において処分することに異議を述べないものとする。（注5）
> 10 申立人と相手方は，本件に関し，本和解条項に定めるほか，何らの債権債務のないことを相互に確認する。（注6）
> 11 申立費用は各自の負担とする。（注7）

（注1）　訴訟上の和解のときは，「申立人」を「原告」，「相手方」を「被告」とする。裁判外の和解のときは「申立人」を「甲」，「相手方」を「乙」などと記載する。

（注2）　債務不履行により契約が解除されたことを確認したうえで明渡しを約する条項である。

（注3）　賃貸借契約の解除による終了の場合、終了時までは賃料であるのに対し、終了後は賃料相当損害金の性質となる。

（注4）　裁判上の和解の場合、この条項により、賃借人が収去しない場合でも賃貸人が収去の債務名義を取得することなく、本条項に執行文を受けて代替執行の申立てが可能となる。

(注5) 賃借人が明け渡した後に残置した物の処理について紛争が生じることを防ぐための条項である。
(注6) 当事者間に本件以外に貸金等の債権債務関係がある場合には、記載例のように「本件に関し」と記載することにより、和解による解決の範囲を限定する。
(注7) 和解が成立した場合、費用の負担に関する定めをするのが一般的である。

〔記載例3〕 紛争解決金の支払いと明渡しが同時履行の関係に立つ場合

1　申立人と相手方は，平成26年9月30日，当事者間の別紙物件目録記載の建物（以下「本件建物」という。）の賃貸借契約を合意解除した。
2　申立人は，相手方に対し，本件建物の明渡しを，平成26年10月29日まで猶予する。
3　相手方は，申立人に対し，前項の期日限り，第4項の金員の支払を受けるのと引き換えに本件建物を明け渡す。（注1）
4　申立人は，相手方に対し，紛争解決金として金60万円の支払義務があることを認め，相手方から本件建物の明渡しを受けるのと引き換えに，相手方に支払う。（注2）
5　申立人は，相手方に対し，平成26年10月1日から第2項の期日までの賃料相当損害金債務を免除する。
6　相手方が，本件建物を第2項の期日までに明け渡さないときは，相手方は申立人に対し……（以下略）（注3）

(注1)　給付と引換えに明渡しを請求することができる旨を定めた条項である。このような債務名義に基づいて建物明渡しの強制執行を求めるためには、相手方に対して、紛争解決金を支払ったこと、あるいはその提供をしたことを証明しなければならない（民執31条）（第5章2(4)(F)（394頁）参照）。
(注2)　建物明渡しに関する紛争を解決する際に、賃貸人が賃借人に対して金員を支払う合意をすることがある。記載例では紛争解決金としているが、立退料・示談金・移転料などという名目にすることもある。
(注3)　〔記載例2〕（75頁）の第7項以下を参照のこと。

〔記載例4〕　紛争解決金の支払いが先履行の関係に立つ場合

> 1　申立人と相手方は，本日，当事者間の別紙物件目録記載の建物（以下「本件建物」という。）の賃貸借契約を合意解除した。
> 2　申立人は，相手方に対し，本件建物の明渡しを，平成26年10月29日まで猶予する。
> 3　相手方は，申立人に対し，前項の期日限り，第4項の金員の支払を受けたときは本件建物を明け渡す。
> 4　申立人は，相手方に対し，紛争解決金として金60万円の支払義務があることを認め，第2項の期日限り，相手方の指定する次の口座に送金して支払う。ただし，振込手数料は，申立人の負担とする。（注）
> 　　　　　　　　インターナショナル信用組合　桜海支店
> 　　　　　　　　普通預金　1129831
> 　　　　　　　　名義人　丙　村　花　子
>
> （以下略）

（注）　紛争解決金のうちの一部を先履行とし、明渡し完了後に残金を支払う場合もあるが、本事例は全額先履行とする場合である。
　　　　したがって、本和解調書に基づき建物明渡しの強制執行を求める場合は、申立人が紛争解決金の支払いをしたことを証明し、執行文の付与を受けなければならない（民執27条1項）。

(b)　**相手方との賃貸借契約等を継続する場合**

　賃貸人が賃貸借契約の終了を理由に賃借人に対して建物の明渡しを求めていたが、交渉の結果、今後も賃貸借契約を継続する場合である。賃借人の債務不履行が原因となっていた場合は、敷金を追加で差し入れたり、賃料を増額したり、新たに連帯保証人を徴求するなど賃借人に不利な和解条項を設けることがある。
　なお、通常の賃貸借契約書の連帯保証に関する条項は、「連帯保証人は，本契約により生ずる一切の義務を保証する」との条項が多いが、裁判上の和解においては、このような条項では、連帯保証人に対して執行文の付与を受け

ることができない。そこで、「連帯保証人は、第〇条及び第〇条の相手方が申立人に対して負担する債務について連帯して支払う」のように、連帯保証人の責任の範囲を明確にしておく。

また、無断転貸・譲渡が終了原因となっていた場合、賃貸人がそれを承諾するといった内容の和解条項が考えられるが、承諾料の支払い等、一定の対価の支払いを条件とすることが多い。

〔記載例5〕　賃貸借契約の存在を確認する場合

1　申立人と相手方は、本日、本件建物につき、申立人を賃貸人、相手方を賃借人として次のような条件により賃貸借契約が成立し、存続していることを確認する。(注1)
　①　目　　　的　　居住用
　②　期　　　間　　平成25年1月1日から2年間
　③　賃　　　料　　1か月金10万円
　④　賃料支払方法　毎月末日限りその翌月分を申立人に持参又は送金して支払う。
　⑤　敷　　　金　　金60万円
　　本条に定めるほか、本件建物についての賃貸借契約の条件は、平成25年1月1日付賃貸借契約書に定めるところに従うものとする。
2　相手方は、申立人に対し、平成26年10月1日限り、敷金の追加分として金30万円を差し入れる。申立人は、現に預かり保管中の敷金60万円と上記追加差入分の金30万円の合計金90万円を敷金として預かり保管する。(注2)
3　相手方が、第1項に定める賃料の支払いを2か月以上怠った場合には、申立人は何らの催告を要せず第1項の賃貸借契約を解除することができる。(注3)
4　相手方は、申立人に対し、前項の解除の意思表示を受けたときは、直ちに本件建物を明け渡す。(注3)
(以下略)

(注1)　賃貸借契約が存続していることの確認条項である。
(注2)　敷金の追加差入れを定めた条項である。
(注3)　本和解条項では、賃借人が賃料の支払いを怠っても、当然に賃貸借契約の解除とはならず、申立人があらためて解除の意思表示をする必要がある点に注意すべきである。

　したがって、本和解調書に基づき建物の明渡しの強制執行を申し立てるためには、申立人が賃料不払いにより本件賃貸借契約を解除する旨の意思表示をしたこと、およびその意思表示が到達したことを証明し、執行文の付与を受けなければならない（条件成就執行文（民執27条1項））。

〔記載例6〕　賃貸借契約の存在を確認する場合（失権特約付）

1　（略）
2　（略）
3　相手方が、第1項に定める賃料の支払を2か月以上怠った場合には、本件賃貸借契約は当然解除となる。（注）
4　相手方は、申立人に対し、前項により本件賃貸借契約が解除となったときは、直ちに本件建物を明け渡す。

（注）　本和解調書に基づいて建物明渡しの強制執行を申し立てる場合、相手方が賃料の支払いを2か月以上怠ったという消極的な事実の証明は困難であるから、条件成就執行文ではなく、単純執行文の付与を受けることになる。

〔記載例7〕　未払賃料があった場合（注1）

1　申立人と相手方は、本日、本件建物につき、申立人を賃貸人、相手方を賃借人として次のような条件により賃貸借契約が成立し、存続していることを確認する。
　①　目　　　的　　　居住用
　②　期　　　間　　　平成25年1月1日から2年間
　③　賃　　　料　　　1か月金10万円
　④　賃料支払方法　　毎月末日限りその翌月分を申立人に持参又は送金し

　　　　　　　　て支払う
　⑤　敷　　　金　金60万円
　　本条に定めるほか，本件建物についての賃貸借契約の条件は，別紙平成25年1月1日付賃貸借契約書に定めるところに従うものとする。
2　相手方は，申立人に対し，本件建物の未払賃料として，本日現在金70万円の支払い義務があることを認める。
3　相手方は，申立人に対し，前項の金員を次のとおり分割して，毎月末日限り，申立人に持参又は送金して支払う。
　　平成26年10月から平成28年5月まで金3万5000円ずつ
4　相手方が次のいずれかに該当したときは，相手方は，申立人に対し，第2項の金員から既払金を控除した残金を直ちに支払う。
　①　第1項の賃料の支払いを2か月分以上怠ったとき
　②　第3項の分割金の支払いを2回分以上怠ったとき
5　相手方が次のいずれかに該当したときは，申立人は，相手方に対し，何らの通知催告を要せず第1項の賃貸借契約を解除することができる。（注2）
　①　第1項の賃料の支払いを2か月分以上怠ったとき
　②　第3項の分割金の支払いを2回分以上怠ったとき
（以下略）

（注1）　賃貸人が、賃料未払いを理由として賃貸借契約解除の意思表示をしたが、賃借人より、今後の賃料は当初の約束どおり支払い、未払賃料は分割払いをしたい旨の申し出を受けたところ、賃貸人においてこれを了承して、賃貸借契約を継続させることがある。
（注2）　今後の賃料を約束どおり支払わなかった場合に加えて、未払賃料の分割払いを約束どおり支払わなかった場合も、賃貸借契約について解除できる旨を定めた条項である。

〔記載例8〕　**賃借人に修繕費を負わせる場合**

1　申立人と相手方は，本日，申立人が相手方に賃貸している本件建物の賃料が，平成26年1月1日以降1か月金15万円に増額されたことを確認する。
2　申立人は，相手方が，本件建物につき，相手方の費用をもって別紙目録

(注）の工事を行うことを承諾する。
3　相手方は，本件建物の賃貸借契約終了に際して，申立人に対し，前項の工事費用につき有益費の償還請求をしない。
(以下略)

（注）　目録として、修繕工事の見積書をあげておけばよいであろう。

〔記載例9〕　賃貸人が転貸を承諾する場合

1　申立人は，相手方乙野が申立人に対し，平成26年3月31日までに転貸承諾料として金60万円を支払うことを条件として，相手方乙野が本件賃借権を相手方丙野に転貸することを承諾する。
2　相手方乙野が前項の転貸承諾料の支払いを怠ったときは，申立人は相手方乙野に対し，何らの通知催告を要せず本件賃貸借契約を解除することができる。
3　本件賃貸借契約が解除されたときは，相手方らは申立人に対し本件建物を直ちに明け渡す。
(以下略)

(B)　相手方に占有権原が認められない場合

この場合は、相手方が明渡義務のあることを認め、明渡しまでの猶予期間を付与する等の条項が考えられる。

〔記載例10〕　不法占拠者が明渡義務を認める場合

1　相手方は，申立人に対し，本件建物を権原なく占有していることを認める。
2　申立人は，相手方に対し，本件建物の明渡しを，平成26年9月30日まで猶予し，相手方は，申立人に対し，同日限り本件建物を明け渡す。(注1)
3　相手方が前項の期限までに本件建物を明け渡したときは，申立人は，相手方に対し，賃料相当損害金100万円を免除する。(注2)
4　相手方が，第2項の期限までに本件建物を明け渡さないときは，相手方は，申立人に対し，平成26年10月1日から明渡しに至るまで，1か月につき

> 金10万円の割合による賃料相当損害金を支払う。
> (以下略)

(注1) 明渡猶予期限に関する条項である。相手方に占有権原がない以上、明渡期限を定めていても、それが不法占有であることに変わりはないが、明渡猶予期限までは相手方の占有および使用を認める条項である。

(注2) 所有者は明渡しと同時に賃料相当損害金の支払いを請求するのが通常であるが、所有者がそれを放棄する場合の条項である。

3 調　停

(1) 民事調停

(A) 意　義

民事調停とは、裁判所の関与のもとで「当事者の互譲により、条理にかない実情に即した解決を図る」手続である（民調1条）。民事調停のメリットとしては、和解と同様、事案に応じて柔軟な解決が図れること、時間や費用を節約できること、任意の履行が期待できることなどがあげられる。さらに、任意交渉とは異なり、公平な第三者である裁判所が関与することで、話し合いがより円滑に進むことが期待できる。

(B) 管　轄

民事調停の原則的な管轄は、相手方の住所、居所、営業所もしくは事務所の所在地を管轄する簡易裁判所である（民調3条）。ただし、宅地または建物の貸借その他の利用関係の紛争に関する調停事件（宅地建物調停）については、紛争の目的である宅地もしくは建物の所在地を管轄する簡易裁判所の管轄となる（民調24条）。管轄の合意によりそれ以外の裁判所に申し立てることも可能であるが、宅地建物調停については、合意によって定めることができるの

は「所在地を管轄する地方裁判所」のみであることに注意を要する（民調24条）。

賃貸借契約や使用貸借契約の終了に基づいて建物明渡しを請求する場合、宅地建物調停事件となる。他方、賃貸借契約を前提とせずに不法占有者に対して建物明渡しを請求する場合や、建物明渡しを求めずに未払賃料の支払いのみを請求する場合などは、「賃借その他の利用関係の紛争」にあたらないので、一般の民事調停事件となる。

(C) 申立書の提出

申立書は、裁判所に正本1通と相手方の数の副本を提出する。手数料は、調停を求める事項の価額に応じて、民事訴訟費用等に関する法律別表第1に従って算出した額の収入印紙を貼って納める。予納郵券の額や組合せは、裁判所ごとに異なるので、事前に問い合わせて納める。

申立書の記載事項は、当事者および法定代理人並びに申立ての趣旨および紛争の要点である。調停の趣旨については、訴状と同じく、「相手方は，申立人に対し，別紙物件目録記載の建物を明け渡せ」のように記載すればよい。紛争の要点については、訴状における請求の原因ほど厳密に考える必要はなく、紛争になっている事項の実情や紛争の原因、経過、双方の主張の対立点などを整理して記載する。紛争の要点を記載する際は、調停が話し合いによって合意の成立を目指す手続であることを意識する必要がある。ことさらに相手方を刺激したり相手方の名誉を傷つけたりするような記載は避けるべきである。

申立書には、当事者が法人の場合は代表者事項証明書、代理人による申立てをする場合は委任状を添付する。また、建物明渡請求事件においては、登記事項証明書と固定資産評価証明書も添付する。

【書式13】 建物明渡調停申立書

調停申立書

平成26年10月1日

大阪簡易裁判所　御中

　　　　　　　　　申立人代理人司法書士　甲　川　龍　介　㊞

当事者の表示　　別紙当事者目録記載のとおり
建物明渡請求事件
　　調停を求める事項の価額　112万9000円
　　貼用印紙額　　　　　　　5500円

申立ての趣旨

1　相手方は，申立人に対し，別紙物件目録記載の建物を明け渡せ
2　相手方は，申立人に対し，金160万円及び平成26年9月1日から前項の建物明渡し済みに至るまで1か月金10万円の割合による金員を支払え
との調停を求める。

紛争の要点

1　平成25年4月1日，申立人は，相手方に対し，申立人所有にかかる別紙物件目録記載の建物（以下「本件建物」という。）を，以下の条件で賃貸し（以下「本件賃貸借契約」という。），同日本件建物を引き渡した。
　(1)　賃貸期間　平成25年4月1日から2年間。ただし，更新することができる。
　(2)　賃料　　　1か月10万円を毎月末日限り翌月分を支払う。
2　相手方は，平成25年5月分以降の賃料を全く支払わなかった。そこで申立人は，平成26年8月19日付内容証明郵便をもって，平成25年5月分から平成26年8月分までの未払賃料合計160万円全額を上記内容証明郵便到達後10日以内に支払うよう催告し，上記期間内に全額の支払いがない場合は，本件賃貸借契約を解除する旨の意思表示をなしたところ，上記郵便は同年8月21日被告に到達した。
3　相手方は，上記催告期間内に未払賃料全額の支払いをしなかったので，本件賃貸借契約は同年8月31日の経過をもって解除された。
4　しかしながら，相手方は，いまだに本件建物の占有を継続している。
5　よって，申立の趣旨記載の通りの調停を求める。

当事者目録

〒539-0001
大阪市城北区松空町一丁目2番34号
　　　　　　　　　申　立　人　　　　乙　山　太　郎
〒548-0002
大阪市中成区竹山町三丁目4番5号竹山ビル6階
　　甲川司法書士事務所
　　　　　　　　　申立人代理人司法書士　甲　川　龍　介
　　　電　話　06-0000-0000
　　　ＦＡＸ　06-0000-0000
〒538-0004
大阪府河内市桜海町四丁目2番1号
　　　　　　　　　相　手　方　　　　丙　村　花　子

物件目録

所　　在　大阪府河内市桜梅町四丁目10番地5
家屋番号　10番5
種　　類　居宅
構　　造　木造瓦葺2階建
床面積　1階　56.56平方メートル
　　　　2階　34.00平方メートル
（住居表示　大阪府河内市桜梅町四丁目2番1号）

(D)　**申立書の審査**

　調停申立書を提出すると、これを受理した書記官が、必要的記載事項、添付書類、手数料の納付、予納郵券等を確認し、不備があれば補正を促す。

(E)　**期日の指定**

適法な調停の申立てがあると、調停主任1名と民事調停委員2名以上からなる調停委員会が組織される。調停主任は裁判官であり、民事調停委員は社会生活上の豊富な知識経験や専門的な知識をもつ一般市民の中から任命された非常勤の裁判所職員である。

調停委員会が組織されると、調停期日が指定され、当事者に呼出状が送付される。

(F) **期日における手続**

期日では、調停委員が当事者双方から紛争の実情を聴取し、証拠調べ等が行われる。実情の聴取は、当事者双方が同席して調停委員が同時に話を聴く方式（同席調停）で行われることもあるが、一般的には、調停委員が当事者を交互に面接して話を聴く方式（別席調停、交互面接調停）で行われる。

数回の期日が開かれ、紛争の実情が明らかになったところで、調停委員会が調停案を提示することになる。

(G) **調停成立**

調停案を基に調停条項について調整がなされたうえで、合意が成立したときは調停成立となり、調停内容を記載した調停調書が作成される。この調停調書は裁判上の和解と同一の効力を有する。

合意が成立する見込みがないような場合は、調停不成立として終了する。なお、大筋で合意ができているにもかかわらず、細部の相違によって最終的な合意に至らないような場合、裁判所は、調停に代わる決定をすることができる（民調17条）。

(2) 家事調停

建物の明渡しを求める相手が親族であり、紛争が親族間の感情的な対立に起因するような場合などは、家庭裁判所に親族関係調整調停を申し立てる方法もある。親族関係調整調停は、直接的には建物の明渡しを求める手続ではないが、円満な親族関係を回復するための話し合いを通じて、対象の建物の利用方法や賃料の支払い等についても一括して解決することが期待できる。

実際に、遺産分割や遺留分減殺を求める家事調停事件の中で、建物明渡しが請求されることも行われている。建物の占有をめぐる争いの背景に、親族間の問題がある場合は、家事調停手続の利用を検討するとよいだろう。

4　民間型 ADR

　当事者間での和解交渉がうまくいかない場合、裁判所に訴訟や調停を申し立てるほかに、民間の機関が実施する裁判外紛争解決手続（ADR）を利用することも検討すべきである。

　ADR 自体は、さまざまな形で昔から行われていたが、平成19年4月1日に ADR 促進法（裁判外紛争解決手続の利用の促進に関する法律）が施行され、現在では、ADR を実施する民間の機関も増えている。大阪では、大阪司法書士会や大阪弁護士会等の各士業団体や大阪府等が参加する公益社団法人総合紛争解決センターが設置されており、和解のあっせんや仲裁を行っている。また、東京では、東京司法書士会の調停センターが利用可能である。

　各 ADR 機関によってさまざまな特徴があるので、事案に応じて適切な機関を選択することになる。たとえば、休日や夜間の手続が行われているところもあるし、和解のあっせんだけでなく仲裁も行っているところもある。

　ADR の利用方法や費用、手続の流れなどは、各 ADR 機関によって異なるため、申立先の ADR 機関の手続について事前に調べる必要がある。たとえば、大阪において総合紛争解決センターを利用する場合は、センターが指定する様式の申立書に、当事者の住所氏名、申立ての趣旨、申立ての理由を記載し、資料とともに提出する。費用は、申立て時に1万円、解決時に1万5000円〜5万円を納める。

　なお、民間型 ADR を利用して紛争が解決した場合の法的効果については注意を要する。その実体が和解のあっせんや調停である ADR に関しては、ADR によって和解が成立した場合も、法的には裁判外の和解であるため、和解内容については任意の履行を期待することになる。あるいは、合意内容を

基に、訴え提起前の和解を申し立てるのも一つの方法である。他方、仲裁法に基づいてADR機関が仲裁判断を行うADRの場合、その判断は確定判決と同一の効力を有するため（仲裁法45条）、これをもって強制執行が可能となる。

第3章

保　全

第3章 保　全

〈図表3〉　占有移転禁止仮処分手続の流れ

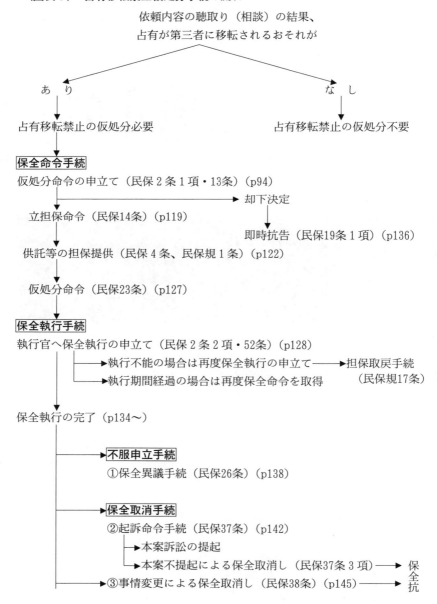

1　保全命令手続

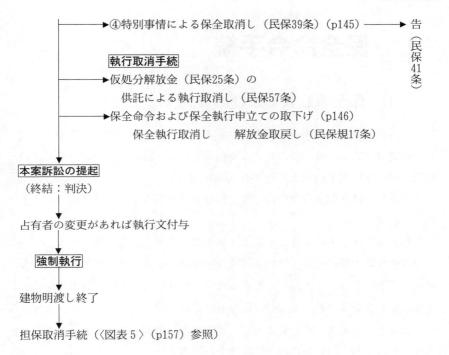

第3章 保　全

1　保全命令手続

(1)　保全の意義および必要性

　民事訴訟の本案の権利の実現を保全するための仮差押えおよび係争物に関する仮処分並びに民事訴訟の本案の権利関係につき仮の地位を定めるための仮処分のことを民事保全と総称する（民保1条）。
　民事保全には、保全命令手続と保全執行手続がある。ここでは保全命令手続について述べる。
　なお、民事保全手続では、申立人を債権者、相手方を債務者という。
　建物明渡請求事件では、建物明渡請求権を保全するため係争物に関する仮処分の必要性について検討することになる。なぜなら現在の占有者を被告として本案判決を得ても、本案の口頭弁論終結前に第三者に占有が移転されると、この本案判決では第三者に対して建物明渡しの強制執行をすることができないからである。しかし占有移転禁止の仮処分命令の執行をすることにより、①当該占有移転禁止の仮処分命令の執行がされたことを知って当該係争物を占有した者、②当該占有移転禁止の仮処分命令の執行後にその執行がされたことを知らないで当該係争物について債務者の占有を承継した者、に対しても仮処分の執行時の占有者を被告とした本案判決をもって建物明渡しの強制執行をすることができる（民保62条1項）。

(2)　保全手続の特質

(A)　緊急性

　民事保全手続は、迅速に手続を終えなければその目的を達成することができない。そのため民事保全手続には次のような規定が設けられている。
　①　口頭弁論を経ないですることができ、原則として決定による（民保3条、民訴87条1項ただし書）。

②　保全すべき権利または権利関係および保全の必要性は、疎明で足り証明する必要がない（民保13条2項）。
③　保全執行には原則として執行文が不要である（民保43条1項）。
④　執行期間が2週間とされている（民保43条2項）。
⑤　保全命令が債務者へ送達される前でも執行可能である（民保43条3項）。

(B)　暫定性

民事保全手続は、終局的な結果をもたらすものではなく、あくまでも本案判決までの暫定的なものである。

(C)　付随性

民事保全手続は、本案訴訟を前提としたものであり、これに付随する。

(D)　密行性

仮差押えおよび係争物に関する仮処分は、債務者による執行を免れるための行為を防ぐために、手続の進行を債務者に知らせないまま発令される。

2　占有移転禁止の仮処分

(1)　はじめに

(A)　占有移転禁止の仮処分の意義と当事者恒定効

占有移転禁止の仮処分とは、係争物に関する仮処分であり、建物の明渡請求権を保全する場合には、その占有状態の現状維持を目的として行う手続である。この仮処分命令では、①債務者に対し、係争物の占有の移転を禁止し、②係争物の占有を解いて執行官に引き渡し、③執行官に係争物の保管をさせ、④執行官に対し、占有の移転が禁止されていることおよび執行官が係争物を保管している旨公示させること、が命じられる。この仮処分命令の執行をすることによって、本案訴訟の被告以外の悪意の占有者や保全執行後の占有承継者に対しても、保全命令の債務者を被告とする本案訴訟の勝訴判決をもっ

て強制執行ができる（民保62条1項）。この効力を当事者恒定効という。

(B) 占有移転禁止の仮処分における執行方法の分類

占有移転禁止の仮処分は、執行官保管を命じる仮処分によるのが通常であるが、この執行官の保管は観念的なものであり、実際に保管（占有）する者により、その執行方法は次の三つに分類できる。

① 債務者使用型　　債務者の使用を許す場合であり、債務者は継続して使用することができる。
② 執行官保管型　　債務者から占有を取り上げ、執行官または第三者が保管する。
③ 債権者保管型　　債務者から占有を取り上げ、債権者が保管する。

実務上、①の方法によるのが通例である。

(2) 要件──被保全権利および保全の必要性

被保全権利は、建物明渡請求権である。これは所有権に基づくものであるか、賃貸借契約終了に基づくものであるかを問わない。ただし、仮処分命令の被保全権利と本案の訴訟物とは請求の基礎を同一にする必要がある。また必ずしも第三者に対する対抗力を有する必要はないが、対抗要件の欠缺を主張しうる第三者が債務者の場合には対抗要件の具備が必要となる。停止条件付請求権、始期付請求権、将来の権利でも被保全権利として認められる。

保全の必要性については、民事保全法では、係争物に関する仮処分の場合、その現状変更により、債権者が権利を実行することができなくなるおそれがあるとき、または権利を実行するのに著しい困難を生ずるおそれがあるときに発することができるとされている（民保23条1項）。第三者へ占有が移転される可能性がある場合には、保全の必要性を満たしていることになる。

(3) 債務者を特定しないで発する占有移転禁止の仮処分

占有移転禁止の仮処分命令の発令段階で、債務者を特定することを困難と

する特別の事情があれば、債務者を特定しないで仮処分命令を得ることができる（民保25条の2第1項柱書）。ただし、この仮処分命令による保全執行時に執行官が占有者を特定することができなければ執行不能となるので注意を要する（民保54条の2）。

　本案訴訟では、保全執行時に執行官が特定できた占有者を被告として勝訴判決を得ることにより、この占有者はもとより、本案訴訟の被告以外の悪意の占有者や保全執行後の占有承継者に対しても強制執行ができる（当事者恒定効）。

　「その執行前に債務者を特定することを困難とする特別の事情」（民保25条の2第1項柱書）とは、ただ単に占有者が不在であることでは足りず、その建物の表札や郵便ポストの氏名等の外観の調査や、近隣から聞き込みをした結果等から占有者が特定できないことが必要である。仮処分命令申立書には、占有者を特定できない特別の事情の記載が必要とされ、調査した結果を詳しく記載しなければならない。

(4)　申立準備

(A)　占有状態の調査

　占有状態の調査は、保全手続においては直接占有者だけを債務者とすることになるので、誰が直接占有者であるかが重要であり、可能な限りの情報を集めておかなければならない。誰が直接占有者であるかは、誰に対して本案訴訟を提起するのかを検討することにもかかわるものである。直接占有者を被告とせずに本案判決を得たとしても直接占有者に対して強制執行ができないので、現に誰が占有しているのか、またその占有の種類は何であるのかを見極めることが重要となる。

(a)　直接占有

　直接占有とは、他人を介することなく直接物を所持していることをいう。たとえば、賃貸借契約に基づき占有している賃借人や、転貸借契約に基づき占有している転借人の占有は、直接占有である。

(b) 間接占有

間接占有とは、占有代理人が直接所持あるいは占有し、これによって、本人が間接的に占有することをいう。たとえば、建物が転貸借されている場合においては、転借人が占有代理人であり、賃借人（転貸人）が間接占有者である。執行官が把握することのできる占有は事実としての占有に限られていて、間接占有は執行の対象にすることはできない（瀬木比呂志『民事保全法〔新訂版〕』568頁）。なお本案訴訟において、間接占有者は被告となる。

(c) 占有補助者

事実上物を所持しこれを使用しながらも、占有代理人とは異なり、独立の占有者たる地位を有せず、単に他人の占有を補助するにすぎないと認められる者が占有補助者（所持の機関）である。建物所有者や賃借人と同居する使用人、家族などがこれに該当する（篠塚昭次・前田達明編『新・判例コンメンタール〔民法(3)物権〕』141頁）。占有補助者は独自の占有を有していないので、本案訴訟で被告となっている者の占有補助者に対しては、この本案判決に基づいて強制執行ができる。

(B) 管　轄

保全手続に関する管轄はすべて、専属管轄である（民保6条）。

占有移転禁止の仮処分の場合、本案の管轄裁判所または係争物の所在地を管轄する地方裁判所が管轄裁判所となる（民保12条1項）。本案訴訟提起前であれば、被告の普通裁判籍の所在地を管轄する裁判所で、訴額によって簡易裁判所か地方裁判所のどちらかになる（民保12条3項）。また建物所在地を管轄する地方裁判所にも管轄がある（民保12条1項、民訴5条12号）。本案係属後は、本案の裁判所だけが管轄裁判所となる。

(C) 司法書士の代理権の範囲

本案訴訟が簡易裁判所の管轄であり本案における訴額が140万円以下の場合、保全命令申立事件について司法書士にも代理権がある。なお、後述の占有移転禁止の仮処分の保全執行手続は、執行官に対するものであり、司法書士法上の代理権の範囲には含まれない（河合芳光・小林昭彦『注釈司法書士法

〔第2版〕』92頁）が、代理人の資格に制限はなく、弁護士以外の者も代理人となることができる（民保46条、民執13条）。

(5) 申立書

(A) 申立手数料等

(a) 申立手数料

申立手数料は、被保全権利の額にかかわらず、仮処分命令申立て1個につき、2000円である。手数料額分の収入印紙を申立書に貼付する（民訴費3条別表第1・11の2・ロ）。一人の債権者が二人の債務者に対して各部屋を賃貸しているときの占有移転禁止仮処分の申立ては2個の申立てと解される。

(b) 予納郵券

予納郵券は、裁判所により取扱いが異なるため、申立て前に確認を要する。例として、大阪地方・簡易裁判所の予納郵券は、債務者の数に1082円を掛けた分が必要である（平成27年3月現在）。

(B) 申立書記載事項

保全命令申立書には、その趣旨並びに保全すべき権利または権利関係および保全の必要性を記載する必要がある（民保13条1項）。

(a) 当事者

当事者の特定は、自然人の場合、住所、氏名にて行う。しかし、賃貸借契約書の署名や当該賃貸物件の表札等に通称、商号を用いている場合は、通称、商号も記載すべきである。

当事者が法人である場合、住所（本店、事務所所在地）、商号（名称）、代表者の資格、氏名を記載して特定する（【書式14】（当事者目録、105頁）参照）。

債務者を特定しない申立てでは、当事者である債務者を債権者が知り得ないため、債務者は「本件仮処分命令執行の時において別紙物件目録記載の不動産の占有をする者」と記載し、住所の記載は要しない（【書式15】（当事者目録、110頁）参照）。

(b) 申立ての趣旨

占有移転禁止仮処分命令申立書の申立ての趣旨は、「債務者は，別紙物件目録記載の建物に対する占有を他人に移転し，又は占有名義を変更してはならない。債務者は，上記建物の占有を解いて，これを執行官に引き渡さなければならない。執行官は，上記建物を保管しなければならない。執行官は，債務者に上記建物の使用を許さなければならない。執行官は，債務者が上記建物の占有移転又は占有名義の変更を禁止されていること及び執行官が上記建物を保管していることを公示しなければならない」が基本的な記載内容である。

　このほかに債務者が建物を毀損するおそれがある場合などは、執行官の保管のみを命じるもの、債権者の保管、使用を許すものがある。執行官保管のみの場合には「執行官は，債務者に上記建物の使用を許さなければならない」の記載が不要である。債権者の保管、使用を許す場合には「執行官は，債務者に上記建物の使用を許さなければならない」に代えて「執行官は，債権者に上記建物の使用を許さなければならない」と記載する。

　(c)　**申立ての理由**

　　(ア)　被保全権利

　申立ての理由には、被保全権利を特定し、かつ、これを基礎づける事実を記載する。保全命令の手続においては、申立書が債務者に送達されず、原則として書面審理のみによって発令されるため、訴訟手続と異なり、相手方に擬制自白や裁判上の自白の成立の余地がない。そのため、申立書には、被保全権利を基礎づける具体的事実を主張し、疎明する必要があり、かつ、主張した事実ごとに証拠も記載しなければならない（民保規13条2項）。

　また、債権者が提出する申立書およびその附属書類による書面審理（裁判所は書面審理を原則とし必要に応じて債権者審尋を行う。東京地方裁判所、大阪地方裁判所では原則債権者審尋が行われる）で発令される仮処分命令において、債権者の主張する事実について債務者には反論する機会がない。債権者は申立書で主張する事実から当然予想される債務者の抗弁事実を記載するとともに、その抗弁事実について債権者の反論を記載すべきである。

(イ)　保全の必要性

　不動産の占有移転禁止の仮処分の保全の必要性が認められるのは、不動産の現状（占有状態）の変更により、債権者が権利を実行することができなくなるおそれがあるとき、または権利を実行するのに著しい困難を生ずるおそれがあるときである（民保23条1項）。

　債権者が求める仮処分の内容により、保全の必要性、その範囲、疎明の程度は変化する。執行官保管型や債権者保管型の保全命令は、債務者保管型の保全命令より債務者の不利益がより大きくなるので、保全の必要性もより厳格に判断される。

　(ウ)　債務者を特定することが困難である特別の事情

　債務者を特定しない建物の占有移転禁止の仮処分の申立書は、被保全権利および保全の必要性に加えて、債務者の不特定および執行前に債務者を特定することを困難とする特別の事情があることを記載する（民保25条の2第1項柱書）。

　特別の事情とは、①不特定多数の者が寝泊りしており、占有者を示す表示がなく特定の占有者がわからないとき、②建物自体が封鎖されるなど、占有の主体がわからないとき、③建物には法人や団体名の表記があるが、履歴事項証明書（商業登記簿謄本）や代表者の住所等を調べてもその実態がないとき等、が考えられる。必要な調査を尽くしていない場合には、裁判所は調査不足と判断する。

　なお実務では、密行性の観点から両隣、管理人などに聞く程度の調査が考えられる。

　(C)　**疎明と疎明資料**

　保全命令の申立てでは、債権者は保全すべき権利および保全の必要性を疎明しなければならない（民保13条2項）。

　疎明とは、裁判官に一応確からしいという程度の心証を形成させる立証をいい、疎明方法は、即時に取り調べることができるものであることを要する（民保7条、民訴188条）。疎明資料として、賃貸借契約書、全部事項証明書（不

第3章　保　全

動産登記簿謄本)、念書、家賃の領収書、金融機関の通帳、内容証明郵便・配達証明書等、陳述書、写真（目的建物をどの角度から撮影したのかわかるように作成した現場見取り図に添付）、ビデオ、録音テープ（内容を反訳した書面を添付）が考えられる。また、実務上、債権者本人が作成した報告書の提出が求められる。

　裁判所は参考人または当事者本人を審尋することができる（民保7条、民訴187条1項）。参考人の審尋について、裁判所は呼出しを行わないので、債権者の審尋の際、事前に裁判所と打合せのうえ同行する。

　(D)　附属書類

申立書とともに提出すべき書類は以下のとおりである。
① 　書証の写し（民保規14条2項）
② 　不動産の価格を証する書面（民保規20条1号ハ・23条）　通常は固定資産評価証明書がこれにあたる。
③ 　代理権を証する書面
　　ⓐ 　親権者の場合は戸籍謄本（民保規6条、民訴規15条）
　　ⓑ 　訴訟代理人の場合は訴訟委任状（民保規6条、民訴規23条1項）　原本還付できないので、本案事件と別個に取得する必要がある。
　　ⓒ 　法人の場合は代表者事項証明書や履歴事項証明書（商業登記簿謄本）（民保7条、民訴37条・34条、民訴規18条・15条）
④ 　不動産の全部事項証明書（不動産登記簿謄本）（民保規20条1号イ・23条）

【書式14】　占有移転禁止仮処分命令申立書(1)——債務者特定・債務者使用型
　〔事例2〕

占有移転禁止仮処分命令申立書

平成25年4月1日

大阪簡易裁判所民事44係　御中

　　　　　　　　　　債権者代理人司法書士　甲　　川　　龍　　介　㊞

　　当事者の表示　　　　　　別紙当事者目録記載のとおり

仮処分により保全すべき権利　　建物明渡請求権

申立ての趣旨
　債務者は，別紙物件目録記載の建物に対する占有を他人に移転し，又は占有名義を変更してはならない。
　債務者は，上記建物の占有を解いて，これを執行官に引き渡さなければならない。
　執行官は，上記建物を保管しなければならない。
　執行官は，債務者に上記建物の使用を許さなければならない。
　執行官は，債務者が上記建物の占有移転又は占有名義の変更を禁止されていること及び執行官が上記建物を保管していることを公示しなければならない。
との裁判を求める。

申立ての理由
第1　被保全権利
1　平成24年4月1日，債権者は，申立外小谷嘉弘（以下「小谷」という。）との間で債権者所有の別紙物件目録記載の建物（以下「本件建物」という。）につき下記の内容で賃貸借契約（以下「本件契約」という。）を締結した（甲1，甲2）。同日，債権者は小谷に本件建物を引き渡した。
　(1)　賃　　　料　　　1か月金7万円
　(2)　支 払 時 期　　　毎月末日限り翌月分を支払う
　(3)　支 払 方 法　　　貸主方に持参又は送金して支払う
　(4)　賃貸借期間　　　平成24年4月1日から2年間
　(5)　特　　　約　　　賃借人が賃貸人の承諾なく本件建物を転貸し，またはその賃借権の譲渡をしたとき，賃貸人は催告をせず本契約を解除できる。
2　債権者は，平成24年11月頃から小谷ではない別人が本件建物に出入りしていると隣室の住民から相談を受けた。
　債権者は，平成24年12月1日，本件建物の隣室の住民から連絡を受けた深夜の騒音の苦情に対応して本件建物の様子を見に行った。その際，小谷ではない別人の男（以下「男」という。）が本件建物から出てきた。債権者が男に対して，事情を聞こうとしたところ，男はドアを閉めて鍵を掛け

たため，債権者はそれ以上の話し合いが出来なかった。
　　　債権者は，その後何度も本件建物を訪れたが，小谷及び男はいずれのときも留守で帰ってきた形跡もない。
3　平成25年2月頃，本件建物の隣室の住民から再度本件建物から騒々しい音が聞こえるとの苦情が債権者に寄せられた。同月20日，債権者が本件建物を訪れたところ，郵便受け及び本件建物のドアに株式会社山田製作所の看板が貼られていた（甲3）。疑問に感じた債権者が，本件建物の中へインターホンを使って呼びかけたところ，中から男が出てきた。その男は，債権者の質問に対して「山田製作所の従業員である。」と答えた。
　　　債権者が両隣，上下の部屋の住人に本件建物の状況を聞いたところ，同年1月下旬，複数の男が，本件建物にベッド，机，椅子を運び込んでいたとの話を聞いた（甲4）。
　　　債権者は，債務者が実在する法人なのか法務局で調査したところ，実在する法人であることがわかった（甲5）。
　　　なお，債権者は，小谷及び債務者に対して，本件建物の転貸について承諾していない。
4　債権者は，小谷に対して，平成25年3月10日付で無断転貸中止の催告及び本書面到達後2週間以内に無断転貸を中止しないときは，無断転貸を理由に賃貸借契約解除すると内容証明郵便にて通知し，同月11日小谷に配達された（甲6の1，2）。
　　　債権者は，債務者に対して，平成25年3月10日付で本件建物の明渡しを内容証明郵便にて通知し，同月11日債務者に配達された（甲7の1，2）。
5　小谷，債務者間の本件建物の無断転貸は，平成25年3月25日を過ぎても解除されなかった。
6　したがって，本件契約は，平成25年3月26日解除により終了した。
　　　しかし，債務者は現在まで本件建物を明け渡していない。
7　よって，債権者は債務者に対し，所有権に基づき本件建物の建物明渡請求権を有する。

第2　保全の必要性
1　債権者は，小谷及び債務者を被告として，御庁に対して，本件建物明渡等請求訴訟を提起すべく準備中である。
2　債務者自身も無断転借人であり，いつ本件建物の占有を第三者に移転するか分からず，その可能性は高い。

3 仮に，上記のおそれが現実化すると債権者が上記1項の訴訟において勝訴してもその執行が不能又は著しく困難になる可能性が高いため，執行保全のため本申立てをする次第である。

疎明方法

1	甲第1号証	全部事項証明書
2	甲第2号証	賃貸借契約書（平成24年4月1日付）
3	甲第3号証	写真
4	甲第4号証	陳述書（隣室の○○○○）
5	甲第5号証	履歴事項証明書
6	甲第6号証の1	平成25年3月10日付内容証明郵便（小谷嘉弘宛）
7	甲第6号証の2	配達証明書
8	甲第7号証の1	平成25年3月10日付内容証明郵便（株式会社山田製作所宛）
9	甲第7号証の2	配達証明書
10	甲第8号証	報告書

附属書類

1	甲号証の写し	各1通
2	代表者事項証明書	1通
3	全部事項証明書	1通
4	固定資産評価証明書	1通
5	訴訟委任状	1通

当事者目録

〒539-0001　大阪市城北区松空町一丁目2番34号
　　　　　　　　　　　　　債権者　永　田　弘　美
〒548-0002　大阪市中成区竹山町三丁目4番5号　竹山ビル6階
　　　　　　甲川司法書士事務所（送達場所）
　　　　　　　　上記債権者代理人　司法書士　甲　川　龍　介
　　　　　　　　　　ＴＥＬ　00-0000-0000

第3章 保 全

```
                  ＦＡＸ　００-００００-００００
〒538-0004　大阪府河内市桜海町四丁目2番1号
                    債務者　株式会社　山田製作所
                上記代表者代表取締役　山　田　鉄　男
```

物 件 目 録

（略）

（注）　物件目録の記載例は(E)(b)（115頁）参照。

【書式15】　占有移転禁止仮処分命令申立書(2)──債務者不特定・債務者使用型

占有移転禁止仮処分命令申立書

平成25年4月1日

大阪簡易裁判所民事44係　御中

　　　　　　　　　債権者代理人司法書士　甲　川　龍　介　㊞
　　当事者の表示　　別紙当事者目録記載のとおり（債務者不特定）
　　仮処分により保全すべき権利　　建物明渡請求権

申立ての趣旨

　債務者は，別紙物件目録記載の建物に対する占有を他人に移転し，又は占有名義を変更してはならない。
　債務者は，上記建物の占有を解いて，これを執行官に引き渡さなければならない。
　執行官は，上記建物を保管しなければならない。
　執行官は，債務者に上記建物の使用を許さなければならない。
　執行官は，債務者が上記建物の占有移転又は占有名義の変更を禁止されていること及び執行官が上記建物を保管していることを公示しなければならない。
との裁判を求める。

申立ての理由

第1 被保全権利
1 債権者は，別紙物件目録記載の建物（以下「本件建物」という。）を所有している（甲1）。
2 本件建物については，後記第2のとおり，不特定の債務者がこれを占有している。
3 よって，債権者は債務者に対して，所有権に基づき本件建物の明渡し請求権を有する。

第2 債務者を特定することを困難とする特別の事情
1 平成24年4月1日，債権者は，申立外本田謙太郎（以下「本田」という。）との間で債権者所有の別紙物件目録記載の建物につき下記の内容で賃貸借契約（以下「本件契約」という。）を締結した（甲1，甲2）。同日，債権者は本田に本件建物を引き渡した。
   (1) 賃　　　料　　1か月金7万円
   (2) 支払時期　　毎月末日限り翌月分を支払う
   (3) 支払方法　　貸主方に持参又は送金して支払う
   (4) 賃貸借期間　平成24年4月1日から2年間
   (5) 特　　　約　　賃借人が賃貸人の承諾なく本件建物を転貸し，またはその賃借権の譲渡をしたとき，賃貸人は催告をせず本契約を解除できる。
2 平成24年8月から10月頃，債権者は，本田に賃料の支払を督促するため，度々本件建物を訪れたが，ドアの郵便受けに新聞，郵便物等が溢れかえっていった。債権者は，平成24年9月分から平成25年3月分までの賃料の合計49万円の支払を受けていない（甲3）。
3 債権者は，平成24年11月頃から本田ではない別人が本件建物に居住して騒いでいると隣室の住民から苦情を受けた。

　　債権者は，平成24年12月1日，本件建物の隣室の住民から深夜の騒音の苦情に対応して本件建物の様子を見に行った。その際，本田ではなく，暴力団員風の男（以下「男」という。）が本件建物から出てきて「本田の委託によりここに住んでいるので詳しいことは分からない」旨のことを言って凄んできた。
4 債権者は，無断居住している男及び賃借人本田に無断転貸及び債権者に

対する賃料不払いを理由に本件建物から退去してもらいたいと考え，債権者代理人司法書士（以下「代理人」という。）と共に本件建物を訪れたが，男，本田は共に留守であった。その後，債権者は何度も本件建物を訪れたが，本田，男はいずれのときも留守で帰ってきた形跡もない。債権者は本田の所在についても思いつく限りの方法で調査した結果，本田は実家にいることが判明した。

5　平成25年2月中旬頃，本件建物の隣室の住民から「本件建物から住民ではない暴力団員風の男達が出入りするようになり，本件建物の前を通ると威嚇してくるので，生活の安全のため排除してほしい」と債権者に苦情があった。

6　同月20日，債権者が本件建物を訪れたところ，本件建物の入口付近に北田興行株式会社という看板が掲げられ，道路に面した窓にも北田興行株式会社というシールが貼られていた。その他，電気メーターが動いており，ベランダにも植木が置いているなど，本件建物を占有している者がいる状況である（甲4）。本件建物の中から暴力団員風の男が出てきて本田の依頼で北田興行株式会社の事務所として使用していること，本件建物に会社の者が数人出入りしていることを債権者に説明した。債権者が名前を尋ねたところ，その男はテツと名乗るだけで本名は名乗らなかった。数日後，代理人が債権者の依頼に基づいて本件建物に訪れたところ，別の男が出てきて，詳しいことは兄貴のテツしか分からないと言い，それ以上話をしようとしたら，上半身裸になって入れ墨を見せて，代理人を威嚇した。その後，債権者が本件建物の両隣の住民に本件建物の状況を聞いたところ，同年1月末頃，数人の男が荷物の搬入を行い，毎日複数の暴力団員風の男が出入りしているとのことであった。

7　債権者は再度調査をしたが本田の住民票は，本件建物から異動してないし（甲5），本件建物所在地には，北田興行株式会社という商号の会社の登記はされていない（甲6）。

8　債権者は，本田に対して，平成25年3月10日付で無断転貸を理由に賃貸借契約解除すると内容証明郵便にて本田の実家宛に通知し，同月11日本田に配達された（甲7の1，2）。その後本田は行方不明となった（甲8）。

9　上記1から8により本件建物には，入口付近と窓に北田興行株式会社という商号が表示され，複数の人間が出入りしているため，現状でその占有者を特定することはできない。

したがって，本件建物にはその占有者は特定されておらず，これを執行前に特定することが困難な特別の事情がある。

第3　保全の必要性
1　債権者は，本田等を被告として，御庁に対して，本件建物明渡等請求訴訟を提起すべく準備中である。
2　しかし，上記第2のとおり，本件建物の賃借人だった本田は所在不明であり，本件建物には複数の氏名不詳の者が出入りしている。この後もいつ誰が本件建物を占有するか分からないことは明らかであり，本件建物の占有がさらに不特定の第三者に移転するおそれは著しい。
3　もし，上記のおそれが現実化すると債権者が上記1項の訴訟において勝訴しても，その執行が不能又は著しく困難になるので，執行保全のため本申立する次第である。

疎明方法

1	甲第1号証	全部事項証明書
2	甲第2号証	賃貸借契約書（平成24年4月1日付）
3	甲第3号証	預金通帳
4	甲第4号証	写真
5	甲第5号証	住民票
6	甲第6号証	登記事項証明書交付申請書（会社法人用）
7	甲第7号証の1	平成25年3月10日付内容証明郵便
8	甲第7号証の2	配達証明書
9	甲第8号証	報告書

附属書類

1	甲号証の写し	各1通
2	全部事項証明書	1通
3	固定資産評価証明書	1通
4	訴訟委任状	1通

第 3 章　保　全

当事者目録

〒539-0001　大阪市城北区松空町一丁目2番34号
　　　　　　　　　　　債権者　永　田　弘　美
〒548-0002　大阪市中成区竹山町三丁目4番5号　竹山ビル6階
　　　　　　甲川司法書士事務所（送達場所）
　　　　　　債権者代理人　司法書士　甲　川　龍　介
　　　　　　Ｔ Ｅ Ｌ　06-0000-0000
　　　　　　Ｆ Ａ Ｘ　06-0000-0000
債務者　　本件仮処分命令執行の時において別紙物件目録記載の不動産の
　　　　　占有をする者

物　件　目　録

（略）

(E)　目　録

　仮処分命令決定書作成の便宜のため、実務上は、当事者目録、物件目録を作成する。債権者、債務者が各1名のときは、各3通作成すればよい。

(a)　**当事者目録**

　当事者目録は、当事者を特定できるように個人は住所および氏名、法人は本店、主たる事務所および商号、名称を記載する。提出する書類などに記載されている住所（本店）または氏名（商号）が申立て時点で異なっている場合は、変更前と変更後のものを記載する。当事者に法定代理人がいる場合、当事者と法定代理人の事項を記載する。債務者不特定の占有移転禁止仮処分命令申立てについては、債務者の住所の記載は要しない（前掲【書式15】（当事者目録）参照）。書式例にあげたもののほか、以下が代表的な事例である。

〔記載例11〕 当事者の表示(1)──基本

```
〒539-0001　大阪市城北区松空町一丁目2番34号
                        債権者　乙　山　太　郎
〒548-0002　大阪市中成区竹山町三丁目4番5号　竹山ビル6階
            甲川司法書士事務所（送達場所）
            債権者代理人　司法書士　甲　川　龍　介
            ＴＥＬ　06-0000-0000
            ＦＡＸ　06-0000-0000
〒549-0003　大阪市西住吉区梅川町二丁目4番8-205号
            債務者　株式会社丙村商事
            上記代表者代表取締役　丙　村　昭　次
```

〔記載例12〕 当事者の表示(2)──住民票上の住所と居所が一致しない場合

```
〒539-0001　大阪市城北区松空町一丁目2番34号
（住民票上の住所）
〒555-0023　大阪市城南区杉村町五丁目6番78号
                        債務者　乙　山　太　郎
```

〔記載例13〕 当事者の表示(3)──通称名を用いる場合

```
〒539-0001　大阪市城北区松空町一丁目2番34号
            債務者　ＴＡＲＯ　こと　乙　山　太　郎
```

〔記載例14〕 当事者の表示(4)──債務者が行方不明の場合

```
住　居　所　不明
最後の住所
〒539-0001　大阪市城北区松空町一丁目2番34号
                        債務者　乙　山　太　郎
```

第3章 保 全

〔記載例15〕 当事者の表示(5)──遺言執行者の場合

〒555-0023　大阪市城南区杉村町五丁目6番78号
　　　　　　債権者　亡乙山太郎遺言執行者　乙　山　知　子

（注）　遺言執行者の住所を記載する。

〔記載例16〕 当事者の表示(6)──未成年者の場合

〒539-0001　大阪市城北区松空町一丁目2番34号
　　　　　　　　　　　　債務者　乙　山　太　郎
〒539-0001　大阪市城北区松空町一丁目2番34号
　　　　　　上記法定代理人親権者父　乙　山　哲　男
　　　　　　同　　　　　　　　　母　乙　山　博　子

〔記載例17〕 当事者の表示(7)──成年被後見人の場合

〒539−0001　大阪市城北区松空町一丁目2番34号
　　　　　　　　　　　　債務者　乙　山　太　郎
〒555−0023　大阪市城南区杉村町五丁目6番78号
　　　　　　上記法定代理人成年後見人　乙　山　知　子

〔記載例18〕 当事者の表示(8)──不在者財産管理人の場合

〒539-0001　大阪市城北区松空町一丁目2番34号
　　　　　　　　　　　　債務者　乙　山　太　郎
〒555-0023　大阪市城南区杉村町五丁目6番78号
　　　　　　上記不在者財産管理人　乙　山　知　子

〔記載例19〕 当事者の表示(9)──相続財産管理人（民法952条）の場合

〒555-0023　大阪市城南区杉村町五丁目6番78号

```
        債権者　亡乙山太郎相続財産
              上記代表者相続財産管理人　乙　山　知　子
```

（注）　被相続人の最後の住所を記載する。

〔記載例20〕　当事者の表示⑽――遺産管理人（民法895条）の場合

```
〒555-0023　大阪市城南区杉村町五丁目6番78号
        債権者　亡乙山太郎遺産管理人　乙　山　知　子
```

（注）　遺産管理人の住所を記載する。

〔記載例21〕　当事者の表示⑾――登記簿上の本店では営業していない会社の
　　　　　場合

```
〒539-0001　大阪市城北区松空町一丁目2番34号
（登記簿上の本店）
〒555-0023　大阪市城南区杉村町五丁目6番78号
        債務者　乙山産業株式会社
        上記代表者代表取締役　乙　山　太　郎
```

〔記載例22〕　当事者の表示⑿――法人の商号変更の場合

```
〒555-0023　大阪市城南区杉村町五丁目6番78号
        債務者　旧商号　乙山商会株式会社
              現商号　乙山産業株式会社
        上記代表者代表取締役　乙　山　太　郎
```

〔記載例23〕　当事者の表示⒀――日本における営業所を有する外国法人の場合

```
アメリカ合衆国カリフォルニア州メープルストリート3番地
（日本における営業所）
〒539-0001　大阪市城北区松空町一丁目2番34号
```

債務者　メープル・リミテッド・コーポレーション
　　　　代表者代表取締役　マイケル・ジェームズ
　　　　日本における代表者　乙　山　太　郎

〔記載例24〕　当事者の表示⒁──指名委員会等設置会社の場合

〒539-0001　大阪市城北区松空町一丁目2番34号
　　　　　　　債務者　乙山産業株式会社
　　　　上記代表者代表執行役　乙　山　太　郎

〔記載例25〕　当事者の表示⒂──LLP（有限責任事業組合）の場合

〒539-0001　大阪市城北区松空町一丁目2番34号
　　　　債務者　乙山有限責任事業協同組合
　　　　　　上記組合員　　乙　山　太　郎
　　　　　　上記組合員　　乙　山　次　郎
　　　　　　上記組合員　乙山産業株式会社
　　　　　　職務執行者　乙　山　太　郎

〔記載例26〕　当事者の表示⒃──法人格なき社団の場合

〒539-0001　大阪市城北区松空町一丁目2番34号
　　　　債務者　なでしこマンション管理組合
　　　　上記代表者理事長　乙　山　太　郎

（注）　代表者の肩書は、当該社団の定款等での定め方による。

〔記載例27〕　当事者の表示⒄──破産管財人の場合

〒539-0001　大阪市城北区松空町一丁目2番34号
　　　　債務者　破産者乙山産業株式会社破産管財人
　　　　　　丁　島　花　子

（注）　破産管財人の住所を記載する。

〔記載例28〕　当事者の表示(18)――更生会社の場合

```
〒539-0001　大阪市城北区松空町一丁目2番34号
　　　　　債務者　更生会社乙山産業株式会社更生管財人
　　　　　　　丁　島　花　子
```

（注）　更生管財人の住所を記載する。

(b)　物件目録

物件目録は、目的となる建物を特定できる記載をすればよい（民保規23条。民保規19条1項を準用せず）。増改築、一部滅失がある建物は、登記簿上の記載と現況をそれぞれ記載すればよいと考えられる。

〔記載例29〕　物件の表示(1)――基本

```
所　　　在　　大阪市西住吉区梅川町二丁目16番地8
家 屋 番 号　　16番8
種　　　類　　店舗
構　　　造　　木造瓦葺2階建
床　面　積　　1階　14.14平方メートル
　　　　　　　2階　 8.50平方メートル
（住居表示　大阪市西住吉区梅川町二丁目4番8号）
```

〔記載例30〕　物件の表示(2)――区分建物の場合

```
（一棟の建物の表示）
所　　　在　　大阪市西住吉区梅川町二丁目16番地8
建物の名称　　梅川マンション
（専有部分の建物の表示）
家 屋 番 号　　梅川町16番8の101
種　　　類　　店舗
```

```
　構　　造　　鉄筋コンクリート造1階建
　床　面　積　　1階部分　14.14平方メートル
（住居表示　大阪市西住吉区梅川町二丁目4番8－101号）
```

（注）　敷地権の表示は記載しない。

〔記載例31〕　物件の表示(3)――共同住宅（アパート等）の場合

```
　所　　在　　大阪市西住吉区梅川町二丁目16番地8
　家 屋 番 号　16番8
　種　　類　　共同住宅
　構　　造　　木造瓦葺2階建
　床　面　積　　1階　77.76平方メートル
　　　　　　　　2階　77.76平方メートル
このうち，1階101号室部分19.44平方メートル（注）
（住居表示　大阪市西住吉区梅川町二丁目4番8－101号）
```

（注）　部屋番号などで、容易に建物が特定できる場合の表示方法である。もし、容易に特定ができないときは、図面等を用いることになる。

〔記載例32〕　物件の表示(4)――未登記建物の場合

```
　所　　在　　大阪市西住吉区梅川町二丁目16番地8
　家 屋 番 号　（未登記）
　種　　類　　店舗
　構　　造　　木造瓦葺2階建
　床　面　積　　1階　14.14平方メートル
　　　　　　　　2階　8.50平方メートル
（住居表示　大阪市西住吉区梅川町二丁目4番8号）
```

```
（別紙図面）
　　　　　大阪市西住吉区梅川町二丁目16番8の土地
```

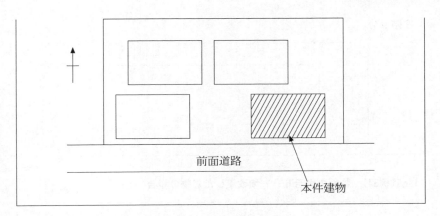

〔記載例33〕 物件の表示(5)——建物の一部分の場合

```
所　　　在　　大阪市西住吉区梅川町二丁目16番地8
家　屋　番　号　16番8
種　　　類　　店舗
構　　　造　　木造瓦葺2階建
床　面　積　　1階　14.14平方メートル
　　　　　　　2階　 8.50平方メートル
（住居表示　大阪市西住吉区梅川町二丁目4番8号）
　上記1階のうち別紙図面1のイ，ロ，ハ，ニ，イを順次結んだ直線で囲ま
れた部分9.20平方メートル
（又は別紙図面の斜線部分）
```

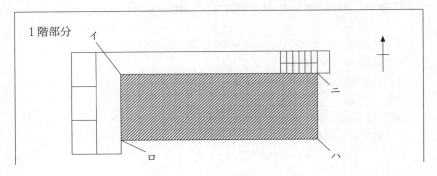

第3章 保 全

2階部分

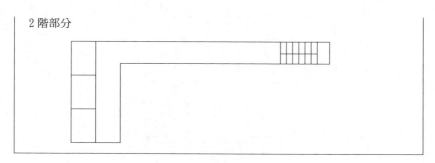

〔記載例34〕 物件の表示(6)――増改築した建物の場合

```
所　　　在　大阪市西住吉区梅川町二丁目16番地8
家 屋 番 号　16番8
種　　　類　店舗
構　　　造　木造瓦葺2階建
床　面　積
 （登記簿上の表示）
　　　　　　1階　14.14平方メートル
　　　　　　2階　 8.50平方メートル
 （現況）
　　　　　　1階　16.28平方メートル
　　　　　　2階　 9.50平方メートル
（住居表示　大阪市西住吉区梅川町二丁目4番8号）
```

〔記載例35〕 物件の表示(7)――一部滅失した建物の場合

```
所　　　在　大阪市西住吉区梅川町二丁目16番地8
家 屋 番 号　16番8
種　　　類　店舗
構　　　造　木造瓦葺2階建
床　面　積
 （登記簿上の表示）
　　　　　　1階　16.28平方メートル
```

```
              2 階   9.50平方メートル
   (現況)
              1 階   14.14平方メートル
              2 階   8.50平方メートル
 (住居表示   大阪市西住吉区梅川町二丁目 4 番 8 号)
```

(6) 審　理

　仮処分命令の審理対象は、申立内容の被保全権利の存否と保全の必要性である。審理の方式は書面審理である。東京、大阪の簡易・地方裁判所は原則として債権者審尋を実施している。東京、大阪以外の裁判所でも必要に応じて審尋を実施している。裁判所によっては、午前中に申立てをすると午後から審尋がなされることがある。この審尋には、簡易裁判所に申し立てる場合は、代理人司法書士のみが出頭して行うことができるが、地方裁判所に申し立てる場合等においては、書類作成に関与した司法書士が審尋に同席することはできない。この審尋に際して、疎明資料の原本の提示が求められ、事情を確認される。そして担保の額および担保を立てる期間がその場で決まる。代理人司法書士は、債権者から詳しい事情を聴取しておき、担保として準備できる額についても打合せをしておく必要がある。

(7) 立担保

　保全命令は、担保を立てさせて、あるいは相当と認める一定の期間内に担保を立てることを保全執行実施の条件として、または担保を立てさせないで、発することができる（民保14条 1 項）。実務上は、債務者の損害の発生に備えて、ほぼ全事件について債権者に担保を立てさせている。
　これは、違法または不当な保全命令の執行によって債務者に発生するかもしれない損害を担保し、または、債権者の申立て濫用を防ぐ効果がある。

(A)　占有移転禁止の仮処分の担保基準

裁判所は、保全命令の趣旨、目的物の種類と価格等を基に、被保全権利の性質や債務者の状態、債権者の疎明の程度等を加味して、発生するかもしれない損害の額およびその可能性の程度を検討して担保の額を決定する。しかし、予測の困難性や公平に処理する必要性から裁判所ごとに一定の基準を設けているのが実情である。

占有移転禁止の仮処分に関し債務者使用の場合については、賃料の3か月から6か月分（居住用）、6か月以上（店舗事業用）または物件価格の1％から5％を基準として設けている。

（資料1）　不動産の占有に関する仮処分の担保額基準（司法研修所民事弁護教官室編『民事弁護教材「民事保全」』による）

	占有移転禁止			引渡し
	債務者使用	執行官保管のみ	債権者使用	
賃料 （月数）	居住用3〜6 店舗事業用6〜	24	36	36〜
物件価額 （％）	1〜5	10〜20	20〜30	30〜

付記1　前記の数値は、実質上の効果が当事者恒定に止まると認められる場合のみであり、当事者恒定以上に処分禁止の効果を生じ、実質的損害が発生すると認められる場合には、処分禁止仮処分の基準が参考となるであろう。

付記2　対象不動産が建物の場合には、第1次的には賃料を基準とするが、賃貸借契約の終了原因等を考慮の上、第2次的には居住用と店舗事業用に区別して、例えば居住用については30万円〜100万円、店舗事業用については50万円〜150万円という基準を設けて、その範囲内で定めることもある。

(B)　**担保提供期間**

担保の提供期間については、実務上、3日から7日の範囲内で定められる。提供期間は担保決定の翌日から起算する。特段の事情があれば、裁判所は執

行期間(2週間)(民保43条2項)の範囲内で延長することができる。

【書式16】 期間延長の許可申請書

平成○年(ト)第○○号　占有移転禁止仮処分命令申立事件
債権者　○○○○
債務者　○○○○

許可申請書

　　　　　　　　　　　　　　　　　　　　　　　平成○年○月○日
大阪簡易裁判所民事44係　御中
　　　　　　　　　　債権者代理人司法書士　○　　○　　○　　○　㊞

　頭書事件について，担保の提供期限が平成○年○月○日と定められたが，債権者の資金繰りの関係から同年○月○日にならないと現金が用意できないので，同年○月○日まで期限の延長を許可されたく申請する。

(資料2)　却下決定

決　　定

当事者の表示　　別紙当事者目録記載のとおり
　上記当事者間の平成○年(ト)第○○号占有移転禁止仮処分命令申立事件について，当裁判所は，申立人が定められた期間内に担保を提供しないので，次のとおり決定する。

主　　文

　本申立てを却下する。
　　平成○年○月○日

　　　　　　　　　　　　大阪簡易裁判所　民事44係
　　　　　　　　　　　　　　　裁判官　○　　○　　○　　○　㊞

(C)　**担保提供者**

担保は、申立てをした債権者が提供するのが原則である。債権者が上申し裁判所がこれを認めた場合は、債権者以外の第三者に担保を立てさせることもできる。

上申書には、第三者は債権者と第三者の関係、第三者による担保提供を必要とする理由などを記載する。

第三者が担保を提供した場合、第三者は、自己の名において供託することになり、この手続の担保提供者は、その第三者であるから、供託物の取戻し、担保取消しの申立て等の手続も、第三者の名において行うことになる。

【書式17】　第三者が提供する旨の上申書

事件名　平成○年(ト)第○○号　占有移転禁止仮処分命令申立事件
債権者　福沢慶子
債務者　野淵英夫

上申書

平成○年○月○日

大阪簡易裁判所民事44係　御中

　　　　　　　　　　申請人　債権者に代わる第三者担保提供者
　　　　　　　　　　　　　　　宝　山　誠　造　印

　頭書事件につき，福沢慶子は……のため供託金を用意できないので，債権者に代わり第三者たる宝山誠造をして供託することを許可されたく上申する。
　申請人は、債権者福沢慶子の親であり、本件物件を含む賃貸マンションの共同経営者である。

(D)　担保提供手続

担保提供の手段は金銭または立担保を命じた裁判所が相当と認める有価証券または支払保証委託契約、当事者の特別な契約である（民保4条1項、民保規2条）。担保を提供したとき、提供の事実を発令裁判所に証明するため、供託書正本または支払保証委託契約書を呈示し、その写しを提出する。裁判所は、正本と写しを照合し、担保提供の事実を確認して、正本を担保提供者に

2 占有移転禁止の仮処分

[書式18] 供託書（仮処分の保証供託）［事例2］
（裁判上の保証及び仮差押・仮処分解放金）

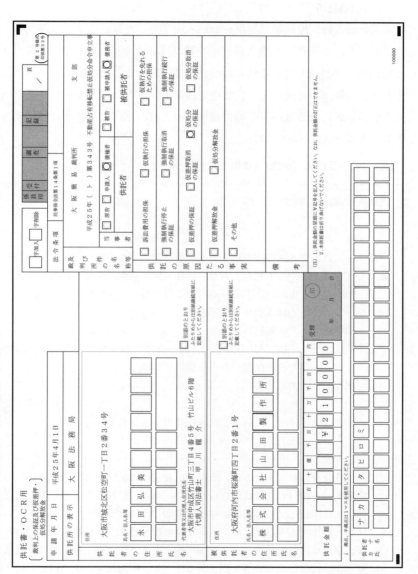

還付する。

(a) **管轄供託所**

担保の提供は、原則担保提供を命じる決定をした裁判所または保全執行裁判所の所在地を管轄する地方裁判所の管轄区域内の供託所に供託する（民保4条1項）。例外として、これらの供託所に供託することが困難な事由があるときは、裁判所の許可を得て、債権者の住所地または事務所所在地その他裁判所が相当と認める地の管轄地方裁判所の管轄区域内の供託所に供託することができる（民保14条2項）。

【書式19】 委任状（供託）〔事例2〕

> 代理人は確認を請求する　印（注）
>
> 　　　　　　　　委　任　状
>
> 　私は，大阪市中成区竹山町三丁目4番5号竹山ビル6階　司法書士　甲川龍介を代理人と定め，下記のとおり，供託に関する権限を委任します。
> 　1．相手方　　大阪府河内市桜海町四丁目2番1号
> 　　　　　　　　　株式会社　山田製作所
> 　1．裁判所　　大阪簡易裁判所
> 　1．事件名　　平成25年(ト)第343号占有移転禁止仮処分命令申立事件についての担保額21万円を供託する件
> 　1．法務局　　大阪法務局
> 　　　　　　　　　　　　　　　　　　　　　平成25年4月1日
> 　　委任者　住所　大阪市城北区松空町一丁目2番34号
> 　　　　　　氏名　永　田　弘　美　印

（注）　供託金を取り戻すときに、原則、払渡請求の委任状に実印で押印し印鑑証明書を添付しなければならない。しかし、供託したときの委任状に押印した印鑑と払渡請求の委任状に押印した印鑑が同一であれば、その印鑑は実印である必要はない。供託時に提示した委任状を保管しておけば、事前に印鑑を照合することが可能である。その他、個人の場合は払渡請求時に運転免許証等を提示することで、印鑑証明書の添付を省略す

ることができる（供託規 26 条 3 項）。

(b) 第三者供託の手続

第三者供託における第三者とは、占有移転禁止の仮処分の申立ての当事者の一方である債権者以外の者をいう。

なお、第三者供託の場合は、第三者が供託者になるほかは、原則として供託手続に変わりはない。

(c) 支払保証委託契約締結

支払保証委託契約による立担保は、立担保を命じた裁判所の許可を得て、これを命じられた者（債権者）が銀行、保険会社（損害保険会社）、農林中央金庫、商工組合中央金庫、全国信用金庫連合会、信用金庫、労働金庫との間で本契約を締結して、その契約が締結されたことを証明する文書を裁判所に提出する（民保規 2 条 4 号）。

この契約ができる金融機関に信用組合、生命保険会社は含まれない。

支払保証委託契約締結の金融機関の店舗は、発令裁判所の管轄区域外の店舗でもよい。ただし、裁判所によってはこの証明する文書の郵送による提出を認めていないなどの取扱いをしているところもあるので、注意を要する。

支払保証委託契約を担保提供の方法とする場合、利用予定の金融機関に対し、手続に要する時間等を申立て前に確認することが必要である。手続に慣れていない金融機関と契約を締結すると時間がかかってしまい、担保提供期間内に担保提供ができないなどの不都合が生じる可能性があるからである。

(E) 法テラスにおける支払保証委託契約

法テラスでは、民事保全事件の代理援助の附帯援助として、支払保証立担保を行っている。支払保証立担保とは、法テラスと提携銀行との間で支払保証委託契約を締結し、支払保証委託契約締結証明書を裁判所に差し入れることにより、担保を立てることをいう。

支払保証立担保の手続の流れは次のとおりである。

(a) 受任者へ書類の交付

第3章 保　全

援助決定の後、法テラスから受任者に対して、以下の書類が交付される。
① 　地方事務所長等の支払保証委託契約等の権限に関する規程
② 　(地方事務所長の) 資格証明書
③ 　立担保許可申請書 (2通)
④ 　第三者供託の上申書 (1通)

(b)　裁判所および法テラスへ書類の提出

受任者は、③④および⑤保全申立書を作成して、①②とともに裁判所へ提出する。その後、裁判所から受領した③立担保許可申請書 (許可済のもの)、⑤保全申立書 (写し) を法テラスに提出する。

(c)　銀行へ書類の提出

法テラスは、③立担保許可申請書 (許可済のもの)、⑤保全申立書 (写し)、⑥支払保証委託契約申込書 (法テラス作成)、⑦支払保証委託契約書 (法テラス作成) を銀行に提出する。

(d)　支払委託契約書 (謄本) の交付

銀行が⑦支払保証委託契約書 (謄本) を法テラスへ交付する。そして、法テラスが受任者に⑦支払保証委託契約書 (謄本) を受任者へ交付する。

(e)　裁判所へ支払保証委託契約書 (謄本) の提出

受任者が⑦支払保証委託契約書 (謄本) を裁判所へ提出する。

【書式20】　支払保証委託契約による立担保の許可申請書

平成25年(ト)第343号占有移転禁止仮処分命令申立事件
　債権者　　永田弘美
　債務者　　株式会社山田製作所

支払保証委託契約による立担保の許可申請書

　　　　　　　　　　　　　　　　　　　　　　　　平成○年○月○日
大阪簡易裁判所民事44係　御中
　御中
　　　　　　　　　　　　債権者代理人司法書士　甲　　川　　龍　　介　㊞
　頭書事件につき，金21万円の担保を立てることを命じられた。

よって，民事保全法第4条1項及び民事保全規則第2条の規定により，上記担保を下記金融機関と支払保証委託契約を締結する方法によって立てることの許可を求める。
　　所在地　大阪市北区○○○○○○○○○○
　　　　　　株式会社○○○○銀行　○○支店

(f) 当事者間の特別の契約

裁判所が担保提供者に立担保を命じたとき、当事者間の特別契約で担保を提供する場合、担保提供者は契約内容に従った立担保をすることができる。

しかし、実務では、この契約に基づいて担保提供をした例はほとんどない。

(8) 決　定

(A) 決定と条件

前述のように、保全命令は、担保を立てさせて、もしくは相当と認める一定の期間内に担保を立てることを保全執行の実施の条件として、または担保を立てさせないで発することができる（民保14条1項）。

(B) 決定正本送達

仮処分命令は、当事者に送達しなければならない（民保17条）。決定の効力は、相当と認める方法で当事者に告知されたときに効力を生ずるが（民保7条、民訴119条）、仮処分命令の執行は、密行性の要請から保全命令が債務者に送達される前であってもすることができる（民保43条3項）。実務上、決定正本は、債権者に対しては交付送達され、債務者に対しては保全執行後相当の期間内に送達される。債務者が不特定の場合は、保全執行と同時に執行官送達をするか、保全執行後に執行官からの占有者の特定の届出を待って後日送達することになる。

（資料3）　仮処分決定〔事例2〕

　　　　　　　　　　仮処分決定

第3章 保　全

　　　　当事者の表示　　別紙当事者目録記載のとおり
　上記当事者間の平成25年(ト)第343号占有移転禁止仮処分命令申立事件について，当裁判所は，債権者の申立てを相当と認め，債権者に担保として金21万円の担保を立てさせて，次のとおり決定する。

主　文

　債務者は，別紙物件目録記載の物件に対する占有を他人に移転し，又は占有名義を変更してはならない。
　債務者は上記物件の占有を解いて，これを執行官に引き渡さなければならない。
　執行官は，上記物件を保管しなければならない。
　執行官は，債権者に上記物件の使用を許さなければならない。
　執行官は，債務者が上記物件の占有の移転又は占有名義の変更を禁止されていること及び執行官が上記物件を保管していることを公示しなければならない。
　平成25年4月2日
　　　　　　　　　　　　　　大阪簡易裁判所民事44係
　　　　　　　　　　　　　　　　裁判官　因　幡　数　人

　上記は正本である
　　　　　裁判所書記官　初　季　　　　寛　㊞

3　保全執行手続

(1)　保全執行の準備

(A)　保全命令から保全執行手続開始への流れ

　保全命令を申し立てると申し立てた内容について裁判官が審理し、申立てが裁判官に認められると、裁判官は、担保の内容・額やその提供方法、場所、

立担保の期間について決定する。債権者審尋がなされない場合の担保の内容の連絡は、一般的には電話でなされることが多い。債権者は、担保の内容に従って現金を供託するなどして担保を提供し、担保を提供したことを証する書面（供託の場合は、供託書正本の原本の呈示とその写し）を裁判所に提出すると保全命令が発令される。

債権者は、発令された保全命令の正本を受け取り、保全執行申立書とこの正本を執行官室へ提出することにより保全執行手続が開始される。なお、原則として執行文の付与を要しないが、承継があった場合は承継執行文の付与が必要となる。また、保全執行は保全命令が債務者に送達される前であっても執行ができる（民保43条3項）。

(B) **占有者不特定の保全手続の占有者特定の必要性および時期**

占有者不特定の保全事件において、保全命令発令時には占有者が不特定であっても保全命令は発令されるが、保全執行時には占有者の特定が必要である（民保54条の2・52条1項、民執55条の2・68条の2第4項・77条2項）。執行官は、目的物への保全執行時に、質問権（民保52条1項、民執168条2項・205条1項3号。拒否等に対し6か月以下の懲役または50万円以下の罰金の罰則がある）を行使するなどして占有者の特定をする。なお占有者が不在であっても、表札や郵便受け、目的物内にある占有者を特定できる資料となるものなどを総合的にみて、執行官が占有者の特定ができれば執行はなされる。前記をもってしても結果として占有者の特定ができないと、執行不能となるので注意されたい。

保全執行時には占有者の特定が必要であるということは、保全執行申立ての時点で占有者が特定されていることを必要とするものではなく、保全執行にあたり現に執行官が現地に臨場し、占有者から不動産の占有を解く際に、占有者の特定ができなければ執行が不能となるという意味である。たとえば保全執行のために執行官が、施錠された建物内部に立ち入る際には占有者が特定できていなくても差し支えない。

占有者不特定の保全執行において、占有者の特定ができ保全執行処分がで

きた場合、執行官は発令裁判所（保全裁判所）へ占有者の氏名・名称・その他当該者を特定するに足りる事項を届け出なければならない（民保規44条の2）。またこの際に作成される執行調書が、後日、本案判決に基づいて明渡しの強制執行をするにあたり承継執行文（民執27条2項の執行文。後記第5章（執行）に詳述）の付与を受ける際に、現在の占有者の占有が、保全執行後に開始されたものであることを証するものとして使用される。

　申立人としては、債務者不特定の保全執行の場合に執行不能とならないよう、執行官の占有者の特定を確実ならしめるために、手もとにある占有者に関する資料や占有者の在宅可能性の高い時間帯の情報等、占有状態の調査結果の資料を提供するなど、執行官への情報の提供が必要である。申立人側で準備できる具体的な占有状態の調査としては、表札や郵便物などから占有者の氏名の調査、電気・ガスのメーター、物干しの洗濯物の状況、カーテンの開け閉めの時間帯、といった外観の調査、複数回の訪問結果、近隣の聞き込み等から占有者の在宅可能性の高い時間帯の調査が可能と思われる。ただし、密行性との関連で近隣への聞き込みなどは占有者に債権者側の動きを覚られ、執行妨害がなされる可能性があるので、注意を要する。

　(C)　執行期間の遵守

　保全執行は、債権者に対して保全命令が送達された日から2週間を経過したときは、これをすることはできない（民保43条2項）。これは、仮処分命令が債権者に送達されてから2週間以内に何らかの形で執行処分の着手があればよいと解されている（瀬木・前掲440頁）。着手さえあればその後ある程度短い期間内に執行が完了すると見込まれるからである。ここでいう執行の着手とは、執行官が債務者の目的物に対する占有を解く執行に着手した時と解される（瀬木・前掲441頁）。

　執行の着手が認められなかった裁判例に、東京高裁平成4年6月10日決定（判時1425号69頁）がある。本決定では、ある程度短い期間内で執行の完了する見込みがあり、それまでに行われた行為とその後に予定されている行為との間に連続性があり、占有の認定に至った場合は執行の着手といえるが、占

有の調査をしている段階においては、その後ある程度短い期間内に執行が完了する見込みがあるとはいえず、その後に予定されている行為との間に連続性がなく、執行の着手があったとはいえない、と判断されている。

また、保全異議の申立てがあっても、保全執行の停止の裁判がない限り、執行期間は進行を続ける（民保27条参照）。執行停止の決定がなされると執行期間は停止する。

２週間の期間が経過すると、その理由のいかんにかかわらず、執行をすることができない。再度、保全命令の申立てをするほかない。

(D) 承継執行文付与

保全執行をする場合、原則として執行文の付与は不要であり（民保43条１項参照）、保全命令が債務者に送達される前でも保全執行はできる（民保43条３項）。これは民事保全手続の緊急性・密行性の要請から設けられたものである。ただし、保全命令発令後、債権者および債務者に、売買などの特定承継か、相続などの一般承継かを問わず、承継が生じた場合には、承継執行文が必要となる（民保46条、民執27条２項）。しかし通常は、保全命令が債権者に送達されてから２週間以内に保全執行がなされるので、承継執行文を必要とするケースは稀である。承継執行文付与の申立ては、保全事件記録の存する裁判所の書記官に対して、承継の事実を証する書面を添付して行う。

(E) 合鍵の用意または解錠技術者の手配

目的物の占有者の不在が予想される場合や入室を拒むことが予想される場合には、執行時には、合鍵を用意するか解錠技術者の同行が必要となる。債権者側で解錠技術者を手配しなければならない。

(2) 保全執行の申立て

(A) 管　轄

保全執行の申立ては、目的物の所在地を管轄する地方裁判所所属の執行官に対して、書面でしなければならない（民保規１条６号）。

(B) 申立書

第3章 保　全

(a)　記載事項

申立書には、当事者、執行の場所、執行の方法、執行の目的物、債務名義の表示を記載しなければならない（民保規31条、民執規21条）。

(b)　添付書類

執行力のある仮処分決定正本の添付が必要である（民保規31条、民執規21条）。その他、執行現場の略図および必要に応じて資格証明書を添付する。

(c)　予納金

大阪地方裁判所執行官室では予納金は原則金3万円である。ただし、裁判所や案件によって金額は違うので執行官に確認する必要がある（予納金について、第5章3(1)(B)(d)（409頁）参照）。

(d)　収入印紙および予納郵券

収入印紙および予納郵券は必要ない。

【書式21】　民事執行申立書（仮処分）〔事例2〕

民事執行の申立書

平成25年4月4日

大阪地方裁判所　執行官　殿

申立債権者　永　田　弘　美　印

当事者　　　　別紙当事者目録記載のとおり
執行の場所　　相手方の住所
執行の方法　　仮処分（執行官保管・使用許可）
執行の目的物　別紙物件目録記載の建物
債務名義　　　大阪簡易裁判所　平成25年(ト)第343号

添付書類

執行力のある仮処分決定正本　1通
資格証明書　　　　　　　　　1通
執行場所の略図　　　　　　　1通

```
              附随申立て
   1  同時送達の申立て              有（注1）
   2  執行の立会い                  有（注2）
   3  執行日時の通知                要（注3）
   4  執行調書謄本を関係人送付      要（注4）
   5  事件が完了したときは，執行力ある
      債務名義の正本等を還付されたい  否（注5）


執行予納金　3万円
```

```
              当 事 者 目 録
                  （略）
```

```
              物 件 目 録
                  （略）
```

（注1）　保全執行と同時に債務者に対して仮処分命令を送達する場合である。
（注2）　執行の立会いは、可能な限りするべきである。理由は(3)（134頁）
　　　を参照。
（注3）　執行日時を事前に連絡してもらう。
（注4）　保全執行の結果を確認するために、執行調書謄本を関係人へ送付し
　　　てもらっておくとよい。
（注5）　執行力ある債務名義の正本等は還付請求すれば債権者に返還される
　　　が、占有移転禁止の仮処分の場合、保全命令の正本の還付は必要ない。

【書式22】　立会送達申立書

```
              立会送達申立書
```

第3章 保　全

```
大阪地方裁判所　執行官　殿
　　送達場所　　○○○○○○○○○○
　　受送達者　　○○　○○
　　送達書類　　大阪簡易裁判所　平成○年㈠第○号仮処分決定正本
　　送達時の希望　午前・午後・夜間（その事由）

上記書類を送達されたく申し立てます。
　平成25年4月4日
　　　　　　　　　住所　　○○○○○○○○○○
　　　　　　申立人　氏名　○　　○　　○　　○　　印
　　　　　　　電話番号　　　　（　　　　　）
```

　（注）　債務者不特定の場合など、後日債務者が仮処分命令を受け取らないこ
　　　とが予想されるときは、保全執行と同時に債務者に送達されるように本
　　　申立てをしておく。

(3)　保全執行の方法と公示

　保全執行の申立てがあると、執行官は現地に臨場し、債務者に対し仮処分命令の正本を示したうえ執行に着手する旨を宣言し、目的物を誰が占有しているかを確認する。執行官は、債務者に対して執行官保管する旨を告げ、目的物に対し、はく離しにくい方法で公示書を掲示（貼付）する（民保規44条1項）。

　なお、占有者の特定が確実で、債務者の使用を許す場合には、債権者が執行現場に立会いをしていなくても、また債務者が執行の際に不在であっても保全執行は可能である。ただし、占有者の特定が困難であることが予想される場合、債権者は、執行官がする占有者の特定を助けるために立会いをし、手持ちの情報を提供するなどしたほうが、執行不能を回避できる。

　また、債権者の使用を許す場合には、債権者またはその代理人が執行現場に出頭していることを要する（民保52条1項、民執168条3項）。これは執行官が占有者の占有を解いて、占有を債権者に引き渡すことになるので、執行官

から占有の移転を受ける必要があるからである。債務者はあくまでも現状での使用を許されているのであり、建物の取壊しなどの現状を変更するような行為はできない。

(資料4) 公示書〔事例2〕

平成25年(執ハ)第18号

公 示 書

事件番号　平成25年(ト)第号343号
債権者　永田弘美
債務者　株式会社山田製作所

標記事件について，大阪簡易裁判所がした仮処分決定に基づき，次の通り公示する。
1　債務者は，下記の不動産の占有を他人に移転し，又は占有名義を変更することを禁止されている。
2　当職は，平成25年4月10日下記の不動産の債務者の占有を解いて，これを保管中である。
　　ただし，債務者に限り，使用を許した。
(注)　下記の不動産の処分，公示書の損壊等をした者は，刑罰に処せられる。
平成25年4月10日
　　　　　　大阪地方裁判所執行官　四　行　幹太郎　印
　　　　　　　　　　　　　　　　　記
　　　　　　　　　　　　　不動産の表示（略）

---

(4) 占有移転禁止の仮処分の効力

債務者以外の同居の家族などの占有補助者に対しても、占有移転禁止の仮処分命令は効力が及ぶ。

また、①当該占有移転禁止の仮処分命令の執行がされたことを知って当該係争物を占有した者および②当該占有移転禁止の仮処分執行後にその執行がされたことを知らないで当該係争物について債務者の占有を承継した者に対

しても債務者を被告とした本案判決をもって建物明渡しの強制執行をすることができる（民保62条1項、当事者恒定効）。なお、仮処分の執行後に当該係争物を占有した者は、その執行がされたことを知って占有したものと推定される（民保62条2項）。

占有移転禁止の仮処分の保全執行後に占有者が変更した場合、この占有者が①または②に該当する場合には、この新たな占有者に対して承継執行文の付与を受ければ、元の債務者に対する本案の勝訴判決を債務名義として、明渡執行をすることができる（民保46条、民執23条1項）。

4 不服申立手続

(1) 概　要

保全命令の申立てに対する裁判について不服のある債権者および債務者は、裁判所に対して不服申立てをすることができる。

保全命令の申立てを却下する裁判に対して債権者がする不服申立ての方法は即時抗告であり（民保19条）、保全命令の申立てを認容した裁判に対して債務者がする不服申立ての方法が、保全異議の申立ておよび保全取消しの申立てである（民保26条・37条）。

占有移転禁止の仮処分では、明渡しを求めている債権者が占有移転禁止の仮処分の申立てを却下された場合、債権者は即時抗告をなし、逆に仮処分が認容された場合、占有している債務者は保全異議または保全取消しを申し立てることができるのである。

(2) 即時抗告

保全命令の申立てに対して、申立ての全部または一部が却下されたとき、債権者は、その告知を受けた日から2週間の不変期間内に即時抗告をするこ

4 不服申立手続

〈図表4〉 保全命令申立てから不服申立て結果との関係（債権者：X　債務者：Y）

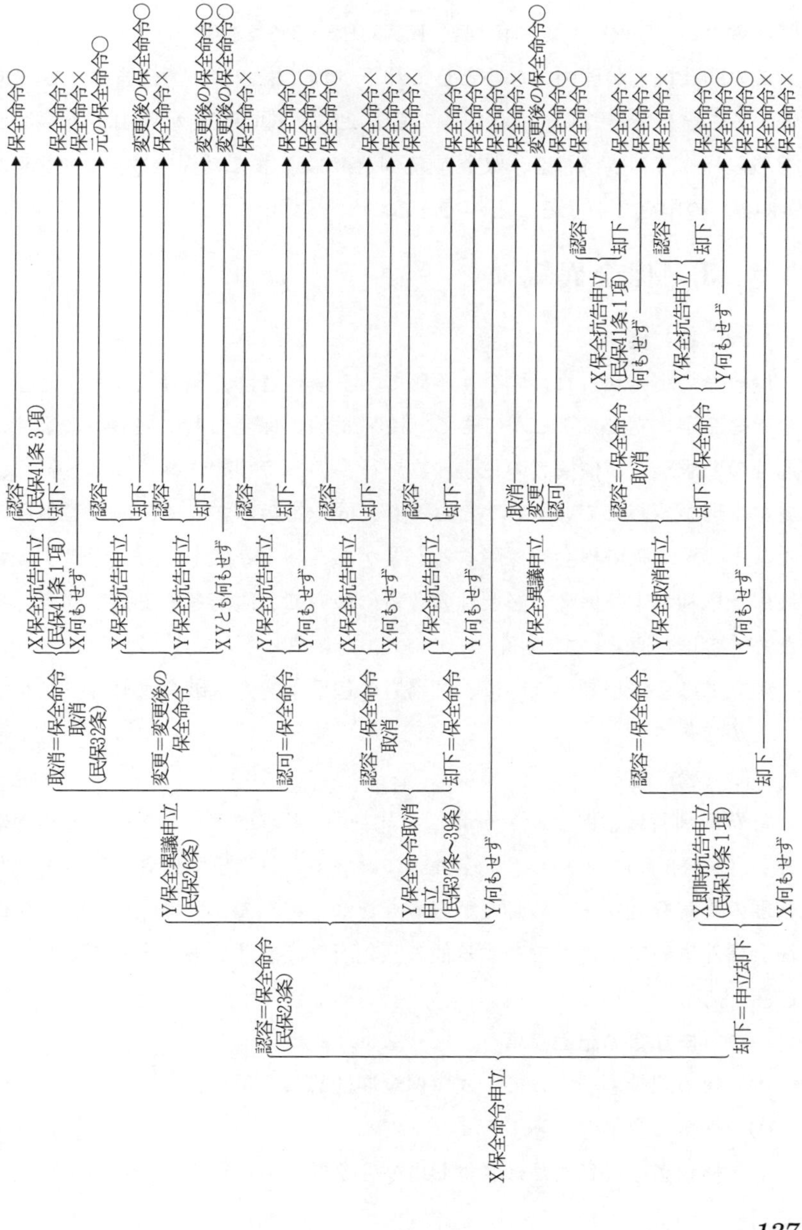

とができる（民保19条1項）。申立ては、原裁判所に対して書面で行わなければならない（民保規1条1項2号、民訴331条・286条1項）。

この即時抗告が理由がないとして却下された場合は、債権者は、さらに抗告することはできない（民保19条2項）。逆に、即時抗告が理由があるとして認められれば、債務者は、保全異議（民保26条）または保全取消し（民保37条～39条）の申立てをすることができる。

(3) 保全異議

(A) 意 義

保全命令が発せられた場合、不服のある債務者は、発令裁判所に書面で保全異議を申し立てることができる（民保26条）。保全命令の発令が緊急性、迅速性の要求から、債権者の主張・立証行為のみで判断されることも多く、十分な審理が行われていないこともあり、同一審級において、債務者からの新たな主張・立証の機会を保障する必要がある。そこで申立ての当否すなわち被保全権利および保全の必要性の存否について、債務者の主張を聞き、あらためて審理し直すのである。

申立ては、債務者のほかに、債務者の包括承継人や破産管財人などもすることができる。

(B) 管 轄

管轄裁判所は、保全命令を発した裁判所（民保26条）であり、専属管轄である（民保6条）。しかし、保全異議においても、当事者の著しい損害または審理の遅滞を避けるため必要があるときは、申立てまたは職権で、当該保全命令事件について管轄を有する他の裁判所に、事件を移送することができる（民保28条）。

(C) 申立書の記載事項

申立書の記載事項として、民事保全規則24条1項に、

① 保全命令事件の表示

② 債務者の氏名または名称および住所並びに代理人の氏名および住所

③　債権者の氏名または名称および住所
④　申立ての趣旨および理由

があげられている。

　申立ての趣旨には、保全命令の取消しを求めるとともに、保全命令の申立ての却下を求める旨を記載する。申立ての理由には、異議事由として、①被保全権利または保全の必要性が存在しないこと、②管轄違い、③担保額が低額すぎること、④解放金が高額すぎること、⑤保全命令の内容が不当であること等具体的に記載する。

　また、立証を要する事由ごとに証拠を記載しなければならない。特に申立ての理由については、保全命令の取消し、変更を求める事由を具体的に記載し、立証を要する事由ごとに証拠を記載することが要求されている（民保規24条3項）。

　(D)　審理手続

　民事保全の手続に関する裁判は、保全異議等の不服申立事件も含めてすべて決定手続である（民保3条）。保全異議の審理については、口頭弁論は必要的ではなく、ただ、債務者の立場を考慮して、当事者の双方が立ち会うことができる審尋期日を少なくとも1回経由しなければならない（同29条）。

【書式23】　保全異議申立書

保全異議申立書

　　　　　　　　　　　　　　　　　　　　　　　平成25年4月20日

大阪簡易裁判所　民事第44係　御中

　　　　　　　　　　　申立人代理人　司法書士　乙　木　珊　瑚　㊞
　　　当事者の表示　　別紙当事者目録記載のとおり

申立ての趣旨

1　債権者と債務者間の大阪簡易裁判所平成25年(ト)第1000号占有移転禁止の仮処分命令申立事件について，同裁判所が平成25年4月2日にした仮処分

決定を取消す
　2　債権者の上記占有移転禁止の仮処分命令の申立てを却下する
　3　申立費用は債権者の負担とする
との裁判を求める。

申立ての理由

1　被保全権利の不存在
　　債権者は，平成24年10月から平成25年3月31日まで6ケ月分の合計金42万円の賃料の滞納があるというが，賃料増額につき，債権者と合意がつかず，債務者は従前の賃料（1か月金6万円）に金5000円を加えた合計金39万円を平成25年3月31日に提供した。しかしながら債権者は，受け取りを拒否したので，やむなく平成25年3月31日に上記金額を供託している（乙1）。
2　従って，本件仮処分決定は，被保全権利の存在が認められないから，直ちに取消されるべきである。

疎明方法

1　乙第1号証　　　　　供託書正本
2　乙第2号証　　　　　陳述書

附属書類

1　乙号証写し　　　　　各1通
2　委任状　　　　　　　1通

当 事 者 目 録

（略）

(E)　**保全異議の申立てについての決定**

(a)　**決定の内容**

裁判所は保全異議の申立てについての決定においては、保全命令を認可し、

変更し、または取り消さなければならない（民保32条1項）。保全命令において認められた被保全権利および保全の必要性が認められれば、保全命令の認可がなされ、いずれかの存在が認められなければ取消しがなされる。変更とは、保全命令の実質を変えずに内容または方法を変える場合や債権者に担保を立てさせたり、あるいは増担保を命じる場合をいう。

(b) **担保に関する決定**

裁判所は、担保の提供を条件として保全異議の申立てについての決定をすることができる。

保全命令の認可・変更のとき裁判所は相当と認める一定の期間内に債権者が新たに担保を立てること、または保全命令の発令に際して立てた担保の額を増加したうえ、相当と認める一定の期間内に債権者がその増加額につき担保を立てることを保全執行の実施または続行の条件とする旨を定めることができる（民保32条2項）。

債権者は、定められた期間内に担保を立てたことを証する書面を、その期間の末日から1週間以内に保全執行裁判所または執行官に提出しなければならない（民保44条1項）。債権者がこの書面を提出しない場合、債務者が担保を立てるべき旨の決定書正本を執行機関に提出すれば、執行処分は取り消される（同44条2項）。

裁判所は、保全命令を取り消す決定について、債務者が担保を立てることを条件とすることができる（民保32条3項）。

(c) **保全命令を取り消す決定の効力**

保全異議の裁判において保全命令を取り消す場合、裁判の形式は決定であり、告知によって直ちに効力が生じる。

(d) **原状回復の裁判**

裁判所は、債務者の申立てにより、仮処分の命令を取り消す決定において、債権者に対し、債務者が引き渡し、もしくは明け渡した物の返還、債務者が支払った金銭の返還または債権者が使用もしくは保管している物の返還を命ずることができる（民保33条）。

(F) 保全執行停止の裁判

債務者が保全異議を申し立てたとしても、保全執行が当然に停止されるわけではない。

保全異議の申立てがあった場合において、保全命令の取消しの原因となることが明らかな事情および保全執行により償うことができない損害を生ずるおそれがあることにつき疎明があったときに限り、裁判所は、申立てにより、保全異議の申立てについての決定の裁判をするまでの間、担保を立てさせて、または担保を立てることを条件として保全執行の停止またはすでにした執行処分の取消しを命ずることができる（民保27条1項）。

(G) 保全異議の申立ての取下げ

保全異議の申立てを取り下げるには、債権者の同意を得ることを要しない（民保35条）が、口頭弁論または審尋の期日以外では、書面でしなければならない。保全異議の申立ては、利益のある限りいつでも申し立てることができる。したがって債務者は、保全異議の申立てをいったん取り下げても再度保全異議を申立てることができる。

(4) 保全取消し

(A) 意 義

保全取消しは、保全命令の発令後に生じた事由によって、債務者が保全命令の存続について、その必要性がないことを主張して、保全命令の取消しを求める手続である。

本案の不起訴等による保全取消し、事情変更による保全取消し、特別の事情による保全取消しの3種類がある。

(a) 本案の不起訴等による取消し

保全命令を発した裁判所は、債務者の申立てにより、債権者に対し、相当と認める一定の期間内に、本案の訴えを提起するとともにその提起を証する書面を提出し、すでに本案の訴えを提起しているときはその係属を証する書面を提出すべきことを命じなければならない（民保37条1項）。相当と認める

一定期間は東京地方裁判所と大阪地方裁判所では通常1カ月とされている。債権者がこの期間内にこれらの書面を提出しなかったときは、裁判所は、債務者の申立てにより、保全命令を取り消さなければならない（同37条3項）。

【書式24】 起訴命令申立書

起訴命令申立書

平成25年4月10日

大阪簡易裁判所　民事第44係　御中

　　　　　　　　　　　　申立人代理人司法書士　乙　木　珊　瑚　印

　　当事者の表示　　別紙当事者目録記載の通り

　上記当事者間の平成25年(ト)第343号占有移転禁止の仮処分命令事件について，平成25年4月2日に決定がなされたが，債権者はいまだに本案の訴えを提起しないので，債権者に対し，本案の訴えを提起していない場合は，これを管轄裁判所に提起するとともに，その提起を証する書面を，既に本案の訴えを提起している場合は，その係属を証する書面を，相当期間内に貴庁に提出しなければならない，との決定を求める。

附属書類

1　訴訟委任状　　　　1通

当　事　者　目　録

（略）

【書式25】 保全取消申立書

本案訴訟の不提起等による保全取消申立書

平成25年○月○日

大阪簡易裁判所　民事44係　御中

　　　　　　　　　　　　申立人代理人司法書士　乙　木　珊　瑚　㊞
　　当事者の表示　　別紙当事者目録記載のとおり
第1　申立ての趣旨
1　被申立人を債権者，申立人を債務者とする平成25年(ト)第343号占有移転禁止の仮処分命令事件について同裁判所が平成25年4月2日にした決定を取り消す
2　申立費用は被申立人の負担とする
との裁判を求める。
第2　申立ての理由
1　被申立人は，申立人を債務者として大阪簡易裁判所に占有移転禁止の仮処分の申立てをなし同裁判所において平成25年4月2日仮処分決定がなされた（同裁判所平成25年(ト)第343号事件。甲1）。
2　申立人は同決定につき，同裁判所に起訴命令の申立てをし，同裁判所において平成〇年〇月〇日，その命令送達の日から1か月以内に，上記仮処分命令申立事件にかかる本案の訴えを管轄裁判所に提起するとともに，その提起を証する書面を，同裁判所に提出すべき旨を命ずる決定がなされ，この決定は平成〇年〇月〇日被申立人に送達された（甲2，3）。
3　しかるに，被申立人は，前項の期間に前項の書面を提出せず，起訴命令の期間を徒過した。
　　よって，仮処分決定の取消しを求める。

疎明方法

1　甲第1号証　　　　　　　　　　仮処分決定正本
2　甲第2号証　　　　　　　　　　起訴命令決定正本
3　甲第3号証　　　　　　　　　　起訴命令決定正本送達証明書

附属書類

1　甲号証写し　　　　　　　　　　各1通
2　訴訟委任状　　　　　　　　　　1通

当 事 者 目 録

> （略）

(b) **事情変更による取消し**

　保全命令が発令された後にその基礎となった被保全権利や保全の必要性が消滅したとしても、保全命令が当然に効力を失うものではない。

　保全すべき権利もしくは権利関係または保全の必要性の消滅その他の事情の変更があるときは、保全命令を発した裁判所または本案の裁判所は、債務者の申立てにより、保全命令を取り消すことができる（民保38条1項）。

　被保全権利に関するものとしては、弁済、免除、相殺、取消し、解除、時効の援用等によって被保全権利が消滅した場合や、債権者が提起した本案訴訟で、被保全権利が存在していなかったという判決が確定した場合、事情変更にあたると解されている。

　また、保全の必要性に関するものとしては、債務者の資産状況が好転し、その隠匿のおそれがなくなった場合や、債権者に対して十分な担保を提供した場合、債務名義を取得した債権者が執行に着手せず保全執行期間（民保43条2項）を経過した場合も事情変更にあたると解されている。

(c) **特別の事情による取消し**

　仮処分命令により償うことができない損害を生ずるおそれがあるときその他の特別の事情があるときは、仮処分命令を発した裁判所または本案の裁判所は、債務者の申立てにより、担保を立てることを条件として仮処分命令を取り消すことができる（民保39条1項）。

(5) 保全抗告

　保全異議、保全取消しの裁判について、不服のある当事者は、その裁判に対し、保全抗告をすることができる（民保41条1項）。

(A) **保全抗告の申立て**

　保全抗告は、保全異議・保全取消しの申立てを認容する裁判や、保全異議・保全取消しの申立てを却下する裁判に対してできる。

(B) 再抗告の禁止

一般の抗告の場合には、抗告裁判所の決定に対して、その決定に憲法違反または決定に影響を及ぼすことが明らかな法令違反があることを理由とする場合に限り再抗告をすることができる（民訴330条）。しかし、保全抗告に対する裁判については、再抗告をすることができない（民保41条3項）。

(C) 申立期間および管轄裁判所等

保全抗告は、保全異議または保全取消しに対する裁判の送達を受けた日から、2週間の不変期間内においてすることができる（民保41条1項）。

管轄は保全異議・保全取消しの申立てについての裁判をした裁判所の上級審であるが、申立書は原裁判所に提出する（民訴331条本文・286条1項）。

(D) 保全命令を取り消す決定の効力の停止の裁判

保全命令を取り消す裁判は決定であって、告知によって直ちに効力が生じる。その結果、当事者恒定効が失われ保全抗告で認容判決を得てももはや意味をなさないものとなってしまう。そこで、保全抗告の申立てとあわせて、債権者が保全命令の取消決定の効力停止の裁判を申し立てることにより、裁判所は一定の要件のもとに、保全命令の取消決定の効力を停止する旨を命ずる制度を設けている（民保42条1項）。

(6) 保全執行の取消し

(A) 債権者の申立てによる場合

保全命令の申立てを取り下げるには、債務者が保全異議や保全取消しの申立てをしていたとしても、債務者の同意は不要である（民保18条）。保全命令の申立てに対する裁判については、既判力は生じないので、債権者が保全命令の申立てを取下げても債務者は不利益を受けないからである。保全命令の申立ての取下げは、口頭弁論または審尋の期日を除き書面でしなければならない（民保規4条1項）。

保全執行は、保全命令に基づいて行われるから、保全命令が取下げなどで効力を失えば、保全執行も効力を失う。ただし、保全命令と保全執行は別個

の手続であるから、保全命令が失効したとしても当然には保全執行処分が取り消されるものではないので、保全命令に基づく執行の効力を排除するために、あらためて保全執行の取消しを行う必要がある。

実務上、保全命令の発令裁判所と保全執行裁判所が同一である場合、保全命令申立ての取下げに保全執行の取下げの趣旨が含まれているものとして取り扱っており、裁判所は、債権者が保全命令の取下手続を行えば、当然に保全執行の取消手続まで行う。

占有移転禁止の仮処分の場合は、発令した裁判所と執行機関が同一ではないため、保全命令申立ての取下げのほかに、執行機関である執行官に対し執行申立ての取下手続をとる必要がある。裁判所に対し①取下書（当事者目録・物件目録と合綴し契印したもの）を債務者の数＋1通、②郵券82円×債務者の数を提出する。執行官に対しても、保全執行申立取下書を提出する。

【書式26】 保全命令申立取下書

```
平成25年(ト)第343号　占有移転禁止仮処分命令申立事件
債権者　永田弘美
債務者　株式会社山田製作所

            保全命令申立取下書

                                    平成25年○月○日
大阪簡易裁判所　民事44係　御中
              申立人代理人司法書士　甲　川　龍　介　㊞
  頭書事件について，債権者は今般，都合により申立ての全部を取り下げる。
```

【書式27】 保全執行申立取下書

```
平成○年(執ハ)第○○号
債権者　○○　○○
債務者　○○　○○
```

第3章 保　全

```
　　　　　　　　保全執行申立取下書
　　　　　　　　　　　　　　　　　　　　　平成○年○月○日
大阪地方裁判所　執行官　御中
　　　　　　　　　　　　申立人　○　　○　　○　　○　印
　上記当事者間の頭書事件について，債権者は今般，都合により申立ての全部を取り下げる。
```

　⑻　**債務者の申立てによる場合**

　民事保全法32条2項の規定により担保を立てることを保全執行の続行の条件とする旨の裁判があったときは、債権者は、同項の規定により定められた期間内に担保を立てたことを証する書面をその期間の末日から1週間以内に保全執行裁判所または執行官に提出しなければならない（民保44条1項）。債権者がこの書面の提出をしない場合において、債務者が同法32条2項の裁判の正本を提出したときは、保全執行裁判所または執行官は、すでにした執行処分を取り消さなければならない（同44条2項）。

【書式28】　追加担保不提供による執行取消申立書

```
平成○年(ト)第○○号
債権者　○○　○○
債務者　○○　○○

　　　　　　追加担保不提供による執行取消申立書
　　　　　　　　　　　　　　　　　　　　　平成○年○月○日
大阪簡易裁判所民事○係　御中
　　　　　　　　申立人代理人司法書士　乙　　木　　珊　　瑚　印
　頭書事件において，平成○年○月○日，債権者に担保を立てることの決定が出されたが，債権者は担保を立てないので，執行の取消しを求める。
```

5 担保の取消し・取戻し

(1) 担保の取消し

①債権者が担保の事由が消滅したことを証明した場合、②担保権利者の同意がある場合、③担保権利者の同意があったものとみなされる場合に、裁判所は申立てにより担保の取消決定をする（民保4条2項、民訴79条）。

(A) 担保の事由が消滅した場合

担保の事由が消滅した場合とは、担保権利者から債権者に対する担保権行使の可能性がなくなった場合であり、具体的には、本案の全部勝訴判決の確定、債務者の請求認諾、本案における勝訴的和解、債務者から債権者に対して提起された違法な保全命令または保全執行を理由とする損害賠償請求において債務者が敗訴した場合などである。

担保の事由が消滅した場合の必要書類としては、①～⑤を同時に提出する。

① 担保取消決定申立書・請書（請書に日付は入れない）
② 判決正本の写し（判決正本の原本を持参し照合を受ける）
③ 判決確定証明
④ 郵券（1072円×被申立人数）
⑤ 供託（支払保証委託契約）原因消滅証明申請書（正副2通、正本に収入印紙150円貼付）・請書（日付は入れない）

債権者は、裁判所から供託原因消滅の証明書を受領し、これを供託書とともに供託金払渡請求書に添付して供託所に提出し、供託金の取戻しをすることになる。

【書式29】 担保取消決定申立書

平成○年(ト)第○○号　占有移転禁止の仮処分命令申立事件
申立人　○○　○○

第3章 保　全

被申立人　○○　○○

担保取消決定申立書

平成○年○月○日

大阪簡易裁判所民事○係　御中

　　　　　　　　　申立人代理人司法書士　甲　川　龍　介　㊞

　頭書事件について，申立人は，担保として平成○年○月○日大阪法務局に対し金○○万円也を平成○年度金第○○号をもって供託しているところ(注)，このたび

■　申立人全部勝訴の本案判決が確定し，

□　本案訴訟で当事者間で勝訴的内容の和解が成立し，

□　本案訴訟において被告である被申立人が申立人の請求を全て認諾し，

担保の事由がやんだので，担保取消決定をされたく申し立てる。

附属書類

1　判決正本（写）　　　　　　1通
2　判決確定証明書　　　　　　1通

（注）　支払保証委託契約の場合は，「申立人が平成○年○月○日株式会社○○銀行○○支店との間に金○万円を限度として締結した支払保証委託契約をしているところ」となる。

【書式30】　請書（担保取消決定正本）

平成○年(ト)第○○号　　占有移転禁止仮処分命令申立事件
申　立　人　○○　○○
被申立人　○○　○○

請　　　書

平成　年　月　日

大阪簡易裁判所民事○係　御中

　　　　　　　　　申立人代理人司法書士　甲　川　龍　介　㊞

　頭書事件について，下記書類をお請けいたしました

```
                    記
        1  担保取消決定正本         1通
```

【書式31】 供託原因消滅証明申請書

```
平成○年(ト)第○○号  占有移転禁止仮処分命令申立事件
平成  年(サ)第   号  担保取消申立事件
申立人  ○○  ○○
被申立人 ○○  ○○
```

供託原因消滅証明申請書

平成○年○月○日

大阪簡易裁判所民事第○係　御中

　　　　　　　　　　申立人代理人司法書士　甲　　川　　龍　　介　㊞

　頭書事件について，申立人がその担保として大阪法務局に供託した金○○円（平成○年度金第○○号）は，担保取消決定がなされ，同決定は確定したので，供託原因が消滅したことを証明してください。

【書式32】 請書（供託原因消滅証明書）

```
平成○年(ト)第○○号  占有移転禁止仮処分命令申立事件
平成  年(サ)第   号  担保取消申立事件
申立人  ○○  ○○
被申立人 ○○  ○○
```

請　　　書

平成　年　月　日

大阪簡易裁判所民事○係　御中

　　　　　　　　　　申立人代理人司法書士　甲　　川　　龍　　介　㊞

　頭書事件について，下記証明書1通正にお請けいたしました。
```
                    記
1  供託原因消滅証明書         1通
```

第3章　保　全

　(B)　担保権利者の同意

　債権者が、担保権利者である債務者から担保取消しについて同意を得たことを証明したときも、裁判所は申立てにより担保の取消決定をする（民訴79条2項）。和解により本案訴訟が解決した場合、その和解条項に、債務者の担保取消しについての同意を得ておく。なお、和解条項には「被告は，原告が大阪簡易裁判所平成○年(ト)第○○号占有移転禁止仮処分命令申立事件で供託した金○○円（大阪法務局平成○○年度金第○○号）の担保取消しに同意し，その抗告権を放棄する」という条項が必要である。

　同意書交付の場合の必要書類は、次のとおりである。

① 　担保取消決定申立書・請書（請書に日付は入れない）
② 　担保権利者の同意書
③ 　即時抗告権放棄書
④ 　印鑑証明書（3か月以内）
⑤ 　供託（支払保証委託契約）原因消滅証明申請書（正副2通、正本に収入印紙150円貼付）・請書（日付は入れない）

担保権利者は実印を押印する必要がある。郵券は不要である。
　担保権利者に代理人がついている場合は、担保権利者から代理人への委任状に実印、印鑑証明書（3か月以内）が必要となる。

【書式33】　担保取消決定申立書(1)——同意の場合

平成○年(ト)第○○号　占有移転禁止仮処分命令申立事件
申　立　人　　○○　　○○
被申立人　　○○　　○○

担保取消決定申立書

　　　　　　　　　　　　　　　　　　　　　　　平成○年○月○日
大阪簡易裁判所民事○係　御中
　　　　　　　　　　申立人代理人司法書士　甲　　川　　龍　　介　㊞
　　頭書事件について，申立人は，担保として平成○年○月○日大阪法務局に

対し金○○万円也を平成○年度金第○○号をもって供託しているところ，このたび担保権利者が同意したので，担保取消決定をされたく申し立てる。

　　　　　　　　　　　附属書類
1　同意書　　　　　　　　　　1通
2　抗告権放棄書　　　　　　　1通
3　請書　　　　　　　　　　　1通
4　供託原因消滅証明申請書　　1通

【書式34】　同意書

平成○年(ト)第○○号　占有移転禁止仮処分命令申立事件
申　立　人　　○○　○○　　　　　　　　　　　　　　　　捨印
被申立人　　○○　○○

　　　　　　　　　　同　　意　　書

　　　　　　　　　　　　　　　　　　　　　　　　平成○年○月○日
申立代理人司法書士　○　○　○　○　殿
　　　　　　　　　　　　　　住所　○○○○○○○○○○○
　　　　　　　　　　　　　　担保権利者　○　○　○　○　実印
　頭書事件について，担保提供者○○○○が立てた下記担保の取消しに同意します。
　　　　　　　　　　　　　　記
　平成○年○月○日大阪法務局に供託して立てた担保（供託書額面金○○万円，供託番号平成○年度金第○○号）

【書式35】　即時抗告放棄書

平成○年(ト)第○○号　占有移転禁止仮処分命令申立事件
平成　年(サ)第　　号　担保取消申立事件
申　立　人　　○○　○○
被申立人　　○○　○○

第3章　保　全

即時抗告権放棄書

平成○年○月○日

大阪簡易裁判所民事○係　御中

申立人　○　　○　　○　　○　印
被申立人　○　　○　　○　　○　印

　上記当事者間の御庁平成○年(サ)第○○号担保取消申立事件についてなされた担保取消決定に対し，抗告権を放棄する。

【書式36】　請　書

平成○年(ト)第○○号　占有移転禁止仮処分命令申立事件
平成　年(サ)第　　号　担保取消申立事件
申　立　人　　○○　　○○
被申立人　　○○　　○○

請　書

平成　年　月　日

大阪簡易裁判所民事○係　御中

申立人　○　　○　　○　　○　印
被申立人　○　　○　　○　　○　印

頭書事件について，下記書類1通正にお請けいたしました。
1　担保取消決定正本　　　　　1通

和解調書に同意条項がある場合の必要書類は、次のとおりである。

① 　担保取消決定申立書・請書（請書に日付は入れない）

② 　和解調書正本の写し（和解調書正本の原本を持参し照合を受ける）

③ 　供託（支払保証委託契約）原因消滅証明申請書（正副2通、正本に収入印紙150円貼付）・請書（日付は入れない）

【書式37】 担保取消決定申立書(2)――和解書の場合

平成○年(ト)第○○号　占有移転禁止仮処分命令申立事件
申　立　人　　○○　○○
被申立人　　○○　○○

担保取消決定申立書

　　　　　　　　　　　　　　　　　　　　　　　平成○年○月○日
大阪簡易裁判所民事第○係　御中
　　　　　　　　　　　　　申立人代理人司法書士　甲　川　龍　介　㊞
　当事者間の頭書事件について、申立人は、担保として平成○年○月○日大阪法務局に対し金○○万円也を平成○年度金第○○号をもって供託しているところ、本案である御庁平成○年(ワ)第○○号事件において当事者間に和解が成立し、和解条項において被申立人の同意が得られたので、担保取消決定をされたく申し立てる。

附属書類

1　和解調書正本（写し）　　　　　1通

(C)　担保権利者の同意があったものとみなされる場合

　担保権利者がその権利を行使をしない場合、債権者はいつまでも担保金を取り戻すことができない。このような場合、債権者は裁判所に担保権を行使すべき旨の催告をするように申し立て、裁判所はこの申立てに基づき債務者に対し一定の期間内に担保権の行使をするよう催告し（権利行使催告）、もし債務者がその期間内に担保権の行使をしないときは、担保の取消しについて担保権利者の同意があったものとみなし、債権者の申立てにより担保取消決定をする（民訴79条3項）。

　担保権利者がその権利を行使できるのに行使をしない場合とは、債権者敗訴の本案判決が確定したとき、本案を提起せずかつ執行処分を取り消したとき、本案訴訟を取り下げたときなどの場合に、担保権利者がその権利を行使しないときなどである。

第3章　保　全

権利行使催告の場合の必要書類は、次のとおりである。
① 　担保取消決定申立書・請書
② 　権利行使催告申立書
③ 　供託（支払保証委託契約）原因消滅証明申請書（正副2通、正本に収入印紙150円貼付）・請書（日付は入れない）
④ 　郵券（1082円＋1072円）×被申立人数
⑤ 　保全命令申立ての取下書
⑥ 　保全執行の解放を証する書面（記録上明らかでない場合のみ）（執行官の仮処分執行があった場合；執行申立取下証明書または執行完了証明書）
⑦ⓐ　本案訴訟完結の場合
・全部または一部敗訴の判決確定の場合　　判決正本の写しおよび確定証明書（判決正本の原本を持参し照合してもらう）
・請求放棄、敗訴的和解、調停の場合　　各調書正本の写し（各調書正本の原本を持参し照合を受ける）
・訴え取下げの場合　　訴状を添付した訴え取下げ証明書
　ⓑ　本案訴訟未係属の場合　　本案訴訟未係属の上申書

【書式38】　権利行使催告の申立書

平成○年(ト)第○○号　占有移転禁止仮処分命令申立事件
申　立　人　　○○　　○○
被申立人　　○○　　○○

　　　　　　　　権利行使催告の申立書

　　　　　　　　　　　　　　　　　　　　　　　　平成○年○月○日
大阪簡易裁判所民事第○係　御中
　　　　　　　　　　　申立人代理人司法書士　甲　　川　　龍　　介　㊞
　頭書事件について，申立人は，担保として平成○年○月○日大阪法務局に対し金○○万円也を平成○○年度金第○○号をもって供託しているところ，
　　□すでに保全命令申立取下げ

5 担保の取消し・取戻し

〈図表5〉 担保取消手続の流れと期間（大阪地方裁判所の例）

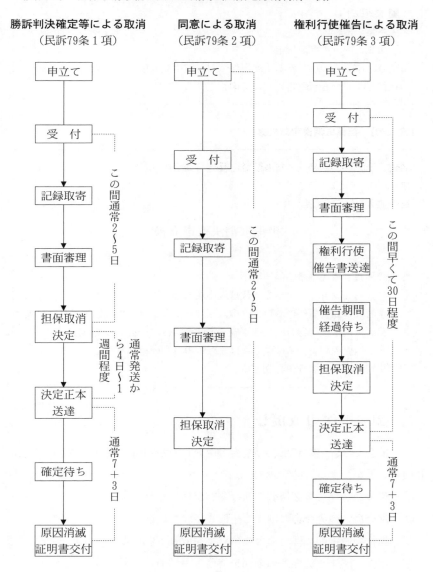

第3章 保　全

> 　　□執行は全部解放されていること
> 　　■本案取下げ
> 　　□本案未提起
> 　　□申立人敗訴の判決確定
> により，申立人の供したる上記担保に対し被申立人に一定の期間内に担保権の行使をなすべき旨催告されたく申し立てる。

【書式39】　担保取消決定申立書

> 平成○年(ト)第○○号　占有移転禁止仮処分命令申立事件
> 申　立　人　　○○　　○○
> 被申立人　　○○　　○○
>
> 　　　　　　　　　担保取消決定申立書
>
> 　　　　　　　　　　　　　　　　　　　　　　平成○年○月○日
> 大阪簡易裁判所民事第○係　御中
> 　　　　　　　　　　　申立人代理人司法書士　甲　　川　　龍　　介　㊞
> 　当事者間の頭書事件について，申立人は，担保として平成○年○月○日大阪法務局に対し金○○万円也を平成○年度金第○○号をもって供託しているところ，担保権利者たる被申立人はまだその権利の行使をしないので，担保取消決定をされるよう申し立てる。

(2)　担保の取戻し

　次の場合には、債権者は、保全命令を発した裁判所の許可を得て担保を取り戻すことができる（民保規17条1項）。

①　保全命令発令後2週間の執行期間が経過した場合
②　保全命令の発令前に申立てを取り下げた場合
③　執行の着手前に保全命令の申立てを取り下げた場合
④　担保に関する債権者の権利を債務者が承継した場合

【書式40】 担保取戻許可申立書

平成25年(ト)第○○号　占有移転禁止仮処分命令申立事件
申立人　○○　○○
被申立人　○○　○○

担保取戻許可申立書

平成○年○月○日

大阪簡易裁判所民事第○係　御中

申立人代理人司法書士　甲　川　龍　介　㊞

　当事者間の頭書事件について，申立人は，担保として平成○年○月○日大阪法務局に対し金○○万円也を平成○年度金第○○号をもって供託しているところ，このたび
☐　保全命令の発令前に保全命令の申立てを取り下げた
■　執行の着手前に保全命令の申立てを取り下げた
☐　執行申立てをせず執行期間を徒過した
☐　担保に関する債権者の権利を承継した
ことによって債務者に損害が生じないことが明らかであるので，担保取戻許可をされるよう申し立てる。

第4章

訴 訟

第4章 訴　訟

〈図表6〉 民事訴訟手続の流れ

```
訴状作成 …p220                              和解 （民訴89条、
訴え提起                                          民696条）
     訴状提出（民訴133条）…p242                      …p345
     訴状審査（民訴137条）
     訴訟要件の審査（民訴140条）
     第1回口頭弁論期日の指定（民訴139条）…p245
     訴状送達（民訴138条）…p245
     移送（民訴16条〜22条）…p262
     答弁書の提出（民訴161条）…p264
口頭弁論期日
     当事者の出頭（民訴158条・263条）…p330
     請求の放棄・認諾（民訴266条）…p267
     訴状・答弁書の陳述（民訴161条）…p327
争点整理
     準備的口頭弁論（民訴164条〜）
     弁論準備手続（民訴168条〜）…p333
口頭弁論期日
     準備書面の陳述（民訴161条）
     弁論準備手続の結果の陳述（民訴173条）
     時機に後れた攻撃防御方法（民訴157条）…p219
証拠調べ
     書証（民訴219条〜）…p203
     証人尋問（民訴190条〜）…p305
     当事者尋問（民訴207条〜）…p309
     鑑定（民訴212条〜）…p211
     検証（民訴232条〜）…p210
判　決
     判決（民訴243条〜）…p334
     判決書の送達（民訴255条）…p335
     判決の確定（民訴116条）…p335
```

1 訴状作成の準備

(1) 要件事実総論

(A) 要件事実

要件事実とは、民法などの実体法に規定された法律効果の発生要件に該当する具体的事実をいう。

たとえば、賃貸借契約成立の要件事実は、

① 当事者の一方が、ある物の使用収益をさせることを約束したこと

② 相手方当事者が、賃料を支払うことを約束したこと

となる（民601条）。

具体的には、訴状や準備書面などにおいて、次のように主張することになる。

> 原告は，被告に対して，平成25年10月1日，別紙物件目録記載の建物を次の約定で賃貸した。
> 　　賃　料　　1か月金10万円
> 　　期　間　　平成25年10月1日から2年間

(B) 抗弁と再抗弁

(a) 抗弁

抗弁とは、訴訟当事者の一方が主張する事実に基づく法律効果を前提にして、相手方当事者が、その法律効果の発生を妨げまたはその法律効果を消滅させる目的で、自らが証明責任を負う別の事実を主張することをいう。

たとえば、原告が所有権に基づいて建物の明渡しを請求した際に、被告が賃貸借契約の存在を主張をするような場合である。

(b) 再抗弁

再抗弁とは、抗弁で主張された事実に基づく法律効果を前提にして、相手方当事者が、その法律効果の発生を妨げまたはその法律効果を消滅させる目的で、自らが証明責任を負う別の事実を主張することをいう。

(c) **評価根拠事実**

法律要件には、権利濫用（民1条3項）・公序良俗（民90条）・重過失（民95条）・過失（民709条）・正当事由（借地借家28条）のように、不特定の概念を用いて規定したもの（規範的要件）がある。このような法律要件の要件事実は、その要件を基礎づけることになる具体的事実である。

たとえば、借地借家法28条の規定に基づき、賃貸人が賃借人に対して解約の申入れをした場合、賃貸人に正当事由が必要であるが、その場合、単に「原告（賃貸人）には，正当事由がある」と記載すればよいのではなく、「原告（賃貸人）は，平成25年10月1日に近畿地方を襲った台風55号による松井川堤防決壊のために，それまで居住していた自宅を水害で失った。原告は，この自宅のほかに，本件建物を有しているが，被告（賃借人）が使用しているので，原告が使用できないでいた。そのため，大阪府の斡旋によるプレハブの仮設住宅で生活をすることとなった。しかしながら，この住宅における生活は，寒暑厳しく，プライバシーが保てないなど，高齢の原告には耐えられない状況である」というように、具体的事実を主張する必要がある。このような主張をするための具体的事実のことを、評価根拠事実という。

(d) **信頼関係の破綻**

賃貸借契約は、当事者間の信頼関係を基礎とする継続的契約であるから、当事者の一方に義務違反があるということだけでは、当然には契約を解除することはできず、賃貸借契約の解除の有効性は、賃貸借契約における当事者間の信頼関係が破綻したか否かで判断される（賃借物の損壊に関して最判昭和27・4・25民集6巻4号451頁、無断転貸に関して最判昭和28・9・25民集7巻9号979頁、無断増築に関して最判昭和36・7・21民集15巻7号1939頁、賃料不払いに関して最判昭和39・7・28民集18巻6号1220号）。

たとえば、賃料不払いによる債務不履行に基づく賃貸借契約の解除の場合、

その賃料不払いの期間、未払賃料の総額、その他一切の事情を総合的に考慮して、当事者間の信頼関係が破綻したか否かを判断するのである。

　賃貸借契約書には、「賃料を1か月間滞納した場合、賃貸人は、催告を要せず本契約を解除することができる」などと記載されていることがある（無催告解除特約）。この場合、賃借人が賃料を1か月間滞納すると債務不履行に陥るため、賃貸人は、催告をすることなく賃貸借契約を解除できるように思える。しかし、上述のとおり、解除の有効性は、当事者間の信頼関係が破綻したか否かで判断され、このことは、無催告解除特約があった場合にも妥当する。たまたま1か月間だけ賃料の支払いが遅れたからといって、即座になされた解除が有効であるといえるものではない。たとえば、1回の賃料不払期間はそれほど長くないが、賃料の延滞が何年間も恒常的に続いているといった事実が存在する場合であれば、その事実をもって、当事者間の信頼関係は破綻しているということを主張することになる。

(2)　建物明渡請求訴訟における要件事実

(A)　建物明渡請求権の種類

　原告が被告に対して主張する権利または法律関係を訴訟物という。建物明渡請求事件における主な訴訟物には、次のようなものが考えられる。

① 賃貸借契約終了に基づく建物明渡請求権
　ⓐ 債務不履行
　　㋐ 賃料不払い
　　㋑ 用法遵守義務違反（民616条・594条1項）
　　㋒ 無断増改築
　ⓑ 無断転貸・無断譲渡（民612条2項）
　ⓒ 解約申入れ
　ⓓ 賃貸借期間満了（民616条・597条1項）
　ⓔ 特約違反
　ⓕ 信義則違反

② 使用貸借契約終了に基づく建物明渡請求権
　ⓐ 用法遵守義務違反（民594条1項）
　ⓑ 無断転貸（民594条2項）
　ⓒ 返還時期到来
　　㋐ 約定時期到来（民597条1項）
　　㋑ 使用・収益の終了（民597条2項本文）
　　㋒ 使用・収益時期満了（民597条2項ただし書）
　　㋓ 返還請求（民597条3項）
　ⓓ 借主の死亡（民599条）
③ 所有権に基づく建物明渡請求権
④ 未払賃料支払請求権
⑤ 遅延損害金支払請求権
⑥ 賃料相当損害金支払請求権
⑦ 保証債務履行請求権

(B) 賃料不払い

(a) 催告後の解除

　賃借人が賃料を支払うことは、賃貸借契約において、最も本質的な義務である（民601条）。賃借人が賃料を支払わなければ債務不履行となり、賃貸人が相当の期間を定めて賃料の支払いを催告したにもかかわらず、賃借人が賃料を支払わなければ、賃貸人に解除権が発生する（民541条）。

　賃料不払いを原因とする賃貸借契約終了に基づく建物明渡請求の要件事実は、次のとおりである。

---

① 当事者間で、本件建物について賃貸借契約を締結したこと
② 賃貸人が賃借人に対して、①の賃貸借契約に基づき、本件建物を引き渡したこと（注1）
③ 一定期間が経過したこと（注2）
④ 民法614条所定の支払時期が経過したこと（注3）

> ⑤ 賃貸人が賃借人に対して、支払時期が経過した賃料について、相当の期間を定めて支払いを催告したこと
> ⑥ ⑤の相当期間が経過したこと
> ⑦ 賃貸人が賃借人に対し、⑥の期間経過後、賃貸借契約を解除するとの意思表示をしたこと

（注1） 「明渡し」を請求するのであるから、引き渡したことが要件事実となる。
（注2） 賃料は、賃貸人が賃借人に対して、本件建物を使用できる状態に置いてはじめて請求しうるので、②③が要件事実となる（借地の事例について、最判昭和36・7・21民集15巻7号1952頁）。
（注3） 「毎月末日に翌月分を支払う」などの賃料前払特約がある場合、④に代えて「特約の締結」と「支払時期の経過」が要件事実となる。

これに対する被告の抗弁には、次のようなものがある。
① 賃貸人が催告後、解除の意思表示をする前に、賃借人が賃料およびその遅延損害金の弁済の提供をしたこと
② 賃借人が、賃貸人による解除の意思表示を受ける前に、賃貸人に対する債権（自働債権）をもって、相殺の意思表示をしたことにより、賃料債務（受働債権）が消滅したこと
③ 賃借人が賃料を支払っていないことについて、背信行為と認めるに足りない特段の事情があることを基礎づける事実（評価根拠事実）

(b) **無催告解除**

賃貸借契約に、いわゆる無催告解除特約が付されている場合、賃料不払いの事実に加えて「契約を解除するに当たり催告をしなくてもあながち不合理とは認められないような事情」（賃借人の背信性）があれば、催告をすることなく賃貸借契約を解除することができる。無催告解除特約がある場合でも基本的には催告をしてから解除するのが望ましいが、催告書が相手方に到達しない場合に、無催告解除特約に基づいて訴状中で解除の意思表示をすること

によって解除が認められる可能性がある（訴訟中での解除の意思表示については、〔記載例１〕（62頁）も参照）。

(C) 用法遵守義務違反

賃借人は、賃貸借契約または賃借物の性質によって定められた用法に従って、賃借物を使用・収益しなければならない（民616条・594条１項）。賃借人が用法に従った使用・収益をしなければ債務不履行となり、賃貸人が相当の期間を定めて用法を改めるよう催告したにもかかわらず、賃借人が用法を改めなければ、賃貸人に解除権が発生する（民541条）。

用法遵守義務違反（使用目的が居宅であるにもかかわらず店舗として利用した場合）を原因とする賃貸借契約終了に基づく建物明渡請求の要件事実は、次のとおりである。

---

① 当事者間で、本件建物について賃貸借契約を締結したこと
② 賃貸人が賃借人に対して、①の賃貸借契約に基づき、本件建物を引き渡したこと
③ 当事者間で、本件建物について居宅として使用する旨の合意をしたこと、または本件建物がその性質上もっぱら居住のための建物であること
④ 賃借人が、③の合意または建物の性質によって定まった用法と異なり、店舗として使用収益をしたこと
⑤ⓐ 賃貸人が、④の用法違反について、店舗としての使用収益をやめるように催告したこと
　　または、
　ⓑ 店舗として改造した部分を修復することを求める催告をしたこと
⑥ⓐ ⑤ⓐの催告後、賃借人が相当期間内に店舗としての使用収益をやめなかったこと
　　または、
　ⓑ ⑤ⓑの催告後、相当期間が経過したこと

> ⑦　賃貸人が賃借人に対し、⑥の期間経過後、賃貸借契約を解除するとの意思表示をしたこと

これに対する被告の抗弁には、次のようなものがある。
① 用法変更について、賃貸人が承諾の意思表示をしたこと
② 当事者間における用法の定めの合意が、公序良俗に反するものであることを基礎づける事実（評価根拠事実）
③ 賃借人が用法に従った使用・収益をしていないことについて、背信行為と認めるに足りない特段の事情があることを基礎づける事実（評価根拠事実）

(D)　無断増改築

賃借人は、賃借物を賃貸人に返還するまでは、善良な管理者の注意をもって、その物を保管しなければならない（民400条）。賃借人が賃借物について善管注意義務を怠って賃貸人に無断で増改築をしたときは、債務不履行となり、賃貸人が相当の期間を定めて原状回復をするよう催告したにもかかわらず、賃借人が原状回復をしなければ、賃貸人に解除権が発生する（民541条）。

無断増改築を原因とする賃貸借契約終了に基づく建物明渡請求の要件事実は、次のとおりである。

> ① 当事者間で、本件建物について賃貸借契約を締結したこと
> ② 賃貸人が賃借人に対して、①の賃貸借契約に基づき、本件建物を引き渡したこと
> ③ 賃借人に増改築の事実があったこと
> ④ 賃貸人が、③の増改築について、相当の期間を定めて原状を回復するように催告したこと
> ⑤ ④の相当期間が経過したこと
> ⑥ 賃貸人が賃借人に対し、⑤の期間経過後、賃貸借契約を解除するとの意思表示をしたこと

これに対する被告の抗弁には、次のようなものがある。
① 賃借人が増改築をしたことについて、賃貸人が承諾の意思表示をしたこと
② 賃借人が増改築をしたことについて、背信行為と認めるに足りない特段の事情があることを基礎づける事実（評価根拠事実）

(E) 無断譲渡・無断転貸

賃借人は、賃貸人の承諾を得なければ、その賃借権を譲渡し、または賃借物を転貸することができない（民612条1項）。賃借人が無断で譲渡・転貸をしたときは、賃貸人に、賃貸借契約の解除権が発生する（民612条2項）。無断譲渡・無断転貸による解除は、法定解除（民540条以下）の規定によるものではなく、民法612条2項が適用されるので、相当期間を定めた催告をする必要がない。

無断譲渡・無断転貸を原因とする賃貸借契約終了に基づく建物明渡請求の要件事実は、次のとおりである。

---

① 当事者間で、本件建物について賃貸借契約を締結したこと
② 賃貸人が賃借人に対して、①の賃貸借契約に基づき、本件建物を引き渡したこと
③ⓐ 賃借人が、第三者に対して、①の賃貸借契約に基づく権利（賃借権）を譲渡（売買等）したこと
　　または、
　ⓑ 賃借人が、第三者に対して、本件建物について賃貸借契約を締結したこと
④ ③の第三者が、本件建物の引渡しを受け、これを使用収益したこと
⑤ 賃貸人が賃借人に対し、賃貸借契約を解除するとの意思表示をしたこと

なお、賃貸人としては、賃貸建物が第三者によって占有されていたとして

も、それが譲渡によるものなのか転貸によるものなのかはわからないことが多い。なぜなら、賃貸人が、賃借人と第三者間の転貸借契約書や賃借権譲渡契約書を取得することは困難であるからである。そこで、そもそも無断譲渡・無断転貸においては、その譲渡・転貸の契約をしたことが重要なのではなく、賃借人が第三者に賃貸建物を使用収益させたことが重要であるとして、上記の③ⓐまたはⓑの要件事実は不要であるという見解も有力である（大江忠『要件事実民法(中) 債権〔第2版〕』429頁）。しかし、実務的には、無断譲渡（③ⓐ）または無断転貸（③ⓑ）のいずれかを主張しておくべきである。もし、原告が訴状において、無断譲渡があったと主張したのに対して、被告が答弁書において、無断譲渡の事実を否認した場合、被告は、否認の理由を記載する必要がある（民訴規79条3項）。そして被告は、その中で、第三者が賃貸建物を使用収益している理由を説明しなければならないので、その過程で譲渡であるのか転貸であるのかが判明する。原告は、それが判明した時点であらためて要件事実に沿った主張をすればよい。

　これに対する被告の抗弁には、次のようなものがある。
① 賃借人が賃借権を譲渡しまたは賃貸建物を転貸することについて、賃貸人が承諾の意思表示をしたこと
② 賃借人が賃借権を譲渡しまたは賃貸建物を転貸したことについて、背信行為と認めるに足りない特段の事情があることを基礎づける事実（評価根拠事実）
③ⓐ 第三者が、本件建物の引渡しを受け、使用収益を開始した年月日
　ⓑ ⓐの日から10年が経過したこと
　ⓒ 賃借人が、賃貸人に対して、時効を援用する意思表示をしたこと（解除権の消滅時効。最判昭和62・10・8民集41巻7号1445頁）

　(F)　解約申入れ
　当事者が賃貸借の期間を定めていないときは、各当事者はいつでも解約の申入れをすることができる（民617条1項）。そして、賃貸借の目的物が建物の場合には、解約の申入れをした後、6か月の期間をもって解約の効力が発生

する(借地借家27条1項)。ただし、解約の申入れは、正当事由があると認められる場合に限られる(借地借家28条)。

なお、平成4年7月31日以前に締結された賃貸借契約は、借家法が適用される(借地借家附則12条)が、解約申入れが6か月前になされるべきことおよび正当事由の必要性については、借地借家法と同様である(借家3条1項・1条の2)。

また、期間の定めがあるものであっても、法定更新されたときは期間の定めのないものになり借地借家法28条が適用される。

解約申入れを原因とする賃貸借契約の終了に基づく建物明渡請求の要件事実は、次のとおりである。

> ① 当事者間で、本件建物について賃貸借契約を締結したこと
> ② 賃貸人が賃借人に対して、①の賃貸借契約に基づき、本件建物を引き渡したこと
> ③ 賃貸人が賃借人に対し、①の賃貸借契約について解約を申入れたこと
> ④ ③の申入れ後、6か月が経過したこと
> ⑤ 解約申入れ時から6か月が経過するまでの間、解約申入れについて、借地借家法28条の正当事由が継続して存在していたことを基礎づける事実(評価根拠事実)

これに対する被告の抗弁には、次のようなものがある。

① 賃借人において、本件建物が必要であることを基礎づける事実(評価根拠事実(賃貸人が主張する正当事由の成立を妨げる事実))
② 賃借人が解約申入れの6か月の期間経過後も、本件建物の使用または収益を継続したこと(法定更新の事実)

建物の賃貸人が解約の申入れをした場合であっても、賃貸借期間が満了した後も賃借人が継続して使用しているにもかかわらず、建物の賃貸人が遅滞

なく異議を述べなかったときは、従前の契約と同一の条件で契約が更新されたものとみなされる（借地借家27条2項）。

(G) 賃貸借期間満了
(a) 普通賃貸借

当事者が賃貸借の期間を定めているときは、その期間が満了したときに、賃借人は賃貸物を賃貸人に返還しなければならない（民616条・597条1項）。

この期間の定めに関して、20年を超える期間を定めた場合は、20年となり（民604条1項）、賃貸借契約の目的物が建物であるときに、存続期間1年未満と定めた場合は、期間の定めのないものとなる（借地借家29条1項）。

賃貸借契約の目的物が建物であるときは、期間の定めがあったとしても、期間満了をもって当然に賃貸借契約が終了するのではない。なぜなら当事者が期間満了の1年前から6か月前までに、相手方に対して更新をしない旨の通知または条件を変更しなければ更新をしない旨の通知をしなかったときには、従前の契約と同一の条件で契約を更新したものとみなされるからである（借地借家26条1項）。しかも、賃貸人からの通知は、正当事由があると認められる場合に限られる（借地借家28条）。

なお、平成4年7月31日以前に締結された賃貸借契約は、借家法が適用される（借地借家附則12条）が、1年未満の期間の定めについて期間の定めのないものとすることおよび正当事由の必要性については、借地借家法と同様である（借家3条の2・1条の2）。

賃貸借期間満了を原因とする賃貸借契約の終了に基づく建物明渡請求権の要件事実は、次のとおりである。

---

① 当事者間で、本件建物について、期間を定めて賃貸借契約を締結したこと
② 賃貸人が賃借人に対して、①の賃貸借契約に基づき、本件建物を引き渡したこと
③ ①の期間が経過したこと

> ④　期間満了の1年ないし6か月前までの間に、賃貸人が賃借人に対し、更新拒絶の通知をしたこと
> ⑤　更新拒絶を通知した時から③の期間が経過した時まで、更新拒絶についての正当事由が継続して存在したことを基礎づける事実（評価根拠事実）

これに対する被告の抗弁には、次のようなものがある。
①　賃借人が賃借建物の使用または収益を継続しているにもかかわらず、賃貸人がその事実を知りながら、異議を述べなかったこと（黙示の更新）
②　賃借人において、本件建物が必要であることを基礎づける事実（評価根拠事実（賃貸人が主張する正当事由の成立を妨げる事実））
③　賃貸人と賃借人において、契約を合意更新したこと

(b)　**定期建物賃貸借**

定期建物賃貸借（借地借家38条）の賃貸借期間満了を原因とする賃貸借契約の終了に基づく建物明渡請求の要件事実は、次のとおりである。

> ①　当事者間で、本件建物について、期間を定めて賃貸借契約を締結したこと
> ②　①の契約を公正証書等の書面によってしたこと
> ③　①の契約において、契約の更新がないこととする旨の特約を付したこと
> ④　①の契約の前に、賃貸人が賃借人に対して、①の契約には、③の特約があり、そのために期間の満了により賃貸借が終了することについて、その旨記載した書面を交付して説明したこと
> ⑤　賃貸人が賃借人に対して、①の賃貸借契約に基づき、本件建物を引き渡したこと
> ⑥　①の期間が経過したこと
> ⑦　期間満了の1年ないし6か月前までの間に、賃貸人が賃借人に対し、

期間満了により賃貸借が終了する旨の通知をしたこと

(H) 特約違反

　賃貸借契約における民法上の賃借人に固有の義務としては、賃料支払義務（民601条）、目的物保管義務（民400条）、用法遵守義務（民616・594条1項）があげられるが、賃貸借契約においては、さまざまな特約を付して賃借人に義務を課すことがある。たとえば、ペットの飼育を禁止する特約、騒音を発するカラオケなどを禁止する特約、契約者以外の者との同居を禁止する特約、商業施設内の秩序を乱すことを禁止する特約などである。

　賃借人は、賃貸人との間で交わされた特約（契約）を遵守しなければならない（私的自治の原則）。ところが、賃借人が特約を遵守しなかったということだけでは、賃貸借契約の解除原因となるものではない。なぜなら、特約の遵守は、上述のような賃借人に固有の義務ではないからである。特約違反が解除原因となるのは、その違反によって、賃貸借契約の基礎となる当事者間の信頼関係が破壊されるからである。そして、すでに信頼関係が破壊されているので、解除にあたっては催告を要しないとされている（最判昭和50・2・20民集29巻2号99頁）。繰り返しになるが、催告を要しないからといって簡単に解除できるものではなく、あくまでも信頼関係が破壊されたから催告を要しないのである。

　特約違反（ここでは昭和50年最高裁判決に基づいて商業施設内の秩序阻害）を原因とする賃貸借契約終了に基づく建物明渡請求の要件事実は、次のとおりである。

① 当事者間で、本件建物について、賃貸借契約を締結したこと
② ①の契約において、本件建物が存する商業施設内における秩序を乱すことを禁じる旨の特約を付したこと
③ 賃貸人が賃借人に対して、①の賃貸借契約に基づき、本件建物を引き渡したこと

> ④ 賃借人が、②の特約に反して商業施設内における秩序を乱していることを基礎づける事実（評価根拠事実）
> ⑤ 賃借人が賃貸人との信頼関係を破壊したことを基礎づける事実（評価根拠事実）
> ⑥ 賃貸人が賃借人に対し、賃貸借契約を解除するとの意思表示をしたこと

これに対する被告の抗弁には、「賃借人において、賃貸人との信頼関係が、なおも破壊されていないことを基礎づける事実（評価根拠事実）」などがある。

(1) 信義則違反

賃貸借契約の当事者の一方が、その義務に違反して、当事者間の信頼関係を裏切って、賃貸借関係の継続を著しく困難にするような行為をしたときは、相手方は、催告を要せずに賃貸借契約を解除することができるが、ここにいう義務違反には、特約を含む賃貸借契約の要素をなす義務の不履行のみならず、賃貸借契約に基づいて、信義則上当事者に要求される義務に反する行為も含まれる（最判昭和47・11・16民集26巻9号1603頁（建物収去土地明渡請求事件について））。

信義則違反を原因とする契約解除による賃貸借契約終了に基づく建物明渡請求の要件事実は、次のとおりである。

> ① 当事者間で、本件建物について賃貸借契約を締結したこと
> ② 賃貸人が賃借人に対して、①の賃貸借契約に基づき、本件建物を引き渡したこと
> ③ 賃借人が賃貸人との信頼関係を破壊したとすることを基礎づける事実（評価根拠事実）
> ④ 賃貸人が賃借人に対し、賃貸借契約を解除するとの意思表示をしたこと

これに対する被告の抗弁には、「賃借人において、賃貸人との信頼関係が、なおも破壊されていないとすることを基礎づける事実(評価根拠事実)」などがある。

なお、上記判例は、土地の賃貸人が賃借人に対して、建物所有を目的とした土地の賃貸借であるにもかかわらず、賃借人が空地をトラック置場にして無免許で運送業を営み、さらにトラックが格納しきれずに公道に約1メートルはみ出して公衆の通行を妨害していることを理由に、信義則上当事者に要求される義務に違反してその信頼関係を破壊することにより賃貸借関係の継続を著しく困難ならしめたときは、催告なくして賃貸借契約を解除できるとして、建物収去土地明渡しを求めたものである。これに対して、裁判所は、トラックの格納を完全にするための工事が比較的容易であり、近隣や歩行者から苦情が出たこともないとして、信義則上の義務違反を理由に賃貸借契約を解除することはできないとした。

(J) 使用貸借契約終了

使用貸借（民593条）と賃貸借（民601条）の基本的相違点は、使用収益が対価を伴うか否かである。

土地や建物の使用貸借契約の借主は、賃貸借契約の借主と異なり、借地借家法（旧借地法・借家法などの特別法）による保護（借地借家10条）を受けることができないことから、その契約が「賃貸借」なのか「使用貸借」なのかが争われることがある。たとえば、表面上無償による貸借であるようにみられるものの、実際には管理料などといった名目で家賃相当額が支払われている場合や、家賃とはいうものの、せいぜい固定資産税程度の低廉な金額である場合である。

使用貸借は、親族が義理や同情で行ったり、会社が社員に好意で行うなど、当事者間の人間関係に深く影響されて契約することが多いため、対価の有無の判断は、事実関係や契約の全趣旨に則ってしなければならない。

使用貸借契約は、賃貸借契約や消費貸借契約と同様に、貸主が借主に対して、契約の目的物を引き渡して、一定期間利用させることに意味があるので、

返還時期の合意は、単なる特約ではなく、契約に不可欠な要素である。民法597条2項および3項において、返還時期を定めていない場合の借主の返還時期に関する規定がおかれているが、この場合は、当事者間で、「貸主が返還請求をしたときを返還時期とする」という合意がなされたものと解することが当事者間の意思の合理的解釈であるとされている。

(a) **用法遵守義務違反による契約終了**

借主の用法遵守義務違反を原因とする使用貸借契約の終了に基づく建物明渡請求の要件事実は、次のとおりである（民594条3項・1項）。

---

① 当事者間で、本件建物について使用貸借契約を締結したこと
② 貸主が借主に対して、①の使用貸借契約に基づき、本件建物を引き渡したこと
③ 当事者間で、本件建物について居宅として使用する旨の合意をしたこと、または本件建物がその性質上もっぱら居住のための建物であること
④ 借主が、③の合意または建物の性質によって定まった用法と異なり、店舗として使用収益をしたこと
⑤ 貸主が借主に対し、使用貸借契約を解除するとの意思表示をしたこと

これに対する被告の抗弁には、次のようなものがある。
① 借主が用法に従った使用・収益をしないことについて、貸主が承諾の意思表示をしたこと
② 当事者間における用法の定めの合意が、公序良俗に反するものであるとする事実（評価根拠事実）
③ 借主が用法に従った使用収益をしていないことについて、背信行為と認めるに足りない特段の事情があることを基礎づける事実（評価根拠事実）

(b) **無断転貸による契約終了**

借主の無断転貸を原因とする使用貸借契約の終了に基づく建物明渡請求の要件事実は、次のとおりである（民594条3項・2項）。

① 当事者間で、本件建物について使用貸借契約を締結したこと
② 貸主が借主に対して、①の使用貸借契約に基づいて、本件建物を引き渡したこと
③ 借主が、本件建物を第三者に使用させたこと
④ 貸主が借主に対し、使用貸借契約を解除するとの意思表示をしたこと

これに対する被告の抗弁には、次のようなものがある。

① 借主が、第三者に本件建物を使用収益させることについて、貸主が承諾の意思表示をしたこと
② 借主が、第三者に本件建物を使用収益させることについて、背信行為と認めるに足りない特段の事情があることを基礎づける事実（評価根拠事実）

(c) **返還時期到来による契約終了**

返還時期の到来を原因とする使用貸借契約の終了に基づく建物明渡請求の要件事実は、次のとおりである（民597条1項）。

① 当事者間で、本件建物について、返還時期を定めて使用貸借契約を締結したこと
② 貸主が借主に対して、①の使用貸借契約に基づいて、本件建物を引き渡したこと
③ 返還時期が到来したこと

(d) **使用・収益が終わる時期の到来による契約終了**

返還時期を定めていない場合に、借主が契約に定めた目的に従った使用および収益を終わる時期が到来したときの使用貸借契約の終了に基づく建物明渡請求の要件事実は、次のとおりである（民597条2項本文）。

---

① 当事者間で、本件建物について使用貸借契約を締結したこと
② 貸主が借主に対して、①の使用貸借契約に基づいて、本件建物を引き渡したこと
③ 契約に定めた目的に従い、使用および収益を終わる時期が到来したこと

(e) **使用・収益に十分な期間経過による契約終了**

返還時期を定めていない場合に、使用および収益が終わる時期以前であっても、使用および収益をするのに十分な期間を経過していたときの使用貸借契約の終了に基づく建物明渡請求の要件事実は、次のとおりである（民597条2項ただし書）。

---

① 当事者間で、本件建物について、返還時期を定めずに使用貸借契約を締結したこと
② 貸主が借主に対して、①の使用貸借契約に基づいて、本件建物を引き渡したこと
③ 使用および収益をするのに十分な期間が経過したこと

(f) **貸主の返還請求による契約終了**

返還の時期または使用および収益の目的を定めていない場合に、貸主が返還を請求したときの使用貸借契約の終了に基づく建物明渡請求の要件事実は、次のとおりである（民597条3項）。

---

① 当事者間で、本件建物について、返還の時期または使用および収益

の目的を定めずに使用貸借契約を締結したこと
② 貸主が借主に対して、①の使用貸借契約に基づいて、本件建物を引き渡したこと
③ 貸主が借主に対して、返還を請求したこと

(g) 借主死亡による契約終了

借主が死亡したときの使用貸借契約の終了に基づく建物明渡請求の要件事実は、次のとおりである（民599条）。

① 当事者間で、本件建物について使用貸借契約を締結したこと
② 貸主が借主に対して、①の使用貸借契約に基づいて、本件建物を引き渡したこと
③ 借主が死亡したこと
④ 被告が、借主の配偶者（子）であること

(K) 所有権に基づく建物明渡請求

物権は、物を直接支配することができる権利である。そこで、権利者はその円満な支配が妨害されたときは、妨害を排除して物権の内容を実現する権利を有する。この権利を物権的請求権という。民法上、物権的請求権の規定はおかれていないが、判例（大判大正5・6・23民録22輯1161頁）によって認められている。

建物の所有者は、その建物を不法に占有する者に対して、物権的請求権（所有権に基づく物権的返還請求権）を行使して、その建物の明渡しを請求することができる。この場合の不法に占有する者とは、所有者に対抗できる正当な権原なしに占有する者であるが、具体的には、不法占拠者や無断転借人が該当する。

所有権に基づく建物明渡請求の要件事実は、次のとおりである。

第4章　訴　訟

> ①　原告が、本件建物を所有していること
> ②　被告が、①の建物を占有していること

これに対する被告の抗弁には、次のようなものがある。
①　賃貸借契約（使用貸借契約）の抗弁　　被告が本件建物を占有している理由は、本件建物について、原告を貸主、被告を借主とする賃貸借契約（使用貸借契約）が存在するからというものである。
　ⓐ　原告と被告が、本件建物について賃貸借契約を締結したこと
　ⓑ　原告が被告に対して、ⓐの賃貸借契約に基づき、本件建物を引き渡したこと
②　売買契約（贈与契約）の抗弁　　本件建物について、原告を売主、被告を買主とする売買契約（贈与契約）が存在し、現在は原告に所有権が存在しないというものである。
　ⓐ　原告と被告が、本件建物について売買契約を締結したこと

これらの抗弁のうち②に対する原告の再抗弁には、「原告と被告は、本件建物の売買契約に際して、売買の意思がないにもかかわらず、その意思があるかのように仮装したこと」（民94条1項）や、売買契約が存在しても同時に所有権留保特約が存在することなどがある。

(L)　未払賃料支払請求

賃借人が賃料を支払うことは、賃貸借契約において最も本質的な義務である（民601条）。しかし、賃貸人は、賃貸借契約を締結した事実のみによって、賃料の支払請求ができるのではない。なぜなら、賃貸借契約は、賃借人が建物を一定の期間使用収益することを目的としているからである。そこで、賃貸人が賃料の支払請求をするためには、賃貸人が賃借人に対して、建物を一定の期間使用収益できる状態にしたことを主張・立証しなければならない。

賃貸借契約に基づく賃料支払請求の要件事実は、次のとおりである。

> ①　当事者間で、本件建物について賃貸借契約を締結したこと
> ②　賃貸人が賃借人に対して、①の賃貸借契約に基づき、本件建物を引き渡したこと
> ③　一定期間が経過したこと
> ④　民法614条所定の支払時期が到来したこと（注）

　（注）　賃料前払特約がある場合は、④に代えて、支払時期の合意とその時期の到来が要件事実となる。

　これに対する被告の抗弁には、「本件建物が、使用・収益できない状態であること」などがある。

(M) 遅延損害金支払請求

　賃貸人が賃借人に対して、建物を一定の期間使用収益できる状態にしたにもかかわらず、賃料の支払時期が経過したときは、賃料について遅延損害金が発生する（民415条・419条）。

　賃貸借契約に基づく賃料の遅延損害金支払請求の要件事実は、次のとおりである。

> ①　当事者間で、本件建物について賃貸借契約を締結したこと
> ②　賃貸人が賃借人に対して、①の賃貸借契約に基づき、本件建物を引き渡したこと
> ③　一定期間が経過したこと
> ④　民法614条所定の支払時期が経過したこと（注）
> ⑤　当事者間で遅延損害金の利率の合意をしたこと

　（注）　賃料前払特約がある場合は、④に代えて、支払時期の合意とその時期の経過が要件事実となる。

⑤は、損害金の約定が、法定利率（年5分（民404条））を超過する場合の要件事実である。損害金の約定がなされていない場合は、⑤の要件事実は不要となり、①〜④の事実をもって法定利率による損害金を請求することができる。

なお、商行為による債務であるとして年6分の法定利率（商514条）を請求するときは、「原告（被告）は，株式会社である」などと記載する。

(N) 賃料相当損害金支払請求

賃貸借契約（使用貸借契約）が解除されると、賃借人（借主）は、原状回復義務としての目的物返還（建物明渡）債務を負うことになる（民545条1項）。

賃貸人は、賃貸借契約が解除された以上、以後、賃借人に対して賃料を請求することはできない。しかし、建物の明渡しを受けるまでの間、賃借人が無償で建物を使用・収益することにより、賃料相当の損害を被ることになる。

この損害は、賃貸借契約が解除されたにもかかわらず賃借人が建物を明け渡さないという事実を、どのように法律構成するかによって変わる。

① 建物明渡債務の履行遅滞に基づく損害賠償請求権　賃借人が建物明渡債務の本旨に従った履行をしないとして、債務不履行（民415条）と構成するものである。

② 不法行為に基づく損害賠償請求権　賃借人が故意に賃貸人の権利を侵害したとして、不法行為（民709条）と構成するものである。

③ 不当利得に基づく利得返還請求権　賃借人が法律上の原因なく賃貸人の財産によって利益を受けたとして、不当利得（民703条・704条）と構成するものである。

賃貸借契約解除による建物明渡請求訴訟においては、未払賃料等の請求と要件事実において重複する部分が多いことから、①の建物明渡債務の履行遅滞に基づく損害賠償請求権が選択されることが多い（司法研修所編『紛争類型別の要件事実』89頁）。

建物明渡債務の履行遅滞に基づく損害賠償請求の要件事実は、次のとおりである。

> ① 当事者間で、本件建物について賃貸借契約（使用貸借契約）を締結したこと
> ② 賃貸人（貸主）が賃借人（借主）に対して、①の契約に基づき、本件建物を引き渡したこと
> ③ ①の契約が、解除・解約・期間満了などにより終了したこと
> ④ 賃貸人（貸主）の損害の発生およびその数額
> ⑤ 損害金に関する特約をしたことおよびその数額

　④の損害の発生は、②および③の主張・立証と重複するので、あらためて損害の発生を主張・立証する必要はない。なお、明渡しを受けていない事実は、明け渡した事実を主張する賃借人（借主）の抗弁事実であるので、賃貸人（貸主）が主張・立証する事実ではない。

　④の損害の数額は、賃借人（借主）が本件建物を明け渡さないことによって、賃貸人（貸主）が受けた損害の金額である。一般的には、本件建物を賃貸した場合の賃料と考えられる。特に、当事者間において賃貸借契約が締結されていた場合であれば、その賃料を相当損害額とすることが多い。

　⑤は、損害賠償額の予定契約をしている場合（民420条）の要件事実である。賃貸借契約において、損害賠償額の予定として、「賃借人は、賃貸人に対して、本契約が終了したときは、本件建物の明渡し済みまで、賃料倍額相当の損害金を支払う」というような条項が存在することが多い。

　なお、建物の不法占拠者に対しても、建物所有者は、不法占拠開始の時から建物明渡しを受ける時までの間の賃料相当の損害額を請求することができるが、この請求権は、不法占拠者が故意に所有者の権利を侵害したとする不法行為に基づく損害賠償請求権である（民709条）。

　この場合の不法行為に基づく損害賠償請求の要件事実は、次のとおりである。

> ①　原告が、本件建物を所有していること
> ②　被告が、①の建物を占有していること
> ③　被告が、②の占有を開始した日
> ④　被告が、故意または過失により、①の建物について、原告の使用・収益を妨害していること
> ⑤　④の妨害により、③の占有開始日以降原告が被った損害の数額

　③の占有開始日が明確でないときは、「被告は、遅くとも平成25年10月1日には、本件建物の占有を開始した」などと主張し、10月1日以前に占有を開始した事実を立証することになる。

　④の事実は、①および②の主張・立証と重複するので、あらためて故意または過失による妨害を主張・立証する必要はない。なお、妨害をしていない事実（②の占有が正当な権原による事実）は、被告の抗弁事実である。

　⑤の損害の数額は、被告が本件建物を占有していることによって、原告が受けた損害の金額である。一般的には、本件建物を賃貸した場合の賃料と考えられる。

(O)　保証債務履行請求

　建物賃貸借契約においては、賃借人の債務について、保証人（連帯保証人）が付されることがある。賃貸人は、賃借人に債務不履行があれば、保証人（連帯保証人）に対して責任追及を行うことができる。なお、保証契約は、賃貸借契約とは独立の契約である。

　たとえば、未払賃料の保証契約に基づく保証債務履行請求の要件事実は、次のとおりである。

> ①　賃貸人と賃借人が、本件建物について賃貸借契約を締結したこと
> ②　賃貸人が賃借人に対して、①の賃貸借契約に基づき、本件建物を引き渡したこと

③ 一定期間が経過したこと
④ ①の契約所定の支払時期が経過したこと
⑤ 賃貸人と保証人が、①の賃貸借契約について、賃借人の債務について保証人が保証する旨の契約を締結したこと
⑥ 保証人の⑤の意思表示が書面によること（平成17年4月1日以降に締結された保証契約。なお、同月以降に更新されたものについては検討を要する）

なお、主たる債務者（賃借人）が債務を履行しない事実は、賃貸人において主張・立証する必要がない。なぜなら、弁済した事実は、保証人の抗弁事実だからである。

上記要件事実に対する被告の抗弁としては、次のようなものがある。ただし、連帯保証人は、これらの抗弁を主張することができない（民454条）。
① 賃借人に催告をすべきであること（催告の抗弁権（民452条））
② 賃借人に資力があり執行が容易であること（検索の抗弁権（民453条））

(3) 訴訟当事者

(A) 原　告

(a) 賃貸借（使用貸借）契約終了に基づく建物明渡請求の場合

原告は、賃貸人（貸主）であり、必ずしも建物の所有者である必要はない。

親子で共有している建物を、親のみが貸主となって賃貸借契約が締結されていることや、会社所有の建物を、代表者個人が貸主となって賃貸借契約が締結されていることがある。このような場合は、いずれも貸主たる親または代表者個人が原告となる。

(b) 所有権に基づく建物明渡請求の場合

原告は、建物の所有者である。登記の有無にかかわらない。

所有権に基づいて建物明渡請求をする場合、原告が建物を所有していることが要件事実の一つとなる。被告において原告の所有権を争っているときは、

原告は、登記の有無にかかわらず、自らの所有権を取得した原因事実を立証する必要がある。一般的に、登記があれば原告に有利に働くことが多いであろうが、被告が、その登記を覆すような有力な証拠を提出することもあるので、立証については、登記のみに頼ることはできない。

(B) 被　告
(a) 賃借人（借主）

賃借人（借主）は、賃貸借（使用貸借）契約終了に基づく建物明渡請求訴訟の場合に被告となる。

(b) 同居人

同居人は、賃貸借（使用貸借）契約終了に基づく建物明渡請求訴訟の場合には被告とはならない。なぜなら、同居人は、一般的に、賃借人（借主）の占有補助者という扱いであり、賃貸人（貸主）は、賃借人（借主）に対する建物明渡請求訴訟の債務名義をもって、占有補助者たる同居人を退去させることができるからである。

ところが、賃借人（借主）が退去したのにもかかわらず、同居人が退去しない場合が問題となる。そのような場合は、退去しない同居人に自主占有が認められれば、別途、建物所有者が原告となって、同居人を被告として、所有権に基づく建物明渡請求をすることになる。

(c) 無断転借人・賃借権の無断譲受人

無断転借人や賃借権の無断譲受人は、建物所有者が原告となって、所有権に基づく建物明渡請求訴訟の被告となる。

これらの者は、賃貸借（使用貸借）契約終了に基づく建物明渡請求訴訟の被告にはならない。なぜなら、賃貸人（貸主）とこれらの者との間に、何ら契約関係がないからである。

なお、無断転借人や賃借権の無断譲受人は、同居人のように賃借人（借主）の占有補助者という扱いにはならない。

(d) 不法占有者

不法占有者は、所有権に基づく建物明渡請求訴訟の被告となる。

(e) 保証人（連帯保証人）

賃貸借契約終了に基づく建物明渡請求訴訟においては、同時に未払賃料支払請求をする場合がある。その場合、保証人（連帯保証人）は保証債務履行請求の被告となる。なお、保証人は、賃貸借契約の当事者ではないので、明渡請求の被告にはならない。

(4) 訴額と訴訟費用

(A) 訴額の算定方法

(a) 訴額とは

訴訟の目的の価額のことを訴額という。訴訟の目的とは訴訟物のことであり、訴訟上の請求の内容をなす権利義務または法律関係そのものを指す。訴額は、その訴訟物について、訴えの提起をした者が全部勝訴し、請求の内容が実現した場合に原告にもたらされる経済的利益によって算定される（民訴8条1項）。

たとえば、AがBに100万円を貸し、Aがその100万円の返還を求める訴訟を提起する場合、訴訟上の請求の内容をなす権利は「100万円の貸金返還請求権」であり、もし返還請求訴訟で原告が全面勝訴し、請求の内容が実現した場合、原告にもたらされる経済的な利益は100万円である。したがって、100万円の貸金返還請求訴訟の訴額は100万円であるということになる。同様に、AがBに建物の明渡しを請求する訴訟を提起する場合、訴訟上の請求をなす権利は「建物の明渡請求権」であり、もしこの明渡請求で原告が全面勝訴し、請求の内容が実現した場合、原告にもたらされる経済的な利益は建物の使用収益権そのものである。したがって、建物明渡請求訴訟における訴額は建物の価格を基に算定されるのである。

具体的な訴額は、最高裁民事局長通知「訴訟物の価額の算定基準について」（昭和31年12月12日民甲第412号。以下、「訴額算定通知」という）において算定基準が示されており、それに従って最終的な訴額を算定することになる。上述の建物明渡請求訴訟の場合においても、実際の訴訟で建物の価格そのものが

第4章 訴　訟

訴額になるわけではなく、建物の価格を基に、訴額算定通知の基準に従って計算した額が訴額となる。

そして、訴額算定通知などの算定基準を用いるなどして最終的に算定された訴額が、後述する訴え提起手数料算定の基礎となり、また事物管轄を定める基準となるのである。

　(b)　**訴額算定の一般的なルール**

訴額の算定においては、一般的なルールがいくつかある。このルールを把握していなければ、訴額を基準に算定される訴え提起手数料（貼用印紙）を間違えたり、訴えを提起すべき裁判所を誤ったりするなど、訴状の補正や取下げの対象となり、訴訟遅延を招くおそれがあるので注意が必要である。

簡易裁判所へ提出した訴状の訴額を間違えていた場合には、すぐに訴状が却下されるのではなく、訴状の補正が命じられ、補正の結果、訴えを提起した裁判所に管轄権があれば、そのままその裁判所において訴訟手続が進行するが、補正の結果、訴額が上がり、事物管轄が地方裁判所の事件となれば、申立てまたは職権で管轄裁判所に移送されることになる（民訴16条1項）。実務上は訴額の計算を誤った結果、事物管轄の異なる裁判所に訴訟を提起してしまった場合には、書記官から当該訴額が誤っており、事物管轄と異なる裁判所に訴訟を提起している旨の連絡がなされ、職権による移送をする前に訴状の取下げをしたうえで、事物管轄権のある裁判所への訴状の再提出を促される場合もある。手続の誤りによる訴訟遅延を避け、スムーズな訴訟進行に尽力することも訴訟代理人の重要な責務である。

　　(ア)　訴額算定の基準時

訴額の算定は、訴え提起時を基準とする（民訴15条参照）。訴えの変更や、中間確認の訴え、反訴の場合でも、その準備書面や反訴状が裁判所に提出された時を基準時として算定すればよい。

　　(イ)　併合請求の場合

1個の訴えにより数個の請求をする場合には、請求ごとの目的の価額を合算したものを訴額とする（民訴9条1項、民訴費4条1項）。まず各請求の目的

の価額を算出し、各々算出された価額を合算した額が訴えの訴額となる。この合算された訴額を基準に訴え提起の手数料を算出することになる。

この場合、複数の請求間において訴えで主張する利益が共通であれば、その共通の限度では合算しない。双方とも財産権上の請求で、各請求の経済的利益が共通している場合には、その共通する限度で各請求の価額は互いに吸収し合い、各請求のうち最も目的の価額の多額なものが、その訴えの訴額となるのである。

たとえば、ある建物について、無断転貸・譲渡を理由とした賃貸借契約解除に基づく建物明渡請求訴訟を行う場合、賃借人に対しては賃貸借契約解除に基づく建物の明渡請求を、無断転借人・無断譲受人に対しては所有権に基づく建物の明渡請求をすることになるが、建物一つ分の価格を基に訴額を算定すればよい。

ほかにも、所有権の確認請求とそれに基づく引渡（明渡）請求や、複数の連帯債務者に対する請求、賃借人本人に対する未払賃料の支払請求と保証人に対する保証債務履行請求、物の引渡しとその引渡しが不能な場合の損害賠償請求などの場合にも、各々の請求額を合算する必要はなく、最も多額な価額を訴額とすればよい。

(ウ) 附帯請求がある場合

数個の請求のうち、果実、損害賠償、違約金または費用については、その価額は訴額に算入せず（民訴9条2項、民訴費4条1項）、主たる請求の目的の価額のみを基に訴額を算定する。

たとえば、賃貸借契約終了に基づく建物明渡請求に併せて、未払賃料または賃料相当損害金の請求をする場合、この未払賃料や賃料相当損害金は附帯請求となるから、これらを訴額に算入する必要はなく、たとえ附帯請求である未払賃料や賃料相当損害金の価額（もしくはそれらを合算した額）が、建物明渡請求の主たる請求の価額（つまり建物の価格を基に算出した額）より高額であったとしても、建物の価格を基に算出した額が訴額となる。

(エ) 訴額算定通知による算定基準

実際の訴額は、上述の(ア)から(ウ)に述べたような、法律上の規定による一般的な指針に加えて、(a)（189頁）でも触れた訴額算定通知による具体的な訴額算定基準に基づいて算定する。

訴額算定通知には、「この基準は、従来、各裁判所における受付実務の取扱が分かれていた実情にかんがみ、参考資料として作成したもので、訴訟物の価額に争いがあるとき等の基準となるものではない」と示されているが、実務においては、この訴額算定通知が示す基準によって算定すれば問題ないとされている。

(c) 建物明渡請求における実際の訴額算定とその手続

(ア) 算定手続

訴額算定通知によれば、賃貸借契約の解除等に基づく建物明渡請求訴訟の場合、訴額算定基準は「目的たる物の価格の2分の1」と定められている。そして、目的たる物の価格を、「地方税法第349条の規定による基準年度の価格のあるものについては、その価格、その他の物については、取引価格とする」と定めている。地方税法349条の規定による基準年度の価格とは、いわゆる固定資産税評価額である。建物明渡請求訴訟における「目的たる物の価格」とは、原則として固定資産税の課税標準となる価格のあるものについては、その価格（固定資産税評価額）ということになる。したがって、建物明渡請求訴訟の場合、建物の固定資産税評価額の2分の1の額が訴額となる。たとえば、ある建物の固定資産税評価額が200万円である場合、その2分の1の額である100万円が訴額となる。

このように、建物明渡請求訴訟の訴額算定では、まずその建物の固定資産税評価額を調査する必要があるから、固定資産評価証明書を取り寄せることから始めることになる。

固定資産評価証明書は、原則としてその建物の所有者しか交付請求できないが、司法書士は、簡裁代理権を取得した訴訟代理人として訴訟追行する場合でも、また書類作成援助として訴訟に関与する場合でも、訴訟等を提起する目的の範囲内で職務上の請求によって市区町村へ交付請求することが可能

である。なお、最高裁民事局長通知「訴訟物の価額の算定のための資料として添付すべき証明書の交付について」（昭和33年9月16日民二第374号）において、訴訟当事者が訴額算定の資料として裁判所へ提出する目的で市町村に対し、固定資産評価証明書の交付を申請した場合には、市町村長等はこれに応じなければならないとされている。

　(イ)　目的たる建物が固定資産税評価額のある建物の場合

　建物明渡請求訴訟の目的たる建物が評価額のある建物の場合で、明渡しを請求する建物の面積と固定資産評価証明書記載の面積に相違もなく、当事者間で賃貸借契約の目的物の範囲に争いもない場合には、固定資産評価証明書の交付を受ければ、訴額は容易に判明する。

　また、賃貸借契約において、ある建物の中の1室のみを賃貸するなどのように、建物の一部分のみを賃貸している場合で、この一部分についてのみ建物明渡請求訴訟を提起する場合には、その建物全部の固定資産税評価額に、建物全体の床面積に占める賃貸部分の床面積の割合を乗じたものを基に訴額を算定すればよい。

　ただし、建物明渡請求訴訟の目的たる建物が評価額のある建物の場合でも、明渡しを請求する建物の面積と固定資産評価証明書記載の面積に相違があったり、当事者間で賃貸借契約の目的物の範囲に争いがあったりするなど、固定資産評価証明書記載の価格が即座に訴額算定の根拠とならない場合は、訴額をどのように決定すべきであるかを、裁判所との間で訴額算定に関する資料を提供するなどして、事前に打合せを行うことが必要であろう。この際、訴状提出時に訴額算定の方法について何らかの書面（訴額算定の上申書等）の提出を要するか否かを裁判所に問い合わせておくべきである。

　(ウ)　目的たる建物に固定資産税評価額のない場合

　建物明渡請求訴訟の対象となる建物が固定資産税評価額のない不動産（未評価建物）である場合は、管轄する法務局または地方法務局が作成した所有権保存登記で使われる「新築建物価格認定基準表」および「経過年数調整表（残価表）」を利用して目的たる物の価格を算出すればよい。

第4章 訴 訟

　登記がされていない建物（未登記建物）であって固定資産税評価額のない建物の場合にも、同様に「新築建物価格認定基準表」等を参考に、事前に裁判所と打合せを行い、訴額の概算を決定させておく必要がある（上述同様、訴額算定の方法について上申書等の書面の提出を要するか否かを裁判所に問い合わせておくべきである）。

　　(エ)　訴状提出の手続

　実際に訴状を提出する際には、固定資産税評価額を基に訴額を算定した場合、原告は、当該目的たる物の基準年度の価格について所管公署が証明した書面を提出するなど、適宜当事者が証明しなければならない（前掲・昭和33年民事局長通知の注意書き）。つまり建物明渡請求訴訟の原告は、訴額算定の資料として、市町村に対し固定資産評価証明書の交付を申請し、固定資産評価証明書を訴訟提起の際に裁判所へ訴状等とあわせて提出しなければならない。したがって、訴状の添付資料として「固定資産評価証明書」や「新築建物価格認定基準表」等を提出するとともに、必要があれば計算方法を示した書面（訴額算定の上申書等）を同時に提出することになる。

　　(B)　**訴え提起の手数料（貼用印紙額）**

　訴えを提起する場合には、手数料を収入印紙により納めなければならない。訴え提起の手数料は、前記(A)（189頁）により算出された訴額に応じて、民事訴訟費用等に関する法律別表第1の項に掲げるところに従い、ケースごとの具体的な手数料額を算出する。

　貼用印紙は訴状に貼って提出する。訴状の空欄に貼付すればよいが、印紙の数が多い場合には、訴状に白紙の印紙貼付欄を設けるなどの方法を用いればよい。

　　(C)　**予納郵券**

　訴状を提出する際には、送達用の予納郵券（切手）を同時に提出しなければならない。裁判所は、当事件の訴状や判決等を送達するための費用を事前に原告に予納させておき、事件が終了した段階で、余った郵券を返還するという方式を採用している。

予納郵券の額および組合せは、各裁判所により異なっており、訴状を提出する裁判所へ事前に問い合わせるなどして確認すべきである。

ちなみに、平成27年3月現在、大阪簡易裁判所に通常訴訟を提起する場合、500円・100円の郵券が各7枚、82円・52円・20円・10円・2円・1円の郵券が各5枚の合計5035円分を基本の額とし、当事者が1名増す毎に1000円と82円を各2枚の合計2164円分をさらに追加しなければならない。したがって、被告が2名であれば7199円分、3名であれば9363円分の郵券を納付しなければならない。大阪地方裁判所に通常訴訟を提起する場合も同様である。

したがって、賃貸借契約終了に基づく建物明渡請求訴訟において、たとえば賃借人と保証人双方を被告として大阪簡易裁判所に訴えを提起する場合には、7199円分の予納郵券を納付しなければならないことになる。

なお、一部の裁判所においては、予納郵券に相当する額を現金にて納める方式を採用している(たとえば大津地方裁判所では、予納方法を郵券か現金かを選択できる)。

(5) 管　轄

(A) 管轄の意義

管轄とは、訴えを提起する場合に、どの訴えをどの裁判所に提起すればよいかを一定の規則に基づいて分類し、各裁判所に分担させるために定められたものをいう。なお、地方裁判所や高等裁判所には支部が置かれていることがある(たとえば、大阪地方裁判所堺支部)が、本庁と支部でも管轄が別になる。

(B) 事物管轄

第一審訴訟事件を簡易裁判所が担当するのか、地方裁判所が担当するのかという分担に関する定めを「事物管轄」という。この事物管轄は、訴額または請求の性質に基づいて具体的に定まる。訴額が140万円以下の事件は簡易裁判所に、それ以外の事件は地方裁判所に管轄がある。もっとも、不動産に関する訴訟事件についてはその訴額にかかわらず地方裁判所にも管轄権があ

る。つまり訴額140万円以下の不動産に関する事件については、簡易裁判所および地方裁判所に競合して管轄権がある（裁33条1項・24条1号）。

　賃貸借契約終了に基づく建物明渡請求訴訟は不動産に関する訴訟事件であるから、訴額が140万円以下であれば、簡易裁判所および地方裁判所の両方に管轄権がある結果、簡易裁判所に訴えを提起してもよいし、地方裁判所に訴えを提起してもよい。なお、後述の移送の項（6（262頁））で説明するとおり、簡易裁判所の管轄に属する不動産に関する訴訟が簡易裁判所に申し立てられた場合に、被告の申立てがあるときは、地方裁判所に移送しなければならない（民訴19条2項）。これは必要的移送であるため、原告が訴訟を簡易裁判所に申し立てた場合でも、被告から移送の申立てがあれば、移送されることになる。

　　(C)　土地管轄

　土地管轄は、事件を係属させる裁判所について、「場所」の観念を基準に定める管轄の分類方法である。第一審裁判所の分担を、事件と一定の関係を有する地点を基準として区画分けし、一定の区画に関係する事件は、一定の所在の裁判所が管轄権を有するといった形で管轄を定める。この事件との関係を有する地点を「裁判籍」という。裁判籍には、人を基準に定める「普通裁判籍」と、特定の請求ごとに定める「特別裁判籍」がある。

　　(a)　普通裁判籍

　原則として、被告の普通裁判籍の所在地を管轄する裁判所が管轄権を有する（民訴4条1項）。自然人の普通裁判籍はその者の住所または住所が知れないときは居所により定まる（同条2項）。したがって請求の内容にかかわらず、被告の住所地を管轄する裁判所は、原則として事件に関する管轄権を有することになる。被告が会社等の法人の場合、主たる事務所または営業所所在地（同条4項）に、外国法人の場合には、日本における主たる事務所または営業所所在地、営業所がない場合は、日本における代表者の住所所在地（同条5項）に普通裁判籍がある。

　被告の普通裁判籍の所在地を管轄する裁判所に管轄権を付与するのは、被

告は自らの意思によらず訴訟手続に関与することを余儀なくされるため、被告の訴訟手続への参加の利益を保護すべきだからである。

被告の普通裁判籍の所在地に訴えを提起する場合、被告の普通裁判籍が当該裁判所にあることを証明するための特段の資料を提出する必要はない。ただし、訴状が受け付けられ、審査を経た後、被告へ特別送達（郵49条）される際には、原則として訴状に記載した被告の所在地に送達されるので、訴状に間違った被告の住所地を記載すると、訴状が届かず、訴訟遅延等の弊害を招く。したがって、被告の住所地については、この管轄の問題とは別に、訴状提出準備の段階で十分に調査をしておく必要がある。

(b) **特別裁判籍**

特別裁判籍とは、民事訴訟法5条ないし7条に特別に管轄の規定をしているものをいう。原告は、普通裁判籍、特別裁判籍いずれの裁判所に訴えを提起してもよいし、特別裁判籍どうしの競合も認められている。ここでは、建物明渡請求訴訟に関係のある裁判籍について説明する。

(ア) **財産権上の訴えについての義務履行地**（民訴5条1号）

訴訟物たる財産権上の権利の義務履行を管轄する裁判所に訴えを提起することができる。賃料債権の支払請求の場合、当事者間で事前に賃料の支払場所について合意があればその場所となる。合意がなければ法律の規定に従い債権者の現時点での住所が履行地となるから（民484条）、債権者の住所地を管轄する裁判所が管轄裁判所となる。たとえば賃貸借契約書に「賃料は、賃貸人の住所地に持参して現金にて支払う」との定めがあれば、債権者の現時点での住所地を管轄する裁判所が管轄裁判所となる。なお、「賃料は、賃貸人指定の口座に振り込むことにより支払う」との定めがあれば、その振込口座のある金融機関の営業所所在地が義務履行地との見解もある。

(イ) **被告の事務所または営業所の所在地**（民訴5条5号）

事務所または営業所を有する者に対する訴えでその事務所または営業所における業務に関するものについては、被告の事務所または営業所の所在地を管轄する裁判所に訴えを提起することができる。この場合の被告は、法人で

も自然人でもよい。また事務所・営業所は、業務についてある程度独立して統括経営されている必要があるが、登記されている必要はなく、実質で判断されることになる。

　㈦　**不動産所在地**（民訴5条12号）

　不動産に関する訴えについては、不動産所在地を管轄する裁判所も管轄権を有する。建物明渡請求の場合には、不動産所在地を管轄する裁判所に訴えを提起することができる。

　㈢　**併合請求の場合の裁判籍**（民訴7条）

　原告が被告に対し、1個の訴えで数個の請求をする場合、そのうち一つの請求について管轄権があれば、それ以外の請求についてはその裁判所に管轄権がない場合でも、管轄権を有する裁判所にすべての訴えを提起することができる。

　たとえば、賃借人に対する賃貸借契約終了に基づく建物明渡請求および未払賃料の支払請求と、保証人に対する未払賃料の支払いに関する保証債務履行請求を、賃借人と保証人の両方を被告として1個の訴えで請求する場合には、賃借人に対する請求について管轄権を有する裁判所が、保証人に対する請求については管轄権を有していないとしても（保証人が不動産所在地の管轄区域内に居住しておらず、かつ賃借人の住所地の管轄区域内にも住んでいないような場合）、賃借人に対する訴えとともに保証人に対する訴えを、不動産所在地や賃借人の住所地を管轄する裁判所に対して提起できることになる。

　ただし、このような併合請求の場合の裁判籍に関しては、数人からのまたは数人に対する訴えについて、その数人について権利義務が共通であるか、または事実上および法律上の原因が同一であることが必要である（民訴7条・38条）。上述の賃借人および保証人に対する未払賃料の支払請求はこの要件を満たしているため許容されるのである。

　⑰　**合意管轄**

　合意管轄とは、当事者の合意によって定まる管轄を意味する。当事者間で合意した管轄が有効であるための要件は以下のとおりである。

(a) 合意管轄の要件

(ア) 第一審の訴えに関する合意であること（民訴11条1項）

上訴審での管轄合意は認められない。また、専属管轄の定めのある訴えでないことが必要である（(F)（201頁））。

合意管轄の定め方はさまざまだが、たとえば賃貸借契約書に「本契約について紛争が生じた場合には、賃貸人の住所地を管轄する裁判所を第一審の裁判所とすることに合意する」と規定されている場合であれば、原告たる賃貸人は、自己の住所地を管轄する裁判所に訴えを提起することができる。この場合、単に「裁判所」と規定されているのみであるから、賃貸人は、訴額140万円以下の訴訟であっても、不動産に関する訴訟として地方裁判所に提起することが可能である。

逆に、「本契約について紛争が生じた場合には、賃貸人の住所地を管轄する簡易裁判所を第一審の裁判所とすることに合意する」と規定されている場合には、訴額の算定の結果140万円を超えた場合でも簡易裁判所に対して訴えを提起できる。ただし、この場合、司法書士には代理権がないことに注意する必要がある。

(イ) 一定の法律関係に基づく訴えであること（民訴11条2項）

管轄を合意する場合には、当事者間のあらゆる訴訟というような一般的な定め方ではなく、対象となる法律関係が特定されていなければならない。ただ「一定」であればよいので、「1個」である必要はなく、「本賃貸借契約に関するあらゆる紛争について」という定め方をしていれば、賃貸借契約の解除に基づく未払賃料の請求に関する紛争も、賃貸借契約解除に基づく建物明渡請求も管轄について合意ができていると考えてよい。

(ウ) 書面による合意であること（民訴11条2項）

管轄の合意は、書面でしなければならない。管轄の合意のみを独立した書面で行う必要はなく、当事者間で締結された賃貸借契約書に管轄合意の規定があればよい。管轄の合意を裁判所へ届け出る必要はないが、訴えを提起した裁判所に法定の管轄がない場合や、当事者間に管轄の合意について争いが

ある場合には、管轄の合意の存在を主張する者が立証責任を負う。

　　(エ)　管轄合意の時期

　訴え提起後に管轄の合意をしても、そのことによって訴えを提起した裁判所の管轄権を失わせることにはならない（民訴15条）から、管轄を合意すべき時期は、訴え提起前と考えるべきである。法定の管轄裁判所に訴えの提起がされた後に当事者間で管轄の合意がなされた場合には、移送の問題として処理される（民訴19条1項）。

　(b)　**合意管轄の効果**

　上記(a)の要件を満たした場合、合意した裁判所に管轄権が生じ、法律の規定に基づく専属管轄に違反しない限り、当事者は合意した裁判所に訴えを提起することができる。

　ここで、上述の条件を満たした合意管轄が当事者の間に成立しているにもかかわらず、その合意した管轄と異なる裁判所に訴えを提起した場合の効力はどうなるのかが問題となる。

　通常、法定管轄以外の裁判所に提起された訴えについては、裁判所では、後に応訴管轄が生じる可能性があることを考慮し、原告に対しその点を指摘したうえでその意向を確認し、原告が同裁判所における審理判決を望むようであれば、そのまま事件を受理し、その後の手続を進めることが行われているようである。したがって、合意管轄とは異なる裁判所に訴えが提起されても、同様の趣旨でそのまま手続は進められ、結果として相手方が応訴した場合には、この合意管轄と異なる裁判所に管轄権が生じることになる。

　法定管轄のある裁判所へ訴えを提起したが、相手方が合意管轄を理由に移送の申立てをした場合は、合意管轄の合意内容に応じて移送の可否が決まる。まず、合意が法定管轄の有無を問わず特定の裁判所にだけ管轄を認める専属的合意管轄であれば、当事者間の公平等を考慮し、裁判所が移送の申立てを認める可能性は高いと思われる。また、複数ある法定管轄のうちその一部だけの管轄を排除するような合意であったときに、排除された管轄の裁判所に訴えを提起した場合も、移送が認められる可能性があると考えられる。他方、

法定管轄以外にもさらに追加して特定の管轄を合意により認めているとみてとれるような管轄の合意であれば、法定管轄は合意管轄により排除されていないから、被告の移送の申立てに対して原告は十分に反論が可能であると考えられる。

(E) **応訴管轄**

被告が第一審裁判所において管轄違いの抗弁を提出しないで本案について弁論をし、または弁論準備手続において申述をしたときは、その裁判所は管轄権を有する（民訴12条）。つまり、原告が事物管轄や土地管轄等の法定の管轄の定めに反する裁判所に訴えを提起した場合であっても、被告が原告の主張に対して事実上または法律上の陳述をした場合には、法令上の専属管轄の定めがない限り、本来管轄権のない裁判所に管轄権が生じることになるのである。これを応訴管轄という。

「本案について弁論する」とは、紛争となっている事件についての権利または法律関係の存否について、認否、主張をすることをいい、「『原告の請求を棄却する』との判決を求める」との陳述をしただけでは、応訴したことにはならないとされている（大判大正9・10・14民録26輯1495頁）。また、管轄違いの抗弁を提出したうえで、本案について弁論をするということもあり得るが、この場合にも応訴管轄は生じない。なお、応訴管轄が生じるためには、現実に裁判所に出頭して弁論または申述をすることが必要であるため、陳述擬制の場合には応訴管轄の適用がないと解されている（東京地判平成12・11・24判タ1077号282頁）。

この応訴管轄の規定があるため、訴えの提起を受けた裁判所は管轄違いであると判明していても、前述のように、すぐには移送の判断をせず、原告側の意思を確認したうえで、原告がその裁判所での判断を望むのであれば、そのまま被告に訴状を送達し、被告の応訴の意思をみるということが通常行われているようである。

(F) **専属管轄**

専属管轄とは、法令の定めによって特定の事件を特定の裁判所の管轄にの

み属することとし、他の裁判所の管轄権を排除する管轄の定めをいう。法令によって専属管轄の定めのある事件については、法定された裁判所のみが管轄権を有し、土地管轄、合意管轄や応訴管轄の規定は適用されない（民訴13条）。専属管轄の規定のある事件については、移送も制限される（民訴16条2項ただし書・20条）。

　なお、ここで注意しなければならないことは、この専属管轄と、特定の裁判所以外の管轄権を排除する旨の合意（専属的合意管轄）とは全く別物であるということである。専属的合意管轄は管轄に関する一般規定を排除するものではないから、裁判所による裁量移送等の余地がある。

　専属管轄の定めのあるものとしては、婚姻に関する訴訟（人訴1条）、株主代表訴訟（会847条・848条）、民事執行法に規定する裁判所の管轄などがあるが、建物明渡請求訴訟に関連して専属管轄が問題になることは通常は考えられない。

(6) 証拠方法

(A) 証拠の意義

　証拠とは、一般的には、事実認定の基礎となる資料を意味する。

　訴訟上権利または法律関係の存否を判断するのに必要な争いのある事実の真偽が不明である場合には、立証責任を負う当事者がその不利益を負担することになる。たとえば、賃貸人が賃料不払いを原因として賃貸借契約を解除したことにより建物の明渡しを請求する場合には、賃貸人は、「賃貸人が賃借人に対して、支払時期が経過した賃料について、相当の期間を定めて支払いを催告したこと」を、要件事実として主張しなければならない。このとき賃貸人は、「立証責任を負う当事者」として、「催告した」ことが事実であることを裁判所に立証する負担を負い、この事実の認定を受けるために必要な資料を「証拠」として裁判所に提出する。

　立証活動を効果的に行うためには、次の点が重要である。

　まず、主張したい権利関係・法律関係を裏づける事実（要証事実）が何で

あるのか、その事実のうち当事者が争っている事実はどれなのか、を正確に把握しておかなければならない。なぜなら、いくら証拠を提出するなどして立証活動を行ったとしても、それが要証事実を立証しているのでなければ何の意味もなさないからである。

次に、要証事実を立証するためには、どういう証拠を提出し、それらを訴訟追行段階のいつ、どういう形で提示していくかを訴訟提起の段階であらかじめ検討しておくことが重要である。さまざまな証拠を的確に提示していくことが裁判所の心証形成に大いに力を発揮するのである。

(B) 証拠方法の選択

証拠方法には、次のようなものがある。
① 書証
② 人証(証人・当事者)
③ 検証
④ 鑑定

(a) 書 証

文書という証拠方法により、その意味内容を証拠資料とするために行われる証拠調べである。書証は「証拠の王」ともいわれ、極めて有効な証拠方法である。なぜなら人証に比べて記憶違いなどの誤りが入る余地が少ないからである。しかし、書証の中には表現の仕方によってさまざまな解釈の余地があったり、複数の書証の間に矛盾が生じたりするなどの問題もはらんでおり、書証のみで完璧に立証することができるとは限らない。

なお、原本を証拠とする場合であっても、原本そのものを正本として提出する必要はなく、写し(コピー)を提出すればよいが、口頭弁論期日において原本の提示をする必要があるため、原本は依頼者から預かっておくか、当日依頼者に持参してもらう必要がある。

(ア) 証拠説明書

文書を提出して書証を申し出るときは、文書の記載から明らかな場合を除き、文書の標目、作成者および立証趣旨を明らかにした証拠説明書を提出し

第4章 訴 訟

なければならない（民訴規137条1項）。これらの事項を証拠説明書の中に明瞭かつ正確に示せば、裁判所が書証と事実の関連性を理解し証拠価値を評価するのに有益であり、ひいては裁判官の事実認定を容易にし、裁判官の心証形成にも力を発揮することになる。したがって、証拠説明書の記載、とりわけ立証趣旨の記載には細心の注意を払い、証拠説明書を裁判所の心証形成のために大いに活用することも重要である。

【書式41】 証拠説明書〔事例1〕（【書式61】（278頁）参照）

番号	標目	作成日	作成者	立証趣旨	原本・写しの区別
甲1	不動産登記事項証明書	平成26年9月19日	大阪法務局河内支局登記官	訴外福沢雄吉と被告野淵英夫が、本件建物について賃貸借契約をしたときに、訴外福沢雄吉が本件建物を所有している事実	写し（注1）
甲2	賃貸借契約書	平成15年7月7日	訴外福沢雄吉・被告ら	訴外福沢雄吉と被告野淵英夫が、本件建物について賃貸借契約を締結した事実および訴外福沢雄吉と被告樋口市代が、連帯保証契約を締結した事実	原本
甲3	戸籍謄本	平成26年9月19日	大阪市城北区長	原告らが、訴外福沢雄吉を相続した事実	写し（注1）

| 甲4 | 解除通知書 | 平成26年8月17日 | 原告訴訟代理人 | 原告らが，被告野淵英夫に対して，本件賃貸借契約を解除する旨意思表示をした事実 | 写し（注2） |
| 甲5 | 陳述書 | 平成26年9月25日 | 小島不動産代表小島惟謙 | 被告樋口市代が，本件連帯保証契約締結当時に意思能力を有していた事実 | 原本 |

（注1） 原本は、訴状の附属書類として裁判所に提出しているため、原告の手もとには写しのみがあることになる。

（注2） 解除の意思表示を内容証明郵便で行わず普通郵便で行ったため、原本は被告野淵英夫に送付しているから、原告の手もとには写しのみがあることになる。

【書式42】 証拠説明書（証拠に写真が含まれる場合）

番号	標目	作成日	作成者	立証趣旨	原本・写しの区別
甲6の1〜4	写真 撮影対象　本件建物 撮影日時　平成26年9月25日 撮影場所　本件建物周辺 撮 影 者　原告			被告が本件建物を増築した事実	原本

（注） 写真撮影報告書ではなく、写真をそのまま書証として提出する場合である。

(イ) 準文書

情報を表すために作成されたものであって文書でないものとして、図面、写真、録音テープ、ビデオテープ、マイクロフィルム等がある。このようなものを「準文書」といい、そこに表現される意味を証拠とする場合には、文書と類似しているところがあるので、その証拠調べには書証の規定を準用している（民訴231条）。

なお、これら写真、録音テープなどにより映像、音声を収録する場合、被撮影者、被収録者の承諾を得て収録することが基本である。被撮影者、被収録者の承諾を得ずに無断で撮影、録音した場合であっても、民事訴訟の場合は、刑事訴訟の場合と違い、その証拠能力が制限されることはない。ただし、撮影・収録の内容や方法によっては、その無断撮影・収録自体が不法行為を構成することがあるので、賃借人のプライバシーの問題を十分に考慮する必要がある。

準文書を証拠として提出する方法は、次のとおりである。

① 写真・図面　写真、図面を証拠として提出する場合、立証趣旨を説明しなければならず、証拠説明書において、標目、作成者（撮影者）および立証趣旨（民訴規147条・137条）のほかに、撮影の対象並びにその日時および場所をも明らかにしなければならない（民訴規148条）【書式42】（205頁）参照）。なお、このとき、写真を撮影する際に撮影日時を印字できる機能を利用してあらかじめ写真の撮影日時を写真に表示しておくとよい。

　写真を証拠として提出する場合は、その複製物を作成して提出する。現在はデジタルカメラが普及しているから、画像を訴状などの書面と同じＡ４判サイズの普通紙に直接印刷することができ、それを提出してもよいし、写真を用紙に貼り付けて提出してもよい。なお、無断増改築が争点となっている建物明渡請求訴訟などでは、増改築されている事実を証するために、多くの写真を証拠として提出することが考えられる。このような場合には、それら写真を貼付したアルバムのようなものを写真撮影報告書として提出することもある。その場合、写真撮影報告書には、

撮影者・撮影場所・撮影日時などを記載する。また、写真ごとに証拠の枝番号を付けておけば、準備書面で引用する際にもわかりやすい。

【書式43】 写真撮影報告書

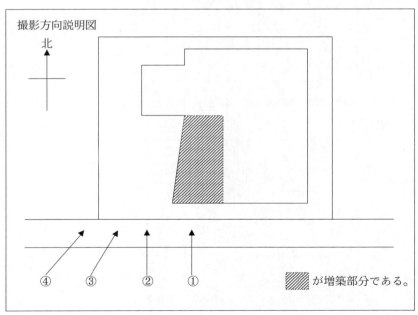

写真①

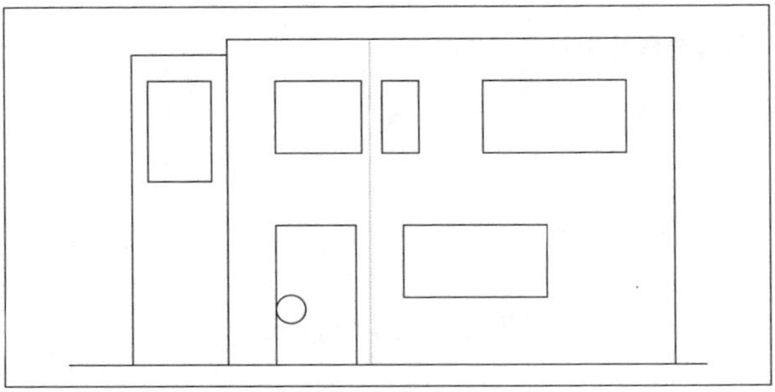

本件建物全体を，南側前面から撮影

写真②

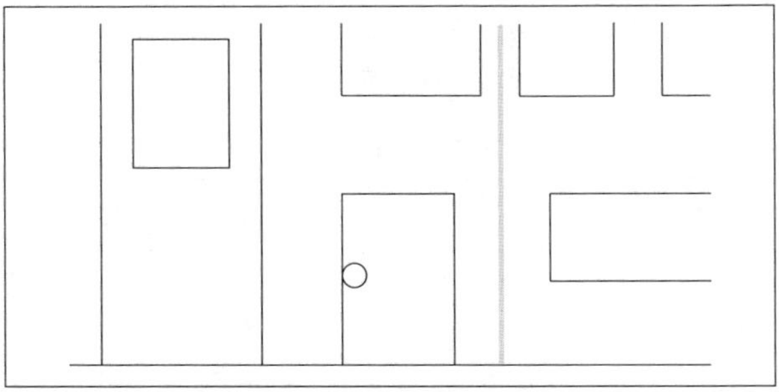

本件建物の増築部分を，南側から撮影

写真③

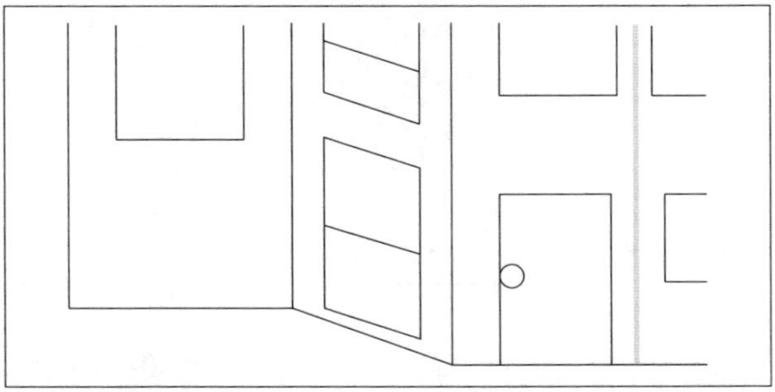

本件建物の増築部分を，南南西側から撮影

写真④

本件建物の増築部分を，南西側から撮影

②　録音テープ　録音テープを証拠として申し出る場合にも、写真の場合と同様、証拠説明書に、録音の対象並びにその日時および場所を明らかにしなければならない（民訴規148条）。また、録音テープ等の証拠調べの申出をした場合、裁判所または相手方の要求があれば、録音テープ等の内容を説明した書面（録音テープ等を反訳した書面を含む）を提出しなければならない（民訴規149条）。実務上は、録音テープを証拠として提出する場合には反訳文もあわせて提出する場合が多い。

電話の会話を録音する場合、公衆回線から直接録音することは電気通信事業法による規制があるので、電話端末にICレコーダーなどの装置を設置して録音する方法が考えられる。

(ウ)　陳述書

陳述書とは、法文上の根拠規定や定義はないが、当事者やその関係者、または第三者が紛争の事実関係等について経験した事実を、経験した本人の名義によって作成される報告文書をいう。

たとえば、賃貸借契約を締結した事実を立証するために、契約締結の場にいた仲介者の協力が得られる場合、「私は、賃貸借契約締結の場に立ち会いました。原告と被告は私の目の前で賃貸借契約を締結していました。賃貸借契約の内容は……」といった内容の書面に仲介者自らが署名（または記名押印）す

る方法で作成すればよい。この陳述書を提出することにより、裁判所は事実関係を早期に認識し、相手方の反論を促すことが可能となる。また相手方はこの陳述書の提出を受けて、賃貸借契約の締結、内容等について、人証予定者となるこの仲介者への反対尋問を証人尋問前に事前に準備することが可能となり、結果、尋問時間の多くを争点に絞った主尋問や反対尋問にあてることができ、尋問の時間を短縮しながら充実したものにすることができるのである（陳述書の証拠開示機能・主尋問代替機能）。

(b) **人　証**

人証には、証人尋問と当事者尋問がある。人証は証拠の申出を裁判所に対して行う方法による。証人も有効な証拠方法であるが、この証人の選択が最も困難かつ重要である。証人が多数いる場合に、各証人の記憶に不一致、矛盾があるときはよく確認しなければならない。したがって、人証が採用された場合には、証人との事前の打合せ（質問の確認やリハーサルなど）が必要不可欠である（詳細は10(2)・(3)（305・309頁）参照）。

(c) **検　証**

検証とは、裁判所が五感の作用によって直接に人体および事物の形状・性質につき検査し、自己の判断能力をもって事実判断を行う証拠調べをいう。たとえば、騒音公害でその停止等を求める訴訟において、騒音の程度を調べるために、裁判所が現地に赴き自らその騒音を体験し、自ら騒音の事実判断を行うようなケースで用いられる証拠調べである。

検証の対象となる物は、人間の五感の作用により検査できる物であればよいので、有体物、無体物を問わない。検証は、当事者の申出により行われ、職権ですることは許されない。検証申出は、書面をもってする。

賃貸借契約終了に基づく建物明渡請求訴訟において検証の申出を行うケースとして、次のような事例がある。

① 建物の用法遵守義務違反を原因とする賃貸借契約の終了に基づく建物明渡請求訴訟の場合で、賃借人が賃貸人と合意した用法と異なる用法に建物を使用している事実を立証するため

② 建物が無断増改築されているケースで、増改築の事実を立証するため
③ 建物が朽廃したことを理由に賃貸借契約の解約（または賃貸借契約期間満了による終了）の申入れをしたケースで、建物が朽廃しているという正当事由を立証するため

以上のような場合に、裁判所自らが現地に赴いて検証してもらうことが考えられる。しかし、建物が異なる用法で使用されている様子や無断増改築がされている様子を写真撮影し、写真を書証として提出することや、近隣者の証人申出や陳述書等で、義務違反の事実が十分に立証可能である場合には、実務上検証の申出が認められる可能性は低いと考えられる。

(d) 鑑　定

鑑定とは、特別の学識経験を有する者から、その専門的知見またはその知見を具体的事実に適用した結果の事実認識を獲得することを目的とする証拠調べをいい、裁判所の判断能力を補充するために行われる。鑑定人が裁判所に命じられて判断として述べるのが鑑定意見である。鑑定人は代替的であり、証人ではない。

鑑定が利用される場合としては、筆跡鑑定、適正賃料の鑑定、日照権の価格の鑑定などがあげられる。

鑑定手続は、当事者が鑑定の申出をすることによって開始し、申出当事者は同時に鑑定を求める事項を記載した鑑定申出書を裁判所に提出しなければならない（民訴規129条1項）。鑑定申出書には「証明すべき事実」と「鑑定事項」を記載する。

鑑定費用は、訴訟費用なので最終的には敗訴者の負担となる（民訴61条）が、申出当事者が概算額を予納しなければならない（民訴費12条1項）。実務では、鑑定申出があった後、裁判所が指定する予定の鑑定人候補者に費用見積書を出させ、申出当事者の同意と予納があれば、裁判所によって鑑定人の指定が行われる（民訴213条）。当事者が鑑定人候補者を用意することも可能であるが、相手方が信用性に難色を示すことも多く、大規模裁判所では否定的な運用がなされている。

【書式44】 鑑定申出書

平成○年(ワ)第○○号　○○請求事件
原　告　○○○○
被　告　○○○○

平成○年○月○日

鑑定申出書

大阪簡易裁判所民事44係　御中

原告訴訟代理人司法書士　○　　○　　○　　○　㊞

頭書事件について，次のとおり鑑定の申出をします。
1　証明すべき事実
　本件の適正継続賃料。
2　鑑定事項
　平成○○年○○日○○日時点における本件の適正継続賃料の額。

(C) 建物明渡請求訴訟における具体的な証拠方法の検討

(a) 賃料不払いの場合

賃料不払いによる賃貸借契約解除に基づく建物明渡請求の場合、下記事実を主張・立証する（(2)(B)（166頁）参照）。

---

① 当事者間で、本件建物について賃貸借契約を締結したこと
② 賃貸人が賃借人に対して、①の賃貸借契約に基づき、本件建物を引き渡したこと
③ 一定期間が経過したこと
④ 民法614条または①の契約所定の支払時期が経過したこと
⑤ 賃貸人が賃借人に対して、支払時期が経過した賃料について、相当の期間を定めて支払いを催告したこと
⑥ ⑤の相当期間が経過したこと
⑦ 賃貸人が賃借人に対し、⑥の期間経過後、賃貸借契約を解除すると

> の意思表示をしたこと

　(ア)　賃貸借契約を締結し、建物を引き渡したこと

　賃貸借契約の締結は、契約書によって立証することになる。建物の引渡しは、賃借人の住民票や陳述書などで立証することができる。

　契約書が存在しない場合、賃貸物件を賃借人が占有している、もしくは使用していること、および占有・使用の対価（賃料）が賃借人から賃貸人に支払われていること（過去支払われていたこと）が立証できればよい。具体的には、

- 賃貸物件の所在地を住所地とする賃借人の住民票
- 賃貸人の陳述書
- 賃貸物件の所在地にある建物の表札が、賃借人の名前であることを示す写真
- 賃料の支払方法が振込みによる場合は、定期的に金銭の振込みがなされていたことを示す銀行通帳等
- 賃貸借契約を締結する際に仲介業者や立会人がいた場合には、これらの者の陳述書

などにより立証可能と考えられる。

　(イ)　賃貸人が賃借人に対して相当期間を定めて賃料の支払いを催告したこと

　支払いの催告が内容証明郵便等、依頼者の手もとに残っている書面でなされているのであれば、

- 内容証明郵便等の催告書面の控え

により立証可能である。そのような書面が残っていないときは、賃貸人自らの証言（陳述書）や立会人などの証言で立証することが考えられる。

　もし催告を電話でしているのであれば、特定の催告日に賃借人に電話をかけたという事実を

- 賃借人へ電話をかけたことを示す電話の通信記録

といったもので証明するということも、間接証拠の一つとして有用である。この通信記録は、依頼者自らが電話の加入者であれば、電話会社に請求して取り寄せることが可能である。

　㈦　賃貸借契約を解除する意思表示をしたこと

　解除の意思表示をしたことは、

- 解除通知を書面でした場合はその書面の控え
- 口頭で行ったのであれば陳述書

などにより立証可能と考えられる。

　解除の意思表示を内容証明郵便で行ったにもかかわらず、被告が内容証明郵便を受け取らないために、普通郵便や特定記録郵便で解除の意思表示をすることがある。この場合、まず、「郵便が遅くとも平成26年9月20日には到達している」と主張し、次に、「仮に，被告が受領していないとしても、本訴状をもって解除の意思表示をする」と主張することによって、容易に立証できる。ただし、損害金の発生時期が遅れることには注意を要する。なお、特定記録郵便を利用する場合は配達状況をインターネットで確認できるので、賃借人に到達した日を容易に調べることができる。

　⒝　**用法遵守義務違反の場合**

　用法遵守義務違反による賃貸借契約解除の場合、下記事実を主張・立証する（⑵ⓒ（168頁）参照）。

---

① 　当事者間で、本件建物について賃貸借契約を締結したこと
② 　賃貸人が賃借人に対して、①の賃貸借契約に基づき、本件建物を引き渡したこと
③ 　当事者間で、本件建物について居宅として使用する旨の合意をしたこと、または本件建物がその性質上もっぱら居住のための建物であること
④ 　賃借人が、③の合意または建物の性質によって定まった用法と異なり、店舗として使用収益をしたこと

> ⑤ⓐ　賃貸人が、④の用法違反について、店舗としての使用収益をやめるように催告したこと
> 　　または、
> 　ⓑ　店舗として改造した部分を修復することを求める催告をしたこと
> ⑥ⓐ　⑤ⓐの催告後、賃借人が相当期間内に店舗としての使用収益をやめなかったこと
> 　　または、
> 　ⓑ　⑤ⓑの催告後、相当期間が経過したこと
> ⑦　賃貸人が賃借人に対し、⑥の期間経過後、賃貸借契約を解除するとの意思表示をしたこと

　①②の立証は、(a)(ア)（213頁）を参照されたい。③は合意した事実を賃貸借契約書で立証する。また、性質上もっぱら居住用の建物であることを、全部事項証明書（登記簿謄本）、間取り図、陳述書、都市計画図等で立証する。

　④⑤⑥（用法違反の事実があり、用法違反をやめるよう催告したにもかかわらず、催告の相当期間内に用法違反をやめなかったこと）の立証は次のようになる。

　用法違反の事実を立証するのに効果的な立証手段は、図面、写真、録音テープなどの「準文書」であると考えられる。ただ、外観の変化が明らかであれば、写真をもって効果的な立証が可能であるが、外観の変化が明らかでないような場合、たとえば、建物の使用目的に違背して、居宅を事務所として利用している事実を立証するには、原告の陳述書、事務所を宛名とした郵便物が到達していることをあらわす配達証明書、事務所として掲載されている電話帳などといった文書をもって立証したり、事務所に入室した者の証言により立証したりすることができる。用法違反の「状態」を文章にして表わす方法もあるが、写真や図面により視覚的に表わす方法もある。

　用法遵守義務違反を主張する場合の立証方法として、写真等以外に、検証の申出の方法が考えられるが、簡易裁判所において採用される可能性は低いであろう（(B)(c)（210頁）参照）。

第4章 訴　訟

⑦の立証は、(a)(ウ)（214頁）を参照されたい。
(c)　無断譲渡・無断転貸による場合
　無断譲渡・無断転貸を理由とする賃貸借契約解除の場合、次の事実を主張・立証していくことになる（(2)(E)（170頁）参照）。

---

① 　当事者間で、本件建物について賃貸借契約を締結したこと
② 　賃貸人が賃借人に対して、①の賃貸借契約に基づき、本件建物を引き渡したこと
③ⓐ　賃借人が、第三者に対して、①の賃貸借契約に基づく権利（賃借権）を譲渡（売買等）したこと
　　または、
　ⓑ　賃借人が、第三者に対して、本件建物について賃貸借契約を締結したこと
④ 　③の第三者が、本件建物の引渡しを受け、これを使用収益したこと
⑤ 　賃貸人が賃借人に対し、賃貸借契約を解除するとの意思表示をしたこと

---

　①②の立証は、(a)(ア)（213頁）を参照されたい。③④（無断譲渡・無断転貸により、賃借人が第三者に引渡しをし、当該第三者が建物を使用収益している事実）の立証は次のようになる。

・（表札や郵便受けの表示が第三者のものであることなどを示す）写真
・賃貸人や隣人などの陳述書
・第三者が建物に居住している事実を示す第三者の住民票
・賃借人が自ら建物を使用していない事実を示す賃借人の住民票

などにより立証することが可能と考えられる。
　なお、賃貸人としては、賃貸建物が第三者によって占有されていたとしても、それが無断転貸によるものなのか、無断譲渡によるものなのかは賃貸人にはわからないことが多い（賃貸人が賃借人・第三者間の転貸借契約書や賃借権

の譲渡証書を取得することは困難であろう)。したがって、「無断譲渡・無断転貸」を立証するに際して、実務上は、無断転貸であるか、無断譲渡であるかといった特定にはこだわらず、賃借人以外の第三者が使用収益している事実を立証すればよい。

ただ、譲渡・転貸が背信行為と認めるに足るものである場合でなければ解除権の行使が制限される可能性がある。この点については、被告である賃借人が主張・立証すべき事由である。

しかし、訴状提出段階においてすでに予想される争点であるならば、
・無断譲渡・無断転貸をやめるよう何度も催告したにもかかわらず、一向にやめなかったこと
・無断譲受人・無断転借人の建物の使用方法が、原賃貸借契約で定めた使用目的、用法と著しく異なっている(たとえば居住用に使用するよう制限しているにもかかわらず、店舗として使用している等)こと

など、背信行為と認めるに足る事実を再抗弁として提出するために立証方法を事前に検討しておくこと、あるいは裁判所が早期に争点を把握できるように訴状段階で主張・立証することも一考に値する。

なお、無断譲渡・無断転貸のケースでは、賃借人が執行妨害の目的で譲渡や転貸を繰り返すことにより、占有者を変えることもあり、本訴提起前に占有移転禁止の仮処分を申し立てている場合が考えられる。原告が、占有移転禁止の仮処分を申し立てている場合には、申立てをし、すでに仮処分決定を受けていることなどを訴状の段階で明示しておくことも背信性を立証するために重要である。

⑤の立証は、(a)(ウ)(214頁)を参照されたい。

(d) **解約申入れ**

解約申入れによる賃貸借契約解除の場合には、次の事実を主張・立証していくことになる((2)(F)(171頁)参照)。

① 当事者間で、本件建物について賃貸借契約を締結したこと

> ② 賃貸人が賃借人に対して、①の賃貸借契約に基づき、本件建物を引き渡したこと
> ③ 賃貸人が賃借人に対し、①の賃貸借契約について解約を申入れたこと
> ④ ③の申入れ後、6か月が経過したこと
> ⑤ 解約申入れ時から6か月が経過するまでの間、解約申入れについて、借地借家法28条の正当事由が継続して存在していたことを基礎づける事実（評価根拠事実）

①②の立証は、(a)(ア)（213頁）を参照されたい。③④（解約申入れを行い、申入れ後6か月が経過したこと）については、上記(a)(イ)（213頁）で説明した催告をした事実の立証と立証活動方法としては異ならない。

⑤の「正当事由が継続して存在していたことを基礎づける事実」は、事例ごとにその事由はさまざまである。

たとえば、「原告（賃貸人）は，平成25年10月1日に近畿地方を襲った台風55号による松井川堤防決壊のために，それまで居住していた自宅を水害で失った。原告は，この自宅のほかに，本件建物を有しているが，被告（賃借人）が使用しているため，原告が使用できないでいた。そのため，大阪府の斡旋によるプレハブの仮設住宅で生活をすることになった。しかし，この住宅における生活は，寒暑厳しく，プライバシーが保てないなど，高齢の原告には耐えられない状況である」というような場合、この具体的な立証は、

- 自宅を水害で失ったことを示す写真・全部事項証明書（登記簿謄本）・罹災証明書
- 仮設住宅に居住していることを示す役所の証明書
- 寒暑厳しくプライバシーを保てないことを示す原告の陳述書
- （反証として）賃借人が、本件建物から容易に転居できることを示す原告の陳述書

などにより、立証することが可能と考えられる。

(e) **賃貸借期間満了による賃貸借契約終了**（民616条・597条1項）

賃貸借期間の満了に基づく建物明渡請求の場合、次の事実を主張・立証する必要がある（(2)(G)（173頁）参照）。

---

① 当事者間で、本件建物について、期間を定めて賃貸借契約を締結したこと
② 賃貸人が賃借人に対して、①の賃貸借契約に基づき、本件建物を引き渡したこと
③ ①の期間が経過したこと
④ 期間満了の1年ないし6か月前までの間に、賃貸人が賃借人に対し、更新拒絶の通知をしたこと
⑤ 更新拒絶を通知した時から③の期間が経過した時まで、更新拒絶についての正当事由が継続して存在したことを基礎づける事実（評価根拠事実）

---

①②は、(a)(ア)（213頁）を、④は(d)（217頁）を参照されたい。

⑤の「更新拒絶についての正当事由が継続して存在したことを基礎づける事実」については、事例ごとにその事由はさまざまであるから、(d)（217頁）を参照されたい。

(D) **証拠提出の時期**

証拠の申出は、訴訟の進行状況に応じ適切な時期にしなければならず（民訴156条、適時提出主義）、故意または過失によって時機に後れた申出は却下されることがある（民訴157条）。なお、公示送達による呼出が予想されるときは、原告において立証を尽くさなければならないから（民訴159条3項）、訴状提出の段階で、できる限り証拠を提出しておく必要がある。また、被告との事前交渉によって、争点が明らかなときは、その争点を明らかにしたうえで、原告の主張に沿った証拠を提出しておけば、早期の解決を図ることができる。

このうち、書証については、訴状には、その請求の原因欄に記載した立証

を要する事由につき示した証拠方法のうち、文書の写し（書証の写し）で重要なものを添付しなければならないから（民訴規55条2項）、書証は、原則として訴訟の初期の段階において提出するのが通常である。なお、証人等の尋問において使用する予定の文書は、証人等の陳述の信用性を争うための証拠として使用するものを除き、その証人等の尋問を開始する時の相当期間前までに、提出しなければならない（民訴規102条本文）。

したがって、建物明渡請求訴訟においては、全部事項証明書（不動産登記簿謄本）や賃貸借契約書、解除通知書など基本的な書証であって自ら所持する（または自ら取得可能な）文書は訴状提出の段階で提出すべきである。

書証以外のものについても早期提出が期待されているが、人証等は、続行期日における相手方の出方次第で申出を検討すればよいと思われる。人証の申出については後述の証拠の申出の項で説明する（10(2)（305頁）以下）。

2　訴状の作成

(1)　訴　状

訴えを提起する場合には、訴状を裁判所に提出しなければならない（民訴133条1項）。ただし、簡易裁判所に対する訴えの提起は口頭でもできる（民訴271条）。ただ、法律上は口頭での訴えも可能であるが、司法書士が訴訟代理人として簡易裁判所に訴えを提起する場合には、権利が数時間後に消滅時効にかかるというような緊急事態でない限り、書面で訴えを提起すべきである。実務上も口頭による訴え提起はほとんどない。

訴状（答弁書、準備書面その他の書面に共通）を作成する際の一般的な形式は、〈図表7〉のとおりである。

訴状の記載内容は要件を満たすものでなければならず、訴状の記載事項も法律によって定められている（民訴133条2項）。ただ、法律に定められている必要的記載事項だけを記載した訴状が、早期に紛争を解決するという目的を

達成するうえで「よい訴状」であるとは限らない。事実の主張や証拠の存在を裁判所および相手方に知らしめ、適切かつ迅速な争点の整理に役立つような訴状を作成すべきである。

　訴え提起の方式、訴状の記載事項については、民事訴訟法133条・271条・273条および民事訴訟規則2条・53条・54条等に規定がある。

　(A)　**訴状の具体的な記載事項と訴状作成の要点**

　書式中の「＊(a)」のような記号は、後述の見出しに対応するものであり、当該見出しの箇所に説明を付した。

第4章 訴訟

〈図表7〉 訴状の様式

用紙　A4判（縦297mm、横210mm）

左余白　30mm　　　　　　　文字　12.0ポイント　　　　　右余白　20mm

上余白　35mm

　　　　　　　　　　　訴　　状

　　　　　　　　　　　　　　　平成26年10月1日
　大阪簡易裁判所　御中
　　　　　　原告訴訟代理人司法書士　甲　川　龍　介　㊞

　　　　当事者の表示　　　別紙当事者目録記載のとおり

　　　　請求の趣旨及び原因　別紙のとおり

1頁26行

　建物明渡請求事件
　　訴訟物の価額　　112万9000円
　　貼用印紙額　　　1万1000円

　　　　　　　　　　　　　1

下余白　30mm　　　　　1行37字

頁数（頁数を記載すると契印が不要となる）

【書式45】 訴状——賃料不払いによる債務不履行に基づく場合

訴　　状 ＊(a)

平成26年10月1日 ＊(b)

大阪簡易裁判所　御中 ＊(c)
　　　　　　原告訴訟代理人司法書士　甲　川　龍　介　㊞ ＊(d)
　　　当事者の表示　　　別紙当事者目録記載のとおり(e)
　　　請求の趣旨及び原因　別紙のとおり
建物明渡請求事件 ＊(g)
　訴訟物の価額　　金112万9000円 ＊(h)
　貼用印紙額　　　金1万1000円

当　事　者　目　録

〒539-0001　大阪市城北区松空町一丁目2番34号 ＊(e)
　　　　　　　　原　　　　　告　乙　山　太　郎
〒548-0002　大阪市中成区竹山町三丁目4番5号竹山ビル6階
　　　　　　　甲川司法書士事務所（送達場所）＊(f)
　　　　　　　原告訴訟代理人司法書士　甲　川　龍　介
　　　　　　　　　　　電　話　06-0000-0000
　　　　　　　　　　　ＦＡＸ　06-0000-0000
〒549-0003　大阪市西住吉区梅川町二丁目4番8号
　　　　　　　　被　　　　　告　株式会社　丙村商事
　　　　　　　　上記代表者代表取締役　丙　村　昭　次

請　求　の　趣　旨 ＊(i)
1　被告は，原告に対し，別紙物件目録記載の建物を明け渡せ
2　被告は，原告に対し，金160万円及び平成26年9月1日から前項の建物明
　渡し済みに至るまで1か月金20万円の割合による金員を支払え

3 訴訟費用は，被告の負担とする
との判決並びに仮執行の宣言を求める。

請 求 の 原 因 ＊(j)

1 平成23年4月1日，原告は，被告に対し，原告所有にかかる別紙物件目録記載の建物（以下「本件建物」という。）を，次のとおり定めて賃貸し（以下「本件賃貸借契約」という。），同日本件建物を引き渡した（甲1，甲2）。
　(1)　賃貸期間　平成23年4月1日から2年間とする。ただし，期間満了に際し原告・被告のいずれからも別段の意思表示をしないときは，この契約をさらに2か年延長するものとし，その後もまた同様とする。
　(2)　賃　　料　1か月金10万円
　(3)　賃料の支払方法
　　　　　毎月末日までに翌月分を支払う
　(4)　賃貸借契約終了後明渡に至るまでの使用損害金の規定
　　　　　明渡義務を履行しない場合，及び残留物が存在する場合，被告は明渡し完了若しくは残留物の処分が完了するまでの間，賃料倍額相当の損害金を支払わなければならない。（賃貸借契約第8条3項）
2 平成25年4月1日，本件賃貸借契約は更新された。
3 被告は，平成25年5月分以降の賃料を全く支払わなかった。そこで原告は平成26年8月19日付内容証明郵便をもって平成25年5月分から平成26年8月分までの未払賃料合計金160万円全額を上記内容証明郵便到達後10日以内に支払うよう催告し，上記期間内に全額の支払いがない場合は，本件賃貸借契約を解除する旨の意思表示をなしたところ，上記郵便は同年8月21日被告に到達した（甲3の1，2）。
4 しかるに被告は，上記催告期間内に未払賃料全額の支払いをしなかったので，本件賃貸借契約は同年8月31日の経過をもって解除された。
5 しかしながら，未だに被告は本件建物の占有を継続している。
6 よって，原告は被告に対し，上記賃貸借契約の終了に基づく本件建物の明渡し及び平成25年5月分から平成26年8月末日分までの未払賃料合計金160万円の支払並びに賃貸借契約終了の翌日である同年9月1日から，本

件建物の明渡し済みまで，1か月金20万円の割合による約定の損害金の支払いを求める。

証拠方法 *(k)

1	甲第1号証	全部事項証明書
2	甲第2号証	賃貸借契約書
3	甲第3号証の1	内容証明郵便
4	甲第3号証の2	同配達証明書
5	甲第4号証	原告の陳述書

附属書類 *(l)

1	訴状副本	1通
2	甲号証写し	各1通
3	全部事項証明書	1通
4	代表者事項証明書	1通
5	固定資産評価証明書	1通
6	訴訟委任状	1通

物 件 目 録 *(m)

所　　在	大阪市西住吉区梅川町二丁目16番地8
家屋番号	16番8
種　　類	店舗
構　　造	木造瓦葺2階建
床 面 積	1階　14.14平方メートル
	2階　　8.50平方メートル
（住居表示）	大阪市西住吉区梅川町二丁目4番8号

(a) 「訴状」たる表示

訴えの提起は、訴状という書面を裁判所に提出しなければならない（民訴133条1項）。

(b) 「年月日」の表示

民事訴訟規則2条の規定に基づき記載すべき事項である。年月日は提出日ではなく、訴状の作成日付である。郵送で訴状を提出する場合も発送日を記入すればよい。

(c) 「裁判所」の表示

民事訴訟規則2条の規定に基づき記載すべき事項である。訴状を提出する段階では、係属する部、係は不明であるから、簡易な表示で足りる。

(d) 当事者または代理人の記名押印

民事訴訟規則2条により、訴状には必要な事項を記載し、当事者または代理人が記名押印しなければならない。司法書士が訴訟代理人として訴状を提出する場合には、書式のとおり代理人司法書士が記名押印する。

(e) 「当事者及び法定代理人」の表示

当事者および法定代理人は、訴状の必要的記載事項である（民訴133条2項1号）。「当事者の表示」のあとに直接記載してもよいが、書式例のように「別紙当事者目録記載のとおり」と記載し、別紙として当事者目録を付けるのが一般的である。

当事者が個人である場合には、その氏名および住所、法人の場合には名称・商号と主たる事務所・本店の所在地を記載して特定し、代表者の資格氏名を記載する。

また当事者が訴訟能力を有していない場合には法定代理人が訴訟を追行することになる。法定代理人の表示にあたっては、氏名以外にその資格（親権者、成年後見人など）を記載し、法定代理人の住所を記載する。未成年者が共同親権に服する場合は父母両方を記載する。

当事者の表示は、その者が特定できる程度に十分な記載であるべきである。

なお、訴訟代理人は、訴状の必要的記載事項とはされていないが、実際に訴訟を追行する者を明確にするため、住所（事務所）と氏名を記載することになっている（民訴規2条1項1号参照）。

〔記載例36〕 当事者の表示(1)――基本

〒539-0001　大阪市城北区松空町一丁目2番34号
　　　　　　　　　　　　原　　告　乙　山　太　郎
〒548-0002　大阪市中成区竹山町三丁目4番5号　竹山ビル6階
　　　　　　甲川司法書士事務所（送達場所）
　　　　　　　　上記原告代理人　司法書士　甲　川　龍　介
　　　　　　　　　　　　　　ＴＥＬ　06-0000-0000
　　　　　　　　　　　　　　ＦＡＸ　06-0000-0000
〒549-0003　大阪市西住吉区梅川町二丁目4番8-205号
　　　　　　　　　　　　被　　告　株式会社丙村商事
　　　　　　　　上記代表者代表取締役　丙　村　昭　次

〔記載例37〕 当事者の表示(2)――住民票上の住所と居所が一致しない場合

〒539-0001　大阪市城北区松空町一丁目2番34号
（住民票上の住所）
〒555-0023　大阪市城南区杉村町五丁目6番78号
　　　　　　　　　　　　被　　告　乙　山　太　郎

〔記載例38〕 当事者の表示(3)――通称名を用いる場合

〒539-0001　大阪市城北区松空町一丁目2番34号
　　　　　　　　被　　告　ＴＡＲＯ　こと　乙　山　太　郎

〔記載例39〕 当事者の表示(4)――被告が行方不明の場合

住　居　所　不明
最後の住所
〒539-0001　大阪市城北区松空町一丁目2番34号
　　　　　　　　　　　　被　　告　乙　山　太　郎

〔記載例40〕　当事者の表示(5)──遺言執行者の場合

```
〒555-0023　　大阪市城南区杉村町五丁目6番78号
　　　　　　　原　　告　亡乙山太郎遺言執行者　乙　山　知　子
```

（注）　遺言執行者の住所を記載する。

〔記載例41〕　当事者の表示(6)──未成年者の場合

```
〒539-0001　　大阪市城北区松空町一丁目2番34号
　　　　　　　　　　　　原　　告　乙　山　太　郎
〒539-0001　　大阪市城北区松空町一丁目2番34号
　　　　　　　上記法定代理人親権者父　乙　山　哲　男
　　　　　　　同　　　　　　母　乙　山　博　子
```

〔記載例42〕　当事者の表示(7)──成年被後見人の場合

```
〒539-0001　　大阪市城北区松空町一丁目2番34号
　　　　　　　　　　　　原　　告　乙　山　太　郎
〒555-0023　　大阪市城南区杉村町五丁目6番78号
　　　　　　　上記法定代理人成年後見人　乙　山　知　子
```

〔記載例43〕　当事者の表示(8)──不在者財産管理人の場合

```
〒539-0001　　大阪市城北区松空町一丁目2番34号
　　　　　　　　　　　　原　　告　乙　山　太　郎
〒555-0023　　大阪市城南区杉村町五丁目6番78号
　　　　　　　上記不在者財産管理人　乙　山　知　子
```

〔記載例44〕　当事者の表示(9)──相続財産管理人（民法952条）の場合

```
〒555-0023　　大阪市城南区杉村町五丁目6番78号
```

```
        原    告  亡乙山太郎相続財産
                上記代表者相続財産管理人  乙  山  知  子
```

(注) 被相続人の最後の住所を記載する。

〔記載例45〕 当事者の表示(10)——遺産管理人（民法895条）の場合

```
〒555-0023  大阪市城南区杉村町五丁目6番78号
            原    告  亡乙山太郎遺産管理人  乙  山  知  子
```

(注) 遺産管理人の住所を記載する。

〔記載例46〕 当事者の表示(11)——登記簿上の本店では営業していない会社の場合

```
〒539-0001  大阪市城北区松空町一丁目2番34号
（登記簿上の本店）
〒555-0023  大阪市城南区杉村町五丁目6番78号
                    原    告  乙山産業株式会社
            上記代表者代表取締役  乙  山  太  郎
```

〔記載例47〕 当事者の表示(12)——法人の商号変更の場合

```
〒555-0023  大阪市城南区杉村町五丁目6番78号
            被    告  旧商号  乙山商会株式会社
                      現商号  乙山産業株式会社
            上記代表者代表取締役  乙  山  太  郎
```

〔記載例48〕 当事者の表示(13)——日本における営業所を有する外国法人の場合

```
アメリカ合衆国カリフォルニア州メープルストリート3番地
（日本における営業所）
〒539-0001  大阪市城北区松空町一丁目2番34号
```

第4章 訴訟

```
        原　告　メープル・リミテッド・コーポレーション
              代表者代表取締役　マイケル・ジェームズ
              日本における代表者　乙　山　太　郎
```

〔記載例49〕　当事者の表示(14)──指名委員会等設置会社の場合

```
〒539－0001　大阪市城北区松空町一丁目2番34号
                    原　　告　乙山産業株式会社
              上記代表者代表執行役　乙　山　太　郎
```

〔記載例50〕　当事者の表示(15)──LLP（有限責任事業組合）の場合

```
〒539－0001　大阪市城北区松空町一丁目2番34号
                原　告　乙山研究所有限責任事業組合
                    上記組合員　乙　山　太　郎
                    上記組合員　乙　山　次　郎
                    上記組合員　乙山産業株式会社
                    職務執行者　乙　山　三　郎
```

〔記載例51〕　当事者の表示(16)──法人格なき社団の場合

```
〒539－0001　大阪市城北区松空町一丁目2番34号
                原　　告　なでしこマンション管理組合
              上記代表者理事長　乙　山　太　郎
```

（注）　代表者の肩書きは、当該社団の定款等での定め方による

〔記載例52〕　当事者の表示(17)──破産管財人の場合

```
〒539－0001　大阪市城北区松空町一丁目2番34号
              原　　告　破産者乙山産業株式会社破産管財人
                         丁　島　花　子
```

（注）　破産管財人の住所を記載する。

〔記載例53〕　当事者の表示(18)——更生会社の場合

〒539-0001　大阪市城北区松空町一丁目2番34号
　　　　　原　　告　更生会社乙山産業株式会社更生管財人
　　　　　　　　　　丁　島　花　子

（注）　更生管財人の住所を記載する。

(f)　「送達場所」の表示

　当事者、法定代理人または訴訟代理人は、送達を受けるべき場所を裁判所に届けなければならない（民訴104条1項）。この届出は、書面でする必要があり、またできる限り、訴状・答弁書等に記載してしなければならない（民訴規41条1項2号）。司法書士が訴訟代理人となっている場合には、【書式45】（223頁）のように訴状中の訴訟代理人の事務所の所在地の表示の部分に「（送達場所）」と記載すればよい。

　また、訴状には、原告またはその代理人の郵便番号および電話番号（ファクシミリの番号を含む）を記載しなければならない（民訴規53条4項）。司法書士が訴訟代理人となっている場合には、【書式45】（223頁）のとおり司法書士についてこれらの記載をすればよい。

(g)　「事件」の表示

　裁判所では事件の表示は事件番号によって特定するが、訴状提出の段階では事件番号は付されていないため、「建物明渡請求事件」のように訴えで請求する内容を事件名にして訴状に表示すればよい。もし、1個の訴えで数個の請求をする場合（賃借人に対する建物明渡し・未払賃料の請求と、保証人に対する保証債務履行請求のような場合）には、その請求のうち、主要な請求を事件名に用いればよい（「建物明渡等請求事件」）。訴状提出後この事件名は、裁判所が付けた事件番号と合わせて事件を特定するために利用される。当事者が付

した事件名は、特に問題がなければ裁判所がそのまま採用し事件名とすることが多いが、当初訴状に記載した事件名が採用されず、訴訟進行の段階で裁判所が付した事件名がつくこともある。

(h) 「訴訟物の価額」と「貼用印紙額」の記載

事件係で訴状を受け付ける際に、訴訟物の価額の記載を基に貼用印紙の額をチェックするので、民事訴訟規則等では要求されていないが、記載するべきである（1(4)（189頁）参照）。

(i) 請求の趣旨

民事訴訟法133条2項2号の規定に基づき記載すべき必要的記載事項である。請求の趣旨は、原告が裁判所に対して、訴えにより審判を求める内容を簡潔な文章で整然かつ明瞭に記載しなければならない（民訴規5条）。この請求の趣旨は、請求が認容された場合の判決主文に対応する文言を用いて記載する。

建物明渡請求訴訟の場合、請求の趣旨は「被告は，原告に対し，別紙物件目録記載の建物を明け渡せ」のように記載する。給付の内容は、その目的物を特定し、その種類数量を明確にしなければならない。目的物が土地、建物などの不動産の場合には、物件目録を作成し、援用すればよい。

請求の趣旨には、通常、【書式45】（223頁）のように、訴訟費用負担の裁判および仮執行宣言の申立て等を記載する。本来、訴訟費用負担の裁判は、職権でなされるものである（民訴67条1項）が、請求の趣旨には判決主文に対応する文言を記載することから、便宜上、訴訟提起者が求める訴訟費用負担の内容を「訴訟費用は被告の負担とする」との文言を用いて記載するのが通常である。訴訟費用額確定手続については、13(7)（338頁）を参照されたい。

仮執行宣言は、財産権上の請求に関する判決について、必要があると認められるときに、申立てによりまたは職権でされる（民訴259条1項）。したがって、請求の内容に財産権上の請求があれば、仮執行宣言の申立てを請求の趣旨に記載する。たとえば、【書式45】（223頁）のような賃料不払いによる賃貸借契約解除に基づく建物明渡請求の場合、建物の明渡し、未払賃料、解除後

明渡しに至るまでの使用損害金のすべての財産権上の請求について仮執行宣言の申立てが可能であり、請求の趣旨に「……との判決並びに仮執行宣言を求める」と記載する。なお、相手方が本件建物に居住し、請求棄却を求めている場合には、判決の際に、「建物明渡」請求部分については、仮執行宣言がつかない場合がある。

(j) **請求の原因**

民事訴訟法133条2項2号の規定に基づき記載すべき必要的記載事項である。

訴状には、請求の趣旨および請求の原因を記載するほか、請求を理由づける事実を具体的に記載し、かつ、立証を要する事由ごとに、当該事実に関連する事実で重要なものおよび証拠を記載しなければならない（民訴規53条1項）。これは、すべての裁判の期日に内容のある実質的かつ効率的な審理をし、早期に争点を確定し、争点中心の集中的な証拠調べを実施して、紛争の早期解決を図ることが目的だからである。

「請求を理由づける事実」というのは、訴訟物たる権利または法律関係を発生させる法律要件に直接に該当する具体的事実を指す。「立証を要する事由」とは、予想される争点を意味する。「立証を要する事由ごとに、当該事実に関連する事実で重要な事実」とは、重要な間接事実を意味する。証拠によって主要事実を端的に立証できるときはよいが、そうでないときは、間接事実の積み重ねによって主要事実の存否を立証していくことになる。

民事訴訟規則53条の規定が、訴訟の早期解決の実現を図るというものであることを考慮すれば、当然訴訟代理人として司法書士が訴状を作成する際にも十分に考慮して遵守すべき規定である。しかし、その記載程度の具体的判断は難しい。

たとえば、賃料不払いによる賃貸借契約解除に基づく建物明渡請求訴訟の場合で、現在のところ未払賃料の滞納は4か月分であるが、5年前から賃料の滞納が恒常的にあり、2～3か月分の賃料支払いが滞ることがしばしばであったといった事情が存在し、賃料の未払いが賃貸借契約解除に至るほど当

事者間の信頼関係を破綻させているかといった点が争点となると訴訟提起の段階から予想されているときに、この「5年前から賃料の滞納が恒常的であった事実」は今回の賃料の未払いに直接関係する事実ではないが、重要な事実であり、訴状提出の段階で、「本件の事情」として請求の原因欄に別途記載することは十分に意味のあることである。

　訴状の中では、立証を要する事由（主要事実、間接事実）ごとにその認定のために必要な証拠を、当該事由の記載部分に「……賃貸借契約を締結した（甲第2号証、賃貸借契約書）」または「……賃貸借契約を締結した（甲2）」といった簡潔な形で記載する。

　(k)　証拠方法

　【書式45】（223頁）のように請求の原因欄の次に「証拠方法」として当該証拠の番号および標目を記載する。ただし、手書きのメモのように文書に標目がないときは、「〇年〇月〇日原告作成のメモ」などと記載する。なお、立証趣旨については、1(6)(B)（203頁）で述べたとおり、別途証拠説明書において明らかにする。

　(l)　附属書類の表示

　民事訴訟規則2条3号の規定に基づき記載すべき記載事項である。訴状に添付して提出する書類の標目およびその通数を記載する。

　(m)　物件目録

　請求の趣旨には訴えにより求める内容を要約し、簡潔な文章で整然かつ明瞭に記載しなければならない（民訴規5条）ため、給付や確認を求める訴えにおける目的物の特定を請求の趣旨の中で行うと、文章が散漫になり民事訴訟規則5条の趣旨に反する。そこで、物件目録を別途作成し、当該物件目録によって目的物の特定を行うことが通常行われている。

　建物明渡請求訴訟の場合では、明渡しを求める建物の特定が必要になるが、建物が登記されている場合には、【書式45】（223頁）のように、所在地、家屋番号、種類、構造、床面積等で特定すればよい。

　建物が未登記である場合には、目的物たる建物が所在する土地について、

所在、地番などを物件目録で特定をした後、「別紙物件目録記載の土地上に所在する別紙図面記載の建物」といった文言で特定したうえで、建物の図面を作成すればよい。

また、明渡しを求める部分が建物の一部である場合には、建物の図面を添付し、図面中の明渡しを求めたい部分を斜線等で囲むなどして、図面上一見してわかるよう特定したものを添付する。

なお、強制執行を行う際の便宜上、住居表示もあわせて記載すべきである。

〔記載例54〕 物件の表示(1)――基本

```
所   在  大阪市西住吉区梅川町二丁目16番地8
家屋番号  16番8
種   類  店舗
構   造  木造瓦葺2階建
床 面 積  1階  14.14平方メートル
         2階   8.50平方メートル
(住居表示  大阪市西住吉区梅川町二丁目4番8号)
```

〔記載例55〕 物件の表示(2)――区分建物の場合

```
(一棟の建物の表示)
所   在  大阪市西住吉区梅川町二丁目16番地8
建物の名称  梅川マンション
(専有部分の建物の表示)
家 屋 番 号  梅川町16番8の101
建物の名称  101号
種   類  店舗
構   造  鉄筋コンクリート造1階建
床 面 積  1階部分  14.14平方メートル
(住居表示  大阪市西住吉区梅川町二丁目4番8-101号)
```

(注) 敷地権の表示は記載しない。

〔記載例56〕 物件の表示(3)――共同住宅（アパート等）の場合

```
所  在    大阪市西住吉区梅川町二丁目16番地8
家屋番号   16番8
種  類    共同住宅
構  造    木造瓦葺2階建
床 面 積   1階 77.76平方メートル
          2階 77.76平方メートル
このうち，1階101号室部分19.44平方メートル（注）
（住居表示  大阪市西住吉区梅川町二丁目4番8－101号）
```

（注） 部屋番号などで、容易に建物が特定できる場合の表示方法である。もし、容易に特定ができないときは、図面等を用いることになる。

〔記載例57〕 物件の表示(4)――未登記建物の場合

```
所  在    大阪市西住吉区梅川町二丁目16番地8
家屋番号   （未登記）
種  類    店舗
構  造    木造瓦葺2階建
床 面 積   1階 14.14平方メートル
          2階  8.50平方メートル
```

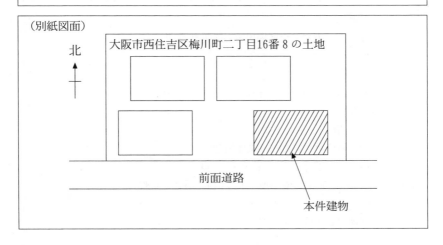

〔記載例58〕 物件の表示(5)──建物の一部分の場合

```
所　　在　大阪市西住吉区梅川町二丁目16番地 8
家屋番号　16番 8
種　　類　店舗
構　　造　木造瓦葺 2 階建
床 面 積　1 階　14.14平方メートル
　　　　　2 階　 8.50平方メートル
（住居表示　略）
　上記1階のうち別紙図面1のイ、ロ、ハ、ニ、イを順次結んだ直線で囲まれた部分9.20平方メートル
（又は別紙図面の斜線部分）
```

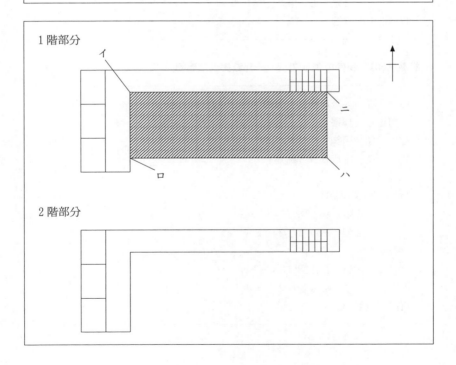

〔記載例59〕 物件の表示(6)──増改築した建物

```
所    在  大阪市西住吉区梅川町二丁目16番地8
家屋番号  16番8
種    類  店舗
構    造  木造瓦葺2階建
床 面 積
(登記簿上の表示)
        1階  14.14平方メートル
        2階   8.50平方メートル
(現況)
        1階  16.28平方メートル
        2階   9.50平方メートル
(住居表示  略)
```

〔記載例60〕 物件の表示(7)──一部滅失した建物

```
所    在  大阪市西住吉区梅川町二丁目16番地8
家屋番号  16番8
種    類  店舗
構    造  木造瓦葺2階建
床 面 積
(登記簿上の表示)
        1階  16.28平方メートル
        2階   9.50平方メートル
(現況)
        1階  14.14平方メートル
        2階   8.50平方メートル
(住居表示  略)
```

(2) 附属書類

(A) 訴状副本

訴状は、被告に送達されなければならない（民訴138条1項）。この被告への送達は、原告から提出された副本によってなされる（民訴規58条1項）。副本とは、内容と外観が原本と同一の書類をいう。したがって訴状の原本（正本）と同じものをつくればよい。

実際には、正本として作成した訴状の写しを作成し、上部に「副本」と記載しておけばよい。

(B) 重要な書証の写し

訴状には、その請求の原因において主張した立証を要する事由につき、証拠となるべき文書の写し（書証の写し）で重要なものを添付しなければならない（民訴規55条2項）。原告が本件訴訟について争点となると予想する事実関係については、その事実の証明のために提出すべき証拠のうち、文書によるもの（書証）の写しを早期に提出させ、迅速な事実審理を促進させようとの趣旨である。

そこで、賃貸借契約終了に基づく建物明渡請求訴訟の場合、賃貸借契約書や未払賃料の支払催告書、解除通知書が原告の手もとにあれば、訴状提出の段階で提出すべきであろう。また、重要な間接事実を立証する書証についても訴状提出の段階ですでに原告の手もとにあり、提出可能であれば上記と同様である。

(C) 訴訟委任状

法定代理権または訴訟行為をするのに必要な授権（訴訟代理権等）は、書面で証明しなければならない（民訴規15条・23条）。司法書士が代理する訴訟であれば、当該代理権を証明するために訴訟委任状を提出しなければならない。

授権事項の内容については民事訴訟法55条2項に規定の特別授権事項に注意して記載する必要がある。そして、司法書士が簡易裁判所の訴訟行為について代理する場合の委任状には、司法書士の簡裁訴訟等代理関係業務認定番

(D) 資格証明書

(a) 法人の場合

当事者が法人である場合には、代表者についての資格証明書として、代表者事項証明書を提出する必要がある。

(b) 法人格なき社団・財団の場合

法人格なき社団または財団を当事者とする場合には、その者の当事者能力を判断するのに必要な資料を添付すべきである。

たとえば、マンションの駐車場について法人格のないマンションの管理組合が一括で借り上げ、マンションの住民に転貸している場合、法人格のないマンションの管理組合が当該駐車場の明渡請求の当事者となることがある。同様に共益費についての支払請求の場合にも、法人格のないマンションの管理組合が訴訟当事者となることもある。これらの場合は資格証明書として、マンション管理規約の写しや代表者選任にかかる集会議事録の写しなどを添付する。なお、被告となるべき者が、法人格なき社団または財団である場合、原告において、訴訟提起に先立って、被告の定款などを入手することが困難なことがある。このようなとき、原告としては、定款などを添付することなく訴状を提出せざるを得ない。この場合、裁判所は、被告に対して、当事者能力を判断するために必要な資料を提出させることができる（民訴規14条）。

(c) 未成年者の場合

当事者が未成年者である場合には、親権者または未成年後見人が法定代理人となるから、その法定代理権を証明するために戸籍謄本の添付が必要である。親権者がいない場合で未成年後見人が選任されていないときは、訴訟提起が遅れることによって損害を受けるおそれがあれば、その旨疎明して、原告側において、特別代理人の選任申立てをすることができる（民訴35条1項）。

(d) 成年被後見人の場合

当事者が成年被後見人、被保佐人、被補助人である場合には、後見登記等に関する法律による登記事項証明書の添付が必要である。また当事者が任意

後見契約を締結している場合で、訴訟を追行する権限や賃貸借契約に関する権限が任意後見人の権限に含まれる場合には、任意後見人が訴訟代理人となるが、この場合にも登記事項証明書の添付が必要である。ただし、後見登記に関する登記事項証明書は、交付を受けることができる者が限られており、単に法律上の利害関係があるという理由のみでは、交付を受けることができない（後見登記等に関する法律10条）。成年後見人がいない場合、当事者が未成年者で未成年後見人がいない場合と同様、特別代理人の選任申立てをすることができる（民訴35条1項）。

(e) **有効期間**

これらの資格証明書や法定代理権を証明する書面のうち、登記事項証明書や住民票など官公庁が発行する書面は作成後3か月以内のものを提出する運用がなされている。

(E) **全部事項証明書（不動産登記簿謄本）**

不動産に関する事件については、対象となる土地または建物の登記事項証明書を添付しなければならない（民訴規55条1項1号）ので、建物明渡請求訴訟の場合、その建物が登記されているものであれば、全部事項証明書（不動産登記簿謄本）を添付する。

(F) **固定資産評価証明書**

上記(A)から(E)の添付書類以外に、訴額算定のための基礎となる資料として、固定資産評価証明書を提出する。固定資産税の評価がされていないものについては、新築建物価格認定基準表等の提出を要求されることがある（1(4)(A)(c)(ウ)（193頁））。

(G) **管轄合意書**

管轄について合意管轄が生じている場合（民訴11条）は、管轄の合意を証する書面を提出しなければならない。賃貸借契約終了に基づく建物明渡請求訴訟を提起する際に、この管轄の合意が賃貸借契約書の中で規定されている場合には、書証として賃貸借契約書を提出していれば、さらに提出する必要はないと考えられる。

(H) 附属書類の通数

附属書類のうち、訴訟委任状や資格証明書、不動産の登記事項証明書は、裁判所提出分の1通を添付すればよい。その他の訴状副本や書証の写しは被告に送達すべきものであるから、裁判所用の正本以外に、訴状副本および書証を被告の数に応じた通数を裁判所に提出しなければならない。

3 訴状の提出

(1) 訴状提出の準備

(A) 訴　状

原告が作成すべき訴状の通数は、次のとおりである。

　　正本　　1通（裁判所提出用）
　　副本　　被告の人数分（民訴規58条1項参照）
　　控え　　1通（原告控え）

訴状が数葉にわたる場合には、原則として原告（または代理人）の割印（契印）が必要であるが、各葉に頁数が記載されている場合には不要である。なお、頁数の記載の有無にかかわらず、各通をホッチキス等で留めておくようにする。

(B) 書　証

原告が準備すべき書証の通数は、次のとおりである。

　　正本　　1通（裁判所提出用）
　　副本　　被告の人数分（民訴規58条1項参照）
　　控え　　1通（原告控え）

各書証の右上部に、「甲第〇号証」と表示する。原本を証拠とする場合であっても、原本そのものを正本として提出する必要はなく、写し（コピー）を提出すればよいが、口頭弁論期日において原本を提示する必要がある。た

だし、書証のうち陳述書については、原本を正本として裁判所に提出し、写しを副本や控えとすることがある。

なお、数葉にわたる文書はホッチキス等で留める。異なる文書を一つにまとめてしまわないように注意する。

(C) **証拠説明書**

書証の申出をする場合、証拠説明書（【書式41】（204頁）参照）を提出する。証拠説明書についても、訴状と同数の正本・副本・控えを用意する。

(D) **その他の附属書類**

その他、裁判所に提出した訴状に添付すべき書類は、次のとおりである。

・訴訟委任状
・固定資産評価証明書
・資格証明書（当事者が法人の場合等）

これらの書類は、原本を裁判所に提出する必要があるので、写しを原告の控えとして保存するようにする。なお、被告に送達されるものではないので、被告の人数分の副本を準備する必要はない。また、これらの書類も、ホッチキス等で留めてしまわないように注意する。

(E) **手数料**

手数料は収入印紙で納付する。収入印紙は訴状正本の空欄に貼付すればよいが、印紙の数が多いときは、訴状に白紙の印紙貼付欄を設けるなどの方法を用いればよい。

(F) **予納郵券**

予納郵券は、各裁判所指定の組合せの切手を、そのまま小袋等に入れて訴状と同時に提出すればよい。

(G) **訴訟救助の申立て**

訴訟上の救助とは、訴訟の準備および追行に必要な費用を支払う資力がない場合またはその支払により生活に著しい支障を生ずる場合に、裁判費用等の支払いを猶予する制度である。訴訟上の救助の付与を受けるには、訴訟救助の申立てをする必要がある。

【書式46】 訴訟救助の申立書

訴訟救助の申立書

平成○年○月○日

大阪簡易裁判所　御中

　　　　　　　　　申立人代理人司法書士　甲　　川　　龍　　介　㊞

当事者の表示　（略）

　上記当事者間の御庁平成○年(ワ)第○○号建物明渡請求事件について，原告は次のとおり訴訟救助の申立てをする。

申立ての理由
　申立人は，資産がなく，これといった収入もない（甲1）ため，訴訟費用を支払う資力が無い。一方，上記建物明渡請求訴訟は，勝訴の見込みがないとはいえない（甲2）。よって，申立人に対し，上記訴訟事件についての訴訟上の救助を付与されたく申し立てる。

疎明方法
1　甲第1号証　　　非課税証明書
2　甲第2号証　　　訴状

附属書類
1　甲号証写し　　　各1通

(2)　訴状提出の方法

　訴状は、管轄裁判所に持参または郵送により提出する。ファクシミリ送信によることはできない（ファクシミリ送信の可否については、〈図表9〉（273頁）を参照されたい）。

　提出後、受付印が押された訴状控えを受領して事件番号・事件係を確かめ

るようにする。事件番号は、建物明渡訴訟事件のような通常民事事件の場合、簡易裁判所では(ハ)の符号が、地方裁判所では(ワ)の符号が付せられ、たとえば、「平成26年(ハ)第831号」のように表示される。

なお、訴状に不備があれば、後日、電話やファクシミリなどで補正を促されることがある。

(3) 第1回期日の日程調整

訴状審査が終了すれば、担当書記官より第1回期日の日時を決定するため、電話・ファクシミリ等で連絡がある。書記官の提示する日時のうち、都合の良い日を決定し、期日請書をファクシミリ等にて送付する。

【書式47】 期日請書

```
平成26年(ハ)第100号　建物明渡請求事件
原告　乙山　太郎
被告　丙村　花子

              期日請書

                                    平成26年10月5日
大阪簡易裁判所　民事44係　御中
              原告訴訟代理人司法書士　甲　川　龍　介　㊞
  頭書事件の口頭弁論期日（平成26年11月7日午前10時15分）をお請けします。
```

4　送達

(1) 送達の概観

裁判所は、訴状が提出されると、原告代理人と協議のうえ第1回口頭弁論

第4章 訴 訟

〈図表8〉 送達ブロック

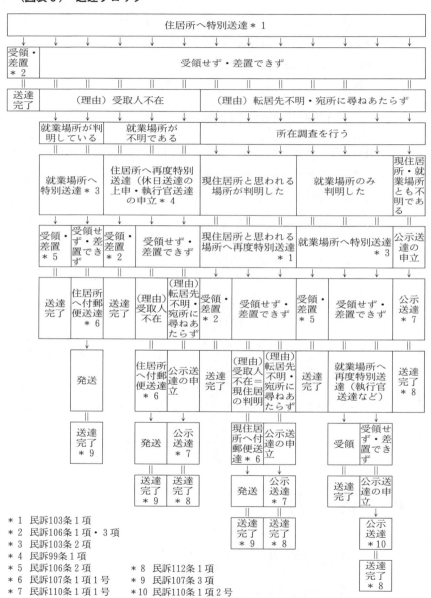

* 1 民訴103条1項
* 2 民訴106条1項・3項
* 3 民訴103条2項
* 4 民訴99条1項
* 5 民訴106条2項
* 6 民訴107条1項1号
* 7 民訴110条1項1号
* 8 民訴112条1項
* 9 民訴107条3項
*10 民訴110条1項2号

期日を決定し、被告に対して、訴状副本および第1回期日呼出状を送達する。

通常、送達は、訴状記載の被告の住所地に対して、特別送達（郵49条）という書留郵便の一種の方法で行われる。

訴訟の係属は、被告に対する訴状の送達をもって発生するが、被告が受領を拒否することもある。被告が不在の場合、郵便局にて7日間（受取人の申出により10日間まで延長できる）留め置かれる。また、そもそも訴状に記載すべき被告の住所地が、訴状作成の段階で不明であることもある。原告としては、被告に対する送達場所と送達方法について、十分に検討する必要がある。

(2) 送達名宛人

(A) 自然人

自然人に対する送達は、訴訟無能力者でない限り、その本人に対して送達する。なお、拘置所や刑務所などの刑事施設に入所している者に対する送達は、当該刑事施設の長が送達を受けるべき者になる（民訴102条3項）。

(B) 法人

法人に対する送達は、その法人の代表者が送達を受けるべき者になる（民訴28条・102条1項）。

(C) 未成年者

未成年者に対する送達は、親権者（後見人）が送達を受けるべき者になる（民訴102条1項）。ただし、その未成年者が独立して法律行為をすることができる場合は、その未成年者自身に対して送達する。なお、未成年者に共同親権を行使する父母がいる場合は、父母の一方に送達すればよい（民訴102条2項）。

(D) 成年被後見人

成年被後見人に対する送達は、成年後見人が送達を受けるべき者になる（民訴102条1項）。

(E) 被保佐人・被補助人

被保佐人および被補助人（訴訟行為をすることにつき、その補助人の同意を得

ることを要するものに限る）は、保佐人や補助人の同意を得ることなく、相手方の提起した訴えについて訴訟行為をすることができるので（民訴32条1項）、その本人に対して送達する。

　(F)　**法人でない社団・財団**

　法人でない社団・財団であって、その名において訴えまたは訴えられることができる者に対する送達は、その社団・財団の代表者または管理人が送達を受けるべき者になる（民訴37条・102条1項）。

(3)　送達場所

　(A)　**住　所**（民訴103条1項）

　自然人であれば生活の本拠である（民22条）。必ずしも住民登録をしている場所とは限らず、客観的にみて、現実に本拠として生活している場所をいう。法人であれば主たる事務所の所在地である（一般社団法人及び一般財団法人に関する法律4条）。必ずしも登記簿上の所在地とは限らず、客観的にみて、現実に主たる事務所としている場所をいう。

　(B)　**居　所**（民訴103条1項）

　自然人が、ある程度の期間継続して居住している場所である。たとえば、数年間居住する学生の下宿、数カ月間居住する入院中の病院、1〜2か月間居住する別荘地などがあげられる。

　(C)　**営業所**（民訴103条1項）

　法人や自然人が、独立して取引している場所である。登記の有無やその名称は問われない。

　(D)　**事務所**（民訴103条1項）

　営業とはいえない範囲の業務が、継続的に行われる中心的場所である。

　(E)　**法定代理人の住所・居所・営業所・事務所**（民訴103条1項）

　訴訟無能力者に対する送達は、法定代理人の住所・居所・営業所・事務所が送達場所になる。なお、訴訟無能力者に営業所・事務所があるときは、その営業所・事務所も送達場所となる（民訴103条1項ただし書）。

(F) **法人の代表者の住所・居所・営業所・事務所**

法人に対する送達は、代表者の住所・居所・営業所・事務所が送達場所になる。ただし、実務上は、(A)の法人の営業所・事務所に送達するのが一般的な取扱いである。

(G) **休日送達・夜間送達・再送達**

(A)～(F)の送達場所において送達を試みたところ、留置期間経過を理由として訴状等が返送されたようなときは、相手方が在宅していると考えられる休日や夜間（17時～21時）に郵便が配達されるよう手続を依頼することができる。

【書式48】 休日送達の上申書

平成26年(ワ)第100号　建物明渡請求事件
原告　乙山　太郎
被告　丙村　花子

休日送達の上申書

　　　　　　　　　　　　　　　　　　　　　　平成26年10月10日

大阪簡易裁判所民事44係　書記官　殿
　　　　　　　　　原告訴訟代理人司法書士　甲　　川　　龍　　介　㊞

　頭書事件について，被告に対する訴状等の送達が不能となっておりますので，休日送達されたく上申致します。

また、最初の送達が転居先不明のために完了しなかったところ、調査した結果被告の居住地が判明した場合は、再送達の上申書を提出して、再度の送達を申し立てることができる。

【書式49】 再送達の上申書

平成26年(ワ)第100号　建物明渡請求事件
原告　乙山　太郎
被告　丙村　花子

第4章 訴　訟

再送達の上申書

平成26年10月10日

大阪簡易裁判所民事44係　書記官　殿

　　　　　　　　原告訴訟代理人司法書士　甲　川　龍　介　㊞

　頭書事件について，被告に対する訴状等の送達が不能となっておりましたが，「調査報告書」のとおり下記の場所に居住していることが判明しましたので，同所に宛てて再送達されたく上申致します。

記

　　住所　大阪市城北区松空町一丁目7番8号
　　　　　松空アパート201

附属書類

1　調査報告書　　　　1通

以上

【書式50】　調査報告書（再送達）

調査報告書

平成26年10月10日

大阪簡易裁判所民事44係　書記官　殿

　　　　　　　　原告訴訟代理人司法書士　甲　川　龍　介　㊞

1　住居所について
　(1)　調査日時　平成26年10月10日　午前11時20分
　(2)　調査者　　甲川龍介（原告との関係　訴訟代理人）
　(3)　調査場所　大阪市城北区松空町一丁目7番8号
　　　　　　　　松空アパート201
　(4)　調査方法　(3)に赴き，次の調査を行った。
　(5)　調査内容
　　(a)　建物・部屋の外観
　　　　2階201号室のベランダには洗濯物が干してあった。
　　　　■別紙添付写真aのとおり

(b) 表札
表札には被告の苗字が書かれていた。
■別紙添付写真 b のとおり
(c) 郵便物の受取状況
郵便物は溜まっていない。
■別紙添付写真 c のとおり
(d) 電気・ガス・水道の使用状況
電気メーターは回っている。ガス，水道も止められている気配は無い。
■別紙添付写真 d のとおり
(e) 近隣者からの聴取
氏　　名　戌野良子
住　　所　大阪市城北区松空町一丁目 7 番 8 号　松空アパート 203
聴取内容　2～3 日に一度は顔を見かけるとのこと

(H) 就業場所 （民訴103条2項）

　就業場所とは、送達を受けるべき者が、雇用（会社員等）、委任（取締役等）その他の法律上の行為（公務員、市長等）に基づいて就業する他人の住所等をいう。就業場所は現実に勤務している場所を指すから、支店勤務の場合に本店は就業場所には当たらない。

　送達は、送達を受けるべき者（送達名宛人）の住所・居所・営業所・事務所においてするが、これらの場所が知れないときやこれらの場所において送達するのに支障があるときは、送達名宛人の就業場所においてもすることができる（民訴103条2項）。

(a) 住所・居所・営業所・事務所が知れないとき

　原告において、被告の住所・居所・営業所・事務所がわからない場合である。実務的には、住民票上の住所に対して送達を試みたが、それが「転居先不明」または「宛所に尋ねあたらず」を理由に返送された場合に、所在調査をしたところ、就業場所が判明したようなときに行われる。

(b) 住所・居所・営業所・事務所において送達するのに支障があるとき

第4章 訴 訟

　原告において、被告の住所・居所・営業所・事務所が判明しているので、住民票上の住所に対して送達を試みたが、「留置期間満了」を理由に返送された場合に、所在調査をしたところ、昼間仕事に行っているため送達できない・長期不在であるなどのために住所にて送達ができないが、就業場所が判明したようなときに行われる。

【書式51】 就業場所送達の上申書

平成26年(ハ)第100号　建物明渡請求事件
原告　乙山　太郎
被告　丙村　花子

就業場所送達の上申書

平成26年10月10日

大阪簡易裁判所民事44係　書記官　殿
原告訴訟代理人司法書士　甲　川　龍　介　印

　頭書事件について、被告に対する訴状等の送達を被告の住所地にしていただきましたが、送達不能となっておりますので、被告の下記就業先に送達されたく上申致します。

記

〒539-0001
大阪市城北区松空町二丁目4番8号　松空ビル
　株式会社　刑事法研究会

以上

---

(4) 送達方法

(A) 交付送達（民訴101条）

　交付送達とは、送達を受領する者に書類を手渡しすることによってなされる送達である。送達実施機関が、送達を受け取るべき者に対し、送達書類を直接交付して行う。

(B) **出会送達**（民訴105条）

　送達を受けるべき者（送達名宛人）が、日本国内に住所・居所・営業所・事務所を有することが明らかでないときは、この者に出会った場所で送達することができる（ただし、送達場所の届出をした者を除く）。また、送達場所を有することが明らかな場合であっても、送達名宛人が拒まないときは、同様に出会った場所で送達することができる。もし、送達名宛人が拒否した場合は、後記(D)の差置送達をすることはできない。

(C) **補充送達**（民訴106条1項・2項）

(a) **就業場所以外の場所**

　就業場所以外の送達をすべき場所において、送達名宛人に出会わないときは、使用人その他の従業員または同居者で、書類の受領について相当のわきまえのある者に書類を交付することができる。

(b) **就業場所**

　就業場所において送達名宛人に出会わないときは、使用人その他の従業員または同居者、その法定代理人もしくは使用人その他の従業員で、書類の受領について相当のわきまえのある者が拒まないときは、その者に書類を交付することができる。

(D) **差置送達**（民訴106条3項）

　送達名宛人に出会ったが、送達名宛人が正当な理由なく送達すべき書類の受領を拒否した場合は、その場所に送達すべき書類を差し置く方法によって送達することができる。

　就業場所以外の場所（住所・居所・営業所・事務所など）において、書類の受領について相当のわきまえのある者が正当な理由なく送達すべき書類の受領を拒否した場合は、その場所に送達すべき書類を差し置く方法によって送達することができる。

(E) **郵便に付する送達**（民訴107条）

　郵便に付する送達（付郵便送達）とは、書記官が送達書類を書留郵便に付して、送達を受けるべき者の住所などの送達場所に宛てて発送する方法により

第4章 訴 訟

行う送達である。送達の効果は郵便の発送をもって生じたものとみなされる。実際に被告が受け取らなくても送達の効果が生じることから、被告に不利益が生じる可能性が高いので、付郵便送達をするには下記の二つの要件をともに満たさなければならない。

① 住所等における送達（民訴103条）につき、交付送達、補充送達および差置送達ができなかった場合（不在によって送達ができなかった場合であり、「転居先不明」や「宛所に尋ね当たらず」の場合は含まれない）
② 就業場所が不存在もしくは判明しなかったため送達ができなかった場合、または、判明したものの、同所における送達につき、交付送達、補充送達および本人に対する差置送達ができなかった場合

【書式52】 付郵便送達の上申書

平成26年(ハ)第100号　建物明渡請求事件
原告　乙山　太郎
被告　丙村　花子

書留郵便等に付する送達の上申書

平成26年10月20日

大阪簡易裁判所民事44係　書記官　殿

原告訴訟代理人司法書士　甲　川　龍　介　㊞

　頭書事件につきまして，被告に対し訴状等の送達が不能となっておりますが，同被告は住所地に居住しているものの，通常の送達方法では送達できません。また，被告の就業場所も不明です。
　よって，書留郵便等に付する送達を被告住所宛に送達されたく上申致します。

附属書類

1　住民票　　　　　　　　1通
2　調査報告書　　　　　　1通

【書式53】 調査報告書(付郵便送達)

平成26年(ハ)第100号　建物明渡請求事件
原告　乙山　太郎
被告　丙村　花子

調査報告書

平成26年10月20日

大阪簡易裁判所民事44係　書記官　殿

　　　　　　　　　　　原告訴訟代理人司法書士　甲　川　龍　介　㊞

1　住居所について
　(1)　調査日時　平成26年10月19日　午前11時20分
　(2)　調査者　　甲川龍介(原告との関係　訴訟代理人)
　(3)　調査場所　被告の住所である大阪市城北区松空町三丁目2番1号
　(4)　調査方法　(3)に赴き,次の調査を行った。
　(5)　調査内容
　　(a)　建物・部屋の外観(2階ベランダには洗濯物が干してあった。庭には犬小屋があり,中型犬が鎖に繋がれていた。)
　　　■別紙添付写真aのとおり
　　(b)　表札(表札には被告の苗字が書かれていた。)
　　　■別紙添付写真bのとおり
　　(c)　郵便物の受取状況(郵便物は溜まっていない。)
　　　■別紙添付写真cのとおり
　　(d)　電気・ガス・水道の使用状況(電気メーターは回っている。ガス,水道も止められている気配はない。)
　　　■別紙添付写真dのとおり
　　(e)　近隣者からの聴取
　　　氏名　己田　薫　　住所　大阪市城北区松空町三丁目3番3号
　　　　聴取内容　2,3日に一度は顔を見かけるとのこと
2　就業場所について
　(a)　なし　　□無職　□主婦　□学生　□その他(　　　　　)
　　　　　　　□自営業(　　　　　　)
　(b)　不明　　□契約当時から

第4章 訴　訟

```
■契約時は㈱刑事法研究会に勤務していたが，平成25年6月ごろ退職。
　その後不明（平成25年7月ごろ被告本人に確認）
(c)　現在　　　　　　　　に勤務している。□訴状記載　□契約書記載
　　　　　　　□上申書（　月　日付）記載　□　　　　　氏に確認
(d)　備考
```

(F)　執行官送達

　休日送達も就業場所送達もできない場合には、執行官による夜間の送達をすることができる（民訴99条1項。夜間といっても常識的な時間に限られるので、実務上は午後9時30分くらいまでのようである）。大阪簡易・地方裁判所においては、この場合、下記のような上申書を書記官に提出し、書記官から送達書類を預かり、管轄の執行官に対して、これらの書類を添付して申し立てるという取扱いがなされている。ただし、執行官の旅費・手数料等の予納が必要である（民訴費11条1項1号）。

【書式54】　執行官送達の上申書

```
平成26年(ハ)第100号　建物明渡請求事件
原告　乙山　太郎
被告　丙村　花子

　　　　　　　　執行官送達の上申書

　　　　　　　　　　　　　　　　　　　　　　　平成26年10月20日
大阪簡易裁判所民事44係　書記官　殿
　　　　　　　　　　　　　原告訴訟代理人司法書士　甲　川　龍　介　㊞
　頭書事件につきまして，被告に対し訴状等の送達が不能となっておりますが，被告は昼間は不在で休日も不定期であり，また，同居人もおりません。よって，執行官による夜間送達されたく上申致します。
```

【書式55】 執行官に対する送達申立書

>   送達申立書
>
>   平成26年10月20日
> 大阪地方裁判所執行官　殿
> 　　　　〒548-0002　大阪市城北区竹山町三丁目4番5号　竹山ビル6階
> 　　　　　　　　　甲川司法書士事務所
> 　　　　　　　　原告訴訟代理人司法書士　甲　　川　　龍　　介　印
> 　　　　　　　　　　　　　　　　　　　電　話　06-0000-0000
> 　　　　　　　　　　　　　　　　　　　ＦＡＸ　06-0000-0000
> 大阪簡易裁判所平成26年(ハ)第100号　建物明渡請求事件
> 送達場所　大阪市城北区松空町三丁目2番1号
> 受送達者　丙　村　花　子
> 送達書類　訴状副本　1通
> 　　　　　書証（甲第1号証～第4号証）各1通
> 　　　　　期日呼出状　1通
> 上記送達されたく申立てします。

(G)　公示送達

　公示送達とは、送達場所が不明などの理由によって送達書類を交付できない場合に、当事者の申立てにより、書記官が送達書類を保管し、いつでも送達を受け取る者に交付する旨を裁判所の掲示場に掲示して行う送達である（民訴110条・111条）。

　公示送達の効力発生時期は、最初の公示送達の場合、掲示した日から2週間の経過で、2回目以降の公示送達は掲示した日の翌日に送達の効力が発生する（民訴112条1項）。

　公示送達をするには下記の要件のいずれかに該当する必要がある(以下、日本における送達に限って述べる)。

　①　当事者の住所、居所等送達をすべき場所が知れない場合
　②　付郵便送達ができない場合

第4章 訴 訟

　①の「知れない」とは、通常の調査方法を講じて調査したが判明しないという客観的なものを意味し、単に当事者が知らないことのみでは「知れない」とはいえない。
　公示送達申立てに際しては、申立書とともに、次の視点に基づく資料が必要になる。
　① 送達を受ける者の最後の住所地
　② 最後の住所に送達を受ける者が居住していないこと
　③ 就業場所がないことまたは就業場所が判明しないこと
　たとえば、住民票、戸籍の附票、市区町村の住民登録がない旨の証明書、当事者の調査報告書が該当する。③については、調査報告書に就業場所が判明しないことを記載して、これを資料とするのが一般的である。

【書式56】 公示送達申立書

平成26年(ハ)第100号　建物明渡請求事件
原告　乙山　太郎
被告　丙村　花子

公示送達申立書

平成26年10月20日

大阪簡易裁判所民事44係　御中

原告訴訟代理人司法書士　甲　川　龍　介　㊞

　頭書事件について，被告に対する訴状等の送達が不能となっておりますが，被告の住所，居所，勤務先その他送達するべき場所が知れないため，通常の方法による送達をすることができませんので，公示送達の方法により送達されたく申立てします。

附属書類

1　住民票　　　　　1通
2　調査報告書　　　1通

【書式57】 調査報告書（公示送達）

平成26年(ハ)第100号　建物明渡請求事件
原告　乙山　太郎
被告　丙村　花子

調査報告書

平成26年10月20日

大阪簡易裁判所民事44係　書記官　殿

　　　　　　　　　　原告訴訟代理人司法書士　甲　川　龍　介　㊞

1　住居所について
　(1)　調査日時　平成26年10月19日　午前11時20分
　(2)　調査者　　甲川龍介（原告との関係　訴訟代理人）
　(3)　調査場所　被告の住民票上の住所である大阪市城北区松空町三丁目2番1号
　(4)　調査方法　(3)に赴き，次の調査を行った。
　(5)　調査内容
　　(a)　建物・部屋の外観（雨戸を閉め切っている。）
　　　■別紙添付写真aのとおり
　　(b)　表札（表札は剥がされていた。）
　　　■別紙添付写真bのとおり
　　(c)　郵便物の受取状況（郵便受けから郵便物があふれていた。）
　　　■別紙添付写真cのとおり
　　(d)　電気・ガス・水道の使用状況（電気メーターは回っておらず，水道，ガスには閉栓の札がかけられていた。）
　　　■別紙添付写真dのとおり
　　(e)　近隣者からの聴取
　　　(1)　氏名　己田　薫　　住所　大阪市城北区松空町三丁目3番3号
　　　　　聴取内容　　ここ何ヶ月か見たことはないとのこと
2　就業場所について
　(a)　なし　　□無職　□主婦　□学生　□その他（　　　　　　　）
　　　　　　　□自営業（　　　　　　　）
　(b)　不明　　■契約当時から

第4章 訴 訟

```
             □契約時は      に勤務していたが，  年  月ごろ退職。
              その後不明（    氏に確認）
  (c) 現在           に勤務している。□訴状記載 □契約書記載
             □上申書（ 月  日付）記載 □     氏に確認
  (d) 備考
```

(5) 送達場所の届出

　送達場所の届出とは、当事者、法定代理人および訴訟代理人が、送達を受けるべき場所を届け出ることである（民訴104条1項）。この届出がされると、以後、当該訴訟に関する書類の送達はこの届出の場所で行うことになる（民訴104条2項）。また、当事者が届け出た場所において送達が完了しなかったとしても、他の送達場所を調査することなく、届出場所において付郵便送達をすることができる（民訴107条1項2号）。送達場所の届出は書面による必要があり（民訴規41条1項）、かつ、できる限り原告の場合は訴状に、被告の場合は答弁書に記載しなければならない（民訴規41条2項）。

　なお、この届出がない場合、一度送達を受けた当事者等に対する2回目以降の送達については、原則として直前の送達をした場所で行う（民訴104条3項参照）。

5　訴訟代理人の許可（許可代理）

　簡易裁判所においては、事件の軽微性を考慮して、本人が健康上の理由等で直接訴訟に関与することができないときや、本人よりも従業員が当該訴訟に関して事実や法律について相当程度の知識を有しているようなときなど、代理人の必要性および代理人としての適格性を満たしているような場合、弁護士、司法書士でない者も裁判所の許可を得て訴訟代理人となることができ

る（民訴54条1項ただし書）。ただし、この許可については裁判所はいつでも取り消すことができる（民訴54条2項）。

　実務においては以下の者が、代理人として許可されているようである。

① 　当事者の親族（疎明資料として戸籍謄本等が必要）
② 　当事者の被用者（疎明資料として社員証等が必要）
③ 　その他相当と認められる者（弁護士法に反する者や、代理人としての能力に欠ける者等は許可されない）

【書式58】　許可申請書・委任状

平成26年(ハ)第100号　建物明渡請求事件
原告　乙山　太郎
被告　丙村　花子

500円

訴訟代理人許可申請書兼委任状

平成26年11月7日

大阪簡易裁判所民事44係　御中

　　　　　　　　　　　申請人（委任者）　乙　山　太　郎　印

　私は、頭書事件について、下記の者に民事訴訟法第55条2項を含めた一切の権限を委任します。そこで、下記の者を私の訴訟代理人とすることを許可されますよう申請します。

記

代理人の表示　　住　所　大阪市城北区松空町一丁目2番34号
　　　　　　　　氏　名　乙　山　敦　司
　　　　　　　　電　話　06-0000-0000

私（申請人）と代理人との関係
　代理人は、私の長男です。
　私は、不動産賃貸業である乙山商事を経営しているのですが、最近は、体調がすぐれず病院通いが続いています。
　長男は、私の片腕として、乙山商事の運営にあたっており、頭書事件についても、その事実関係を熟知しております。

第 4 章 訴 訟

```
                       附属書類
  1   戸籍謄本        1通
```

6 移 送

(1) 管轄違いの移送

事件が管轄に違背する場合、裁判所は、申立てまたは職権で訴状の送達をしないで、直ちに訴訟を管轄裁判所に移送する旨を決定する（民訴16条1項）。

(2) 遅滞を避けるため等の移送

管轄が複数競合する場合、訴えを提起する原告にその選択権があるが、被告にとっては、その管轄では不都合を生ずることがある。

①当事者の住所、②尋問を受けるべき証人の住所、③使用すべき検証物の所在地④その他の事情を考慮して、訴訟の著しい遅滞を避けまたは当事者の衡平を図るため必要があると認めるときは、第一審裁判所は申立てまたは職権で移送することができる（民訴17条）。

【書式59】 移送申立書

```
平成26年(ハ)第200号   建物明渡請求事件
原告   株式会社  辛港不動産
被告   壬船  敏朗

                 移送申立書

                              平成26年11月7日
大阪簡易裁判所民事44係  御中
             被告訴訟代理人司法書士  庚  上  春  毅  ㊞
```

```
第1　申立ての趣旨
　　本件を富田林簡易裁判所に移送する
との裁判を求める。
第2　申立ての理由
1　上記当事者間の上記事件は，被告の用法遵守義務違反を理由とする賃貸借契約の解除に基づく建物明渡請求事件として，付随して請求する家賃の請求権の義務履行地たる御庁に対して提起されたものである。
2　しかし当該物件の所在地は大阪府南河内郡千早赤阪村であり，被告も当該物件に居住している上，被告が申し出るべき証人も同村に居住している。なお，原告は大阪府内に広く収益物件を保有している資本金2億9000万円の不動産賃貸業を営む会社であり，被告との経済的格差が著しい。
3　したがって，御庁で審理を受けるのは，徒に多額の費用と訴訟の遅延を生ずるおそれがあるので，本件を民事訴訟法17条により，富田林簡易裁判所に移送するのが相当と考え，この申立てをする。
```

(3) 簡易裁判所の裁量移送

簡易裁判所は、訴訟の事案が複雑であるような場合には、その簡易裁判所の管轄に属する場合であっても、相当と認めるときは、申立てまたは職権で、訴訟の全部または一部を、その簡易裁判所の所在地を管轄する地方裁判所に移送することができる（民訴18条）。

(4) 訴え提起後の合意による必要的移送

訴え提起後においても、当事者の合意があれば他の裁判所へ移送しなければならない（民訴19条1項）。ただし、次の場合は移送することができない（同項ただし書）。

① 移送により著しく訴訟を遅滞させることになるとき
② その申立てが、簡易裁判所からその所在地を管轄する地方裁判所への移送申立て以外のものであって、被告が本案について弁論をし、または弁論準備手続において申述した後にされたものであるとき

(5) 簡易裁判所での不動産訴訟における被告の申立てによる必要的移送

　簡易裁判所に提起された不動産に関する訴訟について、被告が地方裁判所へ移送を申し立てたときは、被告が本案について弁論した場合を除いて、その訴訟の全部または一部が、その所在地を管轄する地方裁判所へ必要的に移送される（民訴19条2項）。

　建物明渡請求訴訟は不動産に関する訴訟であるので、移送の可能性を常に留意すべきである。なぜなら、被告の申立てがあれば、地方裁判所に必要的に移送され、原告訴訟代理人たる司法書士の代理権が消滅するからである。

(6) 簡易裁判所における反訴の提起に基づく必要的移送

　簡易裁判所に係属中の事件について、被告から訴額140万円を超える反訴が提起された場合、本訴原告（反訴被告）の申立てがあれば、その簡易裁判所は、管轄地方裁判所に移送しなければならない（民訴274条）。

7　答弁書

(1) はじめに

　民事訴訟の審理は、原告が主張する事実を、被告の答弁によって、争いのない事実と争いのある事実とに整理することから始まる。この争点整理は、判決に大きく影響する手続である。

　争いのない事実については証拠調べを要せず（民訴159条・179条）、かつ判決の基礎となるから、原告の主張する事実に対する被告の認否は重要である。被告の認否によって証明を要する事実が明らかになるので、被告が認否をす

るときには慎重に行わなければならない。

　原告主張の事実に争いがなければ、被告に不利な判決がなされる可能性が非常に高い。被告が何ら争わなければ、第1回口頭弁論をもって弁論が終結することがあり、被告は抗弁を主張する機会を逃すことになる。被告に抗弁があったとしても、これを主張しなければ訴訟上は考慮されないから、答弁書にこれを記載して陳述する必要がある。したがって、答弁書における被告の抗弁の主張も重要である。

(2)　答弁書の記載事項

　答弁書の具体的記載方法は民事訴訟法161条、民事訴訟規則2条・79条・80条に規定がある。

　答弁書の形式的記載事項は、以下のとおりである。
① 　当事者の氏名または名称および住所並びに代理人の氏名および住所（民訴規2条1項1号）
② 　事件の表示（民訴規2条1項2号）
③ 　附属書類の表示（民訴規2条1項3号）
④ 　年月日（民訴規2条1項4号）
⑤ 　裁判所の表示（民訴規2条1項5号）
⑥ 　被告またはその代理人の郵便番号（民訴規80条3項・53条4項）
⑦ 　被告またはその代理人の電話番号およびファクシミリ番号（民訴規80条3項・53条4項）

答弁書の実質的記載事項は、以下のとおりである（民訴規80条1項）。
① 　請求の趣旨に対する答弁
② 　訴状記載の事実に対する認否（請求の原因に対する答弁）
③ 　抗弁事実
④ 　関連する事実で重要な事実
⑤ 　証拠

(3) 請求の趣旨に対する答弁

請求の趣旨に対する答弁は、「認める」か「争う」かに分かれる。ただし、請求の原因について争わない場合であっても、原告の請求の棄却を求めることは矛盾しない。なぜなら、原告主張の請求原因事実を争わなくても、要件事実を満たさないために、当該事実により原告の主張する法律効果が発生しない場合があり、また被告の抗弁を原告が認めた場合には、原告の請求は棄却されるからである。

(A) 原告の請求を認める場合の答弁

原告の請求に対して何ら反論もなくこれを認める場合は、

「原告の請求を認諾する」

と答弁することになる。この場合、認諾調書が作成され、確定判決と同一の効力を有することになり（民訴266条・267条）、上訴することができなくなる。

(B) 原告の請求に対して争う場合の答弁

原告の請求に対して争う場合においても、本案前の答弁と本案に対する答弁に分かれる。

(a) 本案前の答弁

本案前の答弁とは、本件訴訟の訴訟要件に対する被告の主張である。被告が本案前の答弁を行うについて検討すべき訴訟要件として、次の事項が考えられる。

① 訴えの提起および訴状送達の有効なこと（民訴137条・138条・101条〜108条）
② 当事者が実在し、当事者能力を有すること（民訴28条〜37条）
③ 被告および事件が日本国の裁判権に服すること
④ 裁判所が事件についての管轄を有すること（民訴4条ないし11条・13条）
⑤ 原告に訴権があること（建物明渡請求訴訟においては、原告が建物所有者であるか、賃貸借契約の当事者（包括承継人を含む）であること）

当該訴訟に上記訴訟要件の欠缺がある場合の答弁は、

「原告の請求を却下する」

となる。ただし、後の訴訟手続により瑕疵が治癒される場合があるので、あわせて本案に対する答弁を行っておくべきである。なお、訴訟要件に欠缺がない場合、被告として本案前の答弁を行う必要はない。

(b) **本案に対する答弁**

本案に対して争う答弁とは、
① 原告の主張する事実が存在しない場合
② 存在しても原告の主張する法律効果が発生しない場合
③ 原告の主張する法律効果が発生しないかもしくは消滅する事実が存在する場合（抗弁事由がある場合）

である。この場合の答弁は、

「原告の請求を棄却する」

となる。

なお、原告の請求の一部について認める場合もあろうが、その場合でも実務では、「一部の請求のみ棄却する」と答弁するのではなく、「原告の請求を棄却する」と答弁している。

被告の本案前に行う訴訟行為として移送の申立てがあるが（6（262頁）参照）、移送の申立ては本案について弁論をした場合には認められないことがあるので注意を要する（民訴19条）。

(4) 請求の原因に対する答弁

請求の原因に対する答弁は、事実に関する答弁と法律効果の発生に関する答弁に分類される。つまり、原告は特定の事実を主張し、その事実に基づき発生する権利関係を主張しているのであるから、被告が個別に答弁するにおいて、事実に関する部分と権利関係に関する部分に分けて答弁することになる。

この区別は、答弁する部分において表現に差異があるので、原告の主張している事項が「事実」に関する事項であるか、「権利関係」に関する事項であ

るかを十分に理解認識して答弁する必要がある。たとえば「契約解除の意思表示をなした」は事実であり、これを争うのであれば「否認する」と表現するが、「契約は解除された」は契約解除の意思表示の結果発生する法律効果（権利関係）であるので、これを争うのであれば「争う」と表現することになる。

　被告の答弁はまさに訴訟審理の成り行き、判決に重大な影響を及ぼすものであるから、認否については詳細に行う必要がある。

(A)　事実に対する答弁（認否）

　訴状に記載された事実に対して、被告が認めるか否かを示す答弁を認否という。請求の原因に対する答弁のうち、権利関係に対する答弁は事実に関するものではないので認否の対象とはならない。

　事実に対する答弁は、次の四つである。

① 「認める」（自白）　原告の主張している事実について争いのない場合である。ただし、原告の主張する事実のうち、一部は認めるが他の部分について争う場合、認める部分を最小限に特定すべきである。この場合、

　　「〇〇については否認し，その余は認める」

とするのではなく、

　　「〇〇については認め，その余は否認する」

とするのが、実務的である。

② 「否認する」　原告の主張している事実が、被告の認識において存在しない場合である。ここで注意すべき点は、後述の「不知」の答弁との差異である。否認と不知との差異は、被告の経験に基づき原告の主張する事実の存否を知っているのが然るべきか否かである。つまり、原告の主張する事実の存否を被告が知っていて然るべき事柄については「否認」となるが、当該事実について被告が知り得ない事柄については「不知」となる。

　　たとえば、原告の主張が、「原告被告間において下記内容の賃貸借契約を締結した」であったとすると、被告がこの事実を争う場合「否認する」

と答弁すべきであり、「不知」の答弁は成り立たない。なぜなら、原告は被告と賃貸借契約を締結したと主張しているのであるから、被告が原告と賃貸借契約を締結した経験がないのであれば、「否認」と答弁すべきだからである。

　また、理由を付さない単純否認は避けるべきである。原告主張の事実が存在しないとするならば、異なる事実が存在している等の理由を付した認否が求められているからである（民訴規79条3項）。訴訟の目的は、原告の請求を理由あらしめる事実の存否を審理し、訴訟物の存否について判断を行う手続であるが、被告としては受動的訴訟活動を行うのではなく、被告が経験した事実を明らかにし（原告が主張しているストーリーと異なる「アナザーストーリー」を示す）、真の紛争解決に努めるべきである。

③　「不知」　原告の主張している事実を被告が認知していない場合である。否認との差異は上述②のとおりである。たとえば、原告の主張が「原告は，本件建物を原告の実子の居宅としての使用を考えている」であったとすると、被告にとっては原告の思惑や計画について知る由もなく、被告が原告からこのような内容の意思を伝えられている場合は別として、被告が経験した事実ではないので「不知」の答弁になる。

④　沈黙　原告の主張に対して何ら答弁しないことである。この場合、当事者が明らかに争わない事実であり自白と同様に取り扱われる。したがって、訴訟技術の点はさておき、被告が行う訴訟活動としては「沈黙」は避けるべきである。

　なお、判決は口頭弁論の全趣旨および証拠調べの結果に基づきなされるから、単に沈黙していても弁論の全趣旨から明らかに争っていると判断されることもあるので、原告は被告に明確な認否を要求（求釈明）すべきであろう。

(B)　権利関係に対する答弁

権利関係に対する答弁は上述の認否の対象ではないが、被告の態度を明確にするため答弁を要する。いわゆる「よって書き」に権利関係の事項が記載

されているが、それ以外の部分でも権利関係の事項が含まれていることがある。たとえば、訴状に「契約解除の意思表示をなし，本件賃貸借契約は解除された」と記載されていることがあるが、この前段部分は事実の記載であり、後段部分は権利関係の記載であるので、権利関係に対する答弁をする必要がある。

① 「認める」　原告主張の権利関係を認める場合、「認める」と答弁する。ところで、この答弁に自白の効力があるか否かであるが、そもそも、自白は事実に関して成立し、裁判所を拘束するものであるので（民訴179条・247条）、権利関係に対する自白は狭義の自白とは異なり、裁判所を拘束しない（権利自白という）。たとえば、所有権に基づく明渡請求において、被告が原告の所有権について自白したとしても、裁判所はこれと異なる判断をすることができるし、被告が後に撤回することもできる。

② 「争う」　原告主張の権利関係を争う場合、「争う」と答弁することになる。「否認する」と答弁するのではない。なお、原告主張の事実の存在をすべて認める場合であっても、原告主張の権利関係を争うことと矛盾しないのは、(3)（266頁）で述べたとおりである。

訴状に「契約解除の意思表示をなし，本件賃貸借契約は解除された」と記載されている場合、もし、この事項を全面的に否定するのであれば、「契約解除の意思表示をなした事実については否認し，本件賃貸借契約が解除されたことについては争う」と記載するが、単に「否認ないし争う」と記載してもよい。

(5) 被告の主張（抗弁事実と間接事実）

答弁書において、原告主張の事実および権利関係に対する認否のほかに記載するものとして、「被告の主張」がある。

ここで記載する事項は主に「抗弁」であるが、そのほかにも請求の原因に対する答弁で、被告が理由を付して否認した事実について補足を加えることもあり、被告側からみた事件の内容を詳しく説明することもあろう。また、

被告が原告との和解を望むときは、被告の要望する和解内容の提示をすることもある。

つまり、原告の主張に対する認否の補足や、認否以外のことで事件を終局的に解決するために必要な事項を記載するのである。

　(A)　抗　弁

抗弁とは、訴訟当事者の一方（原告）が主張する事実に基づく法律効果を前提として、相手方当事者（被告）が、その法律効果の発生を妨げまたはその法律効果を消滅させる目的で、自らが証明責任を負う別の事実を主張することをいう。さらに、この抗弁で主張された事実に基づく法律効果を前提にして、相手方当事者（原告）が、その法律効果の発生を妨げまたはその法律効果を消滅させる目的で、自らが証明責任を負う別の事実を主張することを再抗弁という。

建物明渡請求訴訟に関して、一般的に被告の抗弁として考えられるものは次のとおりである。なお、賃貸借契約が双務契約であること、賃貸借契約特有の事項である民法601条ないし622条および借地借家法はもとより、民法の一般条項を考え合わせながら抗弁事由の検討を行うべきである。

① 　弁済　　賃料不払いを解除原因とする事例において、賃料を弁済した旨の主張は抗弁となる。ただし、実際の事件において、弁済の有無が問題となることは稀である。賃貸人による賃料増額請求に対して、不服のある賃借人が相当額を弁済供託していたが、賃貸人から賃料不払いを解除原因として建物明渡しを求められたときに、賃借人が弁済の抗弁をするというような場面が考えられる。

② 　相殺　　賃料不払いを解除原因とする事例において、被告が原告に対して有する債権と賃料債務との相殺をした事実は抗弁となる。ただし、相殺の意思表示を原告の契約解除の意思表示の前になしていることが必要である。なぜなら、相殺の効果は相殺適状の時期に遡及するものの、すでに発生した法律効果には影響を及ぼさず、原告が契約解除の意思表示を行った後に相殺の意思表示をしたとしても、契約解除の法律効果は

消長を来さないからである（最判昭和32・3・8民集11巻3号513頁）。
③　猶予　賃料不払いを解除原因とする事例において、原告が被告に対して、賃料の支払いを猶予した事実は抗弁となる。この猶予については明示の場合もあれば、黙示の場合もあるので、被告側から事情聴取する際、周辺事情にも気をつけながら黙示の支払猶予の意思表示が隠れていないか、念頭におく必要がある。
④　追認　用法遵守義務違反を解除原因とする事例において、原告が当該用法違反行為を追認した事実は抗弁となる。この追認についても上述の猶予と同じく明示、黙示の場合があるので、特に黙示の追認を念頭におく必要がある。

(B)　**間接事実**

間接事実とは、主要事実の存在を推認させる事実である。被告が抗弁を主張する場合においては、その抗弁事実の周辺の事実が間接事実にあたる。たとえば、賃料を支払ったとする抗弁事由があるときに、これを推認させる事実として、賃料支払いのため原告宅に被告が赴いたとか、そのために勤務先を欠勤したなどの事実である。

(C)　**認否の補足**

請求の原因に対する答弁は、具体的に認否を行う必要があることは上述のとおりである。しかし、請求の原因に対する認否だけでは、被告が主張したい事実関係を表現できない場合がある。そこで、被告の主張と題して被告が主張する事実をまとめて表現し、被告の認否を補足する。

(D)　**和解の提示**

建物明渡請求訴訟では、その多くが賃料不払いによる契約解除であるが、被告として何ら抗弁がなく、請求を認諾せざるを得ない場合であったとしても、被告から未払賃料の分割払い等の和解案を提示して、敗訴判決を免れることをも検討すべきであろう。そこで、誠意をもって和解に臨んでいることを示すためにも、答弁書において和解案を提示することは有益であると思われる。

(6) 証　拠

　被告が提出する証拠には、人証（証人、鑑定人、当事者本人）と物証（書証、検証物）がある。また、立証の趣旨に着眼して本証と反証とに分類することができる。本証とは、証明責任を負う者が行う立証活動である。反証とは、証明責任を負わない者の立証活動である（10（304頁）参照）。

(7) 答弁書の提出

　答弁書の提出は、直送が原則である（民訴規83条1項。送付書については、【書式60】（276頁）参照）。ただし、委任状は原本を裁判所に提出しなければならない。直送とは被告が直接裁判所および原告に郵便、ファクシミリ、手渡し等の方法により送達することである（民訴規47条1項）。これに対し、裁判所に答弁書正本、副本を提出し、裁判所より原告に答弁書副本を送達してもらうことも可能である（民規47条2項・4項）。この場合、送達用の郵券の提出を求められることがある。

　なお、答弁書の提出は「相手方が準備するのに必要な期間」をおいて提出することになっているが（民訴規79条1項）、実務では、訴状に同封の呼出状に答弁書の提出期限が記載されている。

〈図表9〉　書面とファクシミリ送信の可否

	書面名	条項	ファクシミリ送信の可否
い	異議申立書（少額訴訟）	民訴378条1項	×
	異議申立書（手形小切手訴訟）	民訴357条	×
	異議申立取下書（少額訴訟）	民訴378条2項	×
	異議申立取下書（手形小切手訴訟）	民訴360条1項	×
	委任状	民訴規23条1項	×
う	訴えの取下書	民訴261条1項	×
	訴えの変更申立書	民訴143条1項	×
か	鑑定事項書	民訴規129条1項	○
	鑑定人の宣誓書	民訴規131条2項	×
き	期日請書	民訴94条2項但書	○

第4章 訴　訟

	忌避申立書	民訴24条1項	×
こ	抗告許可申立書	民訴337条2項	×
	抗告許可申立理由書	民訴337条6項	×
	抗告状	民訴328条	×
	公示送達申立書	民訴110条	○
	控訴状	民訴281条	×
	控訴取下書	民訴292条1項	×
	控訴理由書	民訴規182条	○
さ	再抗告状	民訴330条	×
し	資格証明書	民訴規15条	×
	執行停止の申立書	民訴403条1項	×
	支払督促申立書	民訴383条1項	×
	受継申立書	民訴124条1項	×
	準備書面	民訴161条1項	○
	準備書面受領書	民訴規83条2項	○
	承継参加申出書	民訴47条1項	×
	上告受理申立書	民訴318条1項	×
	上告受理申立理由書	民訴318条5項	×
	上告状	民訴314条1項	×
	上告理由書	民訴315条1項	×
	証拠説明書	民訴規137条1項	○
	証拠保全の申立書（訴え提起前）	民訴235条2項	×
	証拠申出書	民訴180条1項	○
	書証添付の訳文	民訴規138条1項	○
	書証の写し	民訴規137条1項	○
	除斥申立書	民訴23条2項	×
	尋問事項書	民訴規107条1項	○
せ	請求の放棄書・認諾書	民訴266条	×
そ	訴状	民訴133条1項	×
ち	調査嘱託申立書	民訴186条	○
と	答弁書	民訴規80条1項	○
	督促異議申立書	民訴390条・393条	×
	特別抗告状	民訴336条1項	×
	特別抗告理由書	民訴336条3項	×
	特別上告状	民訴327条1項	×
	特別上告理由書	民訴327条2項	×
	独立当事者参加申出書	民訴47条1項	×
は	反訴状	民訴146条1項	×
ひ	引受承継申立書	民訴50条	×
ふ	文書の特定のための手続の申出書	民訴222条1項	○
	文書送付嘱託申立書	民訴226条	○

	文書提出命令申立書	民訴221条1項	○
ほ	補助参加申出書	民訴43条1項	×
ろ	録音テープ等の内容を説明した書面	民訴規149条1項	○

8 準備書面

　準備書面とは、原告側からいえば訴状提出の後、裁判所に原告の主張を行うための、被告側からいえば答弁書提出の後、裁判所に被告の主張を行うための書面である。なお、厳密にいうと答弁書も準備書面の一種である。

　口頭弁論は書面で準備しなければならず（民訴161条1項）、また、準備書面に記載していない事実は、相手方が在廷していない口頭弁論で主張することはできない（民訴161条3項）。

(1) 準備書面の作成

　準備書面の具体的記載内容は民事訴訟法161条、民事訴訟規則2条・79条・81条に規定がある。

　準備書面の形式的記載事項は、次のとおりである。

① 当事者の氏名または名称（民訴規2条1項1号・2項）
② 事件の表示（民訴規2条1項2号）
③ 附属書類の表示（民訴規2条1項3号）
④ 年月日（民訴規2条1項4号）
⑤ 裁判所の表示（民訴規2条1項5号）

　準備書面の実質的記載事項は、次のとおりである。

① 攻撃または防御の方法（民訴161条2項1号）
② 相手方の請求および攻撃または防御の方法に対する陳述（民訴161条2項2号）

(A) 攻撃防御方法

　当事者が自己の申立てを基礎づけるために提出する一切の裁判資料のこと

を攻撃防御方法という。このうち、原告側が提出するのが攻撃方法、被告側が提出するのが防御方法である。攻撃防御方法には、法律上の主張や事実上の主張だけでなく、事実上の主張を裏づける証拠の申出や、証拠抗弁、責問権の行使なども含まれ、事実上の主張としては、主要事実（請求原因事実や抗弁事実、再抗弁事実）のほか間接事実や補助事実も含まれる。事実上の主張をするにあたっては、どの事実が立証を要する事実であるかを念頭に置きながら、証拠との対応をも考えて整理する必要がある。

(B) **相手方の請求および攻撃または防御の方法に対する陳述**

相手方の請求に対する陳述とは、訴えの却下または請求棄却の申立てのことであり、これらを答弁書に記載していない場合は準備書面に記載する。攻撃防御方法に対する陳述とは、個々の攻撃防御方法として主張された事実に対する認否の陳述である（認否の方法については、7(4)（267頁）を参照）。これらも定義の上では攻撃防御方法に含まれるが、民事訴訟法161条2項2号では独立の記載項目として規定されている。

(2) 準備書面の提出

準備書面の提出は直送が原則である（民訴規83条1項）。なお、詳細については前述の7(7)（273頁）を参照されたい。

準備書面の提出も相手方が準備するのに必要な期間において提出することになっているが（民規79条1項）、裁判長から準備書面提出の時期を定められる場合がある（民訴162条）。準備書面の提出時期を定められた場合、この時期を過ぎて準備書面を提出しても、時機に後れた攻撃防御方法として却下されることがあるので注意を要する（民訴157条・157条の2）。

【書式60】 送付書

送　付　書

大阪簡易裁判所民事44係　御中

被告訴訟代理人司法書士　庚上春毅　様

　下記の事件につき,「送付書類」欄記載の書類を送付します。これを受領した当事者は,下段「受領書」部分に記名捺印のうえ,当職と裁判所にこの書面を送付してください。

　平成26年11月29日
　　　　　　　　　原告代理人司法書士　甲　川　龍　介　㊞
　　　　　　　　（ＴＥＬ06-0000-0000　ＦＡＸ06-0000-0000）

事件	平成26年(ハ)第100号　建物明渡請求事件 原告：乙山太郎　　被告：丙村花子 次回期日　平成26年12月12日　午前11時00分
送付書類	送付書を除く送付枚数計 2 枚 ■準備書面第 1 （平成26年11月29日付）　　　　　2 枚 □　　　号証　　　　　　　　　　　　　　　　　　枚 □証拠申出書（平成　年　月　日付）　　　　　　　枚 □証拠説明書（平成　年　月　日付）　　　　　　　枚 □　　　　　　（平成　年　月　日付）　　　　　　枚 □　　　　　　（平成　年　月　日付）　　　　　　枚 ※次の書面につき,後日正式書面としてクリーンコピー提出 　　□送付した書面全部　□答弁書・準備書面　□書証　□

受　領　書

大阪簡易裁判所民事44係　　　　　御中（ＦＡＸ06-0000-0000）
原告訴訟代理人司法書士　甲川龍介　殿　（ＦＡＸ06-0000-0000）
　上記書類を受領しました。
　平成　年　月　日
　　　　　　　　　　被告訴訟代理人　　　　　　　　　　　印

第4章 訴訟

9　具体的事案による書式例

(1)　賃料不払いの場合

　本件は、賃料不払いを原因とする賃貸借契約終了に基づく建物明渡請求訴訟〔事例1〕である。
　原告は、賃貸借契約を締結した当時の賃貸人の相続人である。
　原告が、賃借人に対して、未払賃料の支払いを求めたが、支払いがなされなかったために、賃貸借契約を解除したとして、建物明渡し・未払賃料・賃料相当損害金の請求をするとともに、賃借人の連帯保証人に対して、未払賃料・賃料相当損害金の請求をしたものである。

【書式61】　訴状〔事例1〕

訴　状

平成26年10月1日

大阪簡易裁判所　御中

　　　　　　　　　原告ら訴訟代理人司法書士　甲　川　龍　介　㊞

　　当事者の表示　　　　　　別紙当事者目録記載のとおり
　　請求の趣旨及び原因　　　別紙のとおり

建物明渡等請求事件
　　訴訟物の価額　　金112万9000円
　　貼用印紙額　　　金1万1000円

当事者目録

〒539-0001　大阪市城北区松空町一丁目2番34号

```
                          原　　告　福　沢　慶　子
〒539-0001　大阪市城北区松空町一丁目2番34号
                          原　　告　福　沢　応　太
〒539-0001　大阪市城北区松空町一丁目2番34号
            上記法定代理人親権者母　福　沢　慶　子
〒548-0002　大阪市中成区竹山町三丁目4番5号竹山ビル6階
            甲川司法書士事務所（送達場所）
            原告ら訴訟代理人司法書士　甲　川　龍　介
                    電　話　06-0000-0000
                    ＦＡＸ　06-0000-0000
〒549-0003　大阪市西住吉区梅川町二丁目4番8－205号
                          被　　告　野　淵　英　夫
〒538-0004　大阪府河内市桜海町四丁目2番1号
                          被　　告　樋　口　市　代
```

請求の趣旨

1　被告野淵英夫は，原告らに対し，別紙物件目録記載の建物を明け渡せ
2　被告らは，原告らに対し，連帯して，金120万円及び平成26年9月1日から前項の建物明渡し済みに至るまで1か月金8万円の割合による金員を支払え
3　訴訟費用は，被告らの負担とする
との判決並びに仮執行の宣言を求める。

請求の原因

1　平成15年7月7日，訴外福沢雄吉は，被告野淵英夫（以下「被告野淵」という。）に対し，原告所有にかかる別紙物件目録記載の建物（以下「本件建物」という。）を，次のとおり定めて賃貸し（以下「本件賃貸借契約」という。），同日本件建物を引き渡した（甲1，甲2）。
　(1)　賃貸期間　平成15年7月7日から2年間
　(2)　賃　　料　1か月金8万円（なお，本件賃貸借契約締結当初，賃料は1か月金7万円であったが，訴外雄吉と被告野淵との合意に

より平成17年7月7日以降平成19年7月6日までは1か月金7万5000円，平成19年7月7日以降は1か月金8万円に増額されている）
  (3) 賃料の支払方法
      翌月分を当月末日までに支払う
2 本件賃貸借契約は，平成17年7月7日及び平成19年7月7日に合意により更新された。
3 被告樋口市代（以下「被告樋口」という。）は，本件賃貸借契約に基づき被告野淵に生じる一切の債務について連帯保証した（甲2）。
4 訴外雄吉は平成21年8月8日死亡し，同人の妻である原告福沢慶子及び同人の子原告福沢応太（未成年）が相続人として，一切の権利義務を承継した（甲3）。
5 被告野淵は，平成25年6月分以降，上記1の(2)項記載の賃料を全く支払わなかった。
6 原告らは被告野淵に対し，遅くとも平成26年8月20日に到達した普通郵便をもって未払賃料金120万円全額を平成26年8月31日までに支払うよう催告し，上記期日までに支払いがない場合は，本件賃貸借契約を解除するとの意思表示をなした（甲4）。（注1）
7 しかしながら，被告野淵は前項の期日までに支払いをしなかったので，本件賃貸借契約は同日の経過をもって解除された。
8 よって，原告らは被告野淵に対し，本件賃貸借契約の終了に基づく本件建物の明渡しを求め，かつ被告らに対し，連帯して平成25年6月1日から平成26年8月31日までの未払賃料金120万円及び，同年9月1日から本件建物の明渡し済みまで，1か月金8万円の割合による賃料相当損害金の支払いを求める。

                    証拠方法
1 甲第1号証   全部事項証明書（登記簿謄本）
2 甲第2号証   賃貸借契約書
3 甲第3号証   戸籍謄本
4 甲第4号証   解除通知書
5 甲第5号証   陳述書

　　　　　　　　附属書類
1　訴状副本　　　　　　　　　2通
2　甲号証写し　　　　　　　　各1通
3　固定資産評価証明書　　　　1通
4　全部事項証明書　　　　　　1通
5　戸籍謄本（親権を証する書面）　1通
6　訴訟委任状　　　　　　　　1通

　　　　　　　　物 件 目 録
　　　　　　　　　　（略）

（注1）　訴状の中で解除する場合について〔記載例1〕（62頁）を参照。

【書式62】　答弁書(1)──被告賃借人〔事例1〕

平成26年(ハ)第1129号　建物明渡等請求事件
原告　福沢　慶子　外1名
被告　野淵　英夫　外1名

　　　　　　　　答　弁　書

　　　　　　　　　　　　　　　　　　　平成26年11月1日
大阪簡易裁判所民事第44係　御中
　　　　〒548-0005　大阪市中成区菊風町五丁目4番3号
　　　　　　　　せいねん司法書士事務所（送達場所）
　　　　　　被告野淵英夫訴訟代理人司法書士　乙　木　珊　瑚　㊞
　　　　　　　　　　　　　　　電　話　06-0000-0000
　　　　　　　　　　　　　　　FAX　06-0000-0000
第1　請求の趣旨に対する答弁
　1　原告らの被告野淵英夫に対する請求を棄却する
　2　訴訟費用は，原告らの負担とする
との判決を求める。

第4章 訴　訟

第2　請求の原因に対する答弁
　1　請求の原因1の事実については，認める。
　2　請求の原因2の事実については，認める。
　3　請求の原因3の事実については，不知。
　4　請求の原因4の事実については，不知。
　5　請求の原因5の事実については，認める。
　6　請求の原因6の事実については，否認する。
　　　　被告野淵は，原告らによる解除の意思表示を受領していない。
　7　請求の原因7のうち，支払いをしなかった事実は認め，その余は争う
　8　請求の原因8は，争う。

第3　被告野淵英夫の主張
　1　賃料支払の猶予
(1)　被告野淵英夫（以下「被告野淵」という。）は，平成21年11月に訴外山肉産業株式会社に就職したが，平成25年1月山肉産業が倒産したため，現在無職である（乙1，2）。
(2)　被告野淵は現在就職活動中であり，原告らは被告野淵の上記事情を十分認識している。
(3)　原告らは，被告野淵の上記事情を知悉しており，この事情を考慮して平成25年6月分以降の賃料支払いの催告を行っていない。
(4)　以上の事情を総合的に勘案すると，原告らが本件賃料の支払いを猶予しているといえる。
　2　信頼関係の維持
(1)　被告は，訴外福沢雄吉が本件賃貸借契約の当事者であった平成20年8月当時も，勤務していた会社を解雇されて収入が途絶えたために，賃料の支払いを遅滞したことがある（乙3）。
(2)　前項の未払いは1年以上にわたったが，被告野淵が山肉産業に再就職した後に未払賃料を全額支払ったという経緯がある（乙3）。
(3)　今般，被告野淵が賃料を延滞しているのは，上記山肉産業の倒産という被告野淵の責めによらない事情によるものであり，かつ，被告野淵は，再就職を果たした際には，前回同様，未払賃料の支払いを行う意思を有している。

(4) 以上の事情を総合的に勘案すると，未だ原告らと被告野淵との間の信頼関係は，破綻していない。
 3　結語
(1)　以上のとおり，本件賃料の未払いには，原告らは家賃の支払いを猶予しており，原告らの本件建物明渡しの請求には理由がない。
(2)　仮に，上記支払い猶予が認められないとしても，以上のとおり未だ原被告間の信頼関係は破綻していない特別の事情が存在しており，原告らの本件賃貸借契約解除の主張は失当である。

証拠方法

1　乙第1号証　　　　　　離職証明書
2　乙第2号証　　　　　　陳述書
3　乙第3号証　　　　　　通い帳

附属書類

1　乙号証写し　　　　　　　　　　　　　各1通
2　訴訟委任状　　　　　　　　　　　　　1通

【書式63】　答弁書(2)──被告保証人〔事例1〕

平成26年(ハ)第1129号　建物明渡等請求事件
原告　福沢　慶子　外1名
被告　樋口　市代　外1名

答　弁　書

平成26年11月1日
大阪簡易裁判所民事第44係　御中
　　　　〒548-0007　大阪市中成区柊里町六丁目1番3号
　　　　　　　司法書士法人 Holly（送達場所）
　　　　　　　被告樋口市代成年後見人司法書士法人 Holly　（注）
　　　　　　　　代表者代表社員　丙　端　康　成　㊞
　　　　　　　　　　電　話　06-0000-0000

283

第4章 訴　訟

　　　　　　　　　　　　　　　　　ＦＡＸ　06-0000-0000
　第1　請求の趣旨に対する答弁
　　1　原告らの被告樋口市代に対する請求を棄却する
　　2　訴訟費用は，原告らの負担とする
　との判決を求める。

　第2　請求の原因に対する答弁
　　1　請求の原因1の事実については，不知。
　　2　請求の原因2の事実については，不知。
　　3　請求の原因3の事実については，否認ないし争う。
　　　　被告樋口市代は，平成14～15年頃から，いわゆる認知症の症状があらわれており，訴状請求の原因第3項の保証契約（以下「本件保証契約」という。）締結当時，事理を弁識する能力を欠いていたので，被告樋口は，本件保証契約を有効に締結することができなかった。
　　4　請求の原因4の事実については，不知。
　　5　請求の原因5の事実については，不知。
　　6　請求の原因6の事実については，不知。
　　7　請求の原因7については，被告野淵が賃料の支払いをしなかったことについては不知，解除の効果については争う。
　　8　請求の原因8は，争う。

　第3　被告樋口市代の主張
　1　被告樋口市代（以下「被告樋口」という。）は，平成20年5月5日，後見開始の審判を受けた（丙1）。
　2　被告樋口が本件保証契約を締結したか否かは，被告樋口の成年後見人において定かではない。
　3　しかしながら，被告樋口は，平成14～15年頃から，いわゆる認知症の症状があらわれ，本件保証契約締結当時，事理を弁識する能力を欠いていたので，本件保証契約を有効に締結できる状態ではなかった（丙2）。
　4　よって，原告らの被告樋口に対する請求には理由がない。

　　　　　　　　　　　　　証拠方法
　1　丙第1号証　　　　　　　　　成年後見登記事項証明書

2	丙第2号証	診断書

附属書類

1	丙号証写し	各1通
2	成年後見登記事項証明書	1通
3	代表者事項証明書	1通

（注） 被告樋口市代には、後見開始の審判がされており、成年後見人として法人たる「司法書士法人 Holly」が選任されている。

【書式64】　第1準備書面(1)——原告〔事例1〕

平成26年(ハ)第1129号　建物明渡等請求事件
原告　福沢　慶子　外1名
被告　野淵　英夫　外1名

第1準備書面（注1）

平成26年12月1日

大阪簡易裁判所民事第44係　御中

原告ら訴訟代理人司法書士　甲　川　龍　介　㊞

第1　被告野淵英夫の主張に対する反論
　1　被告野淵は，自身が，訴外山肉産業株式会社に就職したが同社が倒産したことにより現在無職で，就職活動中である事情を原告らが十分認識している旨主張するが，原告らにおいて，そのような事実は知らない。つまり，原告らは，被告野淵のこのような事情を考慮して平成25年6月分以降の賃料支払いの催告を行っていないのではない。
　2　原告らがこれまで被告野淵に対して賃料支払いの催告を行わなかったのは，次のような事情による。（注2）
　　(1)　平成21年8月8日，訴外福沢雄吉が死亡したことにより，原告らが本件建物および本件賃貸借契約の賃貸人の地位を相続した。
　　(2)　原告らは，雄吉の妻と未成年の子である。
　　(3)　原告福沢慶子は，雄吉の死亡後，福沢応太を養育せねばならなかったため，慶子の両親宅に身を寄せて，パートタイマーとして，大阪市

第4章 訴 訟

　　　内の百貨店で働き始めた。
　(4)　そして4年が過ぎようとしていた頃，被告野淵による賃料不払いが始まったのである。
　(5)　原告らにとって，被告野淵による賃料は，生計の一翼を担っていたため，すぐにでも賃料を支払ってもらいたかったのは事実である。しかしながら，少し支払いが遅れたぐらいで，問題を大げさにするのは気がひけたため，すぐに遅れを取り戻してくれるであろうと楽観的に考え，当面の間様子を見ようと思ったのである。
　(6)　ところが，1年を経過しても，滞納家賃をまったく支払ってもらえなかった。しかも，この間，被告野淵は，賃料の支払が遅れていることについて，何ら連絡をしてこないのである。そうすると，すぐにでも支払請求をすべきであるが，小学生の子どもをかかえた女のひとり身で，原告方に乗り込んでいく勇気はなかった。
3　よって，原告らは，被告野淵に対して，本件賃料の支払いを猶予した事実はない。
4　また，被告野淵は，以前にも同様に，賃料の支払が遅れたことがあったが，結局全額支払ったことがあり，今回も，山肉産業の倒産という被告野淵の責めによらない事情によって支払が遅れていて，再就職を果たした際には，未払賃料を支払う意思があるので，信頼関係が破壊されていない旨主張する。
5　まず，以前にも支払が遅れ結局全額支払ったというが，前回は，支払が遅れていることについて，被告野淵がきちんと事情説明をしていたために，訴外雄吉が賃料の支払を猶予したのである。ところが，今回は，被告野淵から，一切事情説明がなく，まったく誠意が感じられないことから，完全に信頼関係は破綻したものである。
6　また，山肉産業の倒産が被告野淵の責めによらない事情であるというが，だからといって原告らに賃料を支払わなくてもよいという理由にはならない。
7　さらに，再就職を果たした際には未払賃料を支払う意思があるというが，そのような意思があれば，毎月少しずつでも支払いをするよう努力をすべきであるし，そもそも何の説明もせずに，会社が倒産したんだから仕方がないだろうというような態度をとることは，信頼関係が破壊している証拠である。

第2 被告樋口市代の主張に対する反論
 1 被告樋口は，本件保証契約締結当時，十分な意思能力を有していた。
 2 被告樋口は，平成20年5月5日に後見開始の審判を受ける5～6年前から，いわゆる認知症の症状があらわれ，本件保証契約締結当時，事理を弁識する能力を欠いていたと主張するが，そのような状態を5～6年も放置していたとは，到底信じがたい。

（注1） 準備書面の表題は、「第1準備書面」「準備書面(1)」などと、提出した順序がわかるように記載する。また、原告が「第1準備書面」と記載したときには、被告側は「準備書面(1)」というように、表示を変えるようにする。
（注2） (1)～(6)のように事情を事細かに記載してもよいが、準備書面には「別紙事情説明書記載のとおりの事情がある」というように記載しておき、事情説明書において詳細を記載するという方法もある。

【書式65】 第1準備書面(2)──被告賃借人〔事例1〕

平成26年(ハ)第1129号　建物明渡等請求事件
原告　福沢　慶子　外1名
被告　野淵　英夫　外1名

準備書面(1)

平成27年1月11日

大阪簡易裁判所民事第44係　御中

　　　　　被告野淵英夫訴訟代理人司法書士　乙　木　珊　瑚　㊞

　被告野淵は，本件について，原告らから，これまでまったく交渉がなかったのにもかかわらず，突如として本件訴訟が提起されたことを受けて，独自に調査をした。その調査により，原告らに次のような事情が存することが判明した。
(1) 平成21年8月8日，訴外福沢雄吉が死亡し，その直後，原告福沢慶子は，長男応太を連れて，現住所地である慶子の両親宅に引っ越した。

(2) 慶子の父は，大阪では有名な宝飾店「純宝誠心堂」を経営する宝山誠造氏で，大阪市内の高級住宅地に，敷地が1000平方メートルもある豪邸に住んでいる（乙4，乙5，乙6）。

(3) 慶子は，現在，その父親が経営する「純宝誠心堂」の御堂百貨店心斎橋本店内にある店舗に勤務しているが，その勤務実態は，週に1～2回店舗の状況を見回る程度のものである。これは，関係者によると「お姫様のご遊覧」と呼ばれており，優雅な生活におけるほんのちょっとしたアクセントであることがうかがい知れる。つまり，原告主張のような「養育のために，パートタイマーとして働いている」などというものとはかけ離れているのである。

(4) さて，慶子の長男応太は，現在小学校6年生であるが，本件訴訟が提起される直前の昨年9月ごろ，大阪市西住吉区梅川町にある私立鐘餅中学校の推薦入試に合格した。原告らの住所地から鐘餅中学校までは，地下鉄とバスを乗り継いで約50分の道程であるが，本件建物からであれば，徒歩7分程度である。

　　すなわち，原告らは，応太が鐘餅中学校に通うのに都合のよい場所にある本件建物に住みたかっただけなのである。そして，たまたま被告野淵の賃料支払いが多少遅れていることを奇貨として，督促もせずに，何ら前触れなく突如として本件訴訟を提起したものに他ならない。

よって，原告の請求には，まったく理由がないと断ぜざるをえない。

証拠方法

1　乙第4号証　　　　　　　履歴事項証明書（商業登記簿謄本）
2　乙第5号証　　　　　　　全部事項証明書（土地登記簿謄本）
3　乙第6号証　　　　　　　　〃　　　　（建物登記簿謄本）
4　乙第7号証　　　　　　　報告書（被告野淵）

【書式66】　第1準備書面(3)——被告保証人〔事例1〕

平成26年(ワ)第1129号　建物明渡等請求事件
原告　福沢　慶子　外1名
被告　樋口　市代　外1名

準備書面（第１）

平成27年１月11日

大阪簡易裁判所民事第44係　御中

被告樋口市代成年後見人司法書士法人 Holly
代表者代表社員　丙　　端　　康　　成　㊞

原告らの反論に対する被告樋口市代の主張

　被告樋口が，いわゆる認知症の症状を発したのは，平成14〜15年頃で，そのことは，後に後見開始の審判を受ける際に提出された診断書でも触れられている（丙２）。
　原告らは，事理を弁識する能力を欠く常況にあったのにもかかわらず，それを５〜６年間も放置していたことに疑問を呈するが，当時は，まだ成年後見制度が始まって数年しか経っておらず，あまり普及もしていなかったため，正確な情報を有しておらず，すぐに制度を利用するには至らなかっただけのことである。

(2)　無断転貸の場合

　本件は、無断転貸を原因とする賃貸借契約終了に基づく建物明渡請求訴訟〔事例２〕である。
　原告が、賃借人に対して、無断転貸をやめるよう求めたが、やめなかったために、賃貸借契約を解除したとして、建物明渡し・賃料相当損害金を請求するとともに、無断転借人に対して、所有権に基づいて建物明渡し・賃料相当損害金の請求をしたものである。なお、本件の原告は、事前に占有移転禁止の仮処分決定（（資料３）（127頁））を得ている。

【書式67】　訴状〔事例２〕

訴　　　状

第4章 訴 訟

平成25年5月1日

大阪簡易裁判所　御中

　　　　　　　　　　　原告訴訟代理人司法書士　甲　川　龍　介　㊞
　当事者の表示　　　　別紙当事者目録記載のとおり
　請求の趣旨及び原因　別紙のとおり

建物明渡請求事件
　訴訟物の価額　　金112万9000円
　貼用印紙額　　　金1万1000円

当事者目録

〒539-0001　大阪市城北区松空町一丁目2番34号
　　　　　　　　　　原　　　告　永　田　弘　美
〒548-0002　大阪市中成区竹山町三丁目4番5号竹山ビル6階
　　　　　　甲川司法書士事務所（送達場所）
　　　　　　原告訴訟代理人司法書士　甲　川　龍　介
　　　　　　　　電　話　06-0000-0000
　　　　　　　　ＦＡＸ　06-0000-0000
〒549-0003　大阪市西住吉区梅川町二丁目4番8-205号
　　　　　　　　　　被　　　告　小　谷　嘉　弘
〒538-0004　大阪府河内市桜海町四丁目2番1号
　　　　　　　　　　被　　　告　株式会社山田製作所
　　　　　　　　上記代表者代表取締役　山　田　鉄　男

請求の趣旨

1　被告らは，原告に対し，別紙物件目録記載の建物を明け渡せ
2　被告らは，原告に対し，平成25年3月26日より前項の建物明渡し済みに至るまで1か月金7万円の割合による金員を支払え
3　訴訟費用は，被告らの負担とする

との判決並びに仮執行の宣言を求める。

請求の原因

1 平成24年4月1日，原告は，被告小谷嘉弘（以下「被告小谷」という。）に対し，原告所有にかかる別紙物件目録記載の建物（以下「本件建物」という。）を，次のとおり定めて賃貸し（以下「本件賃貸借契約」という。），同日本件建物を引き渡した（甲1，甲2）。
 (1) 賃貸期間　平成24年4月1日から2年間
 (2) 賃　　料　1か月金7万円
 (3) 賃料の支払方法
　　　　毎月末日までに翌月分を支払う
2 平成24年11月以降，被告小谷が本件建物を被告株式会社山田製作所（以下「被告山田製作所」という。）に無断で転貸し，引き渡した（甲3，甲4，甲5）。
3 被告山田製作所は平成24年11月以降，本件建物を自己の社員寮として使用し，臨時社員と思われる氏名不詳の数人の者を，かわるがわる住まわせるなどして占有している（甲3，甲4，甲5，甲6）。
4 そこで，原告は，平成25年3月10日付書留内容証明郵便をもって，被告小谷に対して，被告山田製作所への本件建物の無断転貸を直ちにやめるよう催告し，同書面到達後2週間以内に被告山田製作所への無断転貸をやめない場合には，本件賃貸借契約を解除する旨の意思表示をしたところ，上記郵便は同年3月11日被告小谷のもとに到達した（甲7の1，甲7の2）。
5 また，原告は，平成25年3月10日付書留内容証明郵便をもって，被告山田製作所に対して，不法占拠をやめ直ちに退去するよう求めたところ，上記郵便は，同年3月11日，被告山田製作所のもとに到達した（甲8の1，甲8の2）。
6 被告小谷は，上記催告期間内に被告山田製作所への本件建物の無断転貸を止めなかったため，本件賃貸借契約は同年3月25日の経過をもって解除された。
7 被告山田製作所は，現在も本件建物を占有している。
8 よって，原告は被告小谷に対しては上記賃貸借契約の終了に基づき，被告山田製作所に対しては所有権に基づき，本件建物の明渡しを求めるとともに，被告らに対し，連帯して賃貸借契約終了の日の翌日である平成25年

3月26日から本件建物の明渡済みまで，1か月金7万円の割合による賃料相当損害金の支払いを求める。

証拠方法

1	甲第1号証	全部事項証明書
2	甲第2号証	賃貸借契約書
3	甲第3号証	写真撮影報告書（注）
4	甲第4号証	陳述書（原告）
5	甲第5号証	陳述書（近隣者）
6	甲第6号証	占有移転禁止の仮処分命令決定正本（大阪簡裁平成25年(ト)第343号）
7	甲第7号証の1	内容証明郵便（被告小谷）
8	甲第7号証の2	同配達証明書（被告小谷）
9	甲第8号証の1	内容証明郵便（被告山田製作所）
10	甲第8号証の2	同配達証明書（被告山田製作所）

附属書類

1	訴状副本	2通
2	甲号証写し	各1通
3	固定資産評価証明書	1通
4	全部事項証明書	1通
5	代表者事項証明書	1通
6	訴訟委任状	1通

物 件 目 録

（略）

（注）【書式43】（207頁）参照。

【書式68】 答弁書〔事例2〕

平成25年(ハ)第2918号　建物明渡請求事件
原告　永田　弘美
被告　小谷　嘉弘　外1名

答　弁　書

平成25年6月1日

大阪簡易裁判所民事第44係　御中

〒548-0005　大阪市中成区菊風町五丁目4番3号
　　　　せいねん司法書士事務所（送達場所）
　　　被告ら訴訟代理人司法書士　乙　木　珊　瑚　㊞
　　　　　　　　　　　電　話　06-0000-0000
　　　　　　　　　　　ＦＡＸ　06-0000-0000

第1　請求の趣旨に対する答弁
　1　原告の請求を棄却する
　2　訴訟費用は，原告の負担とする
との判決を求める。

第2　請求の原因に対する答弁
　1　請求の原因1の事実については，認める。（注1）
　2　請求の原因2の事実については，否認する。
　　　被告小谷嘉弘が，被告株式会社山田製作所に対して，本件建物を転貸した事実はない。
　3　請求の原因3の事実については，否認する。
　　　被告山田製作所は，本件建物を占有していない。
　4　請求の原因4の事実については，認める。（注1）
　5　請求の原因5の事実については，認める。（注2）
　6　請求の原因6については，否認ないし争う。
　7　請求の原因7の事実については，否認する。
　　　被告山田製作所は，本件建物を占有していない。
　8　請求の原因8は，争う。

第4章　訴　訟

第3　被告小谷の主張
1　被告小谷は，本物件を他に転貸したことはない。ただ，知人が遊びに来て寝泊まりしたことはあるが，このことは何ら非難されるべきことではなく，一般人の日常生活の出来事に過ぎない。
2　被告山田製作所代表者山田は，被告小谷の親友である。
3　よって，原告の主張には何ら理由がない。

第4　被告山田製作所の主張
1　被告山田製作所代表者山田は，被告小谷の無二の親友であり，よく飲食などを共にし，ときには酔って被告小谷の自宅（本件建物）に寝泊まりしたことはあるが，継続的に本件建物を占有しているわけではない。
2　また，被告山田製作所代表者山田と被告小谷には，共通の友人が多く，これらの友人も被告山田製作所代表者山田と同様に，本件建物に寝泊まりをしたことはあるが，継続的に本件建物を占有しているという事実はない。
3　よって，原告の請求には何ら理由がない。

　　　　　　　　　　　証拠方法
1　乙第1号証　　　陳述書（被告小谷）
2　乙第2号証　　　陳述書（山田鉄男）

　　　　　　　　　　　附属書類
1　乙号証写し　　　　　　　　　　　各1通
2　訴訟委任状　　　　　　　　　　　2通

（注1）　本来、被告山田製作所は、このような事実については「不知」のはずであるが、とりたてて争う必要がないので、「認める」とした。
（注2）　本来、被告小谷は、このような事実については「不知」のはずであるが、とりたてて争う必要がないので、「認める」とした。

【書式69】　第1準備書面——原告〔事例2〕

平成25年(ワ)第2918号　建物明渡等請求事件

原告　永田　弘美
被告　小谷　嘉弘　外1名

第1準備書面

平成25年7月1日

大阪簡易裁判所民事第44係　御中

原告訴訟代理人司法書士　甲　川　龍　介　㊞

第1　被告らの主張に対する反論
　1　被告小谷は,「プラスチック製家庭用品およびビニール製家庭用品の販売」を営む株式会社小谷商店の代表取締役である（甲9）。
　　訴外小谷商店は,主にいわゆる「100円ショップ」に対して,商品を卸している（甲10）。
　2　被告山田製作所は,「プラスチック成型加工業」を営む株式会社である（甲11）。
　3　被告山田製作所は,自社製品を訴外小谷商店に卸している。
　4　被告山田製作所の本店所在地へ赴くと,四軒長屋の一角を作業場にして,数名のパートタイマーに混じって,本件建物に居住する3名の男性が働いている（甲10）。
　5　すなわち,被告小谷は,本件建物を仕事上の利害関係を有する被告山田製作所に転貸し,被告山田製作所は,自ら雇用している3名の男性を本件建物に住まわせているのである（甲6,甲10）。
　6　よって,被告らの主張は,事実と相違する。

証拠方法

1　甲第9号証　　　現在事項全部証明書（商業登記簿謄本）
2　甲第10号証　　報告書（原告）
3　甲第11号証　　現在事項全部証明書（商業登記簿謄本）

(3) 無断増改築・用法遵守義務違反の場合

　本件は、無断増改築・用法遵守義務違反を原因とする賃貸借契約終了に基づく建物明渡請求訴訟〔事例3〕である。

第4章 訴 訟

　原告が、賃借人に対して、増改築した部分の原状復帰と用法を遵守するように求めたが、原状に復せず用法も遵守しなかったために、賃貸借契約を解除したとして、建物明渡し・賃料相当損害金の請求をしたものである。

【書式70】 訴状〔事例3〕

訴　状

平成25年7月1日

大阪簡易裁判所　御中

　　　　　　　　　　　原告訴訟代理人司法書士　甲　川　龍　介　㊞

　　当事者の表示　　　　　　別紙当事者目録記載のとおり
　　請求の趣旨及び原因　　　別紙のとおり

建物明渡請求事件
　訴訟物の価額　　金112万9000円
　貼用印紙額　　　金1万1000円

当事者目録

〒539-0001　大阪市城北区松空町一丁目2番34号
　　　　　　原　　　　告　株式会社パインスカイ
　　　　　　代表者代表取締役　　　村　上　順　一
〒548-0002　大阪市中成区竹山町三丁目4番5号　竹山ビル6階
　　　　　　甲川司法書士事務所（送達場所）
　　　　　　原告訴訟代理人司法書士　甲　川　龍　介
　　　　　　　　電　話　06-0000-0000
　　　　　　　　ＦＡＸ　06-0000-0000
〒539-0001　大阪市城北区松空町三丁目2番1号
　　　　　　被　　　　告　　　高　橋　　剛

請求の趣旨

1 被告は，原告に対し，別紙物件目録記載の建物を明け渡せ
2 被告は，原告に対し，平成25年6月1日から前項の建物明渡し済みに至るまで1か月金8万円の割合による金員を支払え
3 訴訟費用は，被告の負担とする
との判決並びに仮執行の宣言を求める。

請求の原因

1 平成23年11月1日，原告は，被告に対し，原告所有にかかる別紙物件目録記載の建物（以下「本件建物」という。）を，次のとおり定めて賃貸し（以下「本件賃貸借契約」という。），同日本件建物を引き渡した（甲1）。
　(1)　賃貸期間　平成23年11月1日から2年間
　(2)　賃　　料　1か月金8万円
　(3)　賃料の支払方法
　　　　　　毎月末日までに翌月分を支払う
　(4)　使用目的　本件建物は居住用に供するものとする
2 被告は，平成25年3月ころ，本件建物を店舗用に増改築する工事を開始した（甲2）。
3 被告は，平成25年4月5日から，店舗用に増改築した本件建物においてカラオケ喫茶店の営業を開始した（甲2，甲3）。
4 そこで，原告は平成25年5月12日付書留内容証明郵便をもって，本件建物の営業用としての使用を直ちにやめ，平成25年5月末日までに本件建物を増改築前の原状に回復するよう催告するとともに，上記期間内に本件建物の営業用としての使用をやめず，かつ本件建物を増改築前の原状に回復しない場合には，本件賃貸借契約を解除する旨の意思表示をしたところ，上記郵便は同年5月14日被告のもとに到達した（甲4の1，甲4の2）。
5 被告は，上記催告期間内に営業用としての使用をやめず，かつ本件建物を増改築前の原状に回復しなかったため，本件賃貸借契約は同年5月31日の経過をもって解除された。
6 よって，原告は被告に対し，上記賃貸借契約の終了に基づく本件建物の明渡しを求め，被告に対し，賃貸借契約終了の日の翌日である平成25年6月1日から本件建物の明渡し済みまで，1か月金8万円の割合による賃料

第4章 訴　訟

相当損害金の支払いを求める。

証拠方法
1　甲第1号証　　　　　賃貸借契約書
2　甲第2号証　　　　　原告の陳述書
3　甲第3号証の1～5　　写真
4　甲第4号証の1　　　 書留内容証明郵便
5　甲第4号証の2　　　 同配達証明

附属書類
1　訴状副本　　　　　　　　　　1通
2　甲号証写し　　　　　　　　各1通
3　固定資産評価証明書　　　　　1通
4　全部事項証明書　　　　　　　1通
5　代表者事項証明書　　　　　　1通
6　訴訟委任状　　　　　　　　　1通

【書式71】　答弁書〔事例3〕

平成25年(ハ)第4129号　建物明渡請求事件
原告　株式会社パインスカイ
被告　高橋　剛

答　弁　書

平成25年8月1日

大阪簡易裁判所民事第44係　御中

〒548-0005　大阪市中成区菊風町五丁目4番3号
　　　　　せいねん司法書士事務所（送達場所）
　　　　　被告訴訟代理人司法書士　乙　木　珊　瑚　㊞
　　　　　　　　　電　話　06-0000-0000
　　　　　　　　　ＦＡＸ　06-0000-0000

第1　請求の趣旨に対する答弁

1　原告の請求を棄却する
　　2　訴訟費用は，原告の負担とする
との判決を求める。

第2　請求の原因に対する答弁
1　請求の原因1の事実については，認める。
2　請求の原因2の事実については，改築した事実は認め，その余は否認する。
　　被告は，本件建物の1階の一部分を改築したに過ぎず，増築はしていない。
3　請求の原因3の事実については，改築した部分においてカラオケ喫茶店の営業を始めた事実は認め，その余は否認する。
　　被告は，本件建物全体でカラオケ喫茶店の営業しているのではない。
4　請求の原因4の事実については，認める。
5　請求の原因5の事実については，本件建物の1階の一部分について，営業用としての使用をやめず，かつ本件建物を改築前の原状に回復しなかった事実は認め，その余は否認ないし争う。
6　請求の原因6については，争う。

第3　被告の主張
1　明示の承諾
　平成25年2月中旬，被告は原告代表者村上に対して，松空歯科医院待合室にて，本件建物で喫茶店を始めたい旨告げたところ，原告はこれを承諾した。
2　黙示の承諾
　仮に前項の明示の承諾が認められなかったとしても，原告代表者村上は，被告が本件建物について改築工事がなされている期間はもとより，本件建物において被告がカラオケ喫茶店を開業して以来1か月以上もの間，被告に対して一切の抗議をしておらず，また，この前後を通じて原告は家賃を受領しており（乙3），原告において黙示の承諾をした。
3　権利濫用
　仮に第1項及び前項の承諾が認められなかったとしても，被告は，本件建物の1階の一部分のみを改装したもので，2階部分は契約当初から住居として使用しており，まさに被告の生活拠点となっている。

その点を考慮すれば，仮に，本件建物の１階の一部分について用法違反の事実があったとしても，信頼関係は破綻していないので，原告の主張は権利の濫用に他ならない。

4　結語

以上のとおり，本件建物の改装及びカラオケ喫茶として使用している点については原告了解のものであることから，本件賃貸借契約の解除事由とはならない。

仮に原告に無断での用法変更があったとしても，その程度は些細なことであり，また，本件建物が被告の生活拠点であることに鑑みると，原告の請求は権利の濫用である。

いずれによっても，本件請求は即時棄却を免れないものである。

証拠方法

1　乙第１号証　　　　　　陳述書（被告）
2　乙第２号証　　　　　　陳述書（被告の妻）
3　乙第３号証１〜４　　　領収書

附属書類

1　乙号証写し　　　　　　　　　　各１通
2　訴訟委任状　　　　　　　　　　　１通

【書式72】　第１準備書面(1)──原告〔事例３〕

平成25年(ハ)第4129号　建物明渡請求事件
原告　株式会社パインスカイ
被告　髙橋　剛

準備書面（第１）

平成25年９月１日

大阪簡易裁判所民事第44係　御中

原告訴訟代理人司法書士　甲　川　龍　介　㊞

第１　被告の主張に対する答弁

1　原告は，被告に対して，本件建物における喫茶店の営業を承諾した事実はない。
2　原告が，被告に対して1か月以上の間，抗議をすることができなかったのは，次の理由によるものである。
(1)　原告は，原告代表者の自宅においてコンビニエンスストア「パインスカイ松空一丁目店」を経営する会社であるところ，原告代表者の家族による24時間営業であるので，睡眠の確保を優先して自由となる時間がほとんど取れなかったため
(2)　原告は，被告と本件賃貸借契約を締結する以前，本件建物を被告以外の者に賃貸する経験を有していたところ，いずれも契約どおりに使用されており，被告のように契約違反をされた経験がなかったので，どのように対処すればよいか悩んでいたため
(3)　被告が，原告代表者の大学時代の先輩であるので，感情的にならないよう慎重にことを進めようとしたため
3　被告は，本件建物の1階の一部分のみを改装した旨主張するが，現実には，本件建物の1階の大部分を改築している。また，その大改築によって，本件建物の内装ばかりでなく，外装もまったく変わってしまっており，住宅地域にただ一軒だけカラオケ喫茶店が存在するという異様な雰囲気になってしまっている（甲3の3，甲5）。

第2　原告の主張

　上記のとおり，本件建物は，住宅地域にただ一軒だけカラオケ喫茶店が存在するという異様な状態になっている。
　被告は，本件建物において，昼夜を問わず客にカラオケを歌わせているために，原告のもとに周辺住民から苦情が寄せられている。
　そうであるにもかかわらず，被告は，自らの営業を優先して未だにカラオケ営業を止めず，周辺住民への気遣いが感じられないことから，周辺住民との軋轢が生じている。
　このような事態になっているので，原告と本件建物の周辺住民との人間関係にも大きく影響することは必至であり，原告と被告との信頼関係は完全に破壊されている。

証拠方法

第4章 訴　訟

1	甲第5号証	住宅地図

【書式73】　第1準備書面(2)──被告〔事例3〕

平成25年㈠第4129号　建物明渡請求事件
原告　株式会社パインスカイ
被告　高橋　剛

第1準備書面

平成25年10月1日

大阪簡易裁判所民事第44係　御中

　　　　　　　　　　　被告訴訟代理人司法書士　乙　木　珊　瑚　㊞

第1　平成25年9月1日付準備書面（第1）の原告の主張に対する答弁
　原告は，本件建物が，住宅地域に一軒だけ存在するカラオケ喫茶店で，そのカラオケのために周辺住民から苦情が寄せられている旨主張する。
　しかしながら，被告のもとには，そのような苦情はまったくきていない。
　被告は，本件建物が存在する松空町三丁目自治会の役員をしているが，もし，苦情が寄せられているような店であれば，そのような役員になどなれるはずがない。
　逆に，本件建物がカラオケ喫茶店になったおかげで，住宅地域に住む周辺住民の憩いの場となっており，現に松空町三丁目自治会の集会も本件建物において行われているのが実情である。

第2　反論
1　原告は，被告に対して，本件建物における喫茶店の営業を，承諾した事実はないと主張する。
　　しかし，被告は，平成25年2月17日午後5時半頃，松空歯科医院待合室内のドアのすぐ右側のソファーに座って，並んで座っていた原告代表者村上に対して，明白に喫茶店を営業したい旨伝えている。
2　原告代表者村上は，コンビニエンスストア経営で自由時間がとれないために，被告に対して1か月以上の間，抗議をすることができなかったと主張する。

しかし，平成25年5月初旬，原告は，本件建物の様子を見に来ており，その際応対に出た被告の妻に対して，何ら不服を述べなかった。また，電話の一本もかける時間がなかったというのは，不自然なことである。このことをもってしても原告は黙示の承諾をしたものといわざるをえない。
3 　原告は，被告が，原告代表者村上の大学時代の先輩であるため，感情的にならないよう慎重にことを進めようとしたので，被告に対して1か月以上の間，抗議をすることができなかったと主張する。

しかし，本当に感情的にならないようにしようとすれば，いきなり内容証明郵便など送らずに，話し合いの機会をつくればよいだけのことである。

【書式74】　第2準備書面——原告〔事例3〕

平成25年(ワ)第4129号　建物明渡請求事件
原告　株式会社パインスカイ
被告　高橋　　剛

準備書面（第2）

平成25年11月1日

大阪簡易裁判所民事第44係　御中

　　　　　　　　　　　原告訴訟代理人司法書士　甲　川　龍　介　㊞

1 　被告は，自ら自治会役員をしており，苦情が寄せられるような店の経営者が，そのような役員になどなれないと主張するが，本年度は，たまたま騒音に直面していない人たちが自治会役員をしているのである。つまり，自治会の集会が本件建物で行われていることが，苦情が皆無であることの裏づけにはならない。
2 　被告は，原告代表者村上に対して，明白に喫茶店を営業したいと伝えたと主張するが，被告は，「本件建物において」喫茶店を営業したいなどとは一言も告げておらず，単に被告の妻が喫茶店を営業したいと言ったのみであった。そのとき，原告は，まさか被告が本件建物を喫茶店に改装するなどとは思いもよらなかったのである。
3 　原告代表者村上が，平成25年5月初旬，本件建物の様子を見に行ったことは事実である。そのとき，被告の妻は，応対に出たのではなくて，たま

たま本件建物の外に出てきたところ，原告代表者村上とばったり出遭ったのである。原告代表者村上としては，本件建物が改装されてカラオケ喫茶店になったということを聞いて，様子を窺いに行ったところ，突然，被告の妻が出てきたので，驚いて声も出なかったのであり，それをもって何ら不服を述べなかったということにならない。

　また，電話一本もかけられなかったのは，原告代表者村上がいかに悩み苦しんでいたかの証左である。さらに，被告が，原告代表者村上のこのような苦しみに無理解であることは，原告被告間の信頼関係が完全に破壊されていることの結果でもある。
4　被告は，原告において，話し合いの機会をつくれば感情的にならずにすむと主張するが，原告代表者村上は，本件建物の近隣住民から，カラオケの騒音に対する苦情を聞かされた際，被告がその近隣住民に対して，「お前らには関係ない。」「文句言うな。」「営業妨害だ。」などと言って，ずいぶん横柄な態度をとっていることをも聞かされており，そのような被告と直接連絡をとって穏便に話し合いなどできるはずがないと悩みに悩んだ末に，法的手段によって解決の道を図ろうと考えたものである。

10　証拠の申出

(1)　はじめに

　訴訟当事者は、互いに主張している事実を立証しなければならない。立証すべき事由は「争いのある事実」であるが，これは立証責任の問題を無視しては考えられない。請求原因事実が真実であったとしても、原告が、これを立証することができなかった場合、法律効果は不発生と認定される危険を負っている。これを立証責任という。一方、抗弁事実については、被告が立証責任を負う。

　しかし、立証責任のない当事者は全く立証活動を行わなくてもよいわけで

はない。立証責任がある当事者が行う立証活動を本証というが、立証責任のない当事者も、相手方の主張する事実を否定すべく立証活動を行う必要がある。これを反証という。自由心証主義のもとでは、相手方の立証により、裁判所の心証がどこまで形成されているかは、当方において明確に判明しないため、当方において相手方の立証が不十分であると考えても、その判断が裁判所の心証と異なることが十分に予想される。そのため、反証が可能であれば反証し、当方に有利な心証を形成するよう働きかけるべきである。なお、反証では立証責任は相手方にあるから、相手方の主張する事実が存在しないことまでを証明しなくともよく、その事実の存在が不明であると認定される程度の証明で足りる。

　当事者尋問等の一部の例外を除き、当事者の申出がなければ、裁判所は証拠を調べることはできない。そのため、法廷に提出されている訴訟資料から、裁判所が争いのある事実の認定に有意義な証拠として考えられるものがあるとしても、当事者の証拠申出がない限り、裁判所が職権で証拠を特定しこれを調べることはない。

　たとえば、賃貸借契約の存否が争われている場合に、当事者より提出された準備書面から、契約締結に際して当事者以外に立ち会っている者がいたことが判明したとしても、当事者が証人尋問を申し出ないかぎり、裁判所がその者の尋問を行うことはない。

　訴訟当事者は自らが立証すべき事実が何であるかを明確に認識して、本証か反証かを考え、当該事実を立証するについて有益な証拠を取捨選択のうえ、証拠申出しなければならない。

(2)　証人尋問

　証人尋問とは、証人の見聞した事実の記憶を聞き出し、その供述を証拠とすることをいう。なお、証人となることができるのは、訴訟当事者および訴訟において当事者を代表する法定代理人以外の者である。

(A)　証人尋問の必要性と陳述書の提出

第 4 章 訴　訟

　民事訴訟における証拠は、記憶違いなどの誤りが入る余地が少なく、証拠調べが容易なことから、書証が中心である。しかし、書証の中には、表現の仕方によってさまざまな解釈の余地が生じることや複数の書証の間に矛盾が生じることがある。そこで、この書証を補完したり、書証と書証を結びつけたりする役割を果たすのが人証で、とりわけ第三者が証言をする証人尋問は重要である。

　証人尋問の申出に際しては、自らが立証しなければならない事実が何であるのかしっかり見極め、書証では立証が不完全であると思われる部分を補うために、どのような証人が必要であるかを考えなければならない。いかに当方に有利な証言が得られそうであっても、すでに書証によって立証が尽くされている事実しか証言できない人物では、証人としては不適当である。

　証人尋問の申出に先立って、将来、証人となりうる人物から事情を聴取しておき、その者の見聞した事実を陳述書に記載して、あらかじめ書証として提出しておくことがある。そうすることによって、代理人としては、どの人物がどの事実について証人として適格であるか判断することができる。また、立証の漏れを防ぐこともできる。さらに、裁判所が重要と考える人物については、裁判所から証人申請するよう要請される場合もあるので、立証活動に的を絞ることができるというメリットがある。

　　(B)　証人の適格性

　裁判所は、特別の定め（民訴191条）がある場合を除き、何人でも証人として尋問することができる（民訴190条）。ただし、証人は証言拒絶権を有する場合がある（民訴196条・197条1項）。尋問申出者は証人尋問を申し出るにあたり、有益な尋問が可能か否か検討する必要がある。

　　(C)　証人尋問の申出

　証人尋問の申出は、書面または口頭で行うこととされているが（民訴規1条1項）、申出と同時に尋問事項書の提出を求められているから（民訴規107条1項）、実務的には証拠申出書を作成して証人尋問の申出を行っている。

　　(D)　旅費等の予納

証人尋問が採用されたら、証人尋問を申し出た当事者は、証人が裁判所に出頭するための旅費日当の概算を予納しなければならない（民訴費11条1項1号・2項・12条1項・18条1項）。

証人尋問の申出には、証人の出頭について「同行」と「呼出」がある。「同行」とは申し出た者が証人を連れてくることであり、「呼出」とは裁判所から証人に直接出頭書を送達して出頭を求めることである。実務上「同行」の場合、証人の旅費、日当についての予納はない。

(E) 主尋問・反対尋問

証人尋問を申し出た者が行う尋問を主尋問といい、その相手方が行う尋問を反対尋問という。尋問の順序は主尋問、反対尋問の順で行われ（民訴202条1項）、必要があれば再主尋問、再反対尋問が実施される（民訴規113条2項）。裁判長は必要と認めればいつでも自ら証人を尋問することができる（民訴規113条3項）。また、裁判長は当事者の意見を聴いて尋問の順序を変更することができる（民訴202条2項）。

(F) 尋問内容

質問は、できる限り、個別的かつ具体的にしなければならない（民訴規115条1項）。また尋問内容には制限がある。主尋問の内容は立証すべき事項およびこれに関連する事項（民訴規114条1項1号）、反対尋問の内容は主尋問に現れた事項およびこれに関連する事項並びに証言の信用性に関する事項（民訴規114条1項2号）、再主尋問については反対尋問に現れた事項およびこれに関連する事項（民訴規114条1項3号）に限られる。なお、これらの尋問に際しては、次に掲げる内容の質問についても、原則として禁止されている（民訴規115条2項）。

① 証人を侮辱し、または困惑させる質問
② 誘導尋問
③ すでにした質問と重複する質問
④ 争点に関係のない質問
⑤ 意見の陳述を求める質問

⑥ 証人が直接経験しなかった事実についての陳述を求める質問

(G) **尋問方法**

尋問当事者は、裁判長の許可を得て、文書、図面、写真、模型、装置その他適当な物件を利用して証人に尋問をすることができる（民訴規116条1項）。この場合、証人に示す文書等が証拠調べの済んでいないものであるときは、相手方に異議がない場合を除き、尋問前に相手方にこれを閲覧させる機会を与えなくてはならない（民訴規116条2項）。

(H) **異議申述権**

当事者は、尋問の順序、質問の制限、文書等の質問への利用に関する裁判長の裁判に対して異議を述べることができる（民訴規117条1項）。

(I) **対質**

必要があるときは、証人と他の証人を同時に尋問することができる。これを対質という。これは、裁判長の訴訟指揮に関するものであるので、対質の申出をしても、必ず対質が行われるものではない（民訴規118条1項）。

(J) **書面による質問または回答**

耳が聞こえない証人または口がきけない証人に対する尋問は、質問および回答を書面を用いてすることができる（民訴規122条）。なお、これは、後述する書面による尋問とは異なる。

(K) **テレビ電話による尋問**

遠隔地の証人に対する尋問は、テレビ電話を利用して行うことができる（民訴204条）。テレビ電話を利用しての尋問は、証人の住所地に近い裁判所でかつテレビ電話施設を有する裁判所に証人を出頭させて行う。文書を示す場合には証人が出頭した裁判所においてファクシミリを利用して文書を送付してすることができる（民訴規123条1項・2項）。

(L) **書面による尋問**

証人尋問は、直接口頭による尋問および口頭による回答を求めることが原則であるが、裁判所は相当と認める場合において、当事者に異議がないときは、証人の尋問に代えて、書面を提出させることができる（民訴205条）。ただ

し、簡易裁判所においては、裁判所が相当と認めるときは、当事者の異議の有無にかかわらず、証人尋問に代えて書面の提出をさせることができる（民訴278条）。

(3) 当事者尋問

当事者尋問とは、当事者本人の見聞した事実の記憶を聞き出し、その供述を証拠とすることをいう。なお、当事者本人には訴訟において当事者を代表する法定代理人も含まれる（民訴211条）。

当事者尋問には、証人尋問の規定が準用されているが（民訴210条）、当事者尋問特有の事項は次のとおりである。

① 当事者尋問は、証人尋問と異なり職権においてもすることができる（民訴207条1項）。
② 証人と当事者本人とを尋問するときは、原則として証人尋問を先に行う（民訴207条2項）。
③ 証人尋問と異なり、原則として宣誓が不要（民訴207条1項後段参照）。
④ 当事者本人を尋問する場合において、当事者本人が正当な理由なく出頭せず、または宣誓もしくは陳述を拒んだときは、裁判所は尋問事項に関する相手方の主張を真実と認めることができる（民訴208条）。

(4) 証人尋問、当事者尋問の申出

証人尋問、当事者尋問を申し出るには、証拠申出書を提出する。
提出方法は、準備書面と同様に直送が原則である。

【書式75】　証拠申出書（証人尋問申立書）〔事例1〕

平成26年(ワ)第1129号　建物明渡請求事件
原告　福沢　慶子　外1名
被告　樋口　市代　外1名

証拠申出書

第4章 訴　訟

```
                                          平成27年2月15日
大阪簡易裁判所民事第44係　御中
                        原告代理人司法書士　甲　川　龍　介　印
　頭書事件について，原告主張の事実を立証するため，後記のとおり証拠の
申出をする。
                        記
1　人証の表示
　　住　　所　　大阪市城北区松空町一丁目3番5号
　　証　　人　　小　島　惟　謙　　　　　　　　（同行）
                                       （尋問所要時間20分）
2　証すべき事実
　　証人より，原告主張事実のうち，被告樋口市代が自らの意思で連帯保
　証契約を締結した事実について立証する。
3　尋問事項
　(1)　証人と原告の関係は，どのようなものか。
　(2)　証人と被告樋口の関係は，どのようなものか。
　(3)　本件連帯保証契約締結における証人の関与は，どのようなものか。
　(4)　本件連帯保証契約締結に至る経緯は，どのようなものか。
　(5)　本件連帯保証契約締結当時の被告樋口の様子は，どのようなものか。
　(6)　その他これらに関する一切の事項
```

(5)　証人尋問、当事者尋問の準備

　証人尋問、当事者尋問の申出が採用されたら、主尋問、反対尋問の準備が必要となる。尋問の準備として
　①　原告・被告の主張の整理
　②　書証の整理
　③　証人、本人との打合せ
が、考えられる。

(A)　原告・被告の主張の整理

　原告・被告の主張の整理は、主要事実はもとより、間接事実を重点的に行

う必要がある。たとえば、賃料不払いを解除原因とする建物明渡請求訴訟において、付随して、賃料支払いの保証人に対して保証債務履行請求を行ったときに、保証契約を書面でしているのであるが、被告に自署した覚えがないとのことで、保証契約を否認しているような場合、被告に対して「あなたは本件賃貸借契約について保証しましたか」と尋ねても、必ず否定するであろう。しかし、「あなたは、賃借人とはどのような関係ですか」、「あなたは、賃借人とは古い付き合いですか」、「あなたは、賃借人にお世話になったことはありませんか」というような、一見して保証契約とは関係のないように思われる事項については、「賃借人の叔父である」、「数十年来の友人である」、「就職の際に世話になったことがある」などと、意外にあっさりと証言を得ることができることがある。

　このような証言により、被告には、賃借人の保証人となったとしてもおかしくないような事情や、賃借人から頼まれれば保証人にならざるを得なかった事情を立証することによって、主要事実である保証契約の成立の推認に導くのである。

　実際の尋問において、自らが申し出た証人や本人から、主要な事実を直接聞き出すことは容易である。しかし、訴訟の相手方が申請した証人や相手方本人から、これを聞き出すことは困難である。そこで、間接事実の積み上げによって、主要な事実を推認させていく手法を用いるのである。

　(B)　書証の整理

　尋問に際して書証を示す場合において、尋問を円滑に行うために、あらかじめ示す順に書証を整理し、また書証のどこの部分を示すのかについて検討を行うことが大切である。

　(C)　証人・本人との打合せ

　事前に証人や本人と打合せをし、事前の予行演習を行い、矛盾のない証言を引き出せるよう確認をする。また、記憶が曖昧な部分を抽出し、書証を示して記憶を喚起させ、尋問の仕方を検討することも大切である。この予行演習は本番の尋問において、本人や証人の緊張を和らげる効果もあるので、で

きる限り行うべきである。

　尋問の準備には、尋問を受ける者の立場によって、その準備を十分に行うことができる場合とできない場合がある。申出側の当事者本人や証人の尋問の場合、その主尋問に関しては、その準備を十分に行うことができる。しかし、相手方当事者や相手方の申出にかかる証人については、事前に事情聴取を行うことができないであろうから、その準備を行うことは難しい。

　そこで、証人尋問を申し出るにあたっては、この事前準備ができるか否か、その証人によってどの事実の立証を目的とするのかを検討しなければならない。ただし、事前準備ができない証人であったとしても、申出側に関係ある人物の有利な証言に比べて、当事者双方に関係のない人物の有利な証言や相手方に関係のある人物の有利な証言に証拠価値が高いのは間違いがなく、単に事前準備が行えないことをもって、証人尋問の申出を行うか否かを決することはできない。

(D)　本人訴訟における証人尋問・当事者尋問

　本人訴訟の場合でも、証人尋問や当事者尋問は行われるので、本人が対応できるように準備をしておかなければならない。

　証人尋問については、訴訟代理人が就いている場合と基本的には変わりはない。ただ、通常本人は一般人であり、裁判について詳しくないことも多い。質問する側も答える側も専門家ではないことから、しっかりと準備をしておくことが必要である。証拠申出書に記載する「尋問事項」以外に、尋問の際の手控えとして質問の一覧を作成しておくことが望ましい。質問の際には原告席（または被告席）から、この手控えを読み上げるような方法で主尋問を行うことになる。もちろん事前に本人と証人との間で手控えに沿った打合せをしておくべきであるが、証人は証言席でこの手控えを見ることはできない。

　相手方から申出のあった証人の尋問の際には、当然のことながら主尋問の後に反対尋問を行うことができる。ただ、相手方の証人は相手方に有利な証言を行うことが一般的であるから、感情的な発言や意見を述べないよう、事前によく打ち合わせておく必要がある。

本人訴訟での当事者尋問の場合、本人が証言席に立つことによって原告席（または被告席）には誰も居なくなるため、質問をする者が存在しなくなる。そのため、通常は裁判官が代わりに質問をすることになり、これに本人が当事者として答えることになる。事前に書証として陳述書が提出されていれば、裁判官はこの陳述書をもとにして質問をする可能性が高い。また、これ以外に質問してほしい事項を一覧にした書面を提出しておけば、裁判官がそれに沿った質問をすることもある。もっとも、そのままの内容を質問するかどうかは裁判官の裁量によるところが大きく、場合によってはこの書面が「尋問事項書」と扱われて相手方に送達される可能性もあるので、事前に裁判所との間で協議を行っておくことが望ましい。

(E) **証人尋問当日**

開廷前に受付にて出頭カードと宣誓書を受け取り、証人が署名押印する。印鑑を持っていないと拇印の押印を求められることがある。証人の身分証明書の提示も求められるので、持参するよう伝えておく必要がある。

開廷後、裁判官は出頭カードに基づき、人定質問、偽証の告知を行い、証人に宣誓を求める（民訴規112条）。証人は書記官から渡された宣誓書（たとえば「宣誓　良心に従って真実を述べ、何事も隠さず、偽りを述べないことを誓います」）を読み上げる。複数の証人がいる場合、一斉に宣誓をすることがある。そして、通常、主尋問から始まる。

(6) 検証・鑑定

検証と鑑定については、1(6)(B)(c)・(d)（210・211頁）を参照されたい。

(7) 文書送付嘱託

文書送付嘱託とは、挙証者が証明すべき事実を文書で証明しようとするとき、挙証者が所持していない文書について、裁判所が文書の所持者に対して、申立てにかかる文書を裁判所へ送付するよう依頼することである。挙証者が裁判所に対して申し立ててする。民事訴訟法上、所持者が文書提出義務（民

訴220条）を有しているか否かにかかわらず、当事者は裁判所に文書送付嘱託を申し立てることができる（民訴226条）。

(8) 文書提出命令

文書提出命令とは、挙証者が証明すべき事実を文書で証明しようとするとき、その文書を相手方や第三者が所持している場合に、その文書を提出すべきことを裁判所から文書の所持者に対して命じることをいう。挙証者が裁判所に対して申し立ててする（民訴221条）。所持者が文書提出義務（民訴220条）を負っている場合に限り裁判所が命じる。

(9) 調査の嘱託

調査の嘱託とは、裁判所が、必要な調査を、官庁もしくは公署、外国の官庁もしくは公署または学校、商工会議所、取引所その他の団体に嘱託することである（民訴186条）。

調査の嘱託によって、銀行振込みの方法で賃料を支払った事実などを調査することが可能である。

11 訴訟の承継・補助参加等

(1) 訴訟の承継

(A) はじめに

訴訟の係属中に当事者が死亡したり、係争物が譲渡されたりすることがある。口頭弁論終結後の承継人に対しては判決の既判力や執行力が及ぶが（民訴115条1項3号）、口頭弁論終結の前に承継事由があった場合、訴訟の承継をする必要がある。

訴訟承継には、当然承継と特定承継（参加承継・引受承継）の2種類がある。

当然承継は、当事者の死亡、法人の合併による消滅等、一定の承継原因が生ずれば、当然に当事者が変更される場合である。特定承継は、係争物の譲渡等による場合で、承継人が訴訟への参加を申し出るか、相手方が承継人に訴訟を引き受けるよう申し立てるかしない限り、当事者の変更は行われない。

訴訟の承継があれば、承継人は旧当事者が追行した結果をそのまま承継し、その結果に拘束される。承継人は、被承継人がなした自白の撤回を自由になすことはできないし、時機に後れた攻撃防御方法は提出できない。

(B) 当然承継

(a) 訴訟手続の中断が生じる場合

当事者が死亡した場合等、民事訴訟法124条1項各号の事由があるときは、原則として訴訟手続が中断する（民訴124条1項）。この場合、承継人は、訴訟手続受継の申立てをする。相手方からも受継の申立てができ（民訴126条）、当事者双方が申立てをしない場合、裁判所は職権で訴訟手続の続行を命ずることができる（民訴129条）。裁判所は、受継申立ての適格性を調査し、適格性を欠くときは申立てを却下する（民訴128条）。承継を認める場合は、受継決定をし訴訟を追行する。

【書式76】 受継申立書

平成26年(ハ)第100号　建物明渡請求事件
原告　乙山　太郎
被告　丙村　花子

　　　　　　　　　　受継申立書

　　　　　　　　　　　　　　　　　　　　　　　　　平成26年12月25日

大阪簡易裁判所民事44係　御中

　　　　　　　　〒539-0001　大阪市城北区松空町一丁目2番34号
　　　　　　　　　　申立人（原告承継人）乙　山　敦　司　印

　頭書事件について，原告乙山太郎は，平成26年12月1日死亡したため，訴訟手続は中断したが，申立人乙山敦司は原告の実子であり，原告を相続した

> ので，本件訴訟手続を受継する旨申し立てる。
>
> 附属書類
>
> 1　戸籍謄本　　1通

(b)　**訴訟手続の中断が生じない場合**

訴訟代理人が選任されている場合、訴訟手続は中断しない（民訴124条2項）。よって、受継申立書を提出する必要はないが、実務上は、当事者の変更があることを明確にするため、上記申立書および承継人からの訴訟委任状を裁判所に提出する。

(C)　**特定承継（参加承継・引受承継）**

係争物が譲渡された等のように、当然承継の原因となるもの以外の原因で、権利または義務を承継した場合、承継人自らが訴訟参加するのが参加承継であり（民訴49条）、相手方が第三者に訴訟を引き受けさせるのが引受承継である（民訴50条）。

建物明渡請求訴訟では、原告である建物所有者が、その建物を第三者に売却した場合が特定承継の典型的な例である。被告である占有者から、建物の買主に対し訴訟を引き受けさせる場合、引受承継申立てをする。建物の買主自らが、原告である売主に対しては所有権の確認を請求し、占有者である被告に対しては建物の明渡しを請求する場合、参加承継の申立てをする。特定承継は新たに訴訟を起こすことと類似するので、訴状と同様の貼用印紙が必要で、副本も、参加承継では原告および被告の数、引受承継では相手方当事者と被申立人の数の分が必要である。

買主の訴訟参加により、売主が自己の所有権を争う必要がない場合、片面的独立当事者参加の形式で参加することもでき、従来の原告である売主は訴訟から脱退できる（民訴48条）。脱退をするには、相手方の同意が必要である。脱退者は、脱退によって訴訟追行できなくなるが、当該訴訟の判決の効力は脱退者にも及ぶ。

【書式77】　引受承継申立書

平成26年(ハ)第100号　建物明渡請求事件
原告　乙山　太郎
被告　丙村　花子

引受承継申立書

平成26年12月25日

大阪簡易裁判所民事44係　御中

被告訴訟代理人司法書士　庚　上　春　毅　㊞
〒539-0001　大阪市城北区松空町一丁目2番34号
原　　　告　乙　山　太　郎
〒539-0001　大阪市城北区松空町三丁目2番1号
申立人（被告）　丙　村　花　子
〒548-0002　大阪市中成区竹山町二丁目2番2号
被告訴訟代理人司法書士　庚　上　春　毅
〒539-0003　大阪市西住吉区梅川町四丁目4番4号
被　申　立　人　癸　部　みゆき

　頭書事件について，申立人は，被申立人に対する訴訟引受の申立てをする。

申立ての趣旨

　被申立人に対して，原告のため，本件訴訟の引受けを命ずる。
との裁判を求める。

申立ての理由

　原告は，被申立人に対し，原告所有の建物を平成26年12月1日譲渡したので，被申立人に対し，原告のため，本件訴訟を引き受けさせる旨の裁判を求めるために申し立てる。

附属書類

1　全部事項証明書（登記簿謄本）　　　　1通

第4章 訴 訟

【書式78】 承継参加申出書

平成26年(ハ)第100号　建物明渡請求事件
原告　乙山　太郎
被告　丙村　花子

承継参加申出書

平成26年12月25日

大阪簡易裁判所民事44係　御中

参加人訴訟代理人司法書士　丁　田　次　郎　㊞
〒539-0001　大阪市城北区松空町一丁目2番34号
　　原　　　　　　告　乙　山　太　郎
〒539-0001　大阪市城北区松空町三丁目2番1号
　　被　　　　　　告　丙　村　花　子
〒539-0003　大阪市西住吉区梅川町四丁目4番4号
　　参　　　加　　　人　癸　部　みゆき
〒548-0002　大阪市中成区竹山町五丁目5番5号
　　上記参加人訴訟代理人司法書士　丁　田　次　郎
　　　　　　　　　　　電　話　06-0000-0000
　　　　　　　　　　　ＦＡＸ　06-0000-0000

　頭書事件について，参加人は，当事者双方を相手方として，民事訴訟法第49条により上記訴訟に参加する。

請求の趣旨

1　原告は，別紙物件目録記載の建物が参加人の所有であることを確認する
2　被告は，参加人に対し，別紙物件目録記載の建物を明け渡せ
3　訴訟費用は被告の負担とする
との判決を求める。

請求の原因・参加の理由

1　原告は，被告に対し，別紙物件目録記載の建物（以下「本件建物」という。）について賃貸借契約の終了に基づく明渡請求訴訟を提起し，御庁民事44係に訴訟係属中である。

2　参加人は，平成26年12月1日，原告から本件建物を買い受け，同日所有権移転登記手続を経由し本件建物について所有者としての地位を承継した。
3　しかしながら，原告は参加人に対する本件建物の所有権移転を争い，被告は本件建物を占有している。
4　よって，参加人は，上記訴訟の承継人として原告及び被告を相手方とし，請求の趣旨記載のとおりの判決を求めるため申出をする。

物　件　目　録

（略）

【書式79】　訴訟脱退届

平成26年(ハ)第100号　建物明渡請求事件
原　告　　乙山　太郎
被　告　　丙村　花子
参加人　　癸部みゆき

訴訟脱退届

平成26年12月25日

大阪簡易裁判所民事44係　御中

　　　　　　　　　原告訴訟代理人司法書士　甲　川　龍　介　㊞

　頭書事件について，原告は，被告の同意を得て，本訴訟より脱退する。

　上記脱退に同意する。
　　　　　　　　　被告訴訟代理人司法書士　庚　上　春　毅　㊞

(2)　補助参加

(A)　意　義

補助参加とは、他人間の訴訟の判決結果について法律上の利害関係を有する第三者が、当事者の一方を勝訴させるため、訴訟に参加することである（民訴42条）。たとえば、無断転貸を理由に賃借人が賃貸人から建物明渡請求訴訟を提起された場合において、その勝敗は転借人の今後の法的地位を大きく左右する。なぜなら、もし賃借人が敗訴すれば、賃借人が建物を明け渡さなければならないので、結果として転借人も建物を退去しなければならないからである。そこで、転借人は、転貸人すなわち賃借人を勝訴させるために訴訟に参加し、転貸の承諾を受けたこと、転貸によって使用状況に変更がなく背信的行為と認めるに足りない特段の事情があること等を主張・立証することによって、賃借人が勝訴するよう補助することができる。

　(B) 要　件

　補助参加できる者は、他人間訴訟の本案判決の結果について法律上の利害関係を有する第三者で、当事者の一方を補助し、これを勝訴させることによって自己の利益を守ることのできる者である。訴訟の結果について「法律上の利害関係を有する」とは、訴訟物自体に関して法律上の利害関係を有することを要し、単なる感情的理由や事実上の利害関係にとどまる者にまでは認められない。たとえば、当事者の親友であるとか株主であるというような理由だけでは参加の利益としては不十分である。

　(C) 手　続

　参加の申出は、参加の趣旨および理由を明らかにして、裁判所にする（民訴43条1項）。参加の申出が書面でなされたときは、副本を当事者双方に送達し（民訴規20条）、口頭でなされたときは調書を当事者双方に送達する。参加の理由については、当事者から異議が述べられた場合のみ調査される。その場合、参加人は参加の理由を疎明しなければならない（民訴44条1項）。

　なお、参加の申出は、他人間に訴訟が係属中である必要はなく、上訴の提起や、督促異議、再審の訴え等補助参加人として可能な訴訟行為とともに参加の申出ができる（民訴43条2項）。

【書式80】 補助参加申出書

平成26年(ハ)第100号　建物明渡請求事件
原告　乙山　太郎
被告　丙村　花子

補助参加申出書

平成26年12月25日

大阪簡易裁判所民事44係　御中

　　　　　補助参加人訴訟代理人司法書士　子　本　　　輝　㊞
　　　　　〒539-0001　大阪市城北区松空町一丁目2番34号
　　　　　　原　　　　　　　　　告　乙　山　太　郎
　　　　　〒539-0001　大阪市城北区松空町三丁目2番1号
　　　　　　被　　　　　　　　　告　丙　村　花　子
　　　　　〒539-0001　大阪市城北区松空町三丁目6番9号
　　　　　　補　助　参　加　人　丑　野　七　海
　　　　　〒548-0002　大阪市中成区竹山町六丁目6番6号
　　　　　　補助参加人訴訟代理人司法書士　子　本　　　輝
　　　　　　　　　　　　　　電　話　06-0000-0000
　　　　　　　　　　　　　　ＦＡＸ　06-0000-0000

参加の趣旨
　頭書事件について，申出人は，被告を補助するため上記訴訟に参加する。

参加の理由
　申出人は，頭書事件において，本件建物につき被告より転貸を受けており，上記訴訟の結果につき利害関係があるので，被告を補助するために本申出をする。

防御方法の提出
　申出人は，上記参加の申出をすると同時に，被告の従来の答弁及び抗弁を援用し，証拠方法は口頭弁論において提出する。

(D) 効 力

参加人に及ぶ判決の効力は、既判力ではなく参加的効力である。参加的効力が既判力と相違するところは、①被参加人が敗訴の場合にのみ問題になり、かつ被参加人と参加人間にしか及ばないこと、②参加人に敗訴責任を分担させるのが相当でない場合には効力がないこと（民訴46条）、③参加的効力の存在は職権調査事項ではなく、当事者の援用を待って判断すれば足りること、④判決の主文中の訴訟物たる権利関係の存否の判断のみならず理由中の判断についても及ぶことである。

(3) 訴訟告知

(A) 意 義

訴訟係属中、当事者から、参加できる第三者に対して、訴訟係属の事実を通知することである（民訴53条）。第三者に訴訟参加の機会を与えるとともに、告知者が敗訴した場合、その参加的効力を被告知者にも及ぼすことに意義がある。訴訟告知は、参加の機会を与えるだけで、参加すべき義務が生じるものではないが、被告知者が補助参加の利害関係を有し、かつ一定の条件を充たせば、参加しない場合でも、参加したのと同様の効果（参加的効果）を受ける（民訴53条4項）。

(B) 手 続

訴訟告知は、告知の理由および訴訟の程度を記載した書面を裁判所に提出してする（民訴53条3項）。裁判所は、被告知者に副本を送達しなければならず、相手方当事者には送付で足りる（民訴規22条）。なお、送達用の郵券を予納するよう求められることがある。

【書式81】 訴訟告知書（賃借人である被告が転借人に対し訴訟告知する例）

平成26年(ワ)第100号　建物明渡請求事件
原告　乙山　太郎
被告　丙村　花子

訴訟告知書

平成26年10月15日

大阪簡易裁判所民事44係　御中

　　　　　　　　告知人訴訟代理人司法書士　子　本　　輝　㊞
　　　　　〒539-0001　大阪市城北区松空町一丁目２番34号
　　　　　　　　原　　　　告　乙　山　太　郎
　　　　　〒539-0001　大阪市城北区松空町三丁目２番１号
　　　　　　　　被　告　（　告　知　人　）　丙　村　花　子
　　　　　〒548-0002　大阪市中成区竹山町六丁目６番６号
　　　　　　　　告知人訴訟代理人司法書士　子　本　　輝
　　　　　　　　　　　　　　　　　電　話　06-0000-0000
　　　　　　　　　　　　　　　　　ＦＡＸ　06-0000-0000
　　　　　〒539-0001　大阪市城北区松空町三丁目６番９号
　　　　　　　　被　　告　　知　　人　丑　野　七　海

頭書事件について，告知人は，被告知人に対して訴訟告知をする。

告知の理由

　上記訴訟における原告主張の要旨は，……被告の用法遵守義務違反を理由に建物明渡しを請求するものである。告知人は，原告の同意のもと，被告知人に対し本件建物を転貸した。

　告知人が上記訴訟において原告の主張事実を理由に敗訴するときは，被告知人は告知人に対し，債務不履行等を理由に損害賠償請求をなしうるから，民事訴訟法第53条により上記訴訟を告知する。

訴訟の程度

　上記訴訟において，告知人は，平成26年10月３日訴状の送達を受け，平成26年11月７日午前10時15分の第１回口頭弁論期日の呼出を受けている。

(4)　独立当事者参加

(A)　意　義

訴訟の結果によって権利が害されることを主張する第三者または訴訟の目

的の全部もしくは一部が自己の権利であることを主張する第三者は、その訴訟に当事者として参加することができる（民訴47条1項）。たとえば、賃料不払いを理由に賃貸人が賃借人に建物明渡請求訴訟を提起している場合、その建物について真の所有者は自分であるとして、賃貸人（原告）に対しては所有権確認および所有権移転登記の抹消を求め、賃借人（被告）に対しては、賃料請求をするような場合である。

(B) 要 件

第三者が、①訴訟の結果によって権利が害されることを主張する場合（いわゆる詐害防止参加）、または、②訴訟の目的の全部もしくは一部が自己の権利であると主張する場合（前記(A)の例）に、他人間の訴訟に当事者として参加することができる。要件は以下のとおりである。

ⓐ 他人間に訴訟が係属していること
ⓑ 参加の利益が存すること（具体的には前記①、②のこと）
ⓒ 当事者の双方または一方を相手方として自己の請求の審判を求めること

(C) 手 続

参加の趣旨および理由を明らかにして、裁判所に参加の申出をする。実質的には新たに訴訟を提起することと同様であるので、訴状と同額の印紙を貼用し、当事者双方へ送達するため（民訴47条3項）、当事者数の副本が必要である。

裁判所は、参加要件のみならず訴訟要件も調査し、要件を欠くときは判決で申出を却下する。

(D) 効 力

適法に参加申出がなされた場合、三者間は類似必要的共同訴訟となる（民訴47条4項・40条1項～3項）。二当事者間の訴訟行為は、他の一人に不利益をもたらす限り二当事者間でもその効力を生じない。たとえば、被告が原告に対し請求の認諾をしても参加人が争う限り、その効力を生じず、また、一人に対し中断の事由が生じれば、訴訟全体が停止する。

(5) 選定当事者

(A) 意　義

共同訴訟人が多数であると、訴訟進行の足並みが揃わなかったり、手続が複雑になったりしかねない。そこで、共同訴訟人の中から代表者を選び、この選ばれた者が当事者として全員のために訴訟をすることができる（民訴30条）。選ばれた代表者を選定当事者といい、この選定当事者を選び自らは訴訟行為をしない者を選定者という（民訴30条4項）。

(B) 選定の要件と方法

共同訴訟人となるべき者が共同の利益を有する場合、訴訟追行者をその共同訴訟人の中から選ぶことが必要である。「共同の利益を有する」とは、多数者相互間に共同訴訟人となりうる関係があり、かつ、その請求が主要な要点（攻撃防御方法）を共通にすることである（最判昭和33・4・17民集12巻6号873頁）。

選定の方法としては、①訴え提起前に選定当事者を選定するケース、②訴訟係属後、共同訴訟人が選定当事者を選定して訴訟を脱退するケース、③係属中の訴訟当事者と共同の利益を有する者で当事者でない者が、その訴訟当事者を選定当事者に選定して当事者に加わるケースがある（この場合、選定当事者はその選定者に係る請求の追加をする必要がある）。全員一致して同一人を選定する必要はなく、賛成しない者は、自ら訴訟を追行することや別人を選定することもできる。

【書式82】　訴訟当事者選定書

平成26年(ハ)第100号　　建物明渡請求事件
原告　乙山　太郎　外1名
被告　丙村　花子

訴訟当事者選定書

第4章 訴 訟

```
                                       平成26年12月14日
 大阪地方裁判所第55民事部　御中
                      選定者（原告）　乙　山　太　郎　印
                      被選定者（原告）　乙　山　敦　司　印
   頭書事件について，原告らは，民事訴訟法第30条により，原告ら総員のた
 めの訴訟追行者として下記の者を選定する。
                          記
        〒539-0001　大阪市城北区松空町一丁目2番34号
                 乙　山　敦　司
```

(C) 効　力

　選定当事者は一切の訴訟行為ができ、訴訟代理人のような制限はなく、訴訟上の和解や請求の放棄・認諾もできる。ただし、複数人の選定当事者が選ばれた場合、その選定当事者による訴訟は固有必要的共同訴訟となるため、合一の確定による制約を受ける（民訴40条1項）。

　選定当事者の受けた判決は、選定者にも効力が及ぶ（民訴115条1項2号）。つまり、被告が選定当事者を選定しているときに原告が勝訴すると、原告は、選定者に対しても執行文の付与を受けて執行することができる。

　選定者は、いつでも選定の取消しや選定された当事者を変更することができる（民訴30条4項）。この取消しや変更は、相手方に通知しなければ効力を生じない（民訴36条2項）。

(D) 制度の活用

　選定当事者制度は、公害訴訟のように当事者が多数存在している場合に利用することを想定しているようにみられるが、一方当事者が2名以上いれば利用することができる。司法書士が訴訟代理権を行使できる事件であれば、当事者全員から訴訟委任を受けることで対応ができるので、選定当事者制度を利用するメリットは少ない。

　しかし、地方裁判所での事件のように司法書士が訴訟代理人となることができない場合には、選定当事者制度を利用するメリットがある。たとえば、

建物を共有する親子が、地方裁判所において建物明渡請求訴訟を提起するに際して、一方が平日どうしても裁判所に出頭できない事情があれば、他方を選定当事者として選定し訴訟を提起することができるのである。

12 口頭弁論と争点整理

(1) 訴訟審理の流れ

　第1回口頭弁論期日に当事者双方が訴状および答弁書を陳述し、争いがある主要な点を抽出する。その争点について、次回から争点整理手続(準備的口頭弁論、弁論準備手続、書面による準備手続((5)(332頁))に付されることがある。その場合、主要事実のみならず間接事実についても、紛争の実態を解明する事実を、証拠資料を提出し明確にする。

　争点整理手続の終結時には、裁判所および当事者間で、今後証拠調べによって証明すべき事実や証明方法を確認する。争点整理手続終結後の口頭弁論では、争点整理手続で明らかになった争点に対し、当事者双方が立証していくために、集中的に証拠調べ(証人尋問・当事者尋問・鑑定等)が行われる。

(2) 第1回口頭弁論期日

　第1回口頭弁論期日における、裁判所での手続は次のとおりである。
　一般出入口から法廷に入ると、廷吏または書記官に、事件番号および当事者名を告げる。傍聴席で待ち、廷吏または書記官に事件番号を呼び上げられれば(民訴規62条)、当事者席へ座る。慣習的に裁判所からの発問に応答するときは、起立して行う。
　第1回口頭弁論期日は、原告の訴状の陳述から始まる。実際には、裁判官から「訴状を陳述しますか」と問いかけられ、「陳述します」とだけ述べることが多い。次に、答弁書の陳述がなされ、訴状と同様、被告は裁判所の問い

第4章 訴 訟

かけに「陳述します」と述べる。
　この期日の中で、訴状・答弁書と一緒に提出された書証の証拠調べが行われることがある。裁判官が当事者から提出された文書の原本を法廷で閲読する方法によるため、提出した書証について、1号証から順に整理して当日持参する必要がある。預金通帳等、当事者が日常的に利用しているものについても、期日までに原本を預かれるよう手配しておかなければならない。提示する原本が冊子の場合、該当部分に付箋を付けるなどして裁判官が確認しやすいようにしておく。

〈図表10〉　法廷見取図（簡易裁判所の一例）

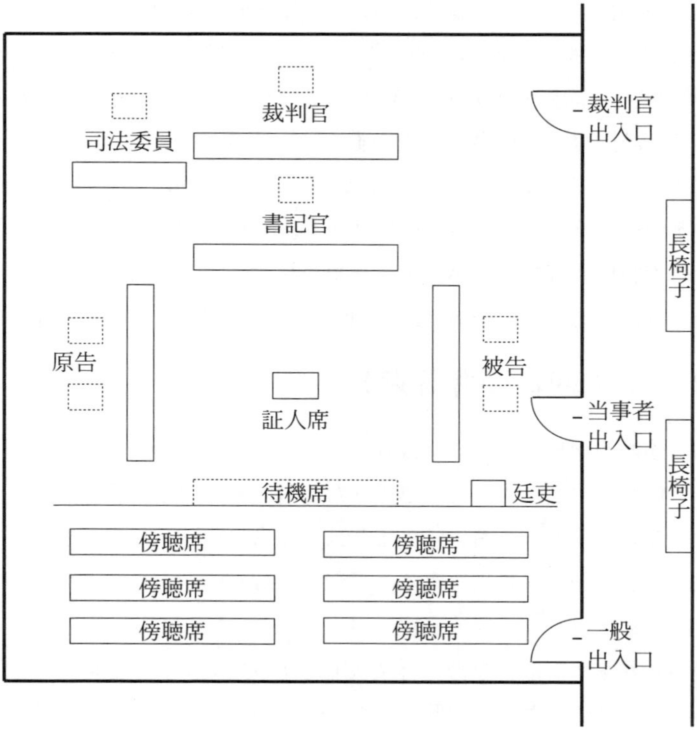

また、当該事件の争点を明確にするために、裁判所から釈明を求められることもある。そして、最後に次回期日が決められるが、争点整理手続に付す場合には、裁判官からその旨を告げられる。

簡易裁判所では、第1回期日で和解することもあるので、あらかじめその準備をしておく必要がある（15（345頁）参照）。

(3) 期日変更

期日の変更が認められるのは、以下の場合である（民訴93条）。

① 最初の期日（弁論準備手続を経ない口頭弁論または弁論準備手続）　当事者の合意があれば、特に理由がなくても期日の変更ができる。

② 弁論準備手続を経た口頭弁論期日　やむを得ない事由がなければ、期日の変更はできない。

③ 上記以外の期日　顕著な事由があれば、期日の変更ができる。顕著な事由とは、②の「やむを得ない事由」より緩やかな概念である。たとえば、当事者の急病や縁者の不幸などにより出頭ができない場合、顕著な事由として認められうる。

実務上は、最初の期日でなくても、何らかの理由があり、かつ相手方の同意があれば変更を認められる場合もあるので、相手方および書記官に事情を説明して相談するのも一つの手である。相手方に期日の変更を打診して双方出頭可能な候補日を決めておき、書記官に期日の変更を申し立てる。期日の変更事由が生じた場合、速やかに期日変更申立書を提出する。

【書式83】　期日変更申立書

平成26年(ハ)第100号　建物明渡等請求事件
原告　乙山　太郎
被告　丙村　花子

期日変更申立書

第4章 訴　訟

```
                                            平成26年11月5日
　大阪簡易裁判所民事44係　御中
　　　　　　　　　　原告訴訟代理人司法書士　甲　　川　　龍　　介 ㊞
　頭書事件について，先に指定された平成26年11月7日午前10時15分の口頭
弁論期日は，下記理由により変更されたく申立てします。
　　なお，本件期日変更申立てにつき，被告の同意を得ています。
                        記
1　理由　　　尋問を予定していた証人が，急病により緊急入院したため。

                      疎明資料
1　診断書　　　　　　1通
```

(4) 口頭弁論期日における当事者の出頭と不出頭

(A) 当事者の一方の不出頭

　原告または被告が，最初にすべき口頭弁論期日に欠席のとき（出頭したが本案の弁論をしないときを含む），裁判所はその者が提出した訴状または答弁書その他の準備書面に記載した事項を陳述したものとみなし，出席した相手方に弁論をさせることができる（陳述擬制。民訴158条）。最初にすべき期日とは，最初に決められた期日ではなく，実際に最初にされる口頭弁論期日であり，第1回期日が変更されたときは，その後最初に開かれた期日である。

　たとえば，原告が最初の期日に欠席した場合でも，被告が出席していれば，原告が訴状を陳述したものとして被告は弁論を促される。逆に，被告が答弁書を提出して欠席した場合にも，被告が答弁書を陳述したものとして，原告は弁論を促される。これは，当事者一方の欠席による出席当事者の不利益を回避し，審理の促進を図るためである。特に，被告にとっては，期日を一方的に指定されることから，第1回期日に被告が欠席することは多い。他方，実務上，原告とは事前に日程を調整したうえで期日が指定されるので，原告は，必ず出席すべきである。

この陳述擬制は、最初にすべき期日に限り認められる。続行期日にまで陳述擬制を認めると口頭主義が骨抜きになるためである。例外として、簡易裁判所の訴訟手続では、手続の簡素化・迅速化の観点から、続行期日についても陳述擬制が認められている（民訴277条）。

また、欠席した当事者は、提出した書面で出席者の主張事実を明らかに争っていない限り、自白したものとみなされ（擬制自白。民訴159条3項）、出席者はその事実を立証する必要がなくなる。つまり、被告が答弁書を提出せずに欠席すれば、被告は原告の主張事実を認めたことになり、その結果、裁判所は調書判決の方法により（民訴254条）、直ちに判決書原本に基づかないで判決の言渡しをすることができる。ただし、被告が公示送達による呼出しを受けていた場合、擬制自白は成立しないので（民訴159条3項ただし書）、原告はその主張する事実を立証しなければならない。

口頭弁論期日の直前に被告から相談を受け、原告の主張を十分吟味する時間的余裕がなければ、原告の主張に対し争う（すなわち、請求の趣旨に対する答弁として、請求棄却を求める）旨の答弁書を提出する必要がある。その際、請求の原因に対する答弁、被告の主張については「精査の上、追って主張する」と記載し提出する。請求原因に対する認否・反論については答弁書で行うのではなく、準備書面で提出するのもやむを得ないであろう。

(B) **当事者の双方の不出頭**

当事者双方が、期日（口頭弁論または弁論準備手続）に出頭せず、または申述をしないで退廷もしくは退席をした場合において、1か月以内に期日指定の申立てをしないときは、双方に訴訟追行の意思がないとして、訴えの取下げがあったものとみなされる（民訴263条前段）。

さらに、1か月以内に期日の申立てをした場合でも、当事者双方が、連続して2回、同様に懈怠したときにも訴えの取下げが擬制される（民訴263条後段）。

控訴審では、訴えの取下げではなく、控訴の取下げの規定において準用されるため、第一審判決が確定することになる（民訴292条2項）。

331

(5) 争点整理

(A) 争点整理の種類

　訴訟を適正かつ迅速に進めるには、早期に争点を明確にし、争点に焦点を絞った効率的な証拠調べをすることが不可欠である。争点整理の効用は、証拠調べの対象を絞ることにより集中証拠調べを可能にすることがあげられる。裁判官および訴訟当事者双方で、争点に対する共通認識が形成され、それを基に口頭弁論が続けられることにより、円滑な訴訟進行が可能となる。

　ただ、争点整理手続が円滑な訴訟進行のための手続であるからといって、口頭弁論よりも一段低いものと認識すべきではない。裁判所は、争点整理手続を利用して、争点を絞って効率的な審理をしたい意向をもっているので、訴訟代理人が、争点にしたい部分を主張しておかないと、次々に争点が切り捨てられてしまうことがある。たとえば、賃貸借契約の合意解除が有効であるか否かを争っている場合に、合意解除の意思表示を、詐欺取消しまたは錯誤無効であるという主張をしているところ、争点整理手続において、裁判官より「この論点は、錯誤無効の成否だけでいいですね」などと念押しをされることがある。考えがまとまらないまま是認すると返答してしまうと、後になって詐欺の有力な証拠があらわれても、詐欺取消しの主張ができなくなるおそれがある（民訴167条・174条・178条）。そこで、訴訟代理人としては、争点整理手続を前に、維持すべき争点をしっかりと主張する準備をしておかなければならない。

　争点整理には、準備的口頭弁論、弁論準備手続、書面による準備手続の3種類の手続が用意されている。この3種類の争点整理手続には、原則・例外の位置づけはなく、事件の特質によって最も効率的な手続が選択される。準備的口頭弁論は、公開の法廷で行われるという特徴から、労働事件、行政事件、社会的注目を引く著名事件等、傍聴人が多い事件で利用される。これに対し、弁論準備手続は、傍聴人が少ない事件、プライバシー・営業上の秘密等にかかわるため、当事者が公開での争点整理を望まない事件等で利用され

る。書面による準備手続は、当事者双方が遠隔地に居住している場合等、当事者が裁判所に出頭する負担を軽減させる必要がある場合の利用に向いている。

(B) **弁論準備手続**

弁論準備手続は、準備的口頭弁論と異なり、訴訟行為の範囲に一定の制約がある。手続を開始するには、当事者の意見聴取をしなければならない（民訴168条）。原則非公開であるが、当事者が申し出た者については、手続上支障がない限り傍聴を許さなければならない（民訴169条2項）。地方裁判所での事件のように訴訟代理人でない司法書士が傍聴するためには、傍聴の許可申請をする必要がある。

弁論準備手続における証拠調べは書証のみが認められる（民訴170条2項）。文書の成立に争いがある場合は、証人尋問が必要となる可能性があるため、弁論準備手続では取り扱われない場合もありうる。

準備的口頭弁論に比べ便利な点は、当事者が遠方の場合等、当事者の一方が出頭していれば電話会議の方法によることもできることである（民訴170条3項）。

弁論準備手続では、以下のことがなされる。

① 主張すべき主要事実および重要な間接事実とその認否の確定
② 争いのない事実と争いのある事実の確定
③ 証拠の整理

【書式84】 **傍聴許可申立書**

平成26年(ワ)第300号　建物明渡請求事件
原告　乙山　太郎
被告　丙村　花子

傍聴許可申立書

平成26年12月10日

大阪地方裁判所民事第55部　御中

第4章 訴 訟

> 　　　　　　　　　　　　　　　　原告 乙　山　太　郎 ㊞
> 　頭書事件について，次回弁論準備手続期日（平成26年12月15日午後2時）に，訴状を作成した司法書士甲川龍介が傍聴することについて，民事訴訟法第169条第2項に基づき許可を求める。

(6) 簡易裁判所での審理

　簡易裁判所においては、簡易迅速な審理が求められているために、一体型審理が行われることがある。一体型審理とは、口頭弁論と証拠調べを明確に分けないで審理をすることである。この一体型審理は、争点を早期に絞り込み、迅速に審理を進めるという点では有益であるが、当事者の発言が、「主張」として発言していることになっているのか、「証言」として発言していることになっているのか不明になるという弊害もある。

　そこで、裁判官が当事者に対して、今後の訴訟の行方を左右するような内容の釈明を求めたときは、訴訟代理人たる司法書士は、書面にて主張する旨裁判官に回答し、必要があれば証拠の申出をする必要がある。

　また、事件の内容や訴訟の進行状況によって、口頭弁論期日に当事者を同行させるかどうかを慎重に検討する必要もある。

13　判　決

(1)　判決言渡し

　判決は言渡しによって成立し、その効力を生ずる（民訴250条）。言渡しは、判決書の原本に基づいてしなければならないのが原則であるが（民訴252条）、原告の請求を認容する場合において当事者間に実質的な争いがない場合には、言渡しの方式を簡易化し原告の権利実現の迅速性を図るため、例外的に、判

決書の原本に基づかずに言い渡すことができる（民訴254条1項各号）。この場合、判決書の作成に代えて、書記官が言渡期日の口頭弁論調書に主文、請求、理由の要旨等を記載する（調書判決）。

判決言渡しは当事者が在廷しない場合でもすることができるとされている（民訴251条2項）。判決言渡期日に当事者がなすべき訴訟行為は何もないことから、実際には出頭しないことが多い。この場合、後で判決主文を書記官に電話で問い合わせることができる。

(2) 判決書の送達

判決言渡し後は、判決書正本または調書判決の正本ないし謄本が、当事者双方に特別送達される（民訴255条、民訴規159条）。すぐに判決書の交付を受けたい場合は、担当書記官から交付送達を受けることができる場合がある。事前に裁判所に連絡をしておけば、言渡しの際に直接交付を受けられることもある。

控訴は、判決書またはこれに代わる調書の送達を受けた日から2週間（初日不算入）の不変期間内にしなければならない。控訴期間を経過すると、控訴の余地がなくなることから、その期間管理には十分注意を払う必要がある。たとえば、判決の送達を受けたら、その余白に受領した日を記載しておく等、控訴期間を徒過することがないように管理すべきである。

(3) 判決の確定

(A) 確定の時期

判決は上訴期間の経過によって確定し、訴訟は終了する。第一審・控訴審判決については、当事者が判決書またはこれに代わる調書の送達を受けた日から2週間（初日不算入）の不変期間を経過したときに確定する（民訴285条・116条）。当事者がそれぞれ別の日に送達を受けたのであれば、いずれか遅いときに確定する。

上訴期間の末日が土曜日・日曜日・国民の祝日、年末年始（12月29日から1

月3日)に当たるときは、上訴期間は、その翌日に満了する(民訴95条3項)。それらは裁判所の休日であり、執務は原則として行われないためである(裁判所の休日に関する法律1条1項)。

　たとえば、原告が12月15日に判決書の送達を受け、被告が12月16日に判決書の送達を受けた場合、原告にとっての期間の末日は12月29日、被告にとっての期間の末日は12月30日であるが、それらの日はどちらも年末年始に当たるので控訴手続をすることができず、どちらの控訴期間も満了しない。次に控訴手続をすることができるのは、原告・被告とも翌年1月4日(この日が土日祝日であればさらに順延される)であり、控訴がなされなかった場合、判決が確定するのはその翌日の1月5日となる。

(B)　確定の証明

　建物明渡請求訴訟の終局判決において、原告の全面的勝訴判決がなされたとしても、被告が実際に当該建物に居住しているような場合は、仮執行宣言が付されないことが多い。このような場合は、判決が確定しなければ強制執行をすることができない。この強制執行手続には確定証明書が必要なので、その交付を受けなければならない(確定証明書の要否については〈図表12〉(358頁)、確定証明申請書については【書式96】(376頁)参照)。

(4)　判決の効力——既判力の限界

(A)　時的限界(標準時)

　既判力は事実審の口頭弁論終結時点の権利または法律関係の存否について生ずるとされている(民執35条2項参照)。終局判決は、事実審の口頭弁論終結時までに提出された訴訟資料に基づきなされるからである。

(B)　物的限界(客観的範囲)

　既判力は、判決主文で示された判断についてのみ生じ、理由中の判断には生じない(民訴114条1項。ただし、相殺の抗弁について例外あり(民訴114条2項))。

(C) 人的限界（主観的範囲）

既判力は、当事者間にのみ及ぶのが原則である（相対効の原則。民訴115条1項1号、民執23条1項1号）。しかし、例外的に、次に掲げる者に対しては、既判力の効力が及ぶ（民訴115条1項各号）。これは、当事者間の訴訟による紛争解決の実効性を確保し、あるいは、法律関係をすべての関係人の間で画一的に処理するためである。

① 当事者が他人のために原告または被告となった場合のその他人（2号）　選定当事者を選定したときの選定者がこれにあたる。
② 口頭弁論終結後の承継人（3号）　口頭弁論終結後に賃借権の譲渡を受けた者や相続人がこれにあたる。
③ 請求の目的物の所持者（4号）　物件の管理人等がこれにあたる。なお、占有者の家族や法人の物を所持する代表者・従業員等は、独立の占有を有しないと考えられており、占有者本人に対する引渡・明渡判決を得ることでこれらの者の占有も排除できる。

(5) 判決の更正

裁判所は、判決に計算違い、誤記、その他これらに類する明白な誤りがあるときは、申立てによりまたは職権で更正決定をすることができる（民訴257条1項）。判決書の記載から誤りが明らかな場合のほか、事件の経過全体から明らかな場合も含む。

更正決定を求める場合は、申立書を事件係に提出する。印紙は不要である。

更正決定の申立書には、「当事者の表示中被告の氏名が『乙野太郎』とあるのは『乙野次郎』の誤りである」とか、「判決主文中『○○町○丁目100番地』とあるのは『○○町○丁目200番地』の誤りである」というように、どの判決のどの部分に誤りがあるかを記載しなければならない。

(6) 仮執行宣言

仮執行宣言とは、未確定の終局判決に、それが確定した場合と同様にその

内容を実現できる執行力を付与することをいう（民訴259条1項）。

　仮執行宣言が付されるのは、上訴による判決の変更・取消しがあった場合であっても、原状回復が可能であり、また、金銭賠償によって損害の回復が可能な財産権上の請求に関する判決に限られる。

　仮執行宣言は、本案判決の確定前にその宣言が変更されるか、または本案判決を変更する判決の言渡しにより、変更の限度において失効する（民訴260条1項）。仮執行後に本案判決が変更された場合は、請求権がないのに給付を受けたことになるから、原告は被告にこれを返還し、またはそれによって生じた損害を賠償しなければならない。

　建物明渡請求認容判決についても仮執行宣言は付されるが、被告が当該建物に居住しており、かつ、被告が原告の主張を争った場合、実務上、仮執行宣言が付されないことがある。

　なお、仮執行宣言付判決に対して控訴の提起をした場合、裁判所は、申立てにより、決定で強制執行の停止を命じることができる（民訴403条1項3号。後述14(2)（343頁）参照）。

(7) 訴訟費用確定手続

　裁判所は、事件を完結する裁判の主文において、職権でその審級における訴訟費用の全部について、その負担の裁判をしなければならない（民訴67条）。これにより敗訴当事者に対する費用償還請求権が成立するが、この時点では、負担者と負担割合が決められるのみで具体的な金額は確定しない。その請求をするためには、勝訴当事者は、訴訟費用の負担も命じられた敗訴当事者に対し、償還を受けることができる訴訟費用額を確定させなければならない（訴訟費用確定手続）。この手続は、訴訟費用の負担を命ずる裁判が執行力を生じた後、申立てにより第一審裁判所の書記官が担当する（民訴71条1項）。

14　上　訴

　上訴には、控訴、上告、抗告の3種類があるが、ここでは、控訴および控訴に伴う執行停止の裁判について説明する。

(1)　控　訴

(A)　意　義

　控訴とは、第一審判決の事実認定や法律判断に対する不服申立てである。控訴審は、最終の事実審である。

　簡易裁判所の判決については、地方裁判所が控訴裁判権を有する（民訴281条1項、裁判所法24条3号）。控訴には要件（書面・控訴期間・控訴の利益・控訴権放棄や不控訴合意がないこと等）を具備しなければならない。

　控訴により、第一審判決の確定が遮断され（民訴116条2項）、事件は第一審裁判所（原審）から控訴審裁判所（控訴審）へ移審する。

(B)　控訴の手続

(a)　控訴状の提出

　控訴の提起は、控訴状を第一審裁判所に提出してしなければならない（民訴286条1項）。

　控訴状を受理した第一審裁判所は、控訴状の形式的事項を審査し、控訴が不適法でその不備を補正することができないことが明らかであるときは、決定で控訴を却下しなければならず（民訴287条1項）、そうでない場合は、遅滞なく控訴裁判所書記官に訴訟記録を送付しなければならない（民訴規174条）。この訴訟記録の送付には相当な時間を要する場合があり、控訴審の具体的手続開始もそれだけ時間を要する場合がある。第一審裁判所は控訴事件には原審とは違う事件番号を付すが、控訴裁判所ではさらに違う事件番号が付される。

　控訴状の提出が第一審裁判所に限られるのは、原審での控訴却下を迅速に

(b) 控訴期間

控訴期間は、控訴しようとする者が判決書またはこれに代わる調書の送達を受けた日から2週間の不変期間である（初日不算入。民訴285条）。原審の原告・被告がそれぞれ別の日に送達を受けたのであれば、控訴期間の終期も別々である。

控訴期間の末日が土曜日・日曜日・国民の祝日、年末年始（12月29日から1月3日）に当たるときは、控訴期間は、その翌日に満了する（民訴95条3項）。たとえば、原告が12月15日に判決書の送達を受けた場合、期間の末日は12月29日であるが、この日は年末年始に当たるので、翌年1月4日（この日が土日祝日であればさらに順延される）に原告の控訴期間が満了することになる（確定日については13(3)(A)（335頁）を参照）。

(c) 申立費用

申立費用は、各事件の訴訟物のうち、控訴人の不服申立てにかかる範囲についての価額を基礎とし、訴え提起の手数料算出方法に従い、算出して得た額の1.5倍の額である（民訴費3条1項別表第1・2）。

たとえば、賃料不払いによる賃貸借契約解除を原因とする建物明渡等請求事件訴訟において、建物の価額が200万円、未払賃料が150万円であるときに、第一審で賃借人に対して建物明渡しと未払賃料の支払いを、保証人に対して未払賃料の保証債務の履行を求めたところ、賃借人に対する請求は認められたが、保証人に対する請求が棄却されたとする。この場合、保証人に対してのみ控訴することとなるので、控訴人の不服申立てにかかる範囲についての価額は賃料未払額である150万円となる。

(d) 控訴理由書の提出

控訴状に控訴理由（第一審判決の取消しまたは変更を求める具体的事由）を記載しなかった場合、控訴人は、控訴の提起後50日以内に控訴理由を記載した書面を控訴裁判所に提出しなければならない（民訴規182条）。控訴理由は本来

控訴状に記載すべきものと考えられており、攻撃または防御方法を記載した控訴状は準備書面を兼ねるものとされている（民訴規175条）。

　控訴理由書は、訴状・答弁書・準備書面と同列と解されており、請求を理由付ける事実を具体的に記載し、かつ立証を要する事由ごとに当該事実に関連する事実で重要なもの及び証拠を記載し、さらに立証を要する事由につき重要な書証の写しを添付しなければならない。証拠がすでに原審で提出されている場合は、それを引用する旨も記載する。新たに証拠を添付した場合には証拠説明書も添付する。

　証拠の号証は、甲・乙は属人的であり、番号も原審の続きとなる。たとえば第一審で原告が証拠を10提出していれば、最終証拠号証は「甲第10号証」となり、その原告が控訴すれば、控訴審で最初に提出する証拠の号証は「甲第11号証」となる。このルールは調停前置事件と本訴間でも同じであり、前出のとおり、さらにそれが控訴事件となっても連続する。

　控訴理由書に具体的事由を書き切れず、証拠も出せなかった場合、後日準備書面と証拠を提出することになるが、特に証拠は、原審で提出できなかった理由が問題となることがあり、時機に後れた攻撃防御方法として却下（民訴157条1項）の対象となったり、事実上無視されたりすることがある。また控訴審は早期に終結する傾向にあり、第1回口頭弁論期日で結審することも珍しくない。その場合、今後準備書面と証拠の提出予定があることを述べても、裁判所は、提出されれば受け取る、との対応を示すことが多い。したがって主張と立証は早期にしなければならない。なお控訴審では、口頭弁論が終結し判決言渡期日が決められても、それまでの期日に、裁判官によって和解協議の場が設けられることが多いので、事前に対応を考えておくべきである。

　控訴理由書の提出期間に関する規定は、上告理由書とは違い訓示規定であると解されている。上告は、事実審理が終了しており、法律審理を行うだけで上告理由も限定されているところから書面ですべきと考えられているので、上告理由書は提出と期間が強制（民訴315条1項・316条1項2号、民訴規194）

されている。

　一方控訴は、いまだ事実審理も法律審理も継続中であるので、控訴理由書の提出期間を定め、相手方に攻撃防御の時間を与え争点を明確化することにより、集中審理を実現させ裁判の迅速化を図ることに重きが置かれている。控訴状と違い、控訴理由書を実質審理を行う控訴裁判所に提出するのはそのためである。したがって控訴理由書の提出が期間内になされない場合であっても、控訴を却下することはできないし、そのような強制規定も存在しない。だからといって期間内に提出すべきことに変わりはない。

　実務では、控訴審の第1回口頭弁論期日で控訴理由書が提出されることは珍しくなく、その場合相手方が欠席していれば、控訴理由書は陳述されることなく、まず被控訴人に送達される取扱いである。控訴理由書の陳述は次回口頭弁論期日でなされることになる。つまり第1回口頭弁論期日までに控訴理由書を提出せず、第1回口頭弁論期日に被控訴人が欠席すれば、被控訴人が答弁書を提出していたとしても第2回口頭弁論期日が指定されるのである。

　(e)　反論書の提出

　裁判長は、被控訴人に対し、控訴理由に対する被控訴人の主張を記載した書面の提出を命ずることができる（民訴規183条）。

　(f)　控訴の取下げ

　控訴の取下げは、第一審判決の確定をもたらす（民訴292条2項・262条1項）。訴訟が初めから係属していなかったものとみなされる訴えの取下げ（民訴262条1項）の場合と異なり、控訴の取下げには相手方の同意は常に要しない。

　(C)　附帯控訴

　附帯控訴とは、すでに開始された控訴審手続の口頭弁論終結までに、被控訴人が、控訴人の申し立てた審判対象を拡張して、自己に有利な判決を求める不服申立てをいう。

　たとえば、賃料不払いによる賃貸借契約解除に基づく建物明渡請求訴訟において、第一審で損害金について賃料の2倍とする特約の存在が否定されたものの、明渡請求は認められたために、被告が控訴した場合、原告としては、

特約どおりの損害金の請求をすべく附帯控訴をすることができる。

附帯控訴の方式は、控訴の規定による（民訴293条3項）。もっとも、附帯控訴は、民事訴訟法286条1項の例外として、附帯控訴状を控訴裁判所に提出してすることができる（民訴293条3項ただし書）。申立費用は控訴による手数料と同様である。

(D) 司法書士の簡裁代理権と上訴

簡裁代理関係業務を行うことができる司法書士は、自ら代理人として関与している簡裁事件の判決等についての上訴の提起については、代理業務を行うことができる（司書3条1項6号）。ただし、司法書士に代理権があるのは、「上訴の提起」に限られるため、代理人として控訴する場合の控訴状に攻撃防御方法を記載することまでは認められない。

(2) 控訴に伴う執行停止の裁判

(A) 意 義

第一審判決が仮執行宣言付である場合、原告は、判決確定前であっても強制執行を申し立てることができる。それに対して被告が控訴を提起した場合、当事者の申立てにより、裁判所は強制執行の停止を命ずることができる（民訴403条1項）。ただし、当事者が「原判決の取消し若しくは変更の原因となるべき事情がないとはいえないこと」または「執行により著しい損害を生ずるおそれがあること」を主張することを要し、これを疎明しなければならない（同項3号）。

(B) 申立て

申立ては、訴訟記録のある裁判所にする。申立てがあると、裁判所は、申立人に担保を立てさせ、または立てさせないで強制執行停止を命ずることができる（民訴403条1項3号）。

審理は保全処分と同様、迅速になされるのが通例であるが、第一審裁判所ですでに原告の請求認容判決がされていることから、高額の立担保が命じられることが多い。

第4章 訴 訟

停止決定がされた場合には、遅滞なく停止決定正本を執行機関に提出し、執行停止を申し出る必要がある（民執39条1項7号）。当然に停止するわけではない。

【書式85】 強制執行停止決定申立書

強制執行停止決定申立書

平成26年10月8日

大阪簡易裁判所　御中

　　　　　　　　　　　　　　　申立人　丙　村　花　子　印

　　　　　当事者の表示　　別紙当事者目録記載のとおり

第1　申立ての趣旨

　被申立人を原告，申立人を被告とする大阪簡易裁判所平成26年(ハ)第100号建物明渡請求事件の仮執行宣言付判決の執行力ある正本に基づく強制執行は，控訴審の判決あるまでこれを停止する。
との裁判を求める。

第2　申立ての理由

1　申立人と被申立人の間には，申立ての趣旨記載の判決があり，申立人は平成26年10月6日に判決の言渡しを受けたが，上記判決は申立人に対し，別紙物件目録記載の建物（以下「本件建物」という。）につき，無断転貸を理由とする債務不履行に基づく賃貸借契約の解除により，その明渡義務を負わせている（甲1）。
2　しかしながら，（略）……（甲2）。
3　そこで，申立人は，本日御庁に対し，控訴状を提出し，平成26年(レ)第104号として受理された（甲3）。
4　ところが，被申立人は，上記仮執行宣言付判決をして，いつ申立人に対し，強制執行を行うか知れない状況にある（甲4）。
5　よって，申立の趣旨記載のとおり申立をするものである。

疎明方法

1　甲第1号証　判決正本　　　　　　　　　　　　　　1通

2	甲第2号証	○○○○	1通
3	甲第3号証	控訴状受理証明書	1通
4	甲第4号証	陳述書	1通

当事者目録

（略）

【書式86】　上申書

平成26年（執ロ）第2014号　建物明渡請求事件
債権者　乙山　太郎
債務者　丙村　花子

上　申　書

平成26年10月16日

大阪地方裁判所執行官　御中

債務者　丙　村　花　子　㊞

　頭書事件について，大阪簡易裁判所において強制執行を停止する旨の決定があったので，直ちに執行を停止されたく上申致します。

15　和　解

(1)　はじめに

　私法上の権利または法律関係においては私的自治の原則が妥当し、権利または法律関係をめぐる紛争を解決するには、本来、当事者の意思を尊重した合意による解決が望ましい。訴訟が係属した後であっても、判決に至るより

第4章 訴　訟

も時間と費用が節約でき、なおかつ円満な解決を図られることがあるので、代理人としての司法書士は和解による解決も検討すべきである。

しかし、和解による解決が重要だとはいえ、常に和解を選択すればよいというわけではない。和解になじむ事件か否かはその紛争の実体的な内容、紛争解決までの時間と費用、当事者の関係等をみて、当事者に適切なアドバイスをする必要がある。

(2)　訴訟上の和解

(A)　意　義

訴訟上の和解とは、訴訟の係属中、当事者双方がその主張を互いに譲歩して訴訟を終了させる旨の期日における合意をいう。訴え提起前の和解（第2章2(4)69頁参照）とあわせて裁判上の和解とよばれる。

(B)　和解成立の効果

和解が成立し、当事者双方の一致した陳述を調書に記載したときは、その記載は確定判決と同一の効力を有し（民訴267条）、譲歩がなされた範囲内で訴訟は当然に終了する。

一方、訴訟係属中に裁判外で和解が成立したとしても、それは民法上の和解契約（民695条）であって、訴訟法上の効果は生じない。訴訟も当然には終了しないから、当事者はあらためて訴えの取下げをしなければならない。

(C)　訴訟上の和解の手続

(a)　和解勧試

裁判所は、訴訟がいかなる程度にあるかを問わず、和解を試みることができる（民訴89条）。したがって、その運用は裁判官の裁量に委ねられている。

和解勧試は、早期に紛争を解決し時間と費用の節約を図るという観点から、早い段階でなされることがある。特に簡易裁判所では、第1回口頭弁論期日において和解勧試がなされることがあり、代理人としてはいつ和解勧試がなされても対応できるように準備しておく必要がある。

(b)　司法委員の役割

簡易裁判所では、一般市民の視点で訴訟運営を行い、一般市民の社会良識を反映させて当事者に納得のいくわかりやすい解決を図るという趣旨から、司法委員の制度が採用されている。裁判所は、必要があると認めるときは、司法委員に和解の補助をさせることができ、また、審理に立ち会わせて事件につきその意見を聴くことができる（民訴279条1項）。

(c) 和解の流れ

当事者双方に和解の意向が確認されると、和解成立に向けた話し合いが行われる。簡易裁判所では、司法委員の関与のもとで和解勧試や当事者間の調整がなされることが多い。通常は非公開の和解室に移動して行われる。

当事者間で合意が調うと、再び法廷に移動し、裁判官の面前で合意を確認し、調書に記載される。これにより、訴訟は当然に終了する。

和解条項は、裁判所で用意しているひな形を利用することもあるが、当事者においてあらかじめ和解条項を作成し持参することもある。いずれにしても、和解条項の内容について当事者間で合意が調わないと、和解期日がさらに指定されることがある。

(d) 和解調書正本の送達申請

訴訟上の和解が成立し、調書に記載されると、その調書の記載は確定判決と同一の効力を有する（民訴267条）ので、和解調書の内容が、給付義務を記載したものであれば、その部分は執行力を有することになる。したがって、債務者がその給付義務を履行しないときは、債権者はその和解調書に執行文の付与を受けて（民執26条）、これに基づいて強制執行をすることができる（民執25条）。

強制執行をする場合は、その執行前に執行を受ける債務者に和解調書が送達されていなければならない（民執29条）。判決正本と異なり、和解調書は当然には送達されないので、和解が成立したら、和解調書正本の送達申請をしておくべきである。

第4章 訴 訟

【書式87】 和解調書正本送達申請書

平成26年(ハ)第100号　建物明渡請求事件
原告　乙山　太郎
被告　丙村　花子

和解調書正本送達申請書

平成26年12月12日

大阪簡易裁判所民事44係　御中

　　　　　　　　　　原告訴訟代理人司法書士　　甲　川　龍　介　㊞

　頭書事件について，平成26年12月12日に成立した和解調書正本を当事者双方に送達されたく申請します。

(D)　**訴訟上の和解のメリット・デメリット**

和解には、判決と比較して次のようなメリットとデメリットがある。

(a)　**メリット**

①　**時間と費用の節約**　　判決の場合には、控訴や上告をされることもあり、裁判所による最終的判断まで多大な時間と費用を要することがあるが、和解により紛争を早期に解決することで、時間と費用を節約できる。また、和解は、紛争による精神的負担からいち早く解放される点で有益である。さらに、訴訟経済の観点からも望ましいといえよう。

②　**任意履行への期待**　　和解の場合は当事者が納得して和解案に合意していることから、債務者の任意履行がされることが多く、早期にかつ確実に実現を図ることが可能となる。

③　**柔軟な解決**　　紛争の原因となる権利または法律関係以外の権利関係を加えたり、当事者以外の第三者に利害関係人として参加させたりと、柔軟な解決が可能である。判決によると win-lose の判断にならざるを得ないが、和解の場合は、当事者双方にそれなりの言い分が認められ、それぞれ一定の利益を確保することができることがある。

④　**円満な解決**　　相手方が感情的になると、紛争解決がますます困難に

なることが多い。親族や近隣者、取引先など今後も人間関係が続くような場合は、紛争が尾を引かぬよう、円満な解決をすることができる。

(b) **デメリット**

① 譲歩による権利の放棄　和解は当事者の譲歩により成立するものであるから、権利があってもその一部を放棄しなければならなかったり、また、権利放棄に至らなくても相手方に一定の期限の猶予をしたりしなければならないことがある。

② 訴訟費用等の負担　訴訟上の和解の場合、訴訟費用は各自の負担とされることが通常であるから、この場合は、訴訟提起の際に支出した印紙代や予納郵券を原告が負担しなければならない。

(E) **和解をする場合の注意事項**

訴訟上の和解をする際も、当事者意思の確認が重要である。

司法書士が簡易裁判所で訴訟を行う場合には、控訴によって代理権がなくなることの心理的障壁が存在する。また、司法委員などから判決になった場合の控訴の可能性を示唆され、必ずしも納得できる内容ではない和解案を検討させられることもある。そのような場合に、司法書士が依頼者に対して和解を受け容れるように説得するようなことがあっては本末転倒である。あくまで主体は依頼者本人であることを忘れてはならず、判決になった場合の見通しも説明したうえで、本人の判断に沿った対応をするべきである。

その他、裁判外の和解をする場合の注意事項が訴訟上の和解についても妥当する（第2章2(2)(D)（66頁）参照）。

(3) 裁判外の和解

訴訟係属中であっても、裁判外において和解交渉を進めることは妨げられない。裁判外での交渉の結果、合意に至った場合に、裁判外で和解を成立させることも可能である（詳細は第2章2(3)（67頁）参照）。

裁判外の和解が成立し、かつ、債務者から和解条項で定められた義務（たとえば、未払賃料の一括支払い、期限までの建物明渡等）の履行がなされた場合、

原告は、訴えを取り下げて訴訟を終了させることになる。
　裁判外の和解では債務名義が作成されないため、任意の履行が期待できないような場合は、安易に訴えを取り下げるべきではない。その場合は、訴訟上の和解をすべきであろう。

【書式88】　訴えの取下書

平成26年(ワ)第100号　建物明渡請求事件
原告　乙山　太郎
被告　丙村　花子

訴えの取下書

　　　　　　　　　　　　　　　　　　　　　　平成26年12月12日
大阪簡易裁判所民事44係　御中
　　　　　　　　　　原告訴訟代理人司法書士　早　川　龍　介　㊞
　頭書事件について，原告は，都合により，訴えの全部を取り下げます。

　　　　　　　　　　　　　　　　　　　　　　平成26年12月12日
　上記取下げに同意します。
　　　　　　　　　　被告訴訟代理人司法書士　丁　田　次　郎　㊞

第5章

執 行

第5章　執　行

1　民事執行制度の概要

(1)　民事執行の種類

(A)　民事執行の意義

　民事執行とは、「強制執行、担保権の実行としての競売及び民法、商法、その他の法律の規定による換価のための競売並びに債務者の財産の開示」（民執1条）についての総称である。すなわち、訴訟で勝訴しても相手方が任意にその判決に従わない場合などに、強制的にその権利の実現を図るための国の機関（執行機関）による手続のことをいう。

(B)　民事執行の種類

　民事執行には、大別して、①強制執行、②担保権の実行としての競売、③形式的競売、④保全執行の四つがある。

(a)　強制執行

　強制執行は、金銭債権執行と非金銭債権執行に分けられる。

　金銭債権執行は、金銭の支払いを目的とする執行であり、債務者の財産を差し押さえてそれを現金化し、債権者に交付または配当することにより債権の満足を得る手続である。金銭債権執行には、不動産に対する執行、動産に対する執行、債権に対する執行、その他の財産権に対する執行がある。

　非金銭債権執行は、金銭の支払いを目的としない執行であり、①物の引渡しや不動産明渡しの強制執行、②債権者もしくは第三者が債務者に代わって履行するという代替執行、③債務者が任意に履行しない間、金銭の支払いを命じることによって間接的に債務者の履行を迫るという間接強制、④「所有権移転登記手続をせよ」というような判決等をもって債務者の意思表示に代える意思表示の擬制がある。

(b)　担保権の実行としての競売

　担保権の実行としての競売は、不動産に対する担保権の実行が主なもので

〈図表11〉 民事執行の種類一覧　　（条名は民事執行法、規は民事執行規則）

```
民事執行─┬─強制執行──┬─金銭債権執行──┬─不動産執行─┬─強制競売
         │            │              │           │  （45条～92条）
         │            │              │           └─強制管理
         │            │              │              （93条～111条）
         │            │              ├─船舶執行（112条～121条）
         │            │              ├─航空機執行（規84条・85条）
         │            │              ├─自動車執行（規86条～97条）
         │            │              ├─建設機械及び小型船舶執行
         │            │              │     （規98条・98の2条）
         │            │              ├─動産執行（122条～142条）
         │            │              └─債権その他の財産権に対する
         │            │                  執行（143条～167条の14）
         │            │
         │            └─非金銭債権執行──┬─物の引渡・不動産の明渡執行
         │                              │     （168条～170条）
         │                              ├─代替執行（171条）
         │                              ├─間接強制（172条）
         │                              └─意思表示の擬制（174条）
         │
         ├─担保権の実行としての競売─┬─不動産（180条～188条）
         │                        ├─船舶（189条）
         │                        ├─航空機（規175条）
         │                        ├─自動車（規176条）
         │                        ├─建設機械（規177条）
         │                        ├─動産（190条～192条）
         │                        └─債権（193条）
         │
         ├─形式的競売（195条）
         │
         └─保全執行──────┬─仮差押執行（民保47条～51条）
            （民事保全法）  └─仮処分執行（民保52条～57条）
```

あるが、そのほかに船舶、航空機、自動車、建設機械、動産、債権、その他の財産権に対しての担保権の実行もある。

強制執行と担保権の実行は似ているようで違う手続である。強制執行は、債務名義の執行力に基づいて強制的に権利の実現を図るものであるのに対し、担保権の実行とは、抵当権・質権または先取特権に内在する換価権に基づいて目的財産を競売その他の方法によって強制的に換価する手続をいう。

(c) **形式的競売**

形式的競売は、法律による換価のための競売であり、権利の満足を図ることを目的とするのではなく、換価のためだけに競売がなされるものである。

(d) **保全執行**

保全執行は、判決などの債務名義を取得している間に債務者が財産を隠したり処分したりして強制執行ができなくなるおそれがある場合に、裁判所でなされた暫定的な判断に基づいて行う執行である。仮差押決定の執行や仮処分決定の執行がある（保全執行については、第3章3（128頁）を参照）。

(2) 執行の代理

(A) 執行裁判所でする手続

執行裁判所でする手続のうち、第三者異議の訴え、配当異議の訴え、またはそれに付随する仮の処分の申立て、執行抗告に係る手続を除き、民事訴訟法54条第1項の規定により訴訟代理人となることができる者(法令により裁判上の行為をすることができる代理人＝親権者、支配人等および弁護士)以外の者も、執行裁判所の許可を受けて代理人となることができる。なぜなら、執行手続は確定した請求権の存在を前提としたものであり、権利の存否そのものを争う訴訟のように代理人を弁護士に限定する必要性はないと考えられるからである。実務上は、非弁活動の防止という観点から親族関係である場合や雇用関係がある場合に限られる。

平成14年の司法書士法改正により簡裁訴訟代理等関係業務認定司法書士に限り、簡易裁判所での訴訟代理業務を行うことができるようになった。しか

し、民事執行手続においては、少額訴訟手続に基づく強制執行（少額訴訟債権執行）以外、司法書士は、司法書士として代理業務を行うことができない。ただし、執行裁判所の許可を受けて代理人となることができるのであるから、個々の事件において、その事件に通じている司法書士であれば、許可を受けて代理人となることができるとも考えられる。

代理人許可の申立ては、代理人となるべき者の氏名、住所、職業および本人との関係並びにその者を代理人とすることが必要であることの理由を記載した書面で行わなければならない（民執規9条1項）。この書面には、本人と代理人となるべき者との関係を証する文書を添付しなければならない（同条2項）。

【書式89】 代理人許可申立書

```
平成〇年(ル)第〇〇号　債権差押命令申立事件
債権者　　株式会社〇〇
債務者　　〇〇〇〇
第三債務者　〇〇〇〇
```

代理人許可申立書

平成〇年〇月〇日

大阪地方裁判所第14民事部　御中

　　　　　　　　　申立人　　株式会社〇〇
　　　　　　　　　代表者代表取締役　〇　〇　〇　〇　㊞

申立人が債権者として本日御庁に申し立てた頭書事件について，下記のとおり代理人の許可を申し立てます。

記

1　代理人となるべき者
氏　　　名　　〇〇〇〇
住　　　所　　大阪市〇〇区〇〇町一丁目2番3号
職　　　業　　会社員
本人との関係　申立人会社の従業員

2　上記の者を代理人とすることが必要であることの理由

第5章　執　行

　　上記の者は，申立人である株式会社○○において，本件債権差押手続にかかる債務者○○○○に対する債権管理回収を業務として行っており，その内容を最も熟知している。
　　また申立人代表者は，社務が多忙のため，本件手続に関与することができないので，本件申立てに及ぶ。

添付書類

1　社員証明書　　1通（注）
2　委任状　　　　1通

（注）親族を代理人とする場合は、戸籍謄本を添付する。

社員証明書

大阪地方裁判所第14民事部　御中

平成○年○月○日
大阪市○○区○○町二丁目3番4号
株式会社○○
代表者代表取締役　○　○　○○　㊞

　　下記の者が株式会社○○の従業員であることを証明します。

記

住　　所　　大阪市○○区○○町一丁目2番3号
氏　　名　　○○○○

委　任　状

平成○年○月○日

（勤務先）　大阪市○○区○○町二丁目3番4号　株式会社○○　○○店
（住　所）　大阪市○○区○○町一丁目2番3号
（氏　名）　○○○○
　　私は，上記の者を代理人と定め，下記の権限を委任します。

```
                      記
  1  債権者株式会社○○，債務者○○○○，第三債務者○○○○間の大阪地
  方裁判所における債権差押命令申立事件に関する一切の件
  2  上記事件の申立て取下げに関する一切の件
                        大阪市○○区○○町二丁目3番4号
                        株式会社○○
                        代表取締役  ○  ○  ○  ○  印
```

(B) 執行官がする手続

　民事執行法13条は、執行裁判所でする手続に関する代理人について規定しているのであるから、この反対解釈として執行官がする手続については、裁判所の許可を要せず、代理人を選任することができると解されている。つまり、誰でも代理人になれるのである。執行官がする手続の代理は、司法書士法上の代理権の範囲には含まれないが、代理人の資格に制限はなく、弁護士以外の者も代理人になることができる。執行官が行う執行には、差押え・仮差押え（動産）、明渡し・引渡し（動産・不動産・船舶）等がある。

　執行官のする手続の場合は許可が不要であるから、債権者本人の委任状を添付することで足り、代理人許可の申立ては不要である。

2　強制執行の準備

(1)　強制執行の流れ

　強制執行をするには、請求債権の存在と内容を表示している国が公に認めた文書（債務名義）に、債務名義の執行力が現存することおよび執行力の内容（存在および範囲）を証明する公証文言（執行文）を付与し、これが強制執行の開始に先立って、または執行開始と同時に債務者に送達されていること

〈図表12〉 債務名義の種類、単純執行文付与および確定証明書の要否

債務名義の例	執行文の要否	確定証明の要否
確定判決（民執22条1号）	○	○
少額訴訟判決（民執22条1号）		
仮執行宣言付少額訴訟判決の場合	×	×
仮執行宣言が付されていない場合	×	○
仮執行宣言付判決（民執22条2号）	○	×
間接強制のための金銭支払命令（民執22条3号）	○	○
代替執行費用前払決定（民執22条3号）	○	○
仮執行宣言付支払督促（民執22条4号）	×	×
訴訟費用額確定決定（民執22条4号の2）	○	×
執行証書（民執22条5号）	○	×
確定した執行判決のある外国裁判所の判決（民執22条6号）	×	×
確定した執行決定のある仲裁判断（民執22条6号の2）	×	×
和解調書（民執22条7号）	○	×
認諾調書（民執22条7号）	○	×
調停調書（民執22条7号）	○	×
家事審判（民執22条7号）	×	○
家事調停調書（民執22条7号）		
別表第二事件	×	×
その他の事件	○	×
調停にかわる審判（民執22条7号）		
別表第二事件	×	○
その他の事件	○	○

（注）　○印＝必要、×印＝不要

2 強制執行の準備

〈図表13〉 建物明渡強制執行（動産強制執行同時申立て）の流れ

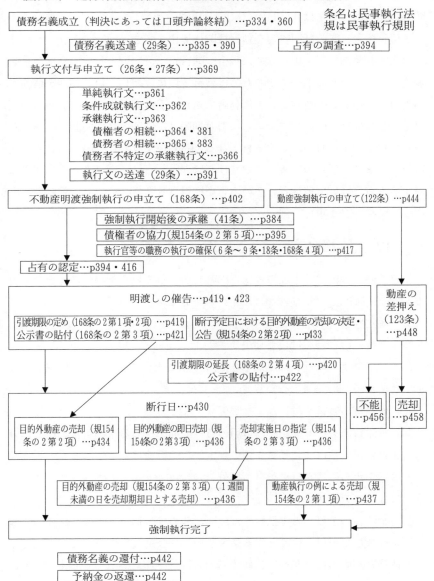

が必要である（民執29条前段）。債務名義の種類、執行文の付与および確定証明書の要否については〈図表12〉(358頁)のとおりである。債権者は、執行力のある債務名義、送達証明書等を執行機関に提出して強制執行の申立てをする。

建物明渡強制執行を申し立てた場合、執行官は、原則として申立てから2週間以内の日に明渡催告をするために執行現場に臨場して目的物件を債務者が占有していることを確認し、債務者に対して引渡期限を公示し、断行予定日を示して任意の明渡しを求める。引渡期限は、原則として明渡しの催告があった日から1か月を経過する日となる（民執168条の2第2項）。債務者が断行予定日までに任意の明渡しをしなければ、執行官は、債務者の不動産等に対する占有を解いて債権者にその占有を取得させる方法により、強制執行を行う（民執168条1項）。

(2) 債務名義

債務名義とは給付請求権の存在と内容を表示している国が公に認めた文書である（民執22条）。その種類は以下のとおりである。

① 確定判決（1号）
② 仮執行の宣言を付した判決（2号）
③ 抗告によらなければ不服を申し立てることができない裁判（確定しなければその効力を生じない裁判にあっては、確定したものに限る）（3号）
④ 仮執行の宣言を付した支払督促（4号）
⑤ 訴訟費用もしくは和解の費用の負担の額を定める裁判所書記官の処分または民事執行法42条第4項に規定する執行費用および返還すべき金銭の額を定める裁判所書記官の処分（後者の処分にあっては、確定したものに限る）（4号の2）
⑥ 金銭の一定の額の支払いまたはその他の代替物もしくは有価証券の一定の数量の給付を目的とする請求について公証人が作成した公正証書で、債務者が直ちに強制執行に服する旨の陳述が記載されているもの（執行証書）（5号）

⑦　確定した執行判決のある外国裁判所の判決（6号）
⑧　確定した執行決定のある仲裁判断（6号の2）
⑨　確定判決と同一の効力を有するもの（③の裁判を除く）（7号）

(3)　執行文の種類と付与申立て

(A)　執行文

執行文とは、債務名義の執行力が現存することおよび執行力の内容(存在および範囲)を証明する公証文言である。債権者が債務者に対しその債務名義によって強制執行することができる旨を、執行文付与機関（裁判所書記官、公証人）が債務名義の正本の末尾に付記する方法で付与する（民執26条2項）。

(B)　執行文の種類

(a)　単純執行文

債務名義に基づいた給付を命じるものであり、債権者が証明すべき事実もなく、債務名義に表示された当事者の変動のない場合に付与される執行文である。債務名義に、「被告は，原告に対し，本件建物を明け渡せ」とある場合などが一般的である。

（資料5）　単純執行文〔事例3〕

```
債務名義の事件番号　平成25年(ハ)第4129号


                    執　行　文


  債権者は，債務者に対し，この債務名義により強制執行をすることがで
きる。

    平成25年12月6日
              大阪簡易裁判所民事44係
                    裁判所書記官　　所　　木　　寛　㊞
```

債権者 (原告)	株式会社　パインスカイ
債務者 (被告)	高　橋　　　剛

(b)　条件成就執行文

　請求が債権者の証明すべき事実の到来にかかる場合に、債権者がその事実の到来したことを証する文書を提出したときに付与される執行文である（民執27条1項）。

　債権者が証明する事実には、債権者の先給付、解除権の行使等の義務を履行した場合、不確定期限の到来等がある。

（資料6）　条件成就執行文

債務名義の事件番号	平成25年(ハ)第7010号

執　行　文

　債権者は，債務者に対し，この債務名義により強制執行をすることができる。

　　平成26年1月11日
　　　　大阪簡易裁判所民事44係
　　　　　　裁判所書記官　　所　木　　　寛　㊞

債権者 (原　告)	株式会社　まんぼう
債務者 (被　告)	山　川　　　鉄

債務名義に係る請求権の一部について強制執行をすることができる範囲

条項4項の本件建物の引渡し	
（執行開始のできる日　平成26年○月○日）	
付与の事由	
ア　事実の到来を証する文書を提出（民執法27Ⅰ） イ　承継等が明白（民執法27Ⅱ） ウ　承継等を証する文書を提出（民執法27Ⅱ） エ　特別の事情を証する文書を提出（民執法27Ⅲ） オ　付与を命ずる判決 　　　　　（該当する符号を右の欄に記載する）	ア
再度付与	通

注）　該当する事項がない場合には，斜線を引く。

(c)　**承継執行文**

　債務名義に表示された当事者以外の者を債権者または債務者とする執行文で、その者に債務名義の執行力が及ぶことが執行文付与機関に明白であるとき、または債権者がそのことを証する文書を提出したときに付与される（民執27条2項）。

　承継人の例として、債務名義に表示されている当事者から、債務名義成立後、判決にあっては口頭弁論終結後にその地位を承継した者（債権の譲受人、相続人、会社合併後の存続会社または新設会社等）、第三者（訴訟担当者）が他人（被担当者）のために当事者となって訴訟を追行し、債務名義を得た場合の他人（被担当者）、債務者および債務者の承継人のために、給付請求の目的物を所持する者等がある。

第5章 執 行

（資料7） 承継執行文(1)——債権者側

債務名義の事件番号	平成25年(ﾜ)第8989号

執 行 文

　債権者は，債務者に対し，この債務名義により強制執行をすることができる。

　　平成26年4月1日
　　　　　大阪簡易裁判所民事44係
　　　　　　　裁判所書記官　所　木　　寛　㊞

債権者 〔原告甲野一郎の 承継人〕	大阪府堺市 　　　甲　野　次　郎 大阪府中央区 　　　甲　野　三　郎
債務者 〔被　告〕	乙　野　太　郎

債務名義に係る請求権の一部について強制執行をすることができる範囲

条項4項につき
　　　債権者　甲野次郎は2分の1の額
　　　債権者　甲野三郎は2分の1の額

付与の事由	
ア　事実の到来を証する文書を提出（民執法27Ⅰ） イ　承継等が明白（民執法27Ⅱ） ウ　承継等を証する文書を提出（民執法27Ⅱ） エ　特別の事情を証する文書を提出（民執法27Ⅲ） オ　付与を命ずる判決 　　　　　（該当する符号を右の欄に記載する）	ウ

2 強制執行の準備

再度付与		通

注） 該当する事項がない場合には，斜線を引く。

(資料8) 承継執行文(2)――債務者側

債務名義の事件番号	平成25年(ハ)第8989号	
執　行　文		
債権者は，債務者に対し，この債務名義により強制執行をすることができる。 　平成26年4月1日 　　　　　大阪簡易裁判所民事44係 　　　　　　　裁判所書記官　　所　木　　寛　㊞		
債権者 〔原　告〕	甲　野　一　郎	
債務者 〔被告乙野太郎の承継人〕	大阪府堺市 　　　　乙　野　花　子 大阪市中央区 　　　　乙　野　次　郎	
債務名義に係る請求権の一部について強制執行をすることができる範囲		
条項4項につき 　　債務者　乙　野　花　子に対し2分の1の額 　　債務者　乙　野　次　郎に対し2分の1の額		
付与の事由		
ア　事実の到来を証する文書を提出（民執法27Ⅰ）		

イ 承継等が明白（民執法27Ⅱ） ウ 承継等を証する文書を提出（民執法27Ⅱ） エ 特別の事情を証する文書を提出（民執法27Ⅲ） オ 付与を命ずる判決 （該当する符号を右の欄に記載する）	ウ
再度付与	通

注）該当する事項がない場合には，斜線を引く。

(d) 債務者不特定の承継執行文

不動産の明渡強制執行においては、当該不動産の占有者を債務名義上の債務者とし、占有者が変更した場合は新占有者に対して承継執行文の付与を受けなければならない。しかし、それでは不動産の占有者を次々に入れ替える方法等による執行妨害に対処することができないため、当該不動産を占有する者を特定することが困難である特別の事情がある場合においては、債務者を特定しないで承継執行文の付与をすることができる（民執27条3項）。具体的には、債務者（相手方）の箇所を「本件命令執行の時において本件不動産を占有する者」などと表示した執行文が付与される。

この執行文付与には、①債務名義が不動産の引渡しまたは明渡しの請求権を表示したものである場合には、これを本案とする占有移転禁止の仮処分が執行されたこと、債務名義が引渡命令である場合には、引渡義務者に対して保全処分および公示保全処分（民執55条1項3号・77条1項3号・187条1項）が執行されたこと、②当該不動産の占有者に対して当該債務名義または引渡命令に基づく明渡の強制執行ができるものであること（民保62条1項、民執83条の2第1項）が必要であり、③強制執行をする前に当該不動産を「占有する者を特定することを困難とする特別の事情」が存在し、債権者がそれを証する文書を提出した場合に限り、債務者を特定しないで付与される。

「占有する者を特定することを困難とする特別の事情」とは、①不特定多数の者が寝泊りしており、占有者を示す表示がなく特定の占有者がわからない

とき、②建物自体が封鎖されるなど、占有の主体がわからないとき、③管理状況等から、占有者が退去している様子がうかがわれ、占有の主体がわからないとき、④建物には法人や団体名の表記があるが、履歴事項証明書や代表者の住所等を調べてもその実態がない場合等、が考えられる。

　また、債務者不特定の承継執行文の付された債務名義による強制執行は、執行文付与の日から4週間を経過する前に、執行に着手し（申立てのみでは足りない）、不動産の占有を解く際に、その占有者を特定（氏名・住所などを明らかにする）することができる場合に限り、なすことができる（保全執行手続における執行期間については第3章3(1)(C)（130頁）参照）（民執27条4項）。

〔資料9〕　債務者を特定しない承継執行文〔事例2〕

債務名義の事件番号	平成25年(ハ)第2918号

執　行　文

　債権者は，債務者に対し，この債務名義により強制執行をすることができる。

　　平成25年12月11日
　　　　大阪簡易裁判所民事44係
　　　　　　書記官　　所　木　　　寛　㊞

債権者 （申立人）	永　田　弘　美
債務者 （相手方）	本件命令執行の時において本件不動産を占有する者
債務名義に係る請求権の一部について強制執行をすることができる範囲	
付与の事由	

ア　事実の到来を証する文書を提出（民執法27Ⅰ） イ　承継等が明白（民執法27Ⅱ） ウ　承継等を証する文書を提出（民執法27Ⅱ） エ　特別の事情を証する文書を提出（民執法27Ⅲ） オ　付与を命ずる判決 　　　　　（該当する符号を右の欄に記載する）	エ
再度付与	通
この債務名義正本に基づく強制執行は、本執行文が付与された日から4週間を経過する前に限りすることができる。	

（注1）　該当する事項がない場合には斜線を引く。
（注2）　民事執行法第29条後段により本執行文の謄本を送達する場合には、上部欄外に債務名義の事件番号を付記する。

(C)　執行文付与の要件

　執行文付与の要件としては、すべての執行文の付与手続において共通する要件である一般的要件と、条件成就執行文や承継執行文の付与の要件となる特別要件がある。

　一般的要件として、

① 債務名義が有効に存在すること
② 強制執行をなし得る内容を備えていること
③ 給付の目的物が明確に表示されていること
④ 債務名義の内容が執行に適するものであること
⑤ 債務名義が失効していないこと
⑥ 債務名義の執行力が消滅していないこと

等があげられる（特別要件については、(H)（378頁）以下参照）。

(D)　債務名義の失効

　債務名義自体が失効する典型例としては、仮執行宣言付判決において、判決言渡し後に訴えが取り下げられたとき（民訴261条1項）、上訴によって第一

審判決が取り消されたとき（民訴305条・306条等）、上訴において和解が成立して第一審判決が失効したとき等があげられる。

(E) **執行力の排除**

確定した給付判決であっても、請求異議を認容する判決が確定することによって債務名義の執行力は排除される。ただし、この消滅事由は執行文付与機関に通知されるわけではないため、請求異議を認容した判決正本および確定証明書の提出がない限り、執行文が付与される。

(F) **契約更新前に作成された債務名義の執行力**

債務名義に「1．賃貸期間を3年とする。　2．賃料の支払いを怠ったときは賃貸借契約を解除し、賃借人は本件建物を明け渡す」とあり、3年の期間経過により賃貸借契約が更新された場合、更新後の賃料滞納を理由に強制執行ができるかどうかが問題となる。この点について、更新後の賃料は前債務名義に表示された賃貸借契約から生じた債権ではないから、前の債務名義によって強制執行をすることはできないとする裁判例が多い。

たとえば、調停によって建物を3年間賃貸する旨約束し、明渡しを請求しうる旨定めた場合において、明渡しについて執行力が生ずるのは上記3年の期間内に限られるものであって、調停に定める賃貸借期間が更新され期間の定めのない賃貸借契約として存続するに至ったとしても、調停調書に基づく債務名義が更新されて延長するものと解すべきではないとした事例（東京地判昭35・10・29判タ111号105頁）や、更新前の建物の賃貸借契約について作成された公正証書は、更新後の賃貸借契約上の賃料債権について債務名義としての効力は有しないとした事例（大阪地判昭46・2・26判タ264号356頁、判時644号74頁）等がある。

(G) **執行文の付与申立て**

(a) **執行文付与の機関**

執行文付与の機関は、執行証書以外の債務名義の場合は事件の記録のある裁判所の書記官、執行証書の場合はその原本を保存する公証人である（民執26条1項）。

(b) **申立債権者**

執行文付与の申立債権者は次のとおりである（民執23条）。

① 債務名義に表示された当事者（1項1号）
② 債務名義に表示された当事者（訴訟担当者）が他人（被担当者）のために当事者となった場合のその他人（被担当者）（1項2号）
③ ①および②の債務名義成立後、判決においては口頭弁論終結後の承継人（1項3号）
④ 執行証書による強制執行の場合、執行証書に表示された当事者（2項）
⑤ 執行証書作成後の④の承継人（2項）

(c) **執行文付与の申立書の記載事項**

執行文付与の申立書には次に掲げる事項を記載しなければならない（民執規16条1項）。

① 債権者および債務者の氏名または名称および住所（債務者を特定することができない場合にあってはその旨）並びに代理人の氏名および住所（1号）
② 債務名義の表示（2号）
③ 条件成就による執行文、承継執行文の付与、債務者不特定の承継執行文の付与を求めるとき、または執行文の数通付与・再度付与を求めるときは、その旨およびその事由（3号）

(d) **手数料**

① 執行文の付与申立て　執行文付与の申立てには、執行文1通ごとに手数料として300円の印紙を貼付する（民訴費7条・別表第2・4項）。

　執行文の数通付与の申立てには、債務名義も数通必要となるが、手元に1通しかない場合や、執行文付与にあたり債務名義の正本を付与機関に提出できないときは、同時に正本交付申請（民訴91条3項）を行う。この申請の手数料は、作成された正本の枚数により用紙1枚（認証用紙を付した場合はこれも1枚として）につき150円の交付手数料（民訴費7条・別表第2・2項）を納付する。

② 執行証書の執行文付与申立て　執行証書の正本に執行文の付与を求

める場合は手数料額1700円を納付する。ただし、条件成就による執行文もしくは承継執行文の付与、または執行文の数通付与・再度付与を求める場合は、その手数料額に1700円を加算する（公証人手数料令38条）。執行証書の正本の交付手数料は１枚までごとに250円である（同令40条）。

【書式90】　確定判決に対する執行文付与申立書・請書〔事例３〕

平成25年(ハ)第4129号　建物明渡請求事件
原告　株式会社パインスカイ
被告　髙橋　剛

執行文付与申立書

平成25年12月６日

大阪簡易裁判所民事第44係　御中

原　告　株式会社　パインスカイ
代表者代表取締役　村　上　順　一　印

　頭書事件について，平成25年11月18日言渡しの判決は確定したので，同判決正本に執行文を付与されたく申立てします。

附属書類

１　判決正本　　　　１通
２　確定証明書　　　１通

請　書

平成　年　月　日（注）

大阪簡易裁判所民事第44係　御中

原　告　株式会社　パインスカイ
代表者代表取締役　村　上　順　一　印

　上記執行文を付した判決正本１通正にお請けしました。

（注）　１通作成し，収入印紙300円を貼付する。請書部分の日付は空欄のまま提出する。

第5章 執 行

【書式91】 仮執行宣言付判決に対する執行文付与申立書

> 平成25年(ハ)第7010号　建物明渡請求事件
> 原告　株式会社まんぼう
> 被告　山川　鉄
>
> 執行文付与の申立書
>
> 平成26年1月11日
>
> 大阪簡易裁判所民事44係　御中
>
> 　　　　　　　　　　　　　　原　告　株式会社　まんぼう
> 　　　　　　　　　　　代表者代表取締役　田　岡　直　人　印
>
> 　頭書事件について，平成○年○月○日言渡しの判決に仮執行宣言が付されたので，同判決正本に執行文を付与されたく申立てします。
>
> 附属書類
>
> 判決正本　　　1通

（注）　請書の記載省略（【書式90】（371頁）参照）。1通作成し，収入印紙300円を貼付する。

【書式92】 和解調書に対する執行文付与の申立書

> 平成25年(ハ)第7010号　建物明渡請求事件
> 原告　株式会社まんぼう
> 被告　山川　鉄
>
> 執行文付与の申立書
>
> 平成26年1月11日
>
> 大阪簡易裁判所民事第44係　御中
>
> 　　　　　　　　　　　　　　原　告　株式会社　まんぼう
> 　　　　　　　　　　　代表者代表取締役　田　岡　直　人　印
>
> 　頭書事件について，平成○年○月○日に成立した和解調書の正本の和解条項○項に対して執行文を付与されたく申立てします。

附属書類	
和解調書正本	1通

(注) 請書の記載省略（【書式90】(371頁）参照)。1通作成し、収入印紙300円を貼付する。

【書式93】 条件成就による執行文付与申立書

平成25年(ハ)第7010号　建物明渡請求事件
原告　株式会社まんぼう
被告　山川　鉄

条件成就による執行文付与の申立書

平成26年1月11日

大阪簡易裁判所民事第44係　御中

原　告　株式会社　まんぼう
代表者代表取締役　田　岡　直　人　㊞

　頭書事件について，平成○年○月○日に成立した和解条項第○項による条件は，別紙証明文書のとおり成就しましたので，同和解調書正本の和解条項第○項に対して執行文を付与されたく申立てします。

附属書類

1	和解調書正本	1通
2	証明文書	1通

(注) 請書の記載省略（【書式90】(371頁）参照)。1通作成し、収入印紙300円を貼付する。条件を履行したことを証する文書の副本を添付する。附属書類については(H)（378頁）を参照。

【書式94】 承継執行文付与申立書

平成25年(ハ)第8989号　建物明渡請求事件
原告　甲野　一郎
被告　乙野　太郎

被告承継人　乙野　花子　外1名

承継執行文付与の申立書

平成25年12月6日

大阪簡易裁判所民事第44係　御中

原告　甲野　一　郎　印

　頭書事件について，平成25年11月14日に言い渡された判決は，平成25年12月5日の経過により確定しましたが，被告は平成25年11月29日に死亡し，相続人乙野花子及び同乙野次郎がその地位を承継しましたので，上記承継人等に対し執行をするため同判決正本に承継執行文付与されたく申立てします。

附属書類
1　戸籍謄本　　　　　1通
2　判決正本　　　　　1通
3　判決確定証明書　　1通

（注）　請書の記載省略（【書式90】（371頁）参照）。1通作成し、300円の収入印紙を貼付する。承継を証する文書の副本を提出する。附属書類については、(I)（380頁）を参照。

【書式95】　債務者不特定の承継執行文付与の申立書

平成25年(ハ)第2918号　建物明渡請求事件
原告　永田　弘美
被告　小谷　嘉浩　外1名

承継執行文付与の申立書

平成25年12月11日

大阪簡易裁判所民事第44係　御中

原告　永　田　弘　美　印

　頭書事件について，平成25年11月14日に言い渡された判決は平成25年12月5日の経過により確定しましたが，下記により，同判決正本に債務者を特定しないで執行文を付与されたく申立てします。

記
1　債務者の氏名又は名称及び住所
　　債務者を特定することができない
2　理由
 (1)　別紙物件目録記載の建物の現在の占有者は，上記債務名義の債務者ではなく，原告において調査したところその占有者の住所・氏名は不詳であった。
 (2)　上記債務名義の債務者に対し，当該債務名義を本案とする占有移転禁止の仮処分命令が執行されており，かつ，現在の占有者は当該仮処分の執行がなされていることを知って本件建物の占有を開始した。

附属書類

1	仮処分決定	1通
2	占有移転禁止仮処分の執行がされたときの執行調書	1通
3	陳述書	1通
4	住民票	1通
5	写　真	○枚
6	該当者なしの証明書（不在住証明書）	1通
7	確定証明書	1通

物　件　目　録

(略)

（注）　請書の記載省略（【書式90】（371頁）参照）。1通作成し、300円の収入印紙を貼付する。占有者を特定することを困難とする特別の事情を証する文書の副本を提出する。附属書類については、(J)（387頁）参照。

(e)　**申立書の附属書類**
申立書とともに提出する書類は、次のとおりである。
①　裁判の確定証明書　　確定しなければその効力を生じない裁判にかか

る債務名義について執行文付与申立てをする場合に必要となる。その裁判が確定したことが記録上明らかである場合は添付する必要はない。なお、確定証明書の要否につき〈図表12〉(358頁)参照(民執規16条2項)。
② 債務名義の正本
③ 債権者または債務者の氏名、商号または名称の変更がある場合
戸籍抄本、履歴事項証明書(商業登記簿謄本)等。
④ 代理資格または訴訟代理権を証する書面　委任状等である。ただし、債務名義の成立手続に関与した代理人弁護士や法定代理人が申し立てる場合、訴訟代理権は執行文付与申立てにも及ぶため、事件記録から確認できる場合は不要である。
⑤ 条件が成就したことを証する文書
⑥ 承継を証する文書
⑦ 占有する者を特定することを困難とする特別の事情がある場合の証明文書

【書式96】　判決確定証明申請書〔事例3〕

平成25年(ハ)第4129号　建物明渡請求事件
原告　株式会社パインスカイ
被告　高橋　剛

判決確定証明申請書(注1)

平成25年12月6日

大阪簡易裁判所民事44係　御中

原告訴訟代理人司法書士　甲　川　龍　介　㊞

頭書事件について、平成25年11月18日に言い渡された判決は、平成25年12月5日の経過により確定したことを証明願います。(注2)

請書

平成　年　月　日(注3)

大阪簡易裁判所民事44係　御中

　　　　　　　　　　原告訴訟代理人司法書士　甲　川　龍　介　㊞
　上記証明書１通正にお請けしました。

平成25年(ワ)第4129号　建物明渡請求事件
　原告　株式会社パインスカイ
　被告　高橋　剛

判決確定証明申請書

　　　　　　　　　　　　　　　　　　　　　　　平成25年12月 6 日
大阪簡易裁判所民事44係　御中
　　　　　　　　　　原告訴訟代理人司法書士　甲　川　龍　介　㊞
　頭書事件について，平成25年11月18日に言い渡された判決は，平成25年12月 5 日の経過により確定したことを証明願います。

上記証明する（注４）
平成　年　月　日
大阪簡易裁判所書記官

（注１）　同一内容の申請書を 2 通作成する。 1 通に150円の収入印紙を貼付し，その下部を請書として提出する（請書は別に提出してもよい）。
（注２）　「12月 5 日の経過」ではなく「12月 6 日に」としてもよく，確定日がわからない場合は空欄でもよい。
（注３）　請書部分の日付は空欄のまま提出する。
（注４）　印紙を貼付されていないほうに書記官が証明文言を記載（申請人の側で記載しておいてもよい）し，書記官印が押されて確定証明書となる。

　その他、代理人が執行証書に執行文付与申立てを行う場合は、次の書類が必要である。
　・依頼者本人の実印を押印した委任状
　・依頼者本人の印鑑証明書

・依頼者が法人の場合は代表者資格証明書として、履歴事項証明書等

【書式97】 委任状

委 任 状

　私は，　　　　　　　　を代理人と定め，下記公正証書を原因とする次の各号に該当する一切の権限を委任します。

記

　公証人　　　　　作成　昭和・平成〇年第〇〇号公正証書

委任事項

1　執行文付与申立て（法26条，規則16条）及び受領に関する件
2　郵便による送達申立て（公証人法第57条の2）及び送達証明書又は不送達証明書付与申請受領の件
3　公正証書正本又は謄本及び附属書類等の謄本付与申請受領に関する件
4　公証役場に本委任該当事項嘱託に要する費用などの納付または予納及び予納金精算による差額金授受に関する件
5　上記に付帯関連する一切の事項

　平成〇年〇月〇日

　　　　　　　　　　　　　　　　住　所　〇〇〇〇〇〇〇〇〇〇〇
　　　　　　　　　　　　　　　　委任者　〇　　〇　　〇　　〇　実印

(H) 条件成就執行文の付与を要する場合とそれを証する書面

(a) 先給付の場合

　債務名義に、「1　原告は被告に対して平成26年7月29日までに立退料として金100万円を支払う。　2　被告は原告に対して前項の立退料の支払いを受けたときから1か月以内に本件建物を明け渡す」とある場合は、立退料の支払いが条件であり、債権者の証明すべき事実であるので、立退料を支払ったことを証明するための領収書等を執行文付与機関に提出する。

　先給付は債権者が行うべきであることを約することが多いが、第三者が給付することを約する場合もある。この場合も、債権者がその先給付の事実を

証明する必要がある。証明文書を提出できない場合は、債権者が執行文付与の訴え（民執33条）を提起する必要がある。

(b) **失権特約（失権約款、当然解除特約）**

失権特約とは、債務名義に「1　被告が賃料の支払いを引き続き2回以上怠ったときは，本件賃貸借契約は当然解除となる。2　前項により解除となったときは，被告は，原告に対し，本件建物を明け渡す」とある場合のように、「被告が賃料の支払いを引き続き2回以上怠ったこと」という事実によって当然に契約が終了する場合を指す。これは、(c)で述べる「無催告解除特約、解除権留保特約」のように、「解除権の発生および行使」という過程を経ることによって契約を解除するものとは異なる。当然解除失権特約の効果は、一定の事実によって発生する効果であり、債権者は、契約解除の事実を証明する必要はない。また、「被告が支払いを引続き2回以上怠ったとき」という消極的事実の証明は困難であることから、債権者は支払いがないことを証明する必要もない。したがって、失権特約条項がある場合は、条件成就執行文ではなく、単純執行文が付与されることになる。

しかし、失権特約は賃借人には過酷な条項であることから、無催告解除特約と解釈してこの効力を認める説や（我妻榮『債権各論（上）』167頁、星野英一『借地借家法』152頁）、「賃料を1か月分でも怠ったときは、当然解除となる」という旨の失権特約が訴訟上の和解において約されている場合でも、具体的事案によって信頼関係の法理を適用し、その効力を制限している判例もある（最判昭和51・12・17民集30巻11号1036頁）。

(c) **無催告解除特約、解除権留保**

債務名義に、「1　被告が賃料の支払いを2回以上怠ったときは，原告は何らの催告を要しないで直ちに本件賃貸借契約を解除することができる。2　前項により解除の意思表示があったときは，被告は，原告に対し，意思表示の到達の日の翌日から1か月を経過した日限り本件建物を明け渡す」とある場合、債権者は執行文付与の申立てにあたって、①解除権の発生原因事実、②契約を解除する意思表示をし、それが相手方に到達した事実、③解除の意

思表示が到達した日、について証明しなければならない。しかし(b)で述べたとおり、債権者である原告は債務者である被告が賃料の支払いを2回以上怠ったことについて証明する責任はないため、解除の意思表示を配達証明付きの内容証明郵便で行い、その内容証明郵便と配達証明書を提出して②および③の事実の証明とすることができる。

(d) **不確定期限**

不確定期限とは、到来することは確実であるが、いつ到来するか不確定である期限のことをいう。たとえば、債務名義に「Aが死亡したときは，被告は原告に対し本件建物を明け渡す」とあれば、原告は、執行文付与機関に対してA死亡の旨の記載のある戸籍謄本等を提出して、Aが死亡した事実を文書で証明することによって執行文の付与を受けることができる。

これに対して、債務名義に、「1　原告及び被告は，本件賃貸借契約を解除する。　2　原告は，被告に対し，本件建物の明渡しを平成25年10月1日まで猶予する。　3　被告は，原告に対し，前項の期日限り，本件建物を明け渡す」とある場合、「平成25年10月1日限り」とは確定期限のことであり、確定期限の到来は執行開始の要件にはなるが、執行文付与の要件とはならないため、債権者は同日が到来した事実を証明する必要はない。したがって、同日の到来前であっても執行文の付与が可能であり、単純執行文の付与を受けることができる。

(e) **引換給付**

債務名義に「被告は原告に対し，原告から金100万円の支払いを受けるのと引換えに，本件建物を明け渡せ」とある場合、本件建物の明渡しは原告が被告に対し反対給付として100万円を支払うのと引換えであり、原告が100万円を支払ったという事実は執行開始の要件となることから、執行文付与の申立ての際に証明する必要はない（(4)(F)（394頁）参照）。

(I) **承継執行文の付与を要する場合とその必要書類**

(a) **相続による承継の場合（一般承継）**

相続による承継による承継執行文の付与を申し立てる際、債権者は、

① 債務名義に表示された当事者が死亡したこと
② 債務名義に表示された当事者が死亡した日
③ 申立人が法定相続人であること
④ 他に相続人が戸籍上存在しないこと

を証する文書として、戸籍謄本等を提出する。債権者は「相続人が存在しないこと」まで証明する必要はなく、実務上「他に相続人が戸籍上存在しないこと」を証する程度の戸籍謄本等を提出する。

　(ア)　原告（賃貸人）に相続が発生した場合

和解条項に、

> 1．被告は、原告に対し、平成25年10月から毎月末日限り、賃料として月金10万円を支払う。
> 2．被告が賃料の支払いを怠り、その額が2か月分に達したときは、原告は、被告に対し、何らの催告を要しないで本件賃貸借契約を解除することができる。
> 3．前項により解除の意思表示があったときは、被告は、原告に対し、本件建物を明け渡す。
> 4．被告は、解除の意思表示の翌日から前項の明渡し済みまで、1か月金20万円の割合による損害金を支払う。

とある場合、和解成立後の平成25年12月5日に原告が死亡し、相続人として妻A、子BおよびCがいる場合を検討する。

　　(i)　承継執行文付与申立てに必要となる書面

相続人が証明しなければならない事実は、

① 原告が死亡した事実および死亡した日
② A・B・Cが原告の相続人であること
③ A・B・Cの他に戸籍上の相続人が存在しないこと
④ 平成25年11月30日が経過したこと
⑤ 契約解除の意思表示をし、意思表示が到達したこと、および到達の日

381

である。

　①ないし③は、戸籍謄本等により証明する。④は、賃料の遅滞が2か月に達する日であり、この日の経過が解除権発生の要件となっているが、平成25年11月30日の経過は執行文付与機関に顕著な事実であるから証明をする必要はない。なお、被告が支払いを怠った事実についての証明が不要であることについては前述した（(b)（379頁））。

　⑤については、原告が生前に解除していた場合は契約解除の内容証明郵便および配達証明等によって証明する。なお、到達の日を証明するのは、損害金発生起算日を確定させるためである。相続人から解除を行う場合においても⑤の証明が必要である。

　　(ii)　解除の意思表示

　判例は、共有物を目的とする賃貸借契約の解除は、共有者によってされる場合は、民法252条本文にいう「共有物の管理に関する事項」に該当すると解すべきであり、民法544条1項「解除の不可分性」の規定は適用されない、としている（最判昭和39・2・25民集18巻2号329頁）。したがって、本件の賃貸借契約解除は、各相続人が単独で契約解除をすることはできず、少なくともAおよびB、もしくはAおよびCがともに解除の意思表示をしなければならない。

　　(iii)　未収賃料債権および賃料相当損害金

　相続開始前の未収賃料債権および賃料相当損害金は、相続により、金銭債権として相続人らに承継取得され、相続分に応じた分割債権として各相続人に帰属する。

　また、相続開始後の遺産共有状態における未収賃料債権や賃料相当損害金についても、分割債権であり、相続分に応じて各相続人に帰属すると解されている（最判平成17・9・8民集59巻7号1931頁、裁判所書記官研修所監修『執行文講義案』125頁）。

　　(iv)　建物明渡請求権

　建物の明渡請求権については、性質上不可分給付を目的とするものであり、

不可分債権である。したがって、相続人らは各自で被告に対して明渡請求をすることができる（最判昭和42・8・25民集21巻7号1740頁）。

　(イ)　被告に相続が発生した場合

和解条項に、

> 1．被告は，原告に対し，平成25年10月から毎月末日限り，賃料として月金10万円を支払う。
> 2．被告が賃料の支払いを怠り，その額が2か月分に達したときは，原告は，被告に対し，何らの催告を要しないで本件賃貸借契約を解除することができる。
> 3．前項により解除の意思表示があったときは，被告は，原告に対し，本件建物を明け渡す。
> 4．被告は，解除の意思表示の翌日から前項の明渡し済みまで，1か月金20万円の割合による損害金を支払う。

とある場合、和解成立後の平成25年12月5日に被告が死亡し、相続人として妻D、および子EおよびFがいる場合を検討する。

　　(i)　承継執行文付与申立てに必要となる書面

債権者が証明すべき事実は、

①　被告が死亡した事実および死亡した日
②　D・E・Fが被告の相続人であること
③　D・E・Fのほかに戸籍上の相続人が存在しないこと
④　平成25年11月30日が経過したこと
⑤　契約解除の意思表示をし、意思表示が到達したこと、および到達の日

である。

①ないし④については上述の「原告に相続が発生した場合」と同様である。⑤について、相続人に対して解除を行う場合は、民法544条1項の「解除権の不可分性」により、相続人全員に対して行わなければならない。債権者は契約解除の意思表示を内容証明郵便で行い、その内容証明郵便および配達証明

書をもって⑤を証明をすることになるが、損害金発生の起算日は、相続人D・E・Fに、最後に到達した日の翌日となる。

(ⅱ) 相続開始前の未払賃料債務

相続開始前の未払賃料債務は、相続により、金銭債務として相続人らに承継取得され、相続分に応じた分割債務として各相続人に帰属する。したがって、債権者は相続開始前の未収賃料を各相続人に対してその相続分に応じて請求することになる。

(ⅲ) 相続開始後の未払賃料債務

相続開始後の未払賃料債務は、賃借人たる被相続人の死亡により、相続人らはその地位を相続し、共同賃借人となり、目的物に対して不可分な使用収益ができることから、反対の事情がない限り、賃料債務は不可分債務となると解されている（大判大正11・11・24民集１巻670頁）。したがって、債権者は、相続人らのうちの一人に対して相続開始後の未収賃料全額を請求することができる。

(ⅳ) 相続開始前の未払賃料相当損害金

相続開始前の未払賃料相当損害金は、未払賃料と同様、分割債務となる。

(ⅴ) 相続開始後の未払賃料相当損害金

各共同賃借人には、賃貸人に対し目的物の全部を返還する義務があり、これを遅滞することにより賃貸人が被る損害についても共同賃借人各自にその全部を支払う義務がある（大判昭和８・７・29新聞3593号７頁）。

このことから、相続開始後の未払賃料相当損害金は、相続開始後に発生した賃料と同様に不可分債務であると解すべきであり、この点は前述の「原告（賃貸人）に相続が生じた場合」と異なる。

(ⅵ) 建物明渡債務

建物の明渡しは、性質上不可分給付を目的とするものであり、不可分債務である。

(ウ) 強制執行の開始後に債権者に承継があった場合

承継人が自己のために強制執行の続行を求めるときは、承継執行文の付さ

れた債務名義の正本を提出しなければならない（民執規22条1項）。この場合、執行官は債務者に対し債権者の交代を通知しなければならないが（民執規22条2項）、執行文および証明文書の謄本の送達は必要ない。債務名義の正本の提出をしないまま、承継人が強制執行の場所に出頭したとしても（民執168条3項）、執行官は債権者またはその代理人が執行の場所に出頭したものとして扱うことができないため、強制執行は臨場後中止となり、承継執行文の付与された債務名義の提出を要求される（最高裁判所事務総局民事局監修『執行官提要〔第4版〕』72頁）。

(エ) 強制執行の開始後に債務者に承継があった場合

強制執行は、その開始後に債務者が死亡した場合、相続人に対する承継執行文の付与を要しないで、続行することができる（民執41条1項）。

(b) 法人の合併の場合（一般承継）

債務名義に表示された当事者である会社が合併した場合、吸収合併の場合は存続会社が、新設合併の場合は新設会社が、合併を証明するための書面として履歴事項証明書（商業登記簿謄本）等を執行文付与機関に提出し、承継執行文の付与を申し立てることができる。

なお、組織変更の場合は、実体的に法人格の変動がないため法人の商号変更の場合と同様、単純執行文の付与を申し立てることとなる。ただし、組織変更を証明するため、履歴事項証明書（商業登記簿謄本）等の添付を要する。

(c) 債務名義成立後（判決においては口頭弁論終結後）の占有取得者

債権者が、債務者に対し、建物明渡しの債務名義を得ていたところ、その債務名義成立後（判決の場合は口頭弁論終結後）に、債務者が建物の占有を第三者Ｃに承継的に移転した場合、債権者は、①Ｃが債務名義成立後（判決においては口頭弁論終結後）の占有取得者であること、②Ｃが債務者から、占有の承継を受けたこと等を証明して承継執行文の付与を受け、Ｃに対して強制執行をすることができる。①を証明する文書として、Ｃの住民票や当事者の陳述書、②を証明する文書として、ＢＣ間の売買契約書等が考えられる。しかし実務上、Ｃの占有開始が債務名義成立後であることや、その承継が売買

385

なのか、賃借なのかなどの占有取得原因を債権者が証明することは非常に困難である。

(d) **占有移転禁止仮処分執行後の占有取得者**

債権者が、建物を占有しているBを債務者として占有移転禁止の仮処分決定を得てその執行をし、他方債権者がBを被告として建物明渡請求訴訟を提起し、明渡しを内容とする債務名義を得た場合には、債権者は占有移転禁止仮処分の執行後に目的建物の占有を取得した第三者であるCに対して、①Cが建物を占有している事実、②Cの占有が仮処分執行後であること、を証明すれば、Cに対する承継執行文の付与を得て、明渡しの強制執行をすることができる（民保62条）。①を証明する文書として、たとえば、点検調書や、債権者がBに対して明渡強制執行を試みた結果、不能に終わった場合の執行不能調書等が考えられる。②を証明する文書としては、占有移転禁止仮処分命令の執行がされたときの執行調書等が考えられる。

(e) **債権譲渡の場合（特定承継）**

債務名義に表示された債権者から債権を譲り受けた者は、債権譲渡の事実を証明する文書を執行文付与機関に提出して承継執行文の付与を申し立てることができる。債権譲渡を証明するための書面として、債権の贈与証書や売買契約書、債権譲渡証書等がある。ここで、債権譲渡の対抗要件として、譲渡人から債務者に対する通知または債務者の承諾（民467条）を証明する必要があるかどうかが問題となる。これについては争いもあるが、承継執行文付与手続が債権者のみに証明の機会を与える一方的な手続であること、通知または承諾を証する書面の提出が比較的容易であること、この事実は訴訟においては債権の譲受人が証明責任を負う事実であること等から、債権譲渡を証する書面以外に、対抗要件を具備していることを証する書面、たとえば債権譲渡通知書（内容証明郵便および配達証明書）または債務者の承諾書等の提出が必要とされている。

(f) **所有権を譲り受けた場合（特定承継）**

債務名義に表示された請求権が、特定物の給付請求権である場合、たとえ

ば、建物の明渡しである場合において、その建物の所有権を譲り受けた者は、その事実を証明する文書を執行文付与機関に提出して、承継執行文の付与を申し立てることができる。証明する書面として、売買契約書、贈与契約書、全部事項証明書（登記簿謄本）等がある。債務者は債権者である譲受人とは対抗関係にないことから、譲受人は自己への所有権移転登記を経由している必要はないと考えられる。しかし、判例では、賃貸中の宅地を譲り受けた者は、その所有権の移転につき登記を経由しないかぎり、賃貸人たる地位の取得を賃借人に対抗することができないとしていることから（最判昭和49・3・19民集28巻2号325頁）、権利資格保護要件としての登記を取得することを要するとの考えもある（裁判所書記官研修所監修『執行文講義案』133頁）。

(g) **代位弁済の場合（特定承継）**

債務名義に表示された債権者の債務者に対する債権を、第三者が債務者のために債権者に弁済した場合、または保証人等が債権者に弁済した場合、弁済者等は債務者に対し求償権を取得する（民459条・462条）。弁済者等は、代位弁済を証明する文書として、代位弁済証書、領収書等を提出して承継執行文の付与を受ける。

(h) **訴訟担当者と被担当者**

第三者（訴訟担当者）が他人（被担当者）のために、当事者となって訴訟を追行し、債務名義を得た場合、その債務名義の執行力はそこに表示されている当事者（訴訟担当者）ばかりではなく他人（被担当者）にも及ぶ（民執23条1項2号・3号）。この他人（被担当者）を債務者または債権者とする強制執行をする場合、承継執行文の付与を要する。訴訟担当者と被担当者の例として、破産管財人と破産者、遺言執行人と相続人、選定当事者と選定者がある（選定当事者と選定者については第4章11(5)（325頁）参照）。訴訟担当者と被担当者との関係は、訴訟記録から明らかになることがほとんどであることから、執行文付与機関にとって明白であるとして承継執行文が付与されることが多い（裁判所書記官研修所監修・前掲147頁）。

(J) **債務者不特定の場合**

第5章　執　行

　建物明渡しの強制執行において、占有する者を特定することが困難である特別の事情がある場合、債務者不特定の承継執行文の付与を受け、強制執行申立てを行うことになる（詳細は(B)(d)（366頁）参照）。
　この執行文の付与を受けるために必要な書面は、
① 　債務名義を本案とする占有移転禁止の仮処分命令が存在することを証するために、仮処分決定正本
② 　仮処分命令が執行されていることおよび現在の占有者が仮処分の執行がなされたことを知っていたことを推測させるために、執行調書
③ 　占有する者を特定することが困難である特別の事情を証するものとして、
　　ⓐ 　調査の経緯を記載した報告書
　　ⓑ 　ライフライン資料、**NTT**等の調査
　　ⓒ 　架空法人について、登録なきことの証明書　管轄法務局に履歴事項証明書（商業登記簿謄本）の交付申請をした結果、該当の法人が存在しなかった場合、交付申請書に「該当なし」等と記載されて、申請人に返却されるので、その交付申請書をもって該当法人が存在しないことを証する書面とすることもできる。
　　ⓓ 　実在しない自然人について、該当者なしの証明書（不在籍証明書、不在住証明書等）
等が考えられる。

(K)　執行文の数通付与・再度付与

　債権者において、数カ所もしくは数種の執行手続を申し立てる必要がある場合は、執行文の付された債務名義の正本が数通必要となるため、執行文の数通付与の申立てをすることができ、また、紛失、毀損した場合においては、執行文の再度の付与を申し立てることができる（民執28条1項）。なお、申立書には、その旨およびその事由を記載しなければならない（民執規16条1項3号）。裁判所書記官または公証人は、債務者に対し、重複執行防止の手段として、もしくは執行文付与に対する異議申立ての機会を与えるため、民事執行

法28条1項の規定により執行文を付与したときは、その旨、その事由および執行文の通数を通知しなければならない（民執規19条）。

【書式98】 執行文数通付与申立書

```
平成25年(ワ)第7010号　建物明渡請求事件
原告　株式会社まんぼう
被告　山川　鉄
```

執行文数通付与の申立書

　　　　　　　　　　　　　　　　　　　　　　　　平成26年1月11日

大阪簡易裁判所民事第44係　御中

　　　　　　　　　　　　　　　原　告　株式会社　まんぼう
　　　　　　　　　　　代表者代表取締役　田　岡　直　人　印

　頭書事件について，平成○年○月○日言い渡された判決は確定しましたが，当該債務名義における建物明渡対象不動産は，大阪市○○○と神戸市○○○の2箇所に存在する不動産であり，同時に執行する必要がありますので同判決正本に執行文を○通付与されたく申立てします。

（注）　請書の記載省略（【書式90】（371頁）参照）。また、執行文1通につき、300円の収入印紙を貼付する。

【書式99】 執行文再度付与申立書

```
平成25年(ワ)第7010号　建物明渡請求事件
原告　株式会社まんぼう
被告　山川　鉄
```

執行文再度付与の申立書

　　　　　　　　　　　　　　　　　　　　　　　　平成26年1月11日

大阪簡易裁判所民事44係　御中

　　　　　　　　　　　　　　　原　告　株式会社　まんぼう
　　　　　　　　　　　代表者代表取締役　田　岡　直　人　印

　頭書事件について，原告は平成○年○月○日言い渡された判決の執行力あ

第5章　執　行

> る正本1通の交付を受けましたが，上記執行力ある正本を別紙遺失届受理証明書のとおり紛失しましたので，再度執行力ある正本1通の付与を受けたく申立てします。
>
> 　　　　　　　　　　附属書類
> 1　警察署の遺失届受理証明書　　　1通

（注）　請書の記載省略（【書式90】（371頁）参照）。印紙代は、執行文付与手続と同じである。

(4)　執行開始の要件

(A)　債務名義の送達

　強制執行を開始するためには、債務名義または確定により債務名義となるべき裁判の正本または謄本が強制執行の開始に先立って、または執行開始と同時に債務者に送達されていなければならない（民執29条前段）。これは、相手方に対してどのような債務名義に基づいて強制執行が行われるのかを知らせ、防御の機会を与えるためである。なお、判決は裁判所の職権で当事者に送達されるが、和解調書や調停調書等の場合、送達申請をしないと送達されないため、和解等成立後、速やかに送達申請をしておく必要がある。

　送達は、民事訴訟法98条以下の一般原則による（詳細は、第4章4（245頁）参照）。同時送達する場合は、執行官が執行機関である場合に限られる（民訴99条1項）が、実務上同時送達することはあまりない。

　執行証書の送達は、公証人による送達、郵便による送達のほか、執行官による送達、公示送達によって行う（公証人法57条の2、民執規20条）。

　また、送達証明書の交付申請は、実務上執行文付与申立てと同時に申請する。

【書式100】　判決正本送達証明申請書・請書〔事例3〕

> 平成25年(ハ)第4129号　建物明渡請求事件

```
原告　株式会社パインスカイ
被告　高橋　剛
```

判決正本送達証明申請書

　　　　　　　　　　　　　　　　　　　　　　　　　　平成25年12月6日

大阪簡易裁判所民事44係　御中

　　　　　　　　　　　原告訴訟代理人司法書士　甲　　川　　龍　　介　㊞

　頭書事件について，平成25年11月18日言渡しの判決の正本は被告に送達されたことを証明されたく申請します。

（注）　請書の記載省略。2通作成し、1通に150円の収入印紙を貼付する。
　　　詳細は【書式96】（376頁）参照。

【書式101】　和解調書正本送達申請書

```
平成25年(ハ)第7010号　建物明渡請求事件
原告　株式会社まんぼう
被告　山川　鉄
```

和解調書正本送達申請書

　　　　　　　　　　　　　　　　　　　　　　　　　　平成26年1月11日

大阪簡易裁判所民事44係　御中

　　　　　　　　　　　原告訴訟代理人司法書士　甲　　川　　龍　　介　㊞

　頭書事件について，平成〇年〇月〇日成立した和解調書の正本を当事者双方に送達されたく申請します。

（注）　1通作成する。印紙は不要。

(B)　執行文の送達

　条件成就執行文・承継執行文が付与された場合は、その執行文および執行文の付与の際に債権者が提出した証明文書の謄本を、強制執行の開始に先立ってまたは同時に債務者に送達しなければならない。これは、債務者に条

件の成就、承継の有無について争う機会と資料を与えるためである。

【書式102】　執行文および証明文書謄本送達申請書

```
平成25年㋄第7010号　建物明渡請求事件
原告　株式会社まんぼう
被告　山川　鉄

          執行文及び証明文書謄本送達申請書

                                      平成26年1月11日
大阪簡易裁判所民事第44係　御中
                          原　告　株式会社　まんぼう
                      代表者代表取締役　田　岡　直　人　印
　頭書事件について，執行文及び証明文書謄本を被告に送達されたく申請します。
```

（注）　送達用の郵券が必要となる。債務名義および証明文書の写しが必要であり、実務上は執行文付与申立てと同時に提出する。

【書式103】　執行文および証明文書謄本送達証明申請書

```
平成25年㋄第7010号　建物明渡請求事件
原告　株式会社まんぼう
被告　山川　鉄

          執行文及び証明文書謄本送達証明申請書

                                      平成25年○月○日
大阪簡易裁判所民事第44係　御中
                          原　告　株式会社　まんぼう
                      代表者代表取締役　田　岡　直　人　印
　頭書事件について，執行文及び証明文書謄本は被告に送達されたことを証明されたく申請します。
```

（注）　請書の記載省略。2通作成し、1通に150円の収入印紙を貼付する。

詳細は【書式96】（376頁）参照。

(C) **債務者不特定の承継執行文の送達**

債務者不特定の承継執行文の送達は、郵便による送達は望めないことから、強制執行の開始に先立って送達することは困難である。しかし、執行の際には債務者を特定することが必要となるので、承継執行文の付与された債務名義の執行の際に占有者を特定したうえで、執行官による送達を用いて同時送達する。この場合、占有者が不在であれば、送達不能のため執行不能となるので、これを避けるためにも、債務者不特定の承継執行文による申立てをする場合は、債権者は、占有者の在宅時間等の調査を行い、できるだけ早い時期に執行がされるよう執行官との打合せが必要であろう。

(D) **確定期限の到来**

債務名義に、「1　原告及び被告は，本件賃貸借契約を解除する。　2　原告は，被告に対し，本件建物の明渡しを平成25年10月1日まで猶予する。　3　被告は，原告に対し，前項の期日限り，本件建物を明け渡す」とある場合、「平成25年10月1日まで」とは確定期限のことである。確定期限が到来したかどうかは執行機関にとって顕著な事実であり、条件成就執行文付与の対象ではない。したがって、債権者は、確定期限到来前であっても単純執行文の付与を受けることができ、確定期限の到来後に強制執行を申し立てればよい（民執30条1項）。

(E) **担保の提供**

担保の提供を強制執行の実施の条件とする場合とは、一定額の担保を立てることを条件に仮執行を認めるような場合である。この場合債権者は、条件成就執行文の付与手続を経ることなく、単純執行文の付与を受け、強制執行の申立てに際して、担保を立てたことを証明すればよい。

担保を立てたことについては文書を提出して証明する必要があり（民執30条2項）、たとえば供託による場合は、供託書正本または供託官の供託証明書（供託規49条）、当事者間の合意による場合はその契約書、支払保証委託をし

(F) 反対給付または他の給付の不履行に係る場合の強制執行

一般に引換給付の債務名義の場合、たとえば、債務名義に「被告は原告に対し、原告から金100万円の支払を受けるのと引換えに、本件建物を明け渡せ」とある場合、被告は原告に対し建物を明け渡す義務を有するが、これは債権者が債務者に対し反対給付として100万円を支払うのと引換えに発生する義務である。債権者が債務者に対し引換給付義務の履行である建物の明渡しを求めようと思えば、債権者も債務者に対し反対給付である100万円の支払いをしなければならず、100万円を支払ったことは債権者が証明しなければならない。債権者が、執行文付与の段階で上記金額の支払いを証明しなければならないとすると、債権者が先履行を強いられることになり、同時履行の関係を失わせることとなり不公平である。したがって、引換給付としての反対給付を履行したことは執行開始の要件とされており（民執31条1項）、強制執行の開始の際に反対給付を証明すればよい。上記例でいえば、債権者は執行の開始の際に100万円の支払いをしたかまたはその提供をしたことを証明すればよく、たとえば、債権者が債務者に100万円を現金で支払った場合は領収書等が証明書類となるし、執行開始の際に執行官の面前で現金を提供してもよい。債務者が、受領拒否した場合は、債権者は100万円を供託しその供託書正本を提出する。なお、債権者が反対債権をもって支払義務と相殺をしても、執行開始の要件としての「反対給付の履行ないしその提供」とみることはできないとされている（東京高決昭和54・12・25判時958号73頁）。

(5) 現況の調査

(A) 占有者の確認

(a) 占有の調査

建物明渡強制執行において、執行官は、建物の占有者について調査したうえ、債務名義上の債務者が建物を占有していることを認定し、債務者の建物に対する占有を解いて、債権者にその占有を取得させる方法により強制執行

を行う（民執168条1項）。執行官が目的建物に臨場したときに、債務者が占有していることが認定できなければ、期日が延期されたり、執行不能として手続きが終了したりする場合もある。仮に延期された場合には、再度明渡執行を行うために、さらに執行費用が必要となる。占有認定の詳細は、3(1)(D)（416頁）参照。

(b) **債権者の協力**

執行官は、債権者に対し明渡催告の実施または強制執行の開始の前後を問わず、債務者の占有の状況、明渡しの実現の見込み等についての情報の提供その他の手続の円滑な進行のために、必要な協力を求めることができる（民執規154条の2第5項）。債権者の事前調査により、占有者が暴力団関係者や、介護を必要とする高齢者である等の事実が判明した場合、その情報は、執行官が警察の援助、福祉機関の援助協力を求める必要があるのか等を判断する材料となる。したがって、債権者が事前に占有状況等を調査することは、建物明渡強制執行を円滑に行うためには欠かせないものである。債権者は、あらかじめ現場に赴き、表札や郵便受けの表示が債務者の氏名と合致するのか、もし、そうでなければ誰の名義になっているのか、郵便受けに郵便がたまっていないかどうか、居住者の家族構成や在宅時間等の現場調査や、目的建物を住所地とする債務者の住民票等の資料を収集しておくことが必要となる。なお、事前調査をするにあたり、電気、ガス、水道などの公益事業を営む法人の契約関係を証する資料および報告書を収集すること（ライフライン調査）によって、契約の名義人、契約の時期、使用状況等の調査が可能であるが、債権者本人もしくは司法書士がライフライン調査をすることは困難であり、実務上、調査に相当な時間がかかることや占有認定において必ずしも有効であるとはいえないこと等から、占有者の認定のための必須調査とはされていない。

(B) **長期不在者の占有継続**

建物の賃貸借契約において、賃借人が賃料の支払いを怠り、かつ賃貸人に通知することなく生活の本拠を移していたとしても、賃貸人に対して賃借権

および残置物の所有権を放棄する意思を表示したことがなく、賃料支払いの督促を受けた後に一時滞納賃料を支払ったこともあり、また電話、電気、水道、ガスを継続利用しうる状態に置き、さらに従来使用していた家具、日用品を多数建物内に存置したうえ、施錠をしていた場合、債務者は賃借人として本件建物の占有を継続していたというべきであるとする判例がある（最判昭和63・11・11執行官雑誌20号110頁）。

(C) 執行が困難であると予測される場合

(a) 占有者が外国人である場合

債権者による事前調査の結果、日本語が通じないと思われる外国人が居住していると予測される場合、当該外国人の母国語の通訳人の同行が必要であると考えられる。これは、執行時に、在室者から陳述を得、また占有者である外国人に対する手続保障をする必要があるからである。

(b) 債務者が生活困窮者、病人等である場合

債務者が生活困窮者、病人等である場合、身柄を保護する手立ての整わない状況で断行することは、債務者の生命、身体を脅かす可能性がある。

債務者が高齢の独居老人で、国民年金の支給もなく、経済的な要因から引越しをすることができない場合に、執行官協力のもと、生活保護の申請を行った事例等もある（新民事執行実務3号113頁）。

(c) 犬、猫等のペットがいる場合

債務者が、犬・猫等のペットを置き去りにする可能性もあるため、目的建物を管轄する保健所からケージを借りておくことも検討する。執行手続の中では、ペットは目的外動産として扱われる。

(d) 暴力団等に占拠されている場合

債務者が暴力団員であったり暴力団のフロント企業であることが判明している場合、警察等の援助を受ける必要があるかどうかについて、あらかじめ執行官と相談する。執行官の威力の行使等については、3(1)(E)（417頁）参照。

(D) 占有補助者

占有補助者とは、占有者の指図に従いその手足となって目的物を所持する

にとどまり独立の占有が認められない者であるから、明渡しの強制執行をするにあたり、債務者と同時に退去させることができる。しかし、転借人等独立の占有を有すると認められる者に対しては、この者に対する債務名義がなければ、原則として明渡しの強制執行はできない。したがって、債務名義に表示された当事者以外の者が目的物件に居住しているような場合、この居住者が債務者の占有補助者と認定されるかどうかは重要な問題である。

① 居住用建物については、通常は世帯主が占有者であり、その家族は占有補助者にすぎず独立の占有を有しない（最判昭和28・4・24民集7巻4号414頁参照、名古屋高決昭和51・1・29判時819号52頁）。しかし、世帯主である夫が、ある程度の期間不在であったとしても、必ずしも夫の占有が失われたとはいえないが、行方不明等で長期間不在であるような場合には、妻に占有が移ったと解される（最高裁判所事務総局民事局監修・前掲（提要）364頁）。また、借受名義は夫となっているが、妻が借り受けて居住しており、夫とは別居をしていたなどの事情により、妻につき独立の占有が認められるときは、夫に対する債務名義で、妻に対して執行することはできない（東京高判昭和32・9・11東高時報（民）8巻9号220頁）。

② 店舗等の営業用建物については、営業主が占有者であり、従業員は占有補助者にすぎず独立した占有を有しない。

③ 個人の債務者に対する建物の明渡しの執行のため臨場したところ、この建物の一部が債務者を代表者とする会社の占有に属することが判明した場合には、その会社がいわゆる一人会社と考えられるときであっても、その占有する部分について明渡しの執行をすることはできない。

④ 株式会社の代表取締役が、会社代表者として土地を所持している場合、その土地の直接占有者は会社自身であり、会社代表者は個人のためにこれを所持するものと認めるべき特段の事情のない限り、個人として占有者としての地位にあるものとはいえない（最判昭和32・2・15民集11巻2号270頁）。会社代表者は会社の占有補助者にすぎず、会社を債務者として執行すればよい。

(E) 建物の確認

　現況調査にあたり、まず明渡強制執行の目的物件を特定しなければならない。目的物件の特定は、登記簿、公図、地積測量図、建物図面、住宅地図、地形、隣地や道路との位置関係、敷地と建物の位置関係等を調査して行い、その建物の種類、床面積、構造等の現況と債務名義上の建物の記載が同一であるのか、異なるのであればどの程度異なるのか等を調査する。債権者は、建物内部に立ち入って調査をすることは困難であるため、外観からの確認となるが、建物の再築、増築、合体等がなされている場合は、債務名義とは相当程度の差異が生じるため、この場合、建物の同一性が問題となる。

(a) 再　築

　旧建物が取り壊されて、その跡地に同様の建物が再築されているにもかかわらず、従前の登記が残っている場合がある。その場合、旧建物の登記をもとに債務名義を得ても、旧建物の既存の登記を新建物の所有権保存登記に流用することは許されず、新建物の登記としては無効であることから、建物の同一性は否定され、強制執行は不能となると考えられる。

(b) 増　築

　目的建物に、債務名義に表示されていない増築部分または付属部分のある場合、増築部分または付属部分が目的物に附合している場合や、主物と密接な関係にある従物と認められるときは、同一建物であるとして、明渡強制執行が可能となる。容易に撤去が可能で債務者が引取りを申し出ているような場合は目的外動産として扱うことになろう。

　債務名義に記載されている目的建物の表示が平家とされているが、実際は2階が増築されていた場合は、建物の同一性が認められる。ただし、2階が独立して使用収益できる場合は明渡強制執行の対象とはならず、1階部分のみについて執行がされる。

〈図表14〉 明渡執行準備一覧

事前現場調査	□執行現場の住所	
	□債務者（占有者）の氏名	
	□現場調査年月日	年　月　日（　）　時　分〜　時　分 　年　月　日（　）　時　分〜　時　分
	□表札の確認 □表札はない	表札の表示（　　　　　　　　　　　　　　　）
	□郵便受けの状況 □郵便受けは設置されていない	郵便受けの表示 （　　　　　　　　　　　　　　　　　　　　） 郵便受けの外観 □郵便物がたまっている　□たまっていない □債務者（　　　　）宛の郵便物の存在
	□新聞	□たまっている（　月　日から）□たまっていない
	□電気のメーター	□まわっている　　□まわっていない
	□その他外観	（洗濯物が干されている等）
	□債務者の家族構成	
	□債務者の在宅時間	債務者の在宅時間　平日（　　　　　　　　） 　　　　　　　　　　土日祝（　　　　　　　　） 債務者の家族（　　　　）の在宅時間
	□債務者（会社）の営業時間	営業時間 休日
	□債務者近隣の聞き込み	年　月　日　時　分〜　時　分

第5章 執 行

		近隣者の氏名・住所 内容
	□鍵	□債権者が合鍵をもっている □鍵の形状 　□(　　　　　　　　　　　　　　　　) 　□電子キーなど解錠困難な鍵 　□
	□解錠技術者の手配	□不要 □必要 　（解錠技術者　　　）
	□債務者の状況	□ □ □高齢者・病人 □暴力団員・暴力団フロント企業 □外国人 　→□通訳人の手配が必要　□不要 □ペットがいる　□ペットの種類(　　　　)
	□執行援助の要否	□不要 □必要 □必要と思われる援助内容
	□債務名義の不動産の表示と現場建物が一致するか	□建物の外観（平家建・　　階建て） □構造 □床面積 □ □
明	□建物内部の状態	

2　強制執行の準備

渡催告時の調査		□写真撮影
	□動産の種類と量	□ □搬出困難な動産（□無　□有　　　　） □産業廃棄物等　（□無　□有　　　　）
	□廃棄物の種類と量	
	□債務者の任意明渡意思確認	□無 □有 （　　　年　　　月　　　日頃）
	□債務者の連絡先	自　宅（　　　　　　　　　　　　） 携　帯（　　　　　　　　　　　　） 就業先（　　　　　　　　　　　　）
	□債務者からの残置動産の放棄書	□無 □有
	□目的外動産の保管場所	
断行時の準備	□準備品	□段ボール □ガムテープ　□ロープ　□軍手　□タオル □マスク　□懐中電灯　□ゴミ袋　□包装材 □カメラ　□領収書（動産競り売り用） □ □
	□解錠技術者	□ □費用　　　　（見積り　　　　　　）
	□作業員等	□トラック 　□費用　　　　（見積り　　　　　　） □作業員 　□費用　　　　（見積り　　　　　　）

□保管場所	□
	□費用　　　（見積り　　　　）
□廃棄物	□費用　　　（見積り　　　　）

3　建物明渡しと動産執行

(1)　建物の明渡し

(A)　執行方法

　不動産等（不動産または人の居住する船舶等）の引渡しまたは明渡しの強制執行は、不動産等の所在地を管轄する地方裁判所の執行官が執行機関となり、債務者の不動産等に対する占有を解いて債権者にその占有を取得させる方法によりなされる（民執168条）。ここにいう不動産とは、民法86条1項に定めるものであり、土地およびその定着物をいい、民事執行法43条に定める金銭債権執行における定義は非金銭債権執行には適用されない。人の居住する船舶等とは、人の居住する動産を意味し、船舶の他、プレハブ式建物、キャンピングカー、トレーラーハウス等が考えられる。

　引渡しとは、不動産の直接支配を債権者に移転することであり、明渡しは、引渡しの一態様であるが、特に債務者が居住し、または物品を置いて占有しているときに、建物内の物品を取り除き、居住者を退去させて、債権者に完全な支配を移すことである（最高裁判所事務総局民事局監修・前掲（提要）246頁）。債務名義上の表現が引渡しであっても明渡しであっても、執行上の差異は生じない。

　建物明渡強制執行の申立てがなされた後、執行官は目的物件の債務者の占有を確認したうえで引渡期限および強制執行実施予定日（断行日）を催告し、債務者が断行日までに任意の明渡しをしなければ、執行官は断行日において、

執行場所に出向き、建物内の物品を取り除き、居住者を退去させて、空家の状態にして債権者に引渡しをする。

(B) 建物明渡しの申立て

(a) 申立ての方式

不動産の引渡しおよび明渡しの強制執行は、不動産の所在地を管轄する地方裁判所所属の執行官に対し書面で申し立てる（執4条、民執規1条）。

(b) 申立書の記載事項（民執規21条）

建物明渡しの強制執行の申立書には、

① 債権者および債務者の氏名または名称および住所並びに代理人の氏名および住所
② 債務名義の表示
③ 強制執行の目的とする財産の表示　　引渡しまたは明渡しの対象となる不動産または人の居住する船舶等の表示
④ 求める強制執行の方法

を記載しなければならない。

なお、大阪地方裁判所執行官室に建物明渡強制執行を申し立てる場合は、

① 民事執行申立書（物件目録を申立書に合綴して契印をする）　　1通
② 当事者目録（債務名義の表示を記載したもの）　　3通
③ 物件目録（建物の一部の執行の場合は図面を提出）　　3通

を準備する。

第5章 執 行

【書式104】 明渡執行申立書〔事例3〕

大阪地方裁判所　執行官　殿

申立　平成25年12月8日

民　事　執　行　申　立　書

〒539-0001　住所　大阪市城北区松空町一丁目2番34号
　　　　　　　申立人　株式会社パインスカイ
　　　　　　　（代表者代表取締役）　村　上　順　一
　　　　　　　連絡先　TEL（06）－（0000）－0000　番

〒542-0006　住所　大阪市南区日本川二丁目1番1号
　　　　　　　代理人　秋　和　多寿造　　　　　印
　　　　　　　連絡先　TEL（06）－（0000）－0000　番

〒539-0001　住所　大阪市城北区松空町三丁目2番1号
　　　　　　　（フリガナ）　タカハシ　ツヨシ
　　　　　　　相手方　　高　橋　　剛
　　　　　　　（代表者代表取締役）

執行の場所	(イ) 相手方の住所　大阪市城北区松空町三丁目2番1号 ロ、 ハ、
執行の方法	1．差押　2．仮差押　3．引渡（動産・自動車・不動産　　） 4．退去　⑤明渡（土地・建物）　6．収去 7．援助・立会　8．仮処分（執行官保管・使用許可） 9．破産封印 10．その他
執行の目的物	（差押・仮差押事件は記載要なし） ① 別紙目録記載の土地・建物・ 2．
債務名義	① 大阪簡易裁判所　　平成 25 年(ハ)第 4129 号 　　判決の　　　　　　　執行力ある正本 2．　　　法務局所属公証人　　　　作成の 　　平成　年第　号　執行証書正本

① 債務者の氏名は楷書で書き、必らずフリガナをつけること。
② 債務者の住所は住居表示によること。住居表示未施行場所については、附近の略図を添付すること。

添付書類	執行力ある債務名義の正本	1 通
	送達証明書	1 通
	確定証明書	1 通
	登記事項証明書	1 通
	資格証明書	1 通
	委任状	1 通
	執行場所略図	1 通
付随申立	1．同時送達の申立	有 ・ ㊞無
	2．執行の立会	㊞有 ・ 無
	3．執行日時の通知	㊞要 ・ 否
	4．執行調書謄本を関係人送付	㊞要 ・ 否
	5．事件が完了したときは、執行力ある債務名義の正本等を還付されたい。	㊞要 ・ 否

請求金額計算書	
1．債務名義表示の元金	
2．利息　年　月　日から　年　％ 　　　　　年　月　日まで　日歩　銭	
3．損害金　年　月　日から　年　％ 　　　　　年　月　日まで　日歩　銭	
4．公正証書作成費用・督促手続費用	
計	
執行準備費用	
内訳　　仮執行宣言費用	
執行文付与費用・送達証明費用	
登記事項証明書交付費用	
申立書提出費用	
合　計	
執行予納金	〇〇〇〇円
総　計	〇〇〇〇円

第5章 執 行

【書式105】 当事者目録〔事例3〕

当事者目録

住　所　〒539-0001　大阪市城北区松空町一丁目2番34号
　　　　　申立人　　株式会社　パインスカイ
　　　　　　　　　　代表者代表取締役　村　上　順　一
　　　　〒542-0006　大阪市南区日本川二丁目1番1号
　　　　　申立人代理人　秋　和　多寿造
　　　　　　　　電　話　06-0000-0000
　　　　　　　　ＦＡＸ　06-0000-0000

住　所　〒539-0001　大阪市城北区松空町三丁目2番1号
　　　　　相手方　　高　橋　　剛

債務名義の表示
　大阪簡易裁判所　平成25年(ハ)第4129号判決

【書式106】 物件目録〔事例3〕

物件目録

所　　在　　大阪市城北区松空町三丁目5番地19
家屋番号　　5番19
種　　類　　共同住宅
構　　造　　木造瓦葺2階建
床面積　　1階　　89㎡29
　　　　　2階　　29㎡29

（住居表示）大阪市城北区松空町三丁目2番1号

【書式107】 委任状〔事例3〕

委 任 状

委任者
　　〒539-0001
　　　　　　　大阪市城北区松空町一丁目2番34号
　　　　　　　株式会社　パインスカイ
　　　　　　　代表者代表取締役　村　上　順　一　印

受任者
　　〒542-0006
　　　　住　所　大阪市南区日本川二丁目1番1号
　　　　氏　名　秋　和　多寿造
　　　　　　　　電　話　06-0000-0000
　　　　　　　　ＦＡＸ　06-0000-0000

　私は，上記の者に下記事項を委任します。
1. 委任事件名
　　動産差押執行事件
　　建物明渡執行事件
2. 相手方の氏名
　　高　橋　　　剛
3. 委任事項
　　執行官が取り扱う強制執行事件の申立て。予納金納付。強制執行立会。
　　執行期日・競売期日の延期申立て。動産競売。
　　売却代金，配当金，弁済金，予納金残額等の金銭受領。
　　事件取下・解放の申立て。執行官送達の申立て・同立会。
　　執行物件受領。目的外物件の保管。債務名義・同送達証明の受領。
　　執行調書等本件に関する公文書の受領。復代理人の選任。
　　その他本件に関する一切の権限。

（注）　執行官がする手続については、代理人資格に制限がないため、誰でも代理人になることができる。

第5章　執　行

(c)　**申立書の添付書類**

建物の明渡強制執行申立書には、次の書類を添付する。

①　執行力ある債務名義の正本（民執規21条）

②　送達証明書の原本　　送達証明書として、債務名義の送達証明書のほか、条件成就執行文や承継執行文が付与されたときは、執行文と債務者が提出した文書の謄本の送達証明書（執行文および証明文書謄本送達証明書（【書式103】391頁））を添付する。

③　代理人による申立ての場合は委任状

④　当事者が法人の場合は資格証明書

⑤　目的物が所在する場所の略図（執行場所がわかるよう住宅地図など）

申立て時に提出する債務名義の正本等は、還付申請をすることにより手続終了後債権者に返還される。

【書式108】　債務名義還付申請書〔事例3〕

平成25年(執ロ)第831号
債権者　株式会社パインスカイ
債務者　高橋　剛

債務名義還付申請書

平成25年○月○日

大阪地方裁判所執行官　御中

債権者代理人　秋　和　多　寿　造　印

　上記当事者間の建物明渡執行申立事件は終了したので，下記債務名義及び送達証明書を還付されたく申請します。

記

大阪簡易裁判所平成25年(ハ)第4129号判決

受領書

> 上記の書類を受領しました。
>
> 　　　　　　　　　　　　　　　　　平成　年　月　日
> 　　　　　　　債権者代理人　秋　　和　　多寿造　印

(d)　**執行予納金**

　申立人は、手数料および職務執行に要する費用の概算額を予納する（執15条1項）。

　あらかじめ予納金が支払われなければ執行は行われないので、通常は申立て前に執行官室に問合わせをしたうえで申立てと同時に予納する。

　予納金は、概括して保管金と呼ばれている。民事予納金・執行官予納金・買受申出保証金等は、それぞれ別のものであり、手続も一部異なるので注意が必要である。納付方法は、以下の3つの方法がある

①　現金納付
②　口座振込
③　電子納付

　現金納付については、裁判所各部で専用窓口が設けられていることもあるが、一般には事務局出納課保管金係が扱っている。納付には、書記官が作成した保管金提出書（兼還付請求書）（【書式109】(410頁)）が必要である。同書には事件番号や金額等が記載されており、納付しようとする者が、提出者欄や還付金の振込先等欄に必要事項を記載する。納付すると歳入歳出外現金出納官吏である事務官が保管金受領証書（(資料10)(412頁)参照）を発行するので必ず受け取り保管しておく。

　口座振込については、裁判所指定用紙に必要事項が記載されて交付されるので、振込依頼人名等を記載して、金融機関の窓口で振り込む。用紙は専用でありこれ以外の用紙は使用できないし、**ATM**での振込もできない。また振込依頼人と保管金提出書の提出者は必ず同一人でなければならない。振込用紙は複写式で「振込依頼書（兼入金伝票）」「保管金受入手続添付書」「振込金（兼手数料）受取書」の3枚で構成されている。振り込むと、保管金受入

手続添付書と振込金（兼手数料）受取書に、金融機関の収納印が押されて返される。振込金（兼手数料）受取書は手元保管用である。振込後に保管金提出書（兼還付請求書）と保管金受入手続添付書を事務局出納課保管金係に持参または郵送で提出する。複数の保管金を一括して振り込んだ場合は、別途「振込金内訳書」を提出しなければならない。持参の場合は、着金が確認されればその場で保管金受領証書が交付されるが、振込が概ね14時以降の場合は、当日着金確認がされないので、急ぐときは注意が必要である。その場合、保管金受領証書の窓口交付は翌業務日になる。なお保管金受領証書は郵送でも受け取ることができる。保管金提出書を郵送した場合や後記の電子納付の場合も同様である。

　電子納付は、一部の裁判所で行うことができる。事前に利用者登録コードの取得手続が必要である。納付はインターネットバンキングや電子納付対応のATM等で行う。振込みと違い手数料は掛からない。申立て時に電子納付の旨と利用者登録コードを裁判所に通知すれば、保管金提出書に登録者情報（登録コード・収納機関番号・納付番号・確認番号）が反映されるので、それを利用して電子納付を行う。その場合、保管金提出書を事務局出納課保管金係に提出する必要はない。保管金受領証書は郵送される。なお郵便料についても電子納付に対応している裁判所があり、電子納付すれば郵券の提出は必要なく、事件終了後に郵便料が残った場合の返還（還付）は、登録した銀行口座に振り込まれる。

【書式109】　保管金提出書

保 管 金 提 出 書 (兼還付請求書)			大阪地方裁判所	
		管理番号		号
		受入年月日	平成　年　月　日	
種目		訟廷管理官・主任書記官印	係書記官	印

事件番号	平成　年（　）第　　号										
金額	百	十	億	千	百	十	万	千	百	十	円

※提出年月日	平成　　年　　月　　日

※提出者	住所	〒
	電話	
	フリガナ	
	氏名	印

<※還付金の振込先等＞

※振込先金融機関名		
※口座番号		
※預金種別		
※口座名義人	住所	〒
	(フリガナ)	
	氏名	

◎注意　1　※の箇所は，提出者が記入の上，押印（朱肉使用のもの）してください。
　　　　2　「還付金の振込先等」欄に所要の事項を記載した場合は，保管金の残額はその口座に振込む方法により払渡します。
　　　　3　振込先金融機関名は，本・支店名まで記載してください。
　　　　4　電子納付を利用しない提出者は，この書面（提出書）に現金又は受入手続添付書を添え，会計担当者（歳入歳出外現金出納官吏）に提出してください。
　　　　5　保管金を提出した場合には，保管金受領証書を発行しますから必ず受け取ってください。

以下の欄に収納機関番号，納付番号，確認番号が印字されている場合は，従来の納付方法に加えＰａｙ－ｅａｓｙ（ペイジー）対応のＡＴＭ，インターネットバンキング等を利用して保管金の電子納付をすることができます。

収納機関番号		納付番号		登録コード	
				確認番号	

411

第5章　執　行

（資料10）　保管金受領証書

〒
大阪府
　　　　　　　殿

登録コード
振込請求済

保管金受領証書

保管金管理番号	第　　　　号
事件番号	大阪地方裁判所
	平成　年（　）第　　号
保管の事由	民事予納金

提出金額￥
　上記金額を受領しました。
　　　平成　年　月　日

　　　大阪地方裁判所
　　　歳入歳出外現金出納官吏
　　　　裁判所事務官　　　　　　　　　　　印

あなたが残額の振込先に指定した口座は次の口座です。

振込先金融機関名
預金種別・口座番号
ⓟ普通・通知 当座・別段
口座名義
（フリガナ）
氏　　名

注　意
1. 還付事由が生じた際は，残額を保管金提出時に指定された口座に速やかに振込みますので，この書面を提出する必要はありません。
2. 指定口座に変更等が生じた場合は至急その旨を届出てください。

3 建物明渡しと動産執行

〈図表15〉 執行予納金納付基準額（大阪地方裁判所）

事件区分		債権額	基本額	加算額
差押 仮差押		50万円以下	25,000円	場所1か所増す毎に10,000円
		100万円以下	30,000円	
		100万円以上	35,000円	
		不確定	40,000円	
不動産・船舶の「明渡・引渡」			50,000円	物件1個・場所1か所増す毎に25,000円
動産代替物の引渡し			20,000円	場所1か所増す毎に10,000円
破産封印			20,000円	場所1か所増す毎に10,000円 自動車1台増す毎に10,000円
自動車・建設機械の引渡			30,000円	物件1台・場所1か所増す毎に10,000円
抵抗除去			20,000円	場所1か所増す毎に10,000円
代替執行 第三者を して		建物退去	50,000円	物件1個・場所1か所増す毎に28,000円
		土地明渡	50,000円	
代替執行 執行官を して		建物退去	80,000円	
		土地明渡	50,000円	
仮処分		現状維持	30,000円	物件1個・場所1か所増す毎に15,000円
		車両等執行官保管	30,000円	
		その他断行仮処分	該当執行内容の手数料	
		不動産・船舶の「明渡・引渡」	50,000円	物件1個・場所1か所増す毎に25,000円加算
		動産・自動車の引渡	20,000円	物件1個・場所1か所増す毎に10,000円加算

第5章　執　行

破産・民事再生前の保全処分	30,000円	場所1か所増す毎に10,000円
動産競売	35,000円	場所1か所増す毎に10,000円

（平成26年4月1日現在）

　なお、建物明渡強制執行において、明渡催告手数料は1万円である（執行官の手数料及び費用に関する規則26条の2）。

〈図表16〉　執行予納金納付基準額（東京地方裁判所）

区分		基本額	請求金額	加算額
動産（執イ）	差押事件	35,000円	1,000万円以下	債権者1名（分割債権），執行場所1ヵ所増す毎に基本額を加算
		45,000円	1,000万円超過	
	動産競売事件	30,000円		
明（引）渡し等（執ロ）	不動産明渡等事件（建物収去・退去を含む。）	65,000円		債務者1名，物件1個増す毎に25,000円加算
	代替執行事件（建物収去を除く。）	30,000円		債務者1名，物件1個増す毎に15,000円加算
	動産引渡事件	25,000円		債務者1名増す毎に15,000円加算
	動産引渡事件（自動車）	25,000円		物件1個増す毎に15,000円加算
	動産受領事件	30,000円		執行場所1ヵ所増す毎に15,000円加算
	売却及び買受人の為の保全処分	65,000円		債務者1名，物件1個増す毎に25,000円加算
	売却及び買受人の為の保全処分（公示のみ）	30,000円		債務者の人数にかかわらず30,000円 物件1個増す毎に10,000円加算

保全（執ハ）	仮差押事件	35,000円	1,000万円以下	債権者1名（分割債権），執行場所1ヵ所増す毎に基本額を加算
		40,000円	1,000万円超過	
	仮処分事件	30,000円		債務者1名，物件1個増す毎に15,000円加算
	不特定債務者のみの仮処分事件	60,000円		物件1個増す毎に15,000円加算
	特定債務者1名及び不特定債務者の仮処分事件	60,000円		特定債務者1名，物件1個増す毎に15,000円加算
その他	子の引渡執行事件	40,000円		事案により，追納の可能性あり。
	破産保全事件	30,000円		

(C) 執行補助者等

　明渡催告時および断行日において、債務者が不在であったり、占有者が鍵を開けずに執行官の立入りを拒もうとする場合、執行官は目的建物内に実力で立ち入ることができる（民執168条4項）。この場合に備え、債権者は、解錠技術者を同行させるのが一般的である。その他にも、明渡しの断行の際には、債権者において家財道具など目的外動産の梱包・搬出、残置されているゴミの搬出・処理等を行わなければならず、そのための梱包資材やトラック、作業員等の手配が必要となる。このような明渡しの作業を専門に行う業者を執行補助者として利用することもでき、その場合は、債権者から業者に執行手続自体を委任することも多く行われている。ただし、執行補助者に支払う費用その他断行作業にかかる費用は、執行官へ納付した執行予納金とは別に必要となり、すべて債権者の負担となる（具体的な金額の例については、431頁参照）。

　業者を利用せず、債権者が自ら明渡しの作業を行う場合、たとえば大阪地裁では、執行官は建物明渡しの断行作業を、通常は臨場から1時間以内に終

えるようにしているので、明渡催告時に目的建物内に立ち入った際に、残置されている荷物やゴミの量を見積もっておき、時間内に断行作業を終えるために必要な量の梱包資材や作業員、目的外動産の保管場所をあらかじめ確保しなければならない。また、あらかじめ執行官に保管場所や保管責任者を届け出たり、保管期間を経過した後の目的外動産やゴミを廃棄物処理法などに基づき適法に処理することの誓約書を提出することを求められる場合がある。

(D) 占有認定と執行官の職務権限

執行官は、不動産等の明渡しの強制執行を行うにあたり、不動産等の占有者の調査を行い、債務名義上の債務者が不動産等を占有していることを認定する必要がある。これを占有認定という。

執行官は、執行場所に臨場し、まず、表札、郵便受けの表示等、目的建物の外観から占有関係の調査を行う。続いて目的建物内に立ち入り、在室者の陳述、室内にある公共料金の領収書や郵便物、薬袋の氏名、会社であれば営業許可の証票、執行場所を住所とした住民票、債権者が事前に調査した情報、建物内の状況等を総合的に判断して占有認定を行う。また、建物明渡強制執行申立てと同時に動産強制執行の申立てがされている場合があるが、執行官は、動産を差し押さえる際、債務者の住居その他債務者の占有する場所に立ち入り、その場所において、または債務者の占有する金庫その他の容器について目的物を捜索することができ、必要があるときは、閉鎖した戸および金庫その他の容器を開くため必要な処分をすることができる（民執123条2項）。この捜索権限を行使する際に、占有者を特定する資料が発見されることもある。

実務上、関係者の任意の協力が得られない場合や、意図的に占有者を明らかにしない場合等が少なからずあるが、これに対し執行官は、当該不動産に在る者に対し、当該不動産等またはこれに近接する場所において、質問をし、または文書の提示を求めることができる（民執168条2項）。不動産に在る者とは、たまたま不動産に居合わせたにすぎない者であってもこの調査の対象となり、不動産に近接する場所とは、たとえば、執行官の呼びかけに応じて戸

外に出てきた者に対して近隣の路上で質問が行われる場合等を含む（谷口園恵＝筒井健夫編著『改正担保・執行法の解説』23頁）。質問を受けた者が債務者または不動産を占有する第三者であった場合、その者が正当な理由なく、陳述をせず、もしくは文書の提示を拒み、または虚偽の陳述をし、もしくは虚偽の記載をした文書を提示した場合には6か月以下の懲役または50万円以下の罰金に処せられる（民執205条1項3号）。

また、執行官は、電気、ガスまたは水道水の供給その他これらに類する継続的給付を行う公益事業を営む法人に対し、必要な事項の報告を求めることができ（民執168条9項・57条5項）、その資料、報告等に基づき、誰が契約の名義人となっているのか、いつから契約を締結しているのか、その使用状況はどうなっているのか等を調査することができる。

(E) **執行官等の職務の執行の確保**

(a) **威力の行使**

執行官は、職務の執行に際し抵抗を受けるときは、その抵抗を排除するために、威力を用い、または警察上の援助を求めることができる権限を有している（民執6条1項）。「職務の執行に際し」とは、職務の執行開始直前から、終了の直後までを含む。「抵抗を受けるとき」とは、積極的な抵抗ばかりではなく、消極的な抵抗も含む。たとえば、執行官に対する暴行、バリケードの設置、施錠して建物を封鎖し執行官の立入りを拒む、住居に施錠したまま債務者が行方不明になる、座り込みや病気を装って臥床する等の行為である。また、執行官は明渡強制執行に際し、債務者の占有する不動産等に立ち入り、閉鎖した戸を開くため必要な処分をすることができる（民執168条4項）。前記の例を用いれば、執行官は、バリケードの撤去、閉鎖された扉を開くために解錠技術者に解錠させる、施錠を壊す、居座っている人に手をかけて連れ出す等の威力の行使をすることができる。ただし、傷害を負わすほどの有形力の行使は原則として許されない。債務者が病気のため臥床していて、移動により病勢悪化の危険があると認められるときは、執行に着手することができず、執行不能に終わる場合もある。債務者の同居の親族の一員について同様

の事情があり債務者において看護の必要があるときもこれと同じ措置をとらざるを得ない（東京高決昭和41・12・9東高時報（民）17巻12号270頁、判タ206号107頁）。しかし、仮病の疑いがある場合は、医師を同行して診察を受けさせることができ、これを拒否した場合は、医師の所見、近隣住民からの事情聴取などから仮病を装った抵抗であると認定して、執行を続行することがある。

(b) **警察上の援助**

執行官は、職務の執行に際し抵抗を受けることにより警察上の援助を求める必要とおそれがあるときは、あらかじめ、その事由を職務の執行場所を管轄する警察署の長に通知する。通知を受けた警察署長は、必要があると認めるときは、所要の手配をするとともに、その概要を速やかに執行官に通知する（昭和55・9・22民三第1049号最高裁民事局長通達・裁時794号17頁）。

債権者の側において、債務者の抵抗が予想される場合等には、事前に執行官と警察上の援助を求める必要があるかどうかについて、打ち合わせておく必要がある。

(c) **立会い等**

執行官は、職務を執行するにあたり、住居主の許可なく住居に立ち入ることができる。その場合、住居の立入りの職務執行の適正を保障するため、立会人の立会い（民執7条）、休日または夜間の執行についての執行裁判所の許可（民執8条）、身分証明書の携帯・提示義務（民執9条）が定められている。

(d) **官庁または公署に対する援助請求**

民事執行のため必要がある場合には、執行裁判所または執行官は、官庁または公署（以下、「官庁等」という）に対し、援助を求めることができる（民執18条1項）。官庁等として、福祉関係機関、消防関係機関、陸運等関係機関、動物の管理等に関連する機関等が考えられる。

不動産の明渡執行において、官庁等に援助を要求するケースとして、①債務者が高齢者や病人、障害者や生活困窮者であったり、債務者の同居者に寝たきりの高齢者がいたりする場合、②目的物件内に可燃物や薬品等の危険物

が存在する場合、③目的物件内に大型犬が放し飼いになっていたり、債務者が犬猫を放置したまま行方不明になっていたりする場合等が考えられる。①の場合、市町村担当部局による利用可能な保健医療、福祉サービスに関する情報の提供、当該サービスのあっせん、事案によっては当該部局の職権による施設への入所措置といった援助が考えられる。②の場合、現場への消防車、消防隊員の派遣等の援助、③の場合、保健所あるいは動物管理センターによる犬猫の捕獲等の援助が考えられる。

(F) 明渡催告

(a) 明渡催告

執行官は、不動産の明渡しの強制執行の申立てがあった場合において、当該強制執行を開始することができるときは、引渡期限を定めて、明渡しの催告をすることができる（民執168条の2第1項）。明渡催告は、明渡強制執行の要件ではなく、執行官が債務者の占有を認定し、執行に着手することが可能であると判断したときに、明渡しの断行予定日を定めて債務者に告知し、その日までに任意の明渡しを促すという執行官の処分である。

(b) 執行期日の指定

執行官は、やむを得ない事由がある場合を除き、不動産の明渡しの強制執行の申立てがあった日から2週間以内の日に明渡催告を実施する（民執規154条の3）。債権者が予納金を納付すると、執行官は明渡催告のために執行現場に臨む日時（臨場日）を指定する。初回の臨場時に執行官は建物内に立ち入るので、債務者が不在である場合や、執行官の立入りを拒む可能性がある場合、債権者は合鍵もしくは解錠技術者の手配を行う必要がある。

申立ての日から2週間以内の日に明渡催告を実施することができないやむを得ない事由としては、解錠が困難で第1回目の臨場時に建物内に入ることができなかった場合等が考えられる。

(c) 引渡期限

引渡期限は、原則として明渡しの催告があった日から1か月を経過する日である（民執168条の2第2項）。たとえば催告の日が10月1日の場合、引渡期

限はその日から1か月を経過する日であることから、11月1日となる。

(d) **明渡催告の効果（当事者恒定効）**

引渡期限とは、明渡しの催告に基づき民事執行法168条の2第6項の規定による強制執行をすることができる期限をいう。つまり、引渡期限が経過するまでの間は、当事者恒定効が維持され、明渡催告後に不動産の占有の移転があった場合でも、承継執行文を要しないで承継人等に対する明渡執行を行うことができる（民執168条の2第6項）。

(e) **1か月を超える引渡期限の定め・引渡期限の延長**

原則として、引渡期限は明渡催告の日から1か月を経過する日であるが、執行官は、執行裁判所の許可を得て、当該日以後の日を引渡期限とすることができる（引渡期限の伸長。民執168条の2第2項ただし書）。また、執行官は、引渡期限が経過するまでの間においては、執行裁判所の許可を得て、引渡期限を延長することができる（引渡期限の延長）。この場合においては、執行官は、引渡期限の変更があった旨および変更後の引渡期限を、当該不動産等の所在する場所に公示書その他の標識を掲示する方法により、公示しなければならない（民執168条の2第4項）。

1か月を超える引渡期限の定め（引渡期限の延長）は当事者恒定効が与えられる期間が延長されるということであり、催告後に物件の占有を取得するかもしれない善意の第三者の利益との調整を考慮すると、執行裁判所は単に申立人側の事情のみによって許可をするとは限らない。明渡催告の日から1か月を経過する日を引渡期限とすることが困難な例外的事案として、①必要な労務作業員の確保、援助要請などの準備に1か月以上を要する大型物件である場合、②目的物件が入院患者のいる病院、入居者がいる老人ホーム等の施設で、それらの受入先の確保に相当の時間を要する場合、③目的物件内に施設への収容を要する寝たきり高齢者等がいるが、施設の収容までに相当の時間を要する場合、④目的物件内に劇薬物等処理に困難な産業廃棄物が存在し、その処理に諸手続を要する場合、⑤債務者に対し1か月を若干程度超える期間を与えれば任意履行することが確実と思われ、債権者もそれを了解してい

る場合等が考えられる（執行官実務研究会編『執行官実務の手引』126頁・127頁）。

　延長される期間は、執行裁判所の見解、事案により異なるが、大阪地方裁判所では原則として1週間から10日間くらいと見込まれている。引渡期限の延長があった場合、延長されたことの公示書を執行官が執行場所に出向いて不動産内に貼付することとなるため、申立人は合鍵もしくは、必要に応じて解錠技術者の手配等を行う。

【書式110】　引渡期限延長の上申書（申立ての段階で期限の伸長理由がある場合）〔事例3〕

平成25年（執ロ）第831号　建物明渡執行事件
債権者　株式会社パインスカイ
債務者　高橋　剛

引渡期限伸長の上申書

　　　　　　　　　　　　　　　　　　　　　　　平成25年12月9日
大阪地方裁判所執行官　四行　幹太郎　殿
　　　　　　　　　　　　債権者代理人　秋　和　多寿造　印
　頭書事件につき，下記のとおり引渡期限の伸長をされたく上申します。
　　　　　　　　　　　　　　記
1. 伸長の必要性
　本執行事件において，催告を実施した時点から通例のように1カ月を引渡期限とすると，明渡し（引渡し）執行の断行日が年末もしくは年始にかかることになりますが，この時期に断行をなすについては，立会証人の確保に困難を伴うこと，債務者との間に無用のトラブルの発生する可能性が高く，近隣住民からも非難が予想されること及び例年においても1月10日頃までは断行を控えるのが慣例となっている実情に鑑み，引渡期限の伸長を求めるものです。なお，伸長を求める期限は1月20日を希望します。

(f)　公　示
　明渡催告の当事者恒定効は、催告の内容を公示することによって発生する（民執168条の2第5項）。公示する内容は、①明渡しの催告をした旨、②引渡

期限、③債務者が不動産の占有を移転することを禁止されている旨である（民執168条の2第3項）。なお、公示書には損壊に関する法律上の制裁、その他執行官が必要と認める事項を記載することができる（民執規154条の3第2項・27条の3第2項）。

　公示の方法は、不動産の所在する場所に公示書や、その他の標識を、滅失または破損しにくい方法によって掲示（民執規154条の3第2項・27条の3第1項）する。公示書はラミネート加工をしたうえで玄関ドア等適当な場所にガムテープ等で貼る。

（資料11）　公示書〔事例3〕

平成25年（執ロ）第831号　建物明渡執行事件

公　示　書

　　申立人（債権者）　　株式会社パインスカイ
　　上記代理人　　　　　秋　和　　多寿造
　　相手方（債務者）　　髙　橋　　　剛

　本件不動産に対する上記明渡（引渡）執行事件について、次のとおり公示する。

1　本日、当職は、相手方に対し、本件不動産の明渡（引渡）しの催告をした。
2　相手方は、民事執行法第168条の2第5項の規定により、本件不動産の占有を移転することを禁止されている。
3　平成26年1月20日（同法168条の2第2項の引渡し期限）が経過するまでの間に本件不動産の占有の移転があったときは、新たな占有者に対しても強制執行を実施する。
4　本件不動産に対する明渡（引渡）しの強制執行は、別に定める日（催告書に記載した日）に実施する。
5　民事執行法第168条5項の規定による引渡しをすることができなかった動産については、強制執行実施日に即時に売却し、処分する場合がある。

＜注意事項＞　　この公示書を損壊した者は，刑罰に処せられる。

平成25年12月17日
　　　　　　　　　　　　　　　　大阪地方裁判所
　　　　　　　　　　　　　　　　　執行官　四　　行　　幹太郎　㊞
（物件の表示）　別紙物件目録記載のとおり

(g)　断行実施予定日

　断行実施予定日（断行日）は引渡期限と同一ではなく、通常の事案では引渡期限の数日前が断行日となる。たとえば10月1日に執行官が臨場して明渡催告を行い、引渡期限を11月1日、断行日を10月28日とした場合、債務者にとっての明渡猶予期間は断行日の前日である10月27日までである。公示書は性質上第三者に向けたものであるが、断行日は債務者に向けたものであることから、断行日の告知は別途催告書に記載し、また、催告書を債務者に差し置きし、かつ、調書に記載して債務者に送付することで行われる。

（資料12）　催告書（本人不在の場合）〔事例3〕

平成25年（執ロ）第831号
平成25年12月17日

　　　　　　　　　　　　　催　告　書

高　橋　　剛　殿
　　　　　　　　　　　　　　　　大阪地方裁判所
　　　　　　　　　　　　　　　　　執行官　四　　行　　幹太郎　㊞
　　　　　　　　　　　　　　　　　　　　　電話　06-000-0000

　申立人（債権者）株式会社パインスカイの申立てにより、本件不動産の明渡（引渡）しの強制執行のため貴殿宅にお伺いしましたが、ご不在でしたので民事執行法の定める手続きに従い、証人を立ち会わせて室内に立ち入り、次のとおり本件不動産の明渡（引渡）しの催告をします。

第5章 執　行

　　　貴殿に対する上記強制執行（断行期日）は、
　　　平成26年1月18日午前9時以降
　　に実施します。

　　　従って、上記期限までにすべての動産類・ペット等を搬出して，本件不動産から任意に退去してください。

　　　当日は，貴殿が御不在であっても強制執行を実施しますが，執行場所に家財道具等が残置されているときは，所有権を放棄した不用品として処分することがあり，また，即日売却に付して不用品として処分することがありますので，その旨ご了承ください。
　　　また，執行官が残置動産を保管した場合は，本件不動産の外部から見やすい場所に「お知らせ」と題する文書を貼付して，貴殿に対し，その保管期限（引取期限）等を告知しますが，その場合は保管料等は貴殿の負担となりますので，残置動産が不用品の場合は，「室内の動産はすべて不用品です」と書いた紙を玄関等の見やすい場所に貼付しておいてください。

　　　　　　　　　　　　　　　　　　　　　　　　　　　　　　　　　以上

（資料13）　土地・家屋明渡（引渡）執行調書（催告）

	平成25年（執ロ）第831号
土地　家屋　明渡（引渡）執行調書（催告）	
執行の日時	平成25年12月17日　午前・⦿午後⦿　2時40分着手 　　　　　　　　　　　　午前・⦿午後⦿　3時05分終了
執行の場所	（物件所在地）別紙当事者目録記載の相手方（債務者）住所
執行の目的物	別紙物件目録記載のとおり
執行に立ち会った者	□相手方（債務者）（　不　　　在　）
	□申立人（債権者）
	■同（復）代理人　　秋和多寿造
	■立会証人　　　　　木茂　理龍

執行の内容
1．目的物件は，別紙物件目録記載の物件と一致した。 2．占有関係 　　■相手方　において執行目的物を■住居　□事務所　□　　　　と 　　して使用している。 　　□相手方　が動産類を残置した状態で占有している。 3．執行官は，明渡（引渡）執行の催告に着手し，目的物件内に存在する目的外動産の品目・数量等を見分のうえ，相手方　に対し、目的物件の引渡期限を定めたうえ明渡（引渡）の催告をした。 4．執行官は，相手方　　　に対し 　　□次の事項を□相手方　に告知した。□下記出会人を通じて相手方に告知した。 　　■次の事項を記載した催告書を室内に■差し置いて□貼付して　相手方に告知した。 　　目的物件に対する（□土地・■家屋）明渡（引渡）の強制執行（断行日）を 　　平成26年1月18日㈬午前9時以降に実施する。 5．公示の方法 　　執行官は，上記明渡（引渡）の催告をしたこと，引渡期限及び占有移転禁止されていること等記載した公示書を目的物件内に提示して公示した。 6．当事者の表示及び債務者の表示は別紙のとおり 7．本手続きにおける特記事項 　　■別紙のとおり 　　□なし

執行に立ち会った者等の署名押印	□相手方（債務者）
	□出会人（相手方の　　　　　）
	□申立人（債権者）
	■同（復）代理人　秋和　多寿造　印
	■立会証人　　　木茂　理龍　印

第5章　執　行

```
　　平成25年12月17日
　　　　大阪地方裁判所　　　　　　執行官　四　行　幹太郎　㊞
```

本手続きにおける特記事項
1　下記事由により，別記の者を立会させて執行した。
　㋑　全戸不在（技術者に解錠させた）
　ロ　全戸不在の様子（何回もブザーをならし名前を連呼したが応答なし）
　　だったので，技術者に解錠させたところ，相手方（債務者）または家族
　　が在宅した。
　ハ　全戸不在（施錠されていなかった）
　ニ　在宅者が未成年であった。
　ホ　その他
2　執行場所における相手方（債務者）の占有は，下記の○印の事項により
　認定した。
　㋑　表札・郵便受けの表示
　㋺　相手方（債務者）宛の郵便物の存在
　㋩　相手方（債務者）名義の公共料金関係の書類の存在
　ニ　在宅者・近隣者・管理人等の陳述
　㋭　執行場所を住所とした住民票の存在
　ヘ　先行事件の差押物の存在
　㋣　その他
3　債務者が不在であったので，証人を立ち会わせて立ち入って執行した旨
　の書類を執行場所に差し置いた。
4　その他の状況
　　　なし

（注）　当事者目録（当事者の表示・債務名義の表示）【書式105】（406頁）
　　参照）、物件目録【書式106】（406頁）参照）、写真は略。

(h)　**任意の明渡し**

債権者が、債務者と直接交渉することにより、断行日までに債務者が任意

3 建物明渡しと動産執行

に明け渡す場合もある。しかし、この場合でも、動産などを残置したままであったり、鍵の返却が未了である場合もあるため、債務者が完全に空家にした状態で明渡しをしたことを確認したうえで、執行官にその旨を連絡し、取下書を提出する。

例として、被告が賃貸建物に家財道具を放置したまま長期不在にしており、賃料の支払いも怠っていた事例で、原告から大阪簡易裁判所に建物明渡請求訴訟の提起があり、原告が勝訴し、建物明渡強制執行を申し立てたが、その後、被告が任意に明渡しを行うこととなった場合の書式を掲載する。

【書式111】 確認書

確 認 書

　当事者間で，大阪簡易裁判所平成25年(ハ)第2929号建物明渡請求事件・平成25年(執ロ)第710号建物明渡執行事件の目的である後記記載物件につき，建物の明渡等が行われた。

　　　　　当事者・立会人
　　　　　　　　大阪市中成区竹山町三丁目4番5号竹山ビル6階
　　　　　　　　甲川司法書士事務所
　　　　　　　　　原告仁吉太郎代理人（本確認書作成者）
　　　　　　　　　　　　司法書士　甲　川　龍　介　㊞
　　　　　　　　大阪市北住吉区西松町三丁目1番1号
　　　　　　　　　　　　　被　告　法　治　志太郎　印
　　　　　　　　大阪府寝倉市大泉北一丁目3番20号正直ビル2階
　　　　　　　　　有限会社イー・エー不動産
　　　　　　　　　　立会人（宅建業者）伊　江　和　子 印
　　　　　　　　大阪府寝倉市金成田町二丁目3－26
　　　　　　　　　有限会社アイ・アール・レスキー24
　　　　　　　　　　立会人（解錠技術者）鍵　尾　あける　印
日　時　　平成26年1月31日　14時00分から同35分まで
天　候　　晴れ

建物明渡し等の内容

　上記日時に当事者全員が目的建物前に集まり，挨拶を交わした後，同建物の様子を観察・確認した。その結果，前面窓が一箇所開いていたものの，外部からの侵入を伺わせる様子はなかった。玄関は施錠されており，被告が鍵を紛失していたため原告代理人が手配した解錠技術者鍵尾氏によって玄関の錠前を解し開扉した。被告と伊江氏及び原告代理人が建物内に入り室内の様子を確認した。その結果被告は，多数の生活用動産類はあるものの，貴重品類はなく，また被告が引取りを希望した動産も一切ないことを確認した。原告代理人も内部の様子を観察すると共に写真撮影を行った。

　被告は動産類を搬出する意思がないことを表明したため，その処分方法につき被告・原告代理人・伊江氏で協議した結果，被告が原告に対し建物を即時に明渡し，同時に建物内動産類のすべてを原告に譲渡し引渡すことに合意した。そこで被告・原告代理人間で即時に同明渡・引渡を行い，実際にそれらの占有を移転した。なお動産類については，その場で原告代理人が起案した別紙所有権譲渡証明書に被告が自署した。原告代理人は，手配した作業員に建物内の動産類の処分を依頼した。２名の作業員によって，動産類はすべて搬出され，適法に廃棄された。原告代理人は，鍵尾氏に建物の鍵の取り替えを依頼し，鍵尾氏は施錠を行った。当事者一同は，目的建物の明渡しが完了したことを確認し，挨拶を交わした後，解散した。

物件目録

所　　　在　　寝倉市大泉南二丁目16番地９
　　　　　　　（住居表示　寝倉市大泉南二丁目16番９号）
種　　　類　　居宅・物置（現況・固定資産課税台帳）
構　　　造　　木造平家建
床　面　積　　56㎡36（固定資産課税台帳）
（未登記）
別紙建物所在図中，赤線で囲んだ部分

建物所在図

（略）

【書式112】 所有権譲渡証明書

所有権譲渡証明書

平成26年1月31日

原告代理人司法書士　甲川　龍介　殿

　　　　　　　　　大阪市北住吉区西松町三丁目1番1号
　　　　　　　　　　　　　　被　告　法　治　志太郎　印
　　　　　　　　　　　　　　電　話　06-0000-0000

　私は，大阪簡易裁判所平成25年(ワ)第2929号建物明渡請求事件・平成25年(執ロ)第710号建物明渡執行事件につき，訴訟の目的である建物内にあるすべての動産類を本日原告に無償で譲渡しました。なお，この件に関し今後一切異議等申立てず何等かの問題が生じたときは私が解決致しますので，念のため本書を作成し原告代理人に交付します。

【書式113】 取下書

平成25年(執ロ)第710号　建物明渡執行事件
申立人　仁吉　太郎
相手方　法治　志太郎

取　下　書

平成26年2月3日

大阪地方裁判所　執行官　殿

　　　　　　　　　　　　申立人　仁　吉　太　郎　印

　頭書事件について，以下の事由により，申立人は申立てを取り下げます。
　　　　　　　　　　事由
　本件明渡執行事件につき，相手方が任意の明渡しをしたため。

（注）　申立書に押印したものと同じ印鑑を押印する。印鑑を紛失した場合は，実印を押印し，印鑑証明書を添付する。
　　　　代理人の場合は，委任状に実印を押印する。

(G) 断行（明渡し）

執行官は断行日において、執行場所に臨場し、目的不動産内の動産類の搬出を行い、債務者の占有を排除して目的不動産を空家の状態にして、申立人に引渡しを行う。断行当日までに、債権者は、解錠技術者・搬出するための作業員・段ボール箱多数・搬出した動産類を運ぶトラック・動産類の保管場所等の手配を行う。

(a) 債権者の出頭

不動産等の明渡しの強制執行は、債権者に占有を取得させることによって本来の目的を達成するものであるから、債権者またはその代理人が執行の場所に出頭しなければならない（民執168条3項）。

(b) 証人の立会い

執行官は、建物明渡執行に際し、住居主、その代理人または同居の親族若しくは使用人その他の従業者で相当のわきまえのある者に出会わないときは、市町村の職員、警察官その他証人として相当と認められる者を立ち会わせなければならない。執行官が債務者の抵抗を排除するために威力を用い、または警察上の援助を受けるときも、同様である（民執7条）。

ここに規定する「証人として相当と認められる者」とは、執行官の職務執行の適正確保のための証人としての適格性を有する者をいい、民事訴訟法上の証人能力を備えている者であることを要する。成人である必要はないが、少なくとも義務教育終了程度の年齢に達していることが必要であろう。証人の立会いは、執行官の職務執行の適正確保が目的であることから、債権者本人、その身内、債権者の代理人、執行官の補助者等は証人として不適当である（最高裁判所事務総局『民事執行事件に関する協議要録』3頁）。

(c) 占有者の排除

執行官は、債務者に対し、目的不動産から退去するよう命じ、これに従わないときは強制力を用いることができる（(E)(a)（417頁）参照）。

(d) 断行費用

明渡執行にあたり、債権者が明渡執行専門の業者等や解錠技術者等に作業

を依頼した場合、予納金のほかにさらに費用が生じる。

　以下に、断行費用の目安として一例をあげる。ただし、業者によって費用に開きがあり、また、地域、事例によっても異なるので、事例ごとに事前に確認することが必要である。

　（例）　大阪市内の3LDKマンション（家族4人、専有面積約70平方メートル）
　　　　の明渡執行
- トラック・パッカー車・作業員・ゴミ処理費用
　　トラック1台・パッカー車1台・作業員5名程度
　　　　　　　　　　……約30万円～50万円。
- ゴミ処理費用のみ……約10万円程度。
　　不法投棄等に留意し、信用のおける業者を選定する必要がある。
- 鍵
　　解錠……1カ所1万円～2万円
　　鍵の取り替え……1カ所1万円～2万円
　　ただし、特殊な鍵や解錠困難な鍵もある。
- 立会業者の立会料……5万円～15万円
- その他の実費
　　段ボール、ガムテープ等備品代
　　現場の養生、緊急改修等の費用
　　犬猫等の処理費用
　　残置位牌等の供養料

（資料14）　土地・家屋明渡（引渡）執行調書（断行）〔事例3〕

	平成26年(執ロ)第831号
土地 ⦅家屋⦆ 明渡（引渡）執行調書（断行）	
執行の日時	平成26年1月18日　⦅午前⦆・午後　9時27分着手 　　　　　　　　　⦅午前⦆・午後　10時15分終了

431

第5章　執　行

執行の場所	（物件所在地）別紙当事者目録（略）記載の相手方（債務者）住所
執行の目的物	別紙物件目録（略）記載のとおり
執行に立ち会った者	□相手方（債務者）
	□申立人（債権者）
	■同（復）代理人　　　秋和多寿造
	■立会証人　　　　　　木茂　理龍
執行の内容	

1．本件執行の目的物について，同物件内に存した目的外動産を取り除いて■空き家　□空き地　としたうえ，相手方の占有を解いてこれを受け取りのため出頭した申立人にその占有を取得させた。
2．目的外物件（目的物件内に存在した残置動産）の処置
　□目的外物件は存在しなかった。
　■相手方作成の放棄書に基づいて処理した。
　□残置動産は，換価価値がないので廃棄処分にした。
　□民事執行規則第154条の2　□第2項　□第3項に基づき売却した。
　□当庁平成　　年（執イ）第　　号動産事件に基づき売却した。
　□別紙調書のとおり保管替手続をなした。
　□別紙のとおり
3．当事者の表示及び債務名義の表示は別紙のとおり
4．本手続きにおける特記事項
　■目的物件は全戸不在につき，下記証人を立会させた。
　□別紙のとおり
　□なし

執行に立ち会った者等の署名押印	□相手方（債務者）
	□出会人（相手方の　　　　　）
	□申立人（債権者）
	■同（復）代理人　　　秋　和　多寿造　印
	■立会証人　　　　　　木　茂　理　龍　印

平成26年1月18日

|　　　　大阪地方裁判所　　　執行官　四　行　幹太郎　印　|

【書式114】　放棄書〔事例3〕

```
平成25年(執ロ)第831号建物明渡執行事件
申立人　株式会社パインスカイ
相手方　高橋　剛
```

放　棄　書

　　　　　　　　　　　　　　　　　　　　　平成26年1月18日
大阪地方裁判所　執行官　殿
　頭書事件につき，当方退去後の目的建物内に残存する本件目的外動産の所有権を放棄しますから，執行官において処分してください。
　　　　　　　　　　　　　　　　氏名　高　橋　　　　剛　印

(H)　**目的外動産**

(a)　**概　要**

　建物明渡執行を行うに際して、催告期日後断行期日までに、債務者が建物内の動産を処分して明け渡していれば、債権者側の手間はかからないが、任意の明渡しを受けられなければ、断行期日に目的建物へ執行官が臨場し、占有者（債務者）を強制的に退去させる。

　しかし、債務者は賃借していた目的建物の中で生活をしていたり、あるいは事業をしていたりするので、目的建物の中にはたくさんの動産が存在していることが多い。これらの動産についても何らかの形で処理しなければ明渡執行が完了したとはいえない。これが「目的外動産」の問題である（「目的外動産」という用語は、本来の目的である明渡しに対して「目的外」という意味であって、「目的内動産」というものが存在するわけではない）。

　なお、債務者に未払賃料があり、この未払分についても判決などの債務名義を債権者が取得している場合は、目的建物内に存在する価値のある動産を

差し押さえ、これを換価することによって未払賃料に充足することとなるが、これは純粋な動産執行の問題であり、目的外動産の問題とは異なる。動産執行を行うには、未払賃料の支払いを命じる判決などの債務名義がないと執行することができないが、目的外動産の場合は建物明渡しについての債務名義があれば、当該目的外動産に対する執行を行い、処理をすることができる。

もっとも、賃料不払いに基づく建物明渡しの場合、債権者は滞納家賃についても、支払いを命じる債務名義を明渡しの債務名義とともに取得していることが多い。そのため、並行して両手続が行われることが多いが、残置物の価値が低い場合は、明渡催告の日に動産執行が不能で終わり、目的外動産の処理だけが残ることになる。なお、目的外動産の処理方法についても、動産執行の手続が準用されている。

(b) **目的外動産とは**

建物明渡執行の目的の範囲に含まれていない動産を目的外動産という。執行の目的の範囲に含まれない動産については、債務者や第三者にその所有権が帰属しているため、明渡執行とは別の取扱いをしなければならない。たとえば、クーラー、冷蔵庫、家財道具などは、執行官がこれを取り除き、債務者、その代理人または同居の親族もしくは使用人その他の従業員で相当のわきまえのある者に引き渡すなどの処理をする必要がある（民執168条5項）。

これに対して、債務名義に記載されている目的物件である建物の付属部分で、当該建物に付加一体となっている物については、明渡執行の目的の範囲内と考えられ、目的外動産として扱われることはない。また、主物と密接な関係にある附合物や従物についても、明渡執行の目的の範囲内ということができる（例：畳、建具、備付けの家具など）。

(c) **目的外動産の売却手続の概要**

明渡目的建物内に目的外動産が存在する場合、執行官はこれらを取り除いたうえで、債権者に当該不動産の占有支配を取得させなければならない。そのための方法として、従来は目的外動産の売却手続にも動産執行の手続規定を準用し、執行官が目的外動産を搬出、保管したうえで売却を実施するとい

う手続を行っていた。

しかし、現実には債務者が執行妨害を意図して当該建物内に無価値な動産を多数残置させるようなケースが多くみられ、それらの動産を搬出するだけで多額の費用がかかったり、あるいは後日債務者より「高価品があったはず」であるとか、「搬出時に動産に傷が付いた」などというクレームをつけられたりすることが多かった。また、搬出後保管されている目的外動産を最終的に債権者が廃棄のために買い取るようなケースでは、債権者に過度の経済的負担がかかっていた。

これらの点を踏まえ、平成15年の民事執行法等の改正で、目的外動産の簡易な売却手続の方法が導入された。これにより執行官は、当該目的外動産を保管することなく、明渡執行日に売却することができるようになった（民執168条5項後段）。

(d) **断行実施日における売却**

執行官は、実際の明渡執行（断行の実施）に先立って行われる、明渡催告の際に、当該建物内にある目的外動産を把握して、断行実施予定日に現場で売却をすることが適していると判断した場合は、断行実施日に現場で目的外動産を売却することができる（民執規154条の2第2項）。

本来目的外動産を売却するには、動産執行の手続と同様の方法をとらなければならないところ（すなわち、いったん目的外動産を搬出して保管し、公告をしてから売却する）、円滑な明渡執行を行うために断行実施日における売却が認められている。したがって、断行実施日における売却の手続方法をとるか否かは、目的外動産の種類、内容、質、量などを総合的に勘案し、債務者側の生活状況などをも考慮したうえで執行官が判断することとなる。

断行実施日における売却手続を行うことができると判断した場合、執行官はその旨調書に記載し、公告を行う。あわせて執行官は債務者に対して十分にその内容を説明しなければならない。このような方法で債務者の手続保障を図るとともに、明渡催告以降断行実施日までの間に、債務者が任意に目的外動産を運び出すことを期待することができる。

(e) 即日売却

(d)の断行実施日における売却手続をとらなかった場合でも、執行官は断行実施日に現場において、即時目的外動産を売却することが相当であると判断した場合は、公告をすることなく、現場において即時に売却をすることができる（民執規154条の2第3項）。立ち会った債権者等が買い取れば、債権者自身で目的外動産を処分することができ、迅速な明渡執行を行うことができる。

この手続をとるか否かは執行官の判断によるところとなる。執行官は、残置されている目的外動産の種類、内容、質、量などを総合的に勘案し、債務者が当該目的外動産を引取りにくる可能性があるか否か、加えて引渡しの通知をすることができるか否かなどを検討したうえで、即日売却の決定を行うこととなる。

目的外動産の中に高価品が存在する場合には、即日売却の手続をとることができない。この場合には原則どおり目的外動産を搬出保管し、公告手続を経たうえで売却を行うこととなる。もっとも、即日売却になじむか否かは、それぞれの目的外動産ごとに判断されるため、たとえ残置物の中に高価品が残っていたとしても、その他の動産が即日売却によって処分することが適当であると判断することができれば、一部の目的外動産についてだけ即日売却の手続を行うことができる。

(f) **断行実施日から1週間未満の日を売却期日とする売却**

上記(d)の断行期日における売却および(e)の即日売却の手続をとらなかった場合、執行官は目的外動産について保管をし、売却手続をとらなければならない。しかし、断行期日における売却や即日売却になじまない目的外動産であったとしても、一定期間保管したうえで売却をする手間を掛けるほどではない目的外動産も多い。そのような場合、執行官は1週間未満の日を売却期日として定めることができる（民執規154条の2第3項）。

本来、動産執行の例によって売却手続を行う場合は(g)の方法をとらなければならないが、これには過度の費用と時間が必要となり、このような厳格な方法になじまないことも多い。断行実施日から1週間未満の日を売却期日と

する売却手続をとれば、比較的迅速かつ柔軟な対応をすることができる。

この方法によって売却を実施する場合、目的外動産の売却までの保管は、執行対象の不動産内に残す形で行われることが多いであろう。

(g) **動産執行の例による売却**

断行期日における売却や即日売却の手続を行わない場合は、原則どおり動産執行の例による売却（一般に「通常売却」とよばれている）を行う（民執規154条の2第1項）。

執行目的建物内に目的外動産が存在する場合、執行官は目的外動産を運び出して保管する。保管場所は債権者の側で確保しておく必要がある。一定期間内に債務者等が引取りにこない場合は、動産執行手続に基づいて処分がなされる（民執規154条の2第1項）。すなわち、保管の日から1週間以上1月未満の日を売却期日として指定し、売却期日までに評価人を選定して目的外動産を評価したうえで売却期日において売却を行うこととなる（同規114条1項・115条・111条1項）。

執行官が動産を売却した場合は、その旨の調書が作成される（民執規153条1項2号）。目的外動産の処分については通常競り売りの方法によることになる。競り売りは原則として目的外動産の所在場所において行われる。債権者としては、必要な額のお金を持って期日に赴き売却を受けて処分するのが得策である。価値が低く売却を受けても利用できない目的外動産が多く存在するような場合には、現場に整理業者を帯同するなど事前の準備が必要となる。

目的外動産の中に債務者以外の第三者が所有する動産が含まれている場合でも売却することは可能であり（東京地決昭和37・3・2下民集13巻3号334頁）、第三者は当該動産について、自らの所有権を主張して売却を阻止することはできない。

現に債務者が入居し、生活している建物について明渡執行する場合、債務者が日常的に使用している家財道具が建物内に残置されている。このような家財道具については、債務者が取りにくる可能性が高い。そのため、即日売

却等の手続はとられず、通常はいったん保管の手続がとられる。そのような場合は家財道具が置かれていた場所に保管場所と引渡期限が公示され、債務者は指定された保管場所において家財道具を受け取ることとなる。期限までに債務者が受取りにこない場合は、通常売却の手続に従って売却されることとなる。

　なお、目的外動産が登録自動車である場合、民事執行規則上は一般の自動車執行の申立てに準じて、執行官が自動車の本拠を管轄する地方裁判所に申立てを行い換価することとなる。車両の価値が低い場合は、登録自動車といえども目的外動産として処理されるが、このあたりの判断は執行官の裁量による。

(h) 保　管

　執行官は、目的外動産の中に債務者やその代理人等に引渡しができない物や即日売却できなかった物が存在する場合は、現場にこれらの動産類が置かれたままだと債務者から占有が継続していると主張される可能性があるので、原則として別の場所でこれらの動産類を保管しなければならない（民執168条6項後段）。債権者が保管場所と保管者を用意し、執行官がこれを認めれば保管替の手続がなされる。実際には、保管者は債権者自身がなることが多いため、一般に「債権者保管」と呼ばれるが、法律上は執行官が保管しており、保管者は執行官の指揮下で現実に保管することになる。

　保管期間は、一般的に約1か月とされている。この保管物は、債務者に引き渡すことが予定されているものなので、断行時には目的外動産の目録を作成したうえで、もし債務者が引取りにきたときにはすぐ交付できるように、段ボール箱に梱包しておく必要がある。通常は、債権者が事前に保管場所を確保しておかなければならないため、催告期日に現場に同行し、目的外動産の大きさや量を確認しておく必要がある。

　明渡しの断行完了時に、保管物は債権者によって保管場所に運ばれて、保管者に引き渡される。執行官は、実際の保管状況を確認することになっているため、原則として、執行官の職務執行区域外等の遠方の保管場所は認めら

れない。執行官は、確認に際して、保管者に対し、保管物の処分、封印・標識・公示等の損壊をした場合の制裁について告知し、執行官の求めに応じていつでも保管物を返還する旨を誓約させる。そして、執行官は、これらの事項について保管替調書を作成する。

　明渡執行の対象不動産の中に、仏像、遺骨、位牌等が残されている事例がしばしば見受けられる。このような場合には寺院に保管を依頼することが多い。

　保管費用は執行費用であるから（民執168条7項）、最終的に債権者は裁判所の費用額確定決定を得て、保管動産に対し差押えの申立てをするか、債務者の別の財産を差押えてその売得金から保管費用を回収することができる。もっとも、そのような手続をすることは実効性に乏しいため、そこまでして保管費用を回収しないのが通常である。

　目的外動産を保管する場合、執行官が保管するのが原則であるが、目的外動産が無価値な場合や債務者の承諾がある場合、さらには債務者が執行目的不動産から退去して長期間経過している等目的外動産の所有権を放棄しているものと思われるような場合などには、執行官は債権者の承諾を得て、債権者に明渡執行の対象となっている建物内での保管を委託することがある。この場合は、明渡執行の対象となっている建物に目的外動産を残置したまま明渡執行が終了するが、この場合でも目的外動産の目録を作成し、すぐに交付できるよう段ボール箱に梱包する必要がある。

　債権者等が目的外動産を保管する場合、保管中の事故を防止するために適当な方法により、当該動産が目的外動産であること、保管開始年月日、執行官の職および氏名を表示しなければならない（民執規104条2項類推）。

(i) **保管物の引渡し**

　執行官から委託を受けて債権者が目的外動産を保管している場合、目的外動産の所有者である債務者は債権者のもとに動産を引き取りにくることがある。債権者としては保管物の引渡しを求めてきた者が権利者であると確認したうえで債務者に引き渡すことによって保管を終了させることができるが、

第5章 執 行

引渡しをするに際し、後日のトラブルの発生を回避するため、引渡しを受けた者が受領書を作成し、債務者の署名を受ける。目的外動産を引き渡した後は、保管者が報告書を作成し、執行官に対して引渡しを受けた者の受領書とともに提出する。

【書式115】 保管物引渡報告書

平成25年（執ロ）第710号　建物明渡執行事件

報　告　書

　　　　　　　申立人　　仁吉　太郎
　　　　　　　相手方　　法治　志太郎

　上記当事者間の建物明渡執行事件にかかる保管物件（目的外動産）は，別紙添付の受領書のとおり，平成〇年〇月〇日，相手方に全部引渡しを完了しましたので，報告します。
　なお，相手方は下記（〇印のもの）により確認しました。

記

　①　相手方と顔見知り
　②　本件執行調書（　）の署名等と対照
　③　印鑑証明書の印鑑と対照
　④　自動車運転免許証の写真と対照
　⑤　その他（　　　　　　　　　　　　　）

添付書類
　1　相手方の受領書　　1通

　　　　　　　　　　　　平成〇年〇月〇日
　　　　　　　　　　　　　　保管者　仁吉　太郎

大阪地方裁判所執行官殿

【書式116】 保管物件受領書

平成25年（執ロ）第710号　建物明渡執行事件

受　領　書

>   申立人　　仁吉　太郎
>   相手方　　法治　志太郎
> 　上記当事者間の建物明渡執行事件にかかる保管物件（目的外動産）は，本日全部引渡しを受け，ここに受領を完了しました。
> 　なお，当方が引き取り後の残余物件は全て不要品につき，その所有権を放棄しますので，保管者及び申立人において処分してください。
> 　　　　　　　　　平成〇年〇月〇日
> 　　　　　　　　　　　相手方
> 大阪地方裁判所執行官殿
> 　　　　　　上記の署名は，相手方の署名です
> 　　　　　　　　保管者　仁吉　太郎

(j) **廃　棄**

　目的外動産は経済的価値の低いことが多い。仮にそのような目的外動産を運び出して保管していたとしても、債務者が引き取りにこないことが多い。債権者としてはできる限り速やかにこれらの目的外動産を廃棄して処理したいところである。

　債権者の側としては明渡しの催告の際に立ち会い、明渡目的の不動産の中に存する目的外動産の状況を把握して、明渡執行の実行日にどれぐらいの規模の目的外動産を処理しなければならないのかを考え、その規模に応じた人員を事前に準備する必要がある。そして明渡執行の実行日には明渡専門の業者を帯同し、現場において売却の手続によって債権者が目的外動産を購入したうえで速やかに廃棄処理することが望ましい。

(k) **費　用**

　売却した動産の売得金から、保管および売却に要した費用を差し引いて剰余が出た場合は、執行官はその剰余金を供託することとなる。この残余金の供託は弁済供託に準ずる性格を有するものであり、被供託者、つまり債務者は還付請求の方法により払渡しを受けることとなる。ただし、実際は剰余金が生じることはほとんどなく、剰余金を供託する事例は少ない。

第5章 執 行

(I) **占有の引渡し**

建物の明渡執行は、当該建物について債権者またはその代理人に現実の占有を取得させたときに終了する。実務上、債務者が再び建物に入らないよう鍵を替えた時点で手続が終了したものと考える。

(J) **債務名義の還付**

債務名義、送達証明書は還付申請をすることにより債権者に返還される（(B)(c)（408頁）参照）。申立ての時点で、手続終了後に還付を求める旨を申請している場合は、あらためて還付申請をする必要はない。

(K) **予納金の返還（執行予納金の残金の受領）**

執行終了後、予納金に残金があれば、債権者に還付される。

大阪地方裁判所では、執行終了後ハガキによる還付請求通知がなされてから、約1か月後、予納金納付時に指定した振込口座に返還される。

(資料15)　家屋明渡・不動産引渡執行の手順について（大阪地方裁判所）

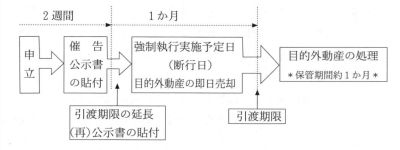

1　催告（公示書の貼付）

① 執行官が執行場所に出向いて、相手方の占有を確認したうえで、強制執行実施予定日（断行日　○月○日までに退去すること。）を相手方に催告します。
② 引渡期限は、催告日から１ヶ月を経過した日です。
③ 引渡期限は、強制執行実施予定日（断行日という）と同一日ではなく、引渡期限の数日前が断行日となります。
★　申立人に用意していただくもの　（実費）解錠技術者(鍵屋)または合鍵
2　引渡期限の延長等（引渡期限延長の公示書の貼付）
◎　期日の変更は執行裁判所（裁判官）の許可がなければできません。
3　断行日（強制施行実施予定日）・目的外動産の即日売却
① 建物内に残された家財道具等は、断行日に即日売却できます。→下記4参照
　　ただし、「相手方が引き取りを希望している場合」、「多量の家財道具等が残置されている場合」、「高価品が残されている場合」等は即日売却できません。
② 即日売却ができない場合は、一定期間保管して引取期限（約１ヶ月）内に引取るよう催告をし、期間内に引取がない場合は法律の手続に基づいて売却することになります。→下記4参照
③ 執行官は、残置された家財道具等の処理ができた段階で、相手方の占有を解いて、申立人に建物又は土地を引き渡します。
④ **引渡後は、申立人において直ちに鍵を交換のうえ管理してください。鍵を換えずに再占有された場合は、同一の債務名義（判決等）により強制執行することはできません。**
★　申立人に用意していただくもの
（実費）解錠技術者（鍵屋）・搬出するための作業員・トラック・ガムテープ・ダンボール箱多数・動産の保管場所・保管者（申立人でも可）
4　目的外動産（保管した家財道具等）の処理
　　上記3の①、②で売却できる場合、家財道具等の買受希望者がいなければ申立人に買受けしてもらうことがあります。
以上の手続きで家屋明渡・引渡の強制執行が終了します。

(2) 動産執行

(A) 動産執行の概要

　建物明渡しの債務名義において、未払賃料や損害金などの金銭の支払いが命じられている場合は、建物明渡執行と並行して、債務者が所有している動産を差し押さえることができる。

　ただ、建物明渡執行と同時に申し立てられた動産執行のほとんどは、対象物が執行する価値のないものであったり、差押禁止財産であったりするため、執行不能で終わることが多いようである。

　動産執行の対象となるものは、土地およびその定着物以外の物、無記名債権、裏書の禁止されていない有価証券、登記登録のされていない航空機・自動車等である。建物明渡しにあわせて動産を差し押さえるときには、明渡対象建物内に存在する、プラズマテレビや陶芸品、宝飾品などが対象動産となるであろう。

　なお、明渡執行と同時に動産執行の申立てをしない場合でも、明渡建物内に存在する動産類を処分しなければ明渡執行を完了できないが、これは目的外動産の問題である（(1)(H)（433頁）参照）。

(B) 動産執行の申立て

(a) 申立て

　申立ては、差し押さえるべき動産所在地を管轄する地方裁判所の執行官に対して書面で申し立てなければならない（民執規1条）。

【書式117】 動産執行申立書〔事例3〕

大阪地方裁判所　執行官　殿

申立　平成25年12月8日

民　事　執　行　申　立　書

① 債務者の氏名は楷書で書き、必らずフリガナをつけること。
② 債務者の住所は住居表示によること。住居表示未施行場所については附近の略図を添付すること。

〒539-0001　住所　大阪市城北区松空町一丁目2番34号
　　　　　　申立人　株式会社パインスカイ
　　　　　　（代表者代表取締役）村　上　順　一
　　　　　　連絡先　TEL（06）－（0000）－0000　番

〒542-0006　住所　大阪市南区日本川二丁目1番1号
　　　　　　代理人　秋　和　多寿造　　　　　　印
　　　　　　連絡先　TEL（06）－（0000）－0000　番

〒539-0001　住所　大阪市城北区松空町三丁目2番1号
　　　　　　（フリガナ）　タカハシ　ツヨシ
　　　　　　相手方　　　高　橋　　剛
　　　　　　（代表者代表取締役）

執行の場所	イ、相手方の住所　大阪市城北区松空町三丁目2番1号 ロ、 ハ、
執行の方法	① 差押　2．仮差押　3．引渡（動産・自動車・不動産　） 4．退去　5．明渡（土地・建物）　6．収去 7．援助・立会　8．仮処分（執行官保管・使用許可） 9．破産封印 10．その他
執行の目的物	（差押・仮差押事件は記載要なし） 1．別紙目録記載の土地・建物 2．
債務名義	① 大阪簡易裁判所　　平成25年(ハ)第4129号 　　仮執行宣言付判決の　　　　執行力ある正本 2．　　法務局所属公証人　　　　　　　作成の 　　平成　　年第　　号　執行証書正本

添付書類	執行力ある債務名義の正本	1 通
	送達証明書	1 通
	確定証明書	1 通
	登記事項証明書	1 通
	委任状	1 通
	執行場所略図	1 通

付随申立	1．同時送達の申立	有・㊞無
	2．執行の立会	㊞有・無
	3．執行日時の通知	㊞要・否
	4．執行調書謄本を関係人送付	㊞要・否
	5．事件が完了したときは、執行力ある債務名義の正本等を還付されたい。	㊞要・否

請求金額計算書	
1．債務名義表示の元金	○○円
2．利 息　年　月　日から　年　％ 　　　　　年　月　日まで　日歩　銭	円
3．損害金　年　月　日から　年　％ 　　　　　年　月　日まで　日歩　銭	○○円
4．公正証書作成費用・督促手続費用	
計	
執行準備費用	
内訳　　仮執行宣言費用	
執行文付与費用	
登記事項証明書交付費用	
申立書提出費用	
合　計	
執行予納金	○○○○円

【書式118】 当事者目録

当事者目録

住　所　〒539-0001　大阪市城北区松空町一丁目2番34号
　　　　　申立人　　株式会社　パインスカイ
　　　　　　　　　　代表者代表取締役　村　上　順　一
　　　　〒542-0006　大阪市南区日本川二丁目1番1号
　　　　　申立人代理人　秋　和　多寿造
　　　　　電　話　06-0000-0000
　　　　　F A X　06-0000-0000

住　所　〒539-0001　大阪市城北区松空町三丁目2番1号
　　　　　相手方　　高　橋　　剛

債務名義の表示
　　大阪簡易裁判所　平成25年(ハ)第8929号　仮執行宣言付判決

(b)　申立書の記載事項

申立書には、以下の事項を記載しなければならない（民執規99条・21条）。

① 　債権者および債務者並びに代理人の表示
② 　債務名義の表示
③ 　強制執行の目的とする財産の表示
④ 　執行の方法
⑤ 　請求権の一部について強制執行を求めるときはその旨およびその範囲
⑥ 　差し押さえるべき動産が所在する場所

⑥は動産執行特有の記載事項である。これは執行官の職務範囲を明らかにするためのもので、社会通念上他と区別される1個の場所であることを要する。通常は、差し押さえるべき動産が所在する場所の住居表示で特定する。

　なお、大阪地方裁判所執行官室に動産執行を申し立てる場合は、

① 民事執行申立書　　　2通
② 当事者目録　　　　　3通

を準備する。

(c) **申立書の添付書類**

申立書に添付する書類は次のとおりである。

① 執行力のある債務名義の正本
② 送達証明書の原本　送達証明書として債務名義の送達証明書（民執29条）のほか、条件成就執行文や承継執行文が付与されたとき（民執27条）は、執行文と債権者が提出した文書の謄本の送達証明書を添付する。
③ 代理人による申立ての場合は委任状
④ 当事者が法人の場合は資格証明書
⑤ 目的物が所在する場所の略図

(d) **予納金**

申立てにあたっては、動産執行の手続に必要な費用を予納しなければならない（民執14条）。予納金額は、申立事件の終局までの処理に要する額を基準として定められるが、裁判所ごとに基準が異なるため、あらかじめ予納金額を確認しておくことが必要である。

執行官が定めた期間内に予納がされなければ、申立は却下される（執15条3項、民執14条2項）。

(C) **差押え**

(a) **執行の手順**

動産執行の申立てがあったときは、やむを得ない事情がある場合を除き、申立てがあった日から1週間以内の日が執行する日時と定められ、執行官から通知がされる（民執規11条）。

実務上明渡執行とあわせて動産執行を申し立てた場合は、明渡催告のときに差押えがなされることが多い。差押えをする際、執行官は扉を開くための必要な処分をすることができる（民執123条2項）。そのため、解錠技術者を現場に帯同させることが多い。差押えは、債務者が占有する動産（民執123条1

項)、または、債権者、第三者が任意に提出する動産（民執124条）を執行官が占有して行う。実際は、動産が所在する場所から保管のために用意した場所へ搬出するか、あるいは現場において保管することとなる。現場において保管する場合は、動産に封印票を貼る。

建物明渡執行に伴う動産執行において、明渡建物のなかに換価価値のある動産（マッサージ機、宝石、プラズマテレビ、絵画、ピアノ等）が存在する場合は、そのまま動産執行手続を続けることができるが、価値のない動産や差押禁止動産しか存在しない場合は、この時点で執行不能で終わることが多い。この場合、動産執行は、執行不能として終了し、家具や食器などの現場に存在する動産は、建物明渡執行手続の中で、目的外動産として処理されることとなる。

(b) **動産の特定**

動産執行を行う際、差押目的物を債務者が外観上直接支配している事実（占有事実）があれば、実体上の権利関係を考慮することなく、差押えが実施される。

実務上、差押えを実施することができるか否かが微妙な事例がある。たとえば、妻に対する債務名義によって、世帯主たる夫の占有している物を差し押さえることができなかったり、一つの建物の中に複数の会社が存在し、しかも備品類を共同使用している場合に、そのうちの一つの会社に対する債務名義では、債務者会社の占有動産が特定できないので執行不能となったりすることがある。

(c) **差押禁止動産**

民事執行法では、債務者の最低限の生活の保障、信教、教育上の配慮から、一定の財産については差押えが禁止されている。たとえば、債務者およびその者と生計を一にする同居の親族の生活に欠くことができない、衣服、寝具、家具、台所用品、畳および建具は差し押さえることができない（民執131条1号）。仏像、位牌、祭祀に必要な物も差し押さえることができない（同条8号）。学習に必要な書類、器具（同条11号）、農業を営む者の場合、農業に欠かすこ

とができない器具（同条4号）、漁業を営む者の場合、水産物の採捕または養殖に欠くことができない漁網その他の漁具など（同条5号）も差し押さえることができない。

また、66万円までの金銭や（民執131条3号、民事執行法施行令1条）、1か月の生活に必要な食料、燃料は差し押さえることができない（民執131条2号）。

(d) **超過差押禁止**

動産を差し押さえるにあたって、差押債権者の債権および執行費用の弁済に必要な限度を超えて差し押さえてはならない（民執128条1項）。

(e) **無剰余差押禁止**

差し押さえるべき動産の売却金で、執行手続費用を弁済すると剰余を生ずる見込みがないときは、差押えをしてはならない（民執129条1項）。「剰余を生ずる見込みがない」かどうかは、執行官の判断による。

(f) **二重差押禁止**

差押えがされた動産に対しては、さらに差押えをすることができない（民執125条1項）。

(g) **動産の保管**

動産を差し押さえたときには、原則執行官が自ら保管する。また、執行官が相当と認めたときは、差押物を差押債権者や、第三者に保管させることができる（民執123条3項・124条）。実務では、金銭、貴金属、有価証券などを除いては、差押物のほとんどが、債務者または債権者の保管に委ねられている。

「執行官が相当と認めたとき」とは、差押債権者の承諾がある場合や、執行官自身が保管することが、場所的、時間的、差押物の性質、形態からして困難な場合である。また、運搬費用が差押物の価格に比較して、高額である場合などもこれに含まれる。

(h) **保管機関**

評価額の高い機械、商品類を保管する場合は、倉庫業者に保管させる。業者に心当たりがない場合は、裁判所によっては、業者リストが備え付けられ

ているところもあるので、そのリストを参考にすることもできる。保管する場合は保管料の予納が必要となるので、保管料について、事前に業者に問い合わせておかなければならない。

家財道具などの場合は、現場保管となることがほとんどである。その場合、保管者は債務者となる。この場合の保管料は、執行官が決めることになる。

(i) 差押えの表示

差押物を債務者等に保管させる場合、執行官は差押物に差押えの表示をする（民執123条3項）。

表示の方法は、差押物ごとに、差押物件封印票により封印し、封印するのに適しない物については、差押物件標目票を貼る。

(資料16)　差押物件封印票

```
            平成○年○月○日
       差押物件封印票
  大阪地方裁判所
     執行官　四　行　幹　太　郎　㊞
  この封印票を破棄し、又は無効にした者は、
  刑罰に処せられることがあります。
```

(資料17)　標目票

```
　　　　　　使用許可
平成○年○月○日

差押物件標目票

大阪地方裁判所
　執行官　四　行　幹　太　郎　㊞

この標目票を破棄し、又は無効にした者は、刑罰に処せられることがあります。
```

（注）　差押物を保管させた者にその使用を許可しない場合には、「使用許可」の文言を抹消する。

(資料18)　動産執行の公示書

平成○年(執イ)第○○号

　　　　　　　　公　示　書

　債権者＿＿＿＿＿＿＿＿＿＿＿＿＿＿＿＿
　債務者＿＿＿＿＿＿＿＿＿＿＿＿＿＿＿＿
　上記当事者間の動産執行事件につき，下記物件は，本日当職において差押えた。よって，同物件を処分したり，この公示書・封印・標目などを破棄又は無効となるようなことをした者は，刑法96条，242条，252条等の定めにより刑罰に処せられる。
　ただし，債務者に差押物の使用を認める。
　差押物は来る○月○日午前11時当所において，競り売りにより売却する。
　　平成○年○月○日
　　　　　　　　　　大阪地方裁判所執行官　○　○　○　○　㊞
　　　　　　　　　記

差押物　別紙目録（略）記載の通り

（注意）
1　執行官が臨場する時刻は取り扱い事件の関係上，指定時刻の午前11時から午後7時までの間になりますので，ご了承願います。
2　売却期日の変更・延期は，債権者の申し出その他やむをえない事情があるときに限り認めます。（ただし，債権者の申し出による延期は，通じて6か月を限度とする。）。延期の申し出は期日前に書面でして下さい。

(j)　**使用許可**

差押物を従前の占有者、債務者、債権者、第三者が保管する場合、執行官が相当と認めるときは、使用を許可することができる（民執123条4項・124条）。使用を許可したときは、差押えの表示中に使用を許可した旨を明らかにしなければならない（民執規104条4項）。

(D)　**差押調書**

動産の差押えをした場合、執行官は差押調書を作成する。

（資料19）　**差押調書**

		平成25年（執イ）第2829号
	差　押　調　書	
執行着手日時	平成25年12月17日	午　前／⑱　2時　45分
執行終了日時		午　前／⑱　3時　30分
執行の場所	大阪市中区日本晴二丁目1番1号	
	申立人代理人　秋　和　多寿造	

第 5 章 執 行

執行に立ち会った者	
	相手方　　山　川　　鉄

執行の内容
執行官の占有した差押物に関する事項は次のとおり
1　差押物・・・別紙の通り
2　保管者・・・相手方（使用許可）
3　保管場所・・・執行の場所
4　売却日時・・・○月○日午前○時
5　売却場所・・・前記執行場所
6　差押物を処分したり差押の表示を損壊又は無効にした場合，法律上の制裁があることを告知
7

執行に立ち会った者等の署名押印	申立人代理人　秋　和　多　寿　造　印
	相手方　　　　山　川　　　　鉄

454

平成○年○月○日

　　大阪地方裁判所
　　　　執行官　四　　行　　幹　太　郎　㊞

番号	差押物　　　　（数量）	評価額	表示の方法	備考
1	ナチュラルカラーテレビ（液晶40インチ）　　（1）	80,000	公示書標目票貼付	
2	2抽斗中5段書棚　　（3）	90,000	以下同じ	
3	ナチュラルステレオ3点　　（1）	30,000		以下店舗

(資料20)　不能調書〔事例3〕

平成25年（執イ）第1020号

不　能　調　書

執 行 日 時	平成25年12月17日　午 前 2時　45分　着手 （後）　2時　50分　終了

執 行 場 所	㈲　相手方の住居
	㈹　物件所在地
	㈻

当事者の表示・債務名義の表示・請求金額は別紙のとおり

執　行　の　内　容

1　申立人の申立てた執行場所に臨場したところ、つぎの事由により本件執行を不能とする。（○印を付したもの、□欄に✓印を付したもの）

(1)　相手方占有の動産は、換価価値のある物件が少なく、執行費用に満たない。

(2)　執行場所に存在する動産に対して、相手方の占有が認定できない。

(3)　相手方は、執行場所に居住しない。（相手方は執行場所より平成　　年　　月　　日頃、他に転居した旨の　　　　　　の陳述により確認。）
　　　□ガス閉栓（平成　．．．）　□水道停止（平成　．．．）
　　　□電気廃止・断線（平成　．．．）

(4)　執行場所が特定できない

(5)　平成　年（執イ）第　　号は動産執行事件（相手方　　　　　）にお

3 建物明渡しと動産執行

いて差押済のため差押えるべき物件はない。
  (6) 本手続における特記事項　別紙のとおり
2 本件差押物に対する競売は不能とする。
  (1) 相手方は差押物を搬出して，執行場所より平成　年　月頃他所に転居し，居住しない。
  (2)

執行に関与した者 （チェック印）	□相手方（債務者）
	□申立人（債権者）
	■同上　代理人（使者）秋　和　多寿造　印
	■　立会証人　　　　木　茂　理　龍　印

平成25年12月17日

　　　　大阪地方裁判所　執行官　四　行　幹太郎　印

本手続きにおける特記事項
1 下記事由により，別記の者を立会させて執行した。
  ㋑ 全戸不在（技術者に解錠させた）
  ロ 全戸不在の様子（何回もブザーをならし名前を連呼したが応答なし）だったので，技術者に解錠させたところ，相手方（債務者）または家族が在宅した。
  ハ 全戸不在（施錠されていなかった）
  ニ 在宅者が未成年であった。
  ホ その他
2 執行場所における相手方（債務者）の占有は，下記の○印の事項により認定した。
  ㋑ 表札・郵便受けの表示
  ㋺ 債務者宛の郵便物の存在
  ㋩ 債務者名義の公共料金関係の書類の存在
  ニ 在宅者・近隣者・管理人等の陳述

ホ　執行場所を住所とした住民票の存在
　　ヘ　先行事件の差押物の存在
　　ト　その他＝執行場所を住所地とする債務名義の存在
　3　債務者が不在であったので，証人を立ち会わせて立ち入って執行した旨の書類を執行場所に差し置いた。
　4　その他の状況
　　　　なし

当事者目録

住　所　〒539-0001　大阪市城北区松空町一丁目2番34号
　　　　　申立人　　株式会社　パインスカイ
　　　　　　　　代表者代表取締役　村　上　順　一
　　　　〒542-0006　大阪市南区日本川二丁目1番1号
　　　　　申立人代理人　秋　和　多寿造
　　　　　　　電　話　06-0000-0000
　　　　　　　ＦＡＸ　06-0000-0000

住　所　〒539-0001　大阪市城北区松空町三丁目2番1号
　　　　　相手方　　高　橋　　剛

債務名義の表示
　大阪簡易裁判所　平成25年(ハ)第8929号仮執行宣言付調書判決

執行すべき債権額

金〇〇〇〇円　但し内訳は
　(1)　請求合計額　　　　〇〇〇〇円
　(2)　執行予納金　　　　〇〇円

(E)　**差押物の売却**

差押物の評価は、原則的に執行官の裁量によりなされる。購入後すぐのテレビなどでも、市価の5割程度の値段にしか評価されない。貴金属、書画、骨董品などの高価な動産がある場合や、精密機器など特殊な動産は、執行官が一応の評価をしたうえで、評価人を選任し、評価をさせる（民執規111条1項）。

金銭の場合は、執行債権、執行費用の範囲内において、速やかに、債権者に対し交付される。

金銭以外の動産は、売却して換価される。売却の方法は、競り売り（民執規114条～119条）、入札（民執規120条）などがある。売却した動産は買受人が代金を支払ったときに、執行官から買受人に引き渡される（民執規126条）。

① 競り売り（民執規114条～119条）　競り売りの方法により動産を売却する場合には、執行官が競り売り日時、および場所を決める（民執規114条前段）。競り売りの日時は、やむを得ない事由がある場合を除き、1週間以上1か月以内の日とされる（民執114条後段）。また、場所については、実務的には、差押物の存在する場所である、明渡対象建物内を売却場とするいわゆる軒下競売がほとんどである。建物明渡執行と並行してなされる動産執行の場合は、現場において債権者が動産を買い受けて、未払賃料の一部に充当することが多い。

その場合は、実際に現金が動かされることなく、単に未払賃料の残額が数字上小さくなって手続が終了する。

② 入札（民執規120条）　入札は、差押物の評価額が高額の場合などに行われる。入札は、買受申出人に入札させ、最高額の者に買受けを許す方法で行われる。

(F) 配当手続

配当（民執139条～142条）は、第1次的には執行官が行う（簡易配当）。債権者が1名である場合や、2名以上であっても、売得金等によって全債権者が満足し、執行費用も弁済することができる場合には、執行官の権限により配当を行うことができる（同法139条1項）。債権者が2名以上で各債権者および

第5章 執 行

執行費用を充足する配当について各債権者間で協議が調ったときも、執行官による簡易配当をすることができる（同条2項）。協議が調わない場合は、執行官は執行裁判所に対しその事情を届け出なければならず（同条3項）、執行裁判所が第2次的に配当機関となって配当手続を行う（同法142条）。

配当を実施するにあたり、債権が停止条件付であるときや、仮差押債権者の債権であるときなど、直ちに交付できない事由があるときは、執行官はその配当額に相当する金銭を供託する（民執141条）。

4　執行に対する救済、不服申立手続等

〈図表17〉　執行に対する救済、不服申立手続の種類

執行に対する救済、不服申立手続	違法執行に対する救済	執行抗告
		執行異議
	不当執行に対する救済	請求異議の訴え
		第三者異議の訴え

(1)　違法執行に対する救済

(A)　執行抗告

執行抗告は、執行裁判所の民事執行の手続に関する裁判（決定や命令）について、執行抗告による不服申立てができる旨の定めがある場合に限りできるもの（民執10条1項）で、上訴裁判所に審理を求めるものである。裁判の告知を受けた日から1週間の不変期間内に、抗告状を原裁判所に提出してする（民執10条2項）。

抗告状には、執行抗告の理由の記載が必要であり、これがないときは、抗告人は、抗告状を提出した日から1週間以内に、執行抗告の理由書を原裁判

所に提出しなければならない（民執10条3項）。抗告理由は、原判決の取り消しまたは変更を求める事由を具体的に摘示してする。具体的には、法令の違反であるときは、その法令の条項または内容および法令に違反する事由を、事実の誤認であるときは誤認に係る事実を摘示しなければならない（民執規6条）。

執行抗告は、執行手続の停止の効力を有しないことを原則とするが、執行抗告の裁判が確定しなければその効力を生じないとしているものがあり、この場合は、執行停止の裁判をする必要はない。その他の場合は執行抗告に伴って執行停止等の裁判をする必要がある。

(B) **執行異議**

執行異議は、執行抗告ができないものや執行官の執行処分およびその遅怠に対して、執行裁判所に不服申立てをするものである（民執11条）。

執行異議の申立ては、期日においてする場合を除き、書面でしなければならない。また、異議の理由を明らかにしなければならない（民執規8条）。異議の理由は、原則として執行機関が執行を実施するにあたって、自ら調査、判断すべき事項に関する違法によって、申立人が不利益を受けるものであることを要する。

執行異議の申立てがあっても、執行停止の効力を生じないが、執行裁判所は、必要があると判断した場合は、職権で、担保を立てさせ、もしくは立てさせないで執行処分の停止もしくは民事執行の手続の全部もしくは一部の停止を命じ、または担保を立てさせて執行の続行を命ずることができる（民執11条2項・6条第6項）。

(2) 不当執行に対する救済

(A) **請求異議の訴え**

債務名義の表示は、確定判決の場合は、事実審の口頭弁論終結時、その他の債務名義はその成立の時というように、過去の一定時における給付請求権の存在並びに範囲を示すものであるが、その後、たとえば債務者が弁済をし

た等の理由で、債務名義に表示された請求権の表示と現在の実体上の内容が異なっている可能性がある。このような債務名義に基づいて強制執行をした場合、不当な結果が生ずることになるが、これを阻止するための手続が、請求異議の訴えの制度である。すなわち、この訴えは、債務名義に表示された請求権の存在または内容について異議のある債務者が、その債務名義による強制執行の不許を求めるために提起するものである（民執35条）。裁判以外の債務名義の成立について異議のある債務者も同様である。

　請求異議の訴えが提起されても、その債務名義に基づく強制執行の開始、続行は当然には停止しない。異議のため主張した事情が法律上理由があるとみえ、かつ、事実上の点について疎明があったときは、受訴裁判所は、申立てにより、終局判決において執行停止等の裁判をするまでの間、担保を立てさせ、もしくは立てさせないで強制執行の停止を命じ、またはこれとともに、担保を立てさせて強制執行の続行を命じ、もしくは担保を立てさせてすでにした執行処分の取消しを命ずることができる（民執36条1項）。急迫の事情があるときは、裁判長も、これらの処分を命ずることができる（同条2項）。

(B)　第三者異議の訴え

　執行に際し、債務者の責任財産に属しない財産が、あたかも債務者の責任財産であるかのような外観を呈して、債務者の事実上の支配下に置かれていることも多々ある。そのため、第三者の財産が強制執行の対象となることがある。このような不利益を被る第三者を保護するため、強制執行の目的物について所有権その他目的物の譲渡または引渡しを妨げる権利を有する第三者は、債権者に対し、その強制執行の不許を求めるために、第三者異議の訴えを提起することができる（民執38条）。

　第三者異議の訴えも請求異議の訴え同様、強制執行の開始、続行は当然には停止しない。したがって、請求異議の訴えと同様、執行停止等の裁判をするまでの間、強制執行の停止、取消しの仮の処分を発することができることとした（民執38条4項・36条・37条）。

(3) 強制執行の停止、取消し

(A) 強制執行の停止

強制執行は、次に掲げる文書の提出があったときは、停止しなければならない（民執39条1項）。

① 債務名義（執行証書を除く）もしくは仮執行の宣言を取り消す旨または強制執行を許さない旨を記載した執行力のある判決の正本

② 債務名義に係る和解、認諾、調停または労働審判の効力がないことを宣言する確定判決の正本

③ 民事執行法22条2号から4号の2までに掲げる債務名義（仮執行宣言付判決、仮執行宣言付支払督促等）が訴えの取下げその他の事由により効力を失ったことを証する調書の正本その他の裁判所書記官の作成した文書

④ 強制執行をしない旨またはその申立てを取り下げる旨を記載した裁判上の和解もしくは調停の調書の正本または労働審判法21条4項の規定により裁判上の和解と同一の効力を有する労働審判の審判書もしくは同法20条7項の調書の正本

⑤ 強制執行を免れるための担保を立てたことを証する文書

⑥ 強制執行の停止および執行処分の取消しを命ずる旨を記載した裁判の正本

⑦ 強制執行の一時の停止を命ずる旨を記載した裁判の正本

⑧ 債権者が、債務名義の成立後に、弁済を受け、または弁済の猶予を承諾した旨を記載した文書

ただし⑧のうち、弁済を受けた旨を記載した文書の提出による強制執行の停止は4週間に限られ（民執39条2項）、また弁済の猶予を承諾した旨を記載した文書の提出による強制執行の停止は、2回に限り、かつ、通じて6か月を超えることができない（同条3項）。

(B) 執行処分の取消し

(A)の停止事由となる文書のうち、①から⑥に掲げる文書が提出されたとき

は、執行裁判所または執行官は、すでにした執行処分をも取り消さなければならない（民執40条1項）。

(4) 執行文付与に関する救済手続

〈図表18〉 執行文付与等に対する救済手続

執行文付与等に対する救済手続	債権者	執行文付与の訴え
		執行文付与の拒絶に対する異議
	債務者	執行文付与に対する異議
		執行文付与に対する異議の訴え

(A) 執行文付与に関する異議

　執行文付与の申立てに関する処分に対しては、これに対する救済手続が定められている。債権者が執行文の付与の申立てをしたにもかかわらず、付与がなされなかった場合は、債権者の側から異議を申し立てることができる。逆に付与がなされた場合は、債務者が執行文付与に対する異議を申し立てることができる（民執32条1項）。

　これらの異議の申立ては、裁判所書記官が行った処分に対しては、その裁判所書記官が所属する裁判所に対して行い、公証人が行った処分に対しては、公証人の所属公証役場所在地を管轄する地方裁判所に対して行う。

　執行文付与の拒絶に対して債権者が異議を申し立てる場合の異議事由は、執行文付与の要件が調っていることである。条件成就執行文にあっては条件が成就していることであり、承継執行文にあっては承継事由が存在することである。異議の申立てに対する裁判は決定をもってなされ、裁判所は口頭弁論を経ずに審理することができる。この決定に対しては異議を申し立てることはできない（民執32条3項・4項）。

　執行文の付与に対して債務者が異議を申し立てる場合の異議事由は、執行文付与の要件が調っていないことである。異議の申立てに対する裁判は決定をもってなされ、この決定に対しては異議を申し立てることはできない（民

執32条3項・4項)。なお、執行文付与に対して債務者が異議を申し立てても、そのことをもって執行は停止しない。裁判所ないし裁判長(ただし急迫の事情がある場合だけ)は、職権により執行停止等の仮処分を命ずることができる(民執32条2項・3項・4項)。

(B) 執行文付与の訴え

債権者が執行文の付与を受けるにあたって、その事実を証明するための文書(民執27条に規定する書面)を提出することができない場合は、債務者を被告として執行文の付与を求めるために、執行文付与の訴えを提起することができる(同33条1項)。

訴訟手続は、通常の訴訟と同じである。管轄は債務名義の種類によって異なる(民執33条2項)。原告たる債権者の請求が認められた場合、確定した判決正本もしくは仮執行宣言の付された判決正本を執行文の付与機関に提出して、執行文の付与を受ける。

(C) 執行文付与に対する異議の訴え

債権者が執行文の付与を受けるにあたって、その事実を証明するための文書(民執27条に規定する書面)が提出され、執行文が付与された場合において、債権者の証明すべき事実の到来したこと、または債務名義に表示された当事者以外の者に対して承継があったことについて異議のある債務者は、その執行文の付与された債務名義の正本に基づく強制執行の不許を求めるために、執行文付与に対する異議の訴えを提起することができる(民執34条1項)。

訴訟手続は、通常の訴訟と同じである。管轄は債務名義の種類によって異なる(民執34条3項・33条2項)。異議の事由が数個あるときは、同時にこれを主張しなければならない(同34条2項)。原告たる債務者の請求が認容された場合、債務者は判決正本を執行機関に提出し、執行の停止および取消しを求める(同39条1項・40条1項)。

なお、執行文付与に対する異議の訴えが提起されたことをもって、執行手続が停止しないことは、執行文付与に対する異議の場合と同様である。執行の停止を求める債務者は、別途執行停止の裁判を提起しなければならない

(民執36条)。

(5) 不服申立ての特則（明渡催告後の救済）

(A) 強制執行不許の訴え （民執168条の2第7項）

債権者は、明渡しの催告後に不動産等の占有の移転を受けた者（以下、「新占有者」という）に対しても、引渡期限が経過するまでの間においては、承継執行文の付与を受けずに強制執行を行うことができる。しかし、新占有者が、①「明渡しの催告があったことにつき善意」で、かつ②「債務者の占有の承継人でないとき」であれば、債務名義の執行力が及ばない。しかも、新占有者は自己を債務者とする承継執行文が付与されていないことから執行文付与に対する異議の訴えを提起することができず、また、第三者異議の訴えを提起しうるかどうかについても疑義がある。

そこで、新占有者は、上記①および②を理由として、強制執行不許の訴えを提起することができる。強制執行不許の訴えが提起された場合は、執行文付与に対する異議の訴え（民執36条）、終局判決における執行停止の裁判（民執37条）、第三者異議の訴え（民執38条3項）の規定が準用され、申立てにより、裁判所は強制執行の停止、取消しを命じることができ、また急迫の事情がある場合は、裁判長はこれらの処分をすることができる。

(B) 執行異議の申立て （民執168条の2第9項）

新占有者に対して強制執行がされたときは、新占有者は、①「債権者に対抗することができる権原により目的物を占有していること」、または②「明渡しの催告があったことを知らず、かつ、債務者の占有の承継人でないこと」を理由として、執行異議の申立てをすることができる。

(6) 債務名義を取得された債務者からの相談

(A) 和解の可能性

債務名義を取得された場合でも、未払賃料分の月々の支払いを約束するこ

とにより和解が可能な場合もある。この段階からの相談であっても最初から和解をあきらめる必要はない。

相談者から収支の状況を確認し、支払計画を立て、債権者と交渉を試みる価値は多分にある。

(B) **退去についての相談**

上記のとおりの和解を試みてもうまくいかない場合もある。この場合は、退去を前提とした支援も考えるべきである。

そもそも、家賃が支払えない等の事情により建物の明渡しを迫られているのであるから、このような相談は、金銭的に余裕がない方から受けることが多いであろう。この場合、住宅支援給付事業や生活保護制度の活用を検討し、制度などの説明を相談者に行い、相談者の不安を少しでも解消することが望ましい。その際、制度の仕組みがわかりづらかったり、窓口で制度の利用を申請しているのにもかかわらず申請が受け付けられなかったりする場合もあるので、各制度の窓口などに同行することも検討すべきである。

なお、住宅支援給付事業については、敷金・礼金などの入居時の一時金についての支給はないが、生活保護制度については、家主が相当の理由をもって立退きを要求し、または借家契約の更新の拒絶もしくは解約の申入れを行ったことにより、やむを得ずに転居する場合や、保護申請時に安定した住居のない者に関しては、敷金・礼金などの一時金が支給されうる。退去の相談を受ける際は、転居時の費用について問題となることが多いので、家賃とあわせて助言すべきである。

●執筆者一覧(初版・第2版)●

長田　弘子(ながた　ひろこ)
　　1964年生まれ
　　1987年　大阪府立大学農学部農業工学科卒業
　　1992年　司法書士試験合格
　　1993年　司法書士登録
　　1998年　大阪市住之江区において開業

田中　祐介(たなか　ゆうすけ)
　　1963年生まれ
　　1986年　京都産業大学法学部卒業
　　1986年　司法書士試験合格
　　1987年　司法書士登録
　　1995年　大阪市北区において開業
　　2008年　逝去

高山　剛(たかやま　つよし)
　　1970年生まれ
　　1994年　大阪工業大学工学部卒業
　　1998年　司法書士試験合格
　　1999年　司法書士登録
　　1999年　大阪市中央区において開業

野上　聡(のがみ　さとし)
　　1964年生まれ
　　1986年　追手門学院大学文学部社会学科卒業
　　1994年　司法書士試験合格
　　1995年　司法書士登録
　　1995年　大阪府豊中市において開業
　　2009年　関西大学大学院法学研究科修士課程修了

谷　　嘉浩（たに　よしひろ）
　　1974年生まれ
　　1997年　関西大学法学部法律学科卒業
　　2000年　司法書士試験合格
　　2001年　関西大学大学院法学研究科修士課程修了
　　　　　　司法書士登録
　　2002年　大阪市北区において開業

岡川　敦也（おかがわ　あつや）
　　1985年生まれ
　　2008年　慶應義塾大学法学部法律学科卒業
　　2010年　司法書士試験合格
　　2011年　司法書士登録
　　2014年　大阪府高槻市において開業

村上　　淳（むらかみ　じゅん）
石田　智子（いしだ　ともこ）
曽根　　裕（そね　ゆたか）
竹原　　剣（たけはら　けん）
田中　智子（たなか　ともこ）
吉田　　史（よしだ　ちかし）
星野　貴成（ほしの　たかなり）
山下　俊和（やました　としかず）
和田　　努（わだ　つとむ）
池田　真紀（いけだ　まき）
西川由希子（にしかわ　ゆきこ）
井上智加子（いのうえ　ちかこ）
岩川　知彦（いわかわ　ともひこ）

執筆者一覧

白木　敦司（しらき　あつし）

中西　　愛（なかにし　あい）

中森　睦美（なかもり　むつみ）

山内　鉄夫（やまうち　てつお）

冨田　泰彰（とみた　やすあき）

相原　伸哉（あいはら　のぶや）

山下　正悟（やました　しょうご）

河田　真一（かわた　しんいち）

德武　聡子（とくたけ　さとこ）

建物明渡事件の実務と書式〔第2版〕
──相談から保全・訴訟・執行まで──

平成27年 5 月 9 日　第 1 刷発行
令和 6 年 1 月16日　第 3 刷発行

編　者　大阪青年司法書士会
発　行　株式会社　民事法研究会
印　刷　株式会社　太平印刷社

発行所　株式会社　民事法研究会
　　　　〒150−0013　東京都渋谷区恵比寿 3 − 7 − 16
　　　　〔営業〕☎03−5798−7257　FAX03−5798−7258
　　　　〔編集〕☎03−5798−7277　FAX03−5798−7278
　　　　http://www.minjiho.com/　　info@minjiho.com

カバーデザイン／袴田峯男　ISBN978-4-86556-011-4
組版／民事法研究会（Windows+EdicolorVer10+MotoyaFont etc.）
落丁・乱丁はおとりかえします。

司法書士裁判実務大系シリーズ（全3巻）

司法書士法の解釈と裁判例から導かれる具体的な執務のあり方を示す！

司法書士裁判実務大系 第1巻［職務編］

日本司法書士会連合会　編

Ａ５判・421頁・定価 4,400円（本体 4,000円＋税10％）

本人訴訟支援および簡裁代理の理論を探究し、司法書士による裁判実務の指針を示すとともに、司法制度における司法書士制度・司法書士法改正の位置づけ、法律相談・法律判断・倫理等の論点に論及！　第2巻［民事編］、第3巻［家事編］において解説される事件類型別の実務の基礎となる考え方がわかる！

民事事件を事件類型別に整理し、あるべき本人支援型の紛争解決の実務指針を示す！

司法書士裁判実務大系 第2巻［民事編］

日本司法書士会連合会　編

Ａ５判・336頁・定価 3,740円（本体 3,400円＋税10％）

事案の態様に応じた紛争解決手続の選択基準と事件対応に関する基本的な流れを示すとともに、具体的な実務の留意点を書式を織り込み解説！

改正債権法、働き方改革関連法、改正民事執行法などの民事事件に関連する最新法令・運用に対応！

家事事件を事件類型別に整理し、あるべき本人支援型の紛争解決の実務指針を示す！

司法書士裁判実務大系 第3巻［家事編］

日本司法書士会連合会　編

Ａ５判・422頁・定価 4,180円（本体 3,800円＋税10％）

書類作成業務を通じた家事審判・調停における事件対応に関する基本的な流れを示すとともに、具体的な実務の留意点を書式を織り込み解説！

改正相続法、改正民事執行法、後見申立書式の統一などの家事事件に関連する最新法令・運用に対応！

発行　民事法研究会

〒150-0013　東京都渋谷区恵比寿3-7-16
（営業）TEL 03-5798-7257　FAX 03-5798-7258
http://www.minjiho.com/　　info@minjiho.com

最新実務に必携の手引

―― 実務に即対応できる好評実務書！ ――

2023年12月刊 信託目録作成の実務を、信託登記の実例や、課題、論点なども取り込んで改訂！

信託登記のための
信託目録の理論と実務〔第2版〕

民事信託の要約例を充実させ、重要な「信託の目的」条項の過不足ない抽出・要約の思考プロセスを追録！　不動産登記法97条1項の登記事項の振り分けにあたって特に悩ましい8号「信託の目的」、9号「信託財産の管理方法」、11号「その他の信託の条項」の関係について論究！

渋谷陽一郎　著

（Ａ５判・609頁・定価 6,600円（本体 6,000円＋税10％））

2023年12月刊 対応のノウハウをＱ＆Ａ形式でわかりやすく解説！

これで安心！
地域ユニオン（合同労組）への対処法〔補訂版〕
──団交準備・交渉・妥結・団交外活動への対応──

パート労働者・派遣社員が地域ユニオンに加入したケースなど、働き方の多様化に即した事例を取り上げたほか、初版以降の法令の改正や引用文献の改訂等を反映し、必要な法令や字句の修正を行った補訂版！

廣上精一・三上安雄・大山圭介・根本義尚　著

（Ａ５判・238頁・定価 2,970円（本体 2,700円＋税10％））

2023年12月刊 網羅的に裁判例を取り上げ、裁判所の判断等をもとに被害救済への指針を示す！

美容医療・歯科治療・近視矯正の判例と実務〔第2版〕

第2版では、最新の判例を追録し、歯科治療の分野などを大幅に増補！　最新の判例、各種医療分野のガイドラインに対応しつつ、裁判上重要な知識を紹介し、被害救済における考え方や留意点を解説！

小田耕平　著

（Ａ５判・599頁・定価 6,380円（本体 5,800円＋税10％））

2023年11月刊 検事・大学教員の経験から理論と実務を考察！

裁判例に学ぶ刑法各論Ⅰ［個人的法益編］

判例集による事案と判旨の読み込み、基本書による学説の理解、逐条解説による条文の解釈の三つの要素を、検事や大学教授としての経歴をもつ弁護士がコンパクトにまとめた実務にも役立つユニークな手引書！

元検事・法政大学名誉教授・弁護士　須藤純正　著

（Ａ５判・386頁・定価 3,850円（本体 3,500円＋税10％））

発行　民事法研究会

〒150-0013　東京都渋谷区恵比寿 3-7-16
（営業）TEL. 03-5798-7257　　FAX. 03-5798-7258
http://www.minjiho.com/　　info@minjiho.com

最新実務に必携の手引

― 実務に即対応できる好評実務書！ ―

2024年1月刊 登記実務の現場を熟知する執筆陣が、最新状況を踏まえてまとめた至便な1冊！

ケースブック根抵当権登記の実務〔第3版〕
―設定から執行・抹消までの実務と書式―

民法（債権関係）改正による債務引受や相続法改正に伴う特定財産承継遺言に関連する問題などの法改正に対応しつつ、最新の判例や書式などを追録して大幅増補！　根抵当権の実務上の論点を、実体法・登記実務・判例・登記先例との関係を踏まえながらQ＆Aと書式で解説！

根抵当権登記実務研究会　編　　編集代表　林　勝博
（Ａ５判・457頁・定価 5,280円（本体 4,800円＋税10％））

2024年1月刊 新たな被害類型や各種二次被害の発生などの対応方法を追加して改訂！

サクラサイト被害救済の実務〔第2版〕

国際ロマンス詐欺といった新たな被害類型や各種二次被害の発生などに対応するべく、交渉・訴訟への具体的な対処方法を、被害救済に取り組み、研究・実践を続けてきた弁護士が、サイト運営業者や決済代行業者等への通知書例などを織り込みつつ詳しく解説！

サクラサイト被害全国連絡協議会　編
（Ａ５判・245頁・定価 3,300円（本体 3,000円＋税10％））

2024年1月刊 訴訟の争点、主張立証、訴訟手続上の留意点を網羅的に解説！

執行関係訴訟の理論と実務〔第2版〕

第2版では、初版刊行以降の裁判例・学説等を大幅に補充して実務の背景にある理論的な考察をさらに深めるとともに、民法・民事執行法改正に対応し、執行手続のＩＴ化についても言及して大幅増補！

内田義厚　著
（Ａ５判・298頁・定価 3,960円（本体 3,600円＋税10％））

2024年1月刊 事件類型ごとに被害救済の実務・書式を網羅！　新しい被害類型も多数追加！

消費者事件実務マニュアル〔第2版〕
―被害救済の実務と書式―

特定商取引法・消費者契約法・消費者裁判手続特例法をはじめとする消費者法の改正に対応して全面的に改訂するとともに、情報商材、送り付け商法、暗号資産など近時対応が求められる被害類型を追加して大幅改訂増補！

福岡県弁護士会消費者委員会　編
（Ａ５判・528頁・定価 5,720円（本体 5,200円＋税10％））

発行　民事法研究会

〒150-0013　東京都渋谷区恵比寿 3-7-16
（営業）TEL. 03-5798-7257　　FAX. 03-5798-7258
http://www.minjiho.com/　　info@minjiho.com